VOLKSSAGEN AUS SCHOTTLAND

Herausgegeben
von Christiane Agricola

1986

Insel-Verlag · Leipzig

Ausgewählt, aus dem Englischen übertragen,
eingeleitet und kommentiert von Christiane Agricola

ISBN 3-7351-0016-3

EINLEITUNG

Wenn wir den ersten Schritt in die schottische Sagenwelt wagen, umgibt uns zunächst eine für uns fremdartige Landschaft. Nicht die der Hügel, Berge und Schluchten, nicht die äußere ist hier gemeint, wohl aber die innere Szenerie menschlicher Bezüge und Verhaltensweisen. Vergleichen wir die schottischen mit unseren eigenen Sagen, so ist der erste Eindruck der, daß sie urtümlicher sind, auch wilder, ungestümer, obwohl es auch in unseren eigenen gewiß nicht an Grausamkeiten fehlt: denken wir nur ans Nibelungenlied. Aber da sind wir schon bei einem Kernpunkt. Unser Nibelungenlied entstammt dem dreizehnten Jahrhundert, und in dieser relativ späten Prägung kennen wir die Geschichte von den Nibelungen aus der deutschen Sage. Wir müssen zu Edda und Völsungasaga greifen, um in der älteren und urtümlicheren Fassung eine Entsprechung zu den Fionnerzählungen zu finden.

Aber auch das trifft nur zum Teil zu; denn was da auf etwa derselben zeitlichen Ebene steht (abgesehen von den späteren Schichten der Fionnsagen), unterscheidet sich doch vom Wesen her stark. Den keltischen Sagen ist eine Farbigkeit und ein Überschwang eigen, eine temperamentvolle Steigerung ins Maßlose, die sich in einzelnen Schilderungen, zum Beispiel den formelhaften für Kämpfe, zeigt und ebenso zum Beispiel in den ungeheuren Massenangaben der Heere. Mit dieser Neigung zur Hyperbel aber ist eine Fähigkeit zu scharfem Realismus gekoppelt, zu Verdichtung und Charakterisierung; ja, hier und da muten psychologische Details, genial erfaßt, geradezu modern an:

Grainnes triebhafte Gier, nicht einfach nur Gier und Gewissenlosigkeit schlechthin, sondern abgründig, fast pervers. Oder Fionns Schwanken am Quell, wo er das rettende Wasser für den todwunden Diarmaid holen will und nicht will. Und solche Züge, wie Fionn immer wieder neu Wasser schöpft und verschüttet, oder Grainnes Bemerkung über die Forelle, werden symbolhaft, anschaulich ausgedrückt.

Überhaupt lebt eine grandiose Bildphantasie in dem allen, gemischt aus Mythischem (die durch Dobhrans Abschiedsblick voll verzweifelter Weltsehnsucht sich rotfärbenden Binsenspitzen) und Realem (das Schachspiel der Männer und Diarmaid im Baum über ihnen), ja Alltäglichem (der knappgehaltene alte Oisean im Haus seines kleinlichen Schwiegersohns, der kein Geringerer als der heilige Patrick ist).

Zu den urtümlichen Zügen gehört eine Intensität der Bindungen, die so ausschließlich ist, daß alle anderen Regungen verlöschen. Fionns Vaterschwester Schnellfuß köpft den hilfreichen Bruder, der ihr das Baumhaus als Versteck gebaut hat, damit nun keiner mehr um das Geheimnis weiß. Das ist ein Verfahren, wie es die Sage sonst von grausamen Herren ihren Dienern gegenüber kennt und verurteilt, zum Beispiel nachdem ein Schatz eingemauert worden ist. MacIsaac will den letzten Sohn erstechen, der übriggeblieben ist, als Brüder und Pflegesohn erschlagen worden sind, weil er ihn für einen Feigling hält (und übrigens versucht er es auf tückische Weise – nicht nur im Was sind sie da bedenkenlos, sondern auch im Wie).

Noch etwas spiegelt sich in den keltischen Sagen, das wir in dieser Form sonst nicht finden – die Macht der frei gewählten Beziehung. Für Schnellfuß steht die Tanten- und Pflegemutterschaft vor der Beziehung zum Bruder; MacIsaac ist der Pflegevater des jungen Ronald. Diese Wahlbeziehung: Pflegevater, Pflegemutter, Pflegesohn, Pflegebruder, spielt immer wieder eine Rolle, wie sie es auch in der schottischen Wirklichkeit tat, und oft sind die Wahlbeziehungen stärker und beständiger als die des Blutes.

Eine Urtümlichkeit, auch etwas Abgründiges, ein Eigenwille, der sich in keine Schranken eines Glaubenssystems fügt, sprechen auch aus Odhrans, des Bauopfers zu frommen Zwecken, lästerlichen Abschiedsworten an seinen Vater, den Heiligen.

Wir haben die Geschichten dieses Bandes in zwei große Gruppen eingeteilt, die historischen und, wenn die Formulierung erlaubt ist, quasihistorischen Sagen einerseits und die mythischen andererseits; das heißt, Berichte und nebelhafte Erinnerungen an alte und uralte Zeiten und dann die Erzählungen von unirdischen, übernatürlichen Wesen und Vorgängen. Aber es ist in vielen Fällen nicht nur schwer, sondern unmöglich, die einzelnen Stücke eindeutig in eine Gruppe einzuordnen. Das zeigt sich gleich zu Beginn: Die Fionnsagen stehen zwischen Historischem und Mythischem; Fionn und die Seinen sind kriegerische, jagende, liebende, einander befehdende, sterbliche Helden; aber in den letzten Sagen sind sie zu Riesen geworden, und schon früher überschreiten sie Riesen gleich die Berge. Und es gibt eine große Zahl Geschichten aus diesem Zyklus, die ihrem Wesen nach vollständig märchenhaft sind und die wir deswegen hier nicht aufgenommen haben. Die Grenze zwischen Märchen und Sage, stets fließend, scheint bei diesen keltischen Überlieferungen noch stärker verwischt als bei denen aus unserem heimischen Bereich. Speziell beim Zyklus der Fionnerzählungen unterscheidet die Forschung verschiedene Überlieferungsschichten, und über die älteste mythische, die mit Historischem angereichert, ja davon überlagert wurde, legte sich (nur stellenweise deckend) seit etwa dem dreizehnten Jahrhundert unter dem Einfluß ausländischer Stoffe (Virgils ›Aeneis‹) eine Schicht der unterhaltsamen Abenteuer; es vollzog sich der Wandel von der alten, als wahr überlieferten, geglaubten Sage zur abenteuerlichen, ›erlogenen‹. – Aber nicht nur bei den Fionnerzählungen finden sich diese Grenzverwischungen. Daß Elfen in die Häuser eindringen, gehört zum Bereich des Geglaubten. Daß sie aber Gegenstände dazu veranlassen, ihnen die Tür zu öffnen, ist märchen-, nicht sagenhaft. Wiederum gibt es Märchen, etwa das vom ›Großen Burschen‹, die voll von Sagenzügen sind.

Die Fionngeschichten existieren in Versfassungen und in Prosa; die Versfassungen sind zumal in Irland erhalten, die Prosageschichten wurden bei irischen wie schottischen Gälen erzählt; nicht als Reste literarischen Gutes, sondern als echte Volksdichtung, die mündlich entstanden und weitergegeben worden ist. Dabei reichen älteste Überlieferungen bis ins neunte Jahrhundert zurück. In Manuskripten ist Fionn zuerst im zehnten und elften Jahrhundert erwähnt worden; da finden sich – neben pseudohistorischen Berichten über Fionn, der im Jahre 283 in einer Schlacht gefallen sein soll – bereits die wesentlichsten Sagenzüge, so die Treulosigkeit seiner Frau Grainne.

Die schottische Geschichte spiegelt sich in den Sagen relativ wenig wider. Wir finden urtümliche Verhältnisse, Clanordnung und Clanfehden, Stammesgeschichte, Bauernrebellion und -list gegen Abgaben und Zwangseintreibungen, mittelalterliche Feudalherren, dazu lebhafte Erinnerungen an Däneneinfälle und dunkle an die Pikten, an die Schlacht von Gaura aus dem dritten Jahrhundert, an alte, mächtige Könige; Amerikaauswanderungen bilden den Rahmen für Doppelgänger- und Elfensagen; und außerdem klingen ab und zu Vorgänge und Begriffe an, die mit der schottischen Kirchenverfassung und -geschichte zusammenhängen. Wir wollen versuchen, die Einordnung der Sagen durch ein paar Bemerkungen zu erleichtern.

Die Pikten, die, als untergehendes Volk und geheimer Künste mächtig, in einigen Erzählungen erscheinen, waren Schottlands Ureinwohner; ihre Rasse ist nicht bestimmbar. Von ihnen sind keine Sprachdenkmäler erhalten, dagegen höchst kunstvolle Steinbildwerke; sie werden von den Römern 297 genannt. ›Pikten‹ bedeutet einfach ›die Bemalten‹ oder ›Tätowierten‹. – Neben ihnen hatten sich im Nordwesten des Landes die irischen Scoten (Kelten) angesiedelt.

844 bemächtigte sich der Scotenkönig Kenneth Mac Alpin des Piktenreiches, damit entstand seit Anfang des zehnten Jahrhunderts das Reich Alban. Südlich von Alban gab es noch zwei weitere Königreiche auf schottischem Boden, das der ebenfalls keltischen Briten von Strathclyde im Westen (und nach England übergreifend) und im Osten das der Angeln von Bernicia. 945 verbündete sich der König von Alban (Malcolm I.) mit den Angelsachsen gegen die Briten von Strathclyde, und deren Reich wurde aufgeteilt. Bald darauf eroberten die Alban-Leute, die wir nun schon Schotten nennen dürfen, Edinburgh von den Angeln von Bernicia. Dazu wurde ihnen im zehnten oder elften Jahrhundert von dem angelsächsischen oder dem dänischen König Englands (Eadgar oder Knut) der nördliche Teil von Northumbrien bis zum Tweed (Lothian) überlassen, doch unter englischer Oberhoheit. – Alban wurde schon zu Beginn des neunten Jahrhunderts von Normannen heimgesucht, den davorliegenden Orkney-Inseln widerfuhr das bereits zu Ende des achten. Die Normannen setzten sich auf den schottischen Inseln und im Norden und Westen fest. Seit Mitte des neunten Jahrhunderts gab es Däneneinfälle. Ende des neunten Jahrhunderts wurden die Hebriden, die Orkney- und die Shetlandinseln von den Norwegern besetzt. Die Hebriden erwarb Schottland nach einem Sieg über Norwegen (1263 unter Alexander III.) gegen eine jährliche Zinszahlung. Die Orkney- und die Shetlandinseln kamen 1468 und 1469 als (verfallenes) Pfand an Schottland. – Mit diesen Umrissen der frühen schottischen Geschichte sind auch die ethnischen Voraussetzungen der Sagen eingekreist: Keltisches mit einigen verlorenen Erinnerungen an uraltes Piktisches und mit skandinavischen Einlagerungen.

Für unseren Zusammenhang genügt es, von den Wandlungen der weiteren schottischen Geschichte und von den Königen ein paar Orientierungspunkte aus der Erinnerung heraufzuholen. Etwa in der Mitte jener Regentenreihe, die wir zum Teil aus ›Macbeth‹ kennen (Kenneth Mac Alpins Urenkel Duncan, 1040 erschlagen von seinem Feldherrn

Macbeth, Macbeth 1054 ge- und erschlagen von Malcolm III., Sohn des ermordeten Duncan), wurde Schottland zu einem Feudalstaat nach normannischer Art (unter Malcolms III. Sohn David I., gestorben 1153). Mit dem übernächsten Regenten (seit 1165, William der Löwe) beginnt die unselige schottisch-englische Verstrickung. In der Folge gab es nur als Ausnahme schottische Könige, unter denen weder Schottland nordenglische Gebiete oder England die Oberhoheit über ganz Schottland beanspruchte, letzteres zuweilen dadurch, daß miteinander streitende Anwärter auf die schottische Krone einen englischen König als Schiedsrichter anriefen und die Krone aus seiner Hand empfingen. Ebendies vollzog sich 1290, als die direkte Folge der Kenneth-Mac-Alpin-Erben endete (übrigens war schon Duncan ein Tochtersohn des letzten Erben männlicher Linie gewesen). 1290 nun beanspruchten zwei entferntere Verwandte des Königshauses die Regierung: Robert Bruce der ältere und John Baliol. Baliol wurde vom englischen König (Edward I.) eingesetzt und nahm von ihm Schottland zum Lehen. In der Folge lehnte sich Baliol gegen die englische Oberhoheit auf, die Engländer marschierten in Schottland ein, Baliol wurde gefangen, ein englischer Statthalter regierte statt seiner, ein schottischer Aufstand (1297–1305) endete mit der Hinrichtung des Anführers Wallace. Aber Robert Bruce der Jüngere, Enkel des vorigen, rief erneut seine Landsleute zu den Waffen (1306), besiegte die Engländer nach jahrelangem kriegerischem Hin und Her. 1314 wurde er König (Robert I.). Sein Name erscheint auch in den Sagen, wenngleich am Rande. Als er aber 1329 starb (sein Sohn David war ein vierjähriges Kind), wiederholte sich der Vorgang von früher: Englische Barone, von Robert aus den angemaßten schottischen Gütern vertrieben, stellten Edward Baliol, den Sohn des abgesetzten Johann Baliol, als Gegenkönig zum kleinen David auf. Edward huldigte wie sein Vater dem englischen König als Lehnsherrn, trat schottisches Gebiet an England ab; es folgten Aufstände im Land, Kämpfe mit England. Nachdem Edward Baliol zurückgetreten, Roberts I. Sohn David

König geworden (David II.) und 1370 gestorben war, fehlte ein direkter männlicher Erbe; die Stände setzten einen Schwestersohn Davids zum König ein, der insofern bemerkenswert ist, als mit ihm die Reihe der Stuarts beginnt: Robert II. Er führte fast während seiner gesamten zwanzig Regierungsjahre Krieg mit England, und so seine Nachfolger, von denen zunächst James I. (1423 an die Macht gelangt, nachdem er schon 1406 nominell zum König erklärt worden war) durch Leistung herausragt: Er sorgte in den Hochlanden für Ordnung, bändigte den Adel, förderte durch Reformen Ackerbau, Handel, Gewerbe, verbesserte Verwaltung und Justiz, erweiterte die Rechte der Bürger, führte eine bewaffnete Landesmiliz ein; überdies schrieb er lateinische und schottische Gedichte. Für seine Ordnungsliebe wurde der Landesvater 1437 von adligen Verschwörern ermordet. Krieg mit England hatte auch er. Unter seinen Nachfolgern James II. und III. herrschten Machtkämpfe mit dem Adel und Adelswillkür; James II. kam beim Kampf gegen England um, James III. wurde nach einem verlorenen Gefecht gegen adlige Aufständische ermordet (1488); James IV. heiratete 1503 die englische Königstochter Margaret, was späterhin bewirkte, daß einige schottische Könige auch Könige von England waren, führte aber trotzdem, zerstritten mit seinem Schwager Henry VIII., Krieg gegen England und fiel 1513. In Schottland folgten wirre Zeiten; 1528 setzte sich James V. durch (geb. 1512). Da er sich streng gegen die Reformation wandte, von der noch die Rede sein wird, ließ ihn der Adel bei einem Feldzug gegen England im Stich. Im selben Jahr starb er, geisteskrank (1542); er war der Vater Maria Stuarts. Maria Stuarts erzwungene Abdankung (1567) – sie hatte sich durch Ehewirrnisse und die Bestrebung zur Rekatholisierung des Landes mißliebig gemacht –, Flucht nach England und Hinrichtung nach neunzehnjähriger Haft (wegen Konspiration gegen die englische Königin) ist bekannt. Ihr Sohn, James VI. (auf Grund jener englischen Ehe James IV.), wurde nach Elisabeths Tod auch englischer König (als James I.). In schottischen Sagen, soweit sie die

Hexenprozesse der Zeit berühren, spielt er eine Rolle, einmal wegen seiner Inquisitionsgerichte, zum andern wegen der berüchtigten Verschwörung der schottischen Hexen gegen ihn: sie suchten ihn zu töten, während er in Dänemark war (James VI./I. heiratete 1589 eine dänische Prinzessin, Anna). Sein Sohn Charles I., wiederum englischer und schottischer König, griff von England aus rekatholisierend in schottische Kirchenverhältnisse ein, bewirkte einen Aufstand; die Truppen der reformationstreuen Aufständischen, der Covenanters (so genannt nach dem sogenannten Covenant, dem reformierten Glaubensbekenntnis von 1580, das 1638 feierlich erneuert wurde), zogen über die Grenze nach England und erreichten vom König die Zurücknahme seiner Anordnungen. Bald darauf brach auch in England die Revolution aus (1642); das englische Parlament mit seinen Truppen siegte, verbündet mit den Covenanters, über die Truppen des Königs (1644 und 1645); 1649 erzwang Cromwell Charles' I. Hinrichtung.

Zuvor aber hatten königstreue Hochlandschotten gegen englische Parlamentstruppen und Covenanters für ihn gekämpft und waren besiegt worden (1645); auch das übrige schottische Heer hatte sich nach Versprechungen des Königs noch einmal vergeblich für ihn mit den Engländern geschlagen (1648). Die Kämpfe zwischen Schotten und Cromwells Soldaten gingen weiter, als die Schotten den Sohn des Hingerichteten, Charles II., zum König ausriefen (1650), nachdem England zur Republik erklärt worden war (1649). Charles II. wurde geschlagen, floh nach Frankreich, und Schottland wurde mit England zu einer Republik vereinigt. Als Cromwells Tod seine Militärdiktatur beendete, berief ein neugebildetes englisches Parlament den König nach London. Charles II. löste die Union zwischen Schottland und England wieder auf; sowie er in Schottland von neuem Bischöfe einsetzte, die es in der reformierten schottischen Kirche nicht gab, erhoben sich die Covenanters abermals; Charles II. ließ sie von englischen Truppen auseinanderjagen. Nach seinem Tod (1685) wurde sein Bruder König: James II. Er begann eine Rekatholisierung und wurde aus beiden Reichen vertrieben. 1689 holten sich die Engländer seine Tochter Maria und ihren Gemahl, Wilhelm von Oranien, als Herrscherpaar. Von 1707 an waren England und Schottland wieder zur Union verbunden.

Für die Hochlandschotten hatte die unglückliche Politik und das Schicksal der drei letzten Stuarts verhängnisvolle Folgen. Es war eben schon die Rede vom verlorenen Kampf der Hochländer für den später hingerichteten Charles I. im Jahre 1645. Auch von 1689, nach der Flucht des letzten Stuartkönigs, gab es bis 1692 erfolglose Aufstände der Clans. William III. war von seiner Schwägerin Anna Stuart abgelöst worden; als sie 1714 starb, ging die englisch-schottische Thronfolge an das protestantische Haus Hannover über. Die Hochlandschotten rebellierten (1715), sie wollten den Sohn des verjagten James II. zum König, James III. 1745 aber, gerade hundert Jahre nach dem Kampf für den später Hingerichteten, landete James' III. Sohn, Prinz Charles Edward, mit einigen Getreuen aus Frankreich kommend, an der schottischen Küste. Die Hochländer strömten ihm zu, er nahm Perth und Edinburgh ein, siegte zunächst weiter, wurde aber 1746 bei Culodden von den Engländern vernichtend geschlagen. Charles entkam in die Hochlande, später nach Frankreich; seine prominenten Parteigänger wurden hingerichtet.

Diese verlorene Schlacht von Culodden ist das geschichtliche Ereignis, das immer wieder erwähnt wird. Kein Wunder, denn die Schlacht bewirkte eine Art schottischen Altwelt-Untergang. Um das ganz zu erfassen, müssen wir uns die Clan-Struktur vergegenwärtigen.

In den Hochlanden war jedes Tal Wohnsitz und Eigentum eines Stammes (Clans), der vom jeweiligen Häuptling (Chief) patriarchalisch regiert wurde. Er vergab die einzelnen Landpachten an seine Offiziere, nahm sie ihnen auch wieder weg, je nachdem, wie sie sich in Kriegen oder Fehden bewährt hatten, und er bezog dafür Abgaben. Aber der Boden, den er vergab, gehörte nicht ihm selber, sondern dem gesamten Clan. Dessen Männer waren seine Freunde und Verwandten, nicht nur seine Untergebenen.[1] Die Zugehörigkeit zu einem Stamm wurde äußerlich durch die jedem Stamm eigene Farbzusammenstellung der Tracht gekennzeichnet. Es herrschte eine Art erblicher Monarchie, mehr auf Gewohnheitsrecht gegründet als auf Gesetz. Im vorliegenden Band spiegelt sich das am anschaulichsten in den Sagen um die ›Herren der Inseln‹ wider, deren feierliche Einsetzungszeremonie in Anwesenheit der Hochland-Großen und mehrerer Priester sowie mindestens eines Bischofs stattfand.[2] Die Herren der Inseln hielten sogar Parlamente ab; die Rechtsprechung innerhalb seines Gebiets übte jeder Häuptling aus, und zwar, wie ein mit den Verhältnissen recht Vertrauter meint, im allgemeinen schon um ihrer selbst willen gerecht.[3]

Cromwell hatte die Clans bereits einmal gezwungen, die Waffen niederzulegen und Frieden zu schwören. Nachdem das Haus Stuart nochmals an die Regierung gelangt war, wurde die alte Stammesverfassung wiederhergestellt. Nach dem 1746 bei Culodden besiegten Aufstand von 1745 hob der englisch-schottische König 1747 die patriarchalische Hochlandverfassung auf. Die Hochlandtracht wurde verboten (bis 1782), ebenso die Rechtsprechung durch den Häuptling. Boswell, Tiefland-Schotte und Sohn eines schottischen Juristen, berichtet, daß damit zum Beispiel auf Raasay, das weder Friedensrichter noch Konstabler hatte, der Weg zur Rechtfindung weit war: ›Was früher sofort geregelt werden konnte, muß jetzt entweder viel Zeit und Mühe kosten oder unterbleiben.‹[4] Was aber, weit schlimmer noch als dies, eine soziale Katastrophe bewirkte, war die Einführung der englischen Besitzdoktrin in den Hochlanden. Damit hörten die Oberhäupter der Clans auf, lediglich Vertreter ihres Stammes und regierende Verwalter des gemeinsamen Landes zu sein: Jetzt waren sie seine Besitzer mit absoluter Machtvollkommenheit, die ihnen auch erlaubte, ihre Pächter vom Land zu vertreiben. Die Leute auf ihrem – *jetzt* ihrem – Boden, ehedem ihre Freunde und Verwandten, gingen sie nur dann noch etwas an, wenn sie, die Besitzer, freiwillig und in welchem Grad auch immer, an den alten Banden festhielten.

Bereits in der zweiten Hälfte des achtzehnten Jahrhunderts setzten die Auswanderungen nach Amerika ein, weil die Großgrundbesitzer die Pachten unangemessen in die Höhe trieben; offenbar hörten sie auch zu einem guten Teil auf, daheim zu leben, und verloren sowohl die Beziehung zu ihren Leuten wie das Urteilsvermögen hinsichtlich der Pachtsummen. Boswell erzählt: ›Er (Wirt Macqueen) sagte, alle Leute des Laird von Glenmorison würden ihr Blut für ihn geben, wenn sie gut behandelt würden; aber siebzig Männer seien aus dem Clan nach Amerika gegangen. Er selbst beabsichtige, im nächsten Jahr zu geben; denn die Pacht für eine Farm, die vor zwanzig Jahren nur fünf Pfund betragen habe, sei jetzt auf zwanzig Pfund gestiegen. Er könne zehn Pfund bezahlen und leben, aber nicht mehr.‹[5] Doch diese Auswanderungen im achtzehnten Jahrhundert, zahlreich wie sie waren, wurden bei weitem von den Massenemigrationen des neunzehnten übertroffen. Sie waren die Folge der Zwangsvertreibungen.

Die Macht der Großgrundbesitzer, willkürlich über den Clan-Boden zu verfügen, ermöglichte es zum Beispiel der in England lebenden und urteilslosen Gräfin von Sutherlandshire, ihre Bauern zwangsumzusiedeln; sie sollten, ohne das im mindesten gelernt zu haben, von heute auf morgen an der Küste als Fischer ihren Unterhalt verdienen; so gewann die Gräfin das Binnenland für die lohnende Schafzucht. Miller gibt den Bericht eines Betroffenen über die brutale Austreibung im Mai 1814 wieder: ›Das Verwüstungswerk begann damit, daß man Feuer an die Häuser der Kleinpächter in ausgedehnten Bezirken legte – in Farr, Rogart, Golspie und in der gesamten Gemeinde Kildonan. Das Unglück kam vollkommen unerwartet über die Leute. In jedem Bezirk stürzten sich starke Trupps, ausgerüstet mit Reisigbündeln und andern brennbaren Materialien, auf die Häuser und machten sich unverzüglich daran, sie in Brand zu setzen; sie verfuhren dabei mit äußerster Geschwindigkeit, bis ungefähr dreihundert in Brand standen. Es war wenig oder keine Zeit zur Flucht für die Menschen und zur Rettung der Habe; Bestürzung und

Verwirrung waren ungeheuer, die Leute mühten sich, Kranke und Hilflose fortzuschaffen, bevor das Feuer sie erreichte, und dann ihr Wertvollstes zu bergen, die Schreie von Frauen und Kindern, das Brüllen des verängstigten Viehs, das inmitten von Rauch und Feuer von den Hunden der Schafhirten gejagt wurde – all das zusammen bildete eine kaum beschreibbare Szene. Eine dichte Rauchwolke hüllte das ganze Land bei Tag ein und erstreckte sich noch bis weit über das Meer. Bei Nacht bot sich ein großartiger, aber furchtbarer Anblick: all die Häuser in dem weiten Landstrich standen gleichzeitig in Flammen. Die Feuersbrunst dauerte sechs Tage.«[6]

In rund neun Jahren waren fünfzehnhundert Menschen entweder aus ihren Höfen an die Küste umgesiedelt worden oder nach Amerika emigriert. Das sind Geschehnisse, die den Hintergrund der wenigen Auswanderungssagen bilden.

Die schottische Kirchengeschichte ist in unserem Zusammenhang aus zwei Gründen wichtig, einmal, weil sie seit dem sechzehnten Jahrhundert ständig in die Landesgeschichte übergreift, zum andern, weil sie die Kulturgeschichte wesentlich beeinflußt; insofern müssen wir auch von ihr ein paar Umrisse vor Augen haben.

Schottland, das heißt Pikten und Skoten, wurde mit Irland schon in der zweiten Hälfte des sechsten Jahrhunderts von St. Columba christianisiert – wir finden ihn in einer ungewöhnlichen Sage dieses Bandes. Schauplatz der Geschichte ist die Insel Iona (Icolmkill), die mit ihrem Kloster Mittelpunkt der keltisch-christlichen Kirche war. Anfang des achten Jahrhunderts trat der Piktenkönig jedoch der römischen Kirche bei und vertrieb die columbanischen Geistlichen. Schottland blieb römisch-katholisch bis ins sechzehnte Jahrhundert; die Zeit der großen Reformatoren – Luther, Zwingli, Calvin – brachte auch Schottland den seinen: John Knox (1505–1572). Er war nicht der erste, der auf schottischem Boden um eine kirchliche Erneuerung kämpfte, aber er vollendete sie. Er bewirkte, daß die päpstliche Autorität in Schottland außer Kraft gesetzt und die katholische Messe verboten wurde; die Klöster wurden aufgelöst, und nach blutigem Hin und Her konstituierte sich die Schottische Kirche, streng calvinistisch und von demokratischer Verfassung. Es gab vier Stufen der Verwaltungs- und Disziplinarbehörden, zuunterst die Kirk-Session – sie taucht gelegentlich auch in Sagen auf, da, wo es um Hexerei geht –: das von der Gemeinde gewählte geistliche Gericht, Pfarrer und Kirchenälteste. Darüber das Presbyterium: sämtliche Pfarrer mit je einem Kirchenältesten dazu aus einer unbestimmten Zahl von Nachbargemeinden. Dritte Stufe: die mehrere Presbyterialbezirke vertretende Synode. Oberste Behörde: die Generalsynode mit kirchlichen und weltlichen Vertretern aus allen Presbyterien, dazu Laienabgeordneten aus Städten und Universitäten und einem Regierungsvertreter; sie versammelte sich alljährlich.

Der reformierten Kirchenverfassung nach stand den Gemeinden freie Pfarrerwahl zu (wobei der Gutsherr Kirche und Pfarrhaus unterhalten mußte). Das verursachte ständige Streitereien zwischen Regierung und Kirche. Nachdem Königin Anna 1712 das Patronatsrecht wieder eingeführt hatte, trat (unter Ebenezer Eskine) 1733 eine Anzahl von Geistlichen mit ihren Gemeinden aus der Staatskirche aus; immer mehr folgten; 1847 schlossen sie sich zur Vereinigten Presbyterianischen Kirche zusammen.

Aber auch in der Staatskirche schwelte es weiter, und 1843 traten erneut Pfarrer und Gemeinden aus und konstituierten sich zur Freien Schottischen Kirche (›Kirchenspaltung‹). – Daß sich die beiden großen Gruppen 1900 zur Vereinigten Freikirche von Schottland zusammenschlossen, sei nur am Rande vermerkt.

Carmichael, einer der bedeutenden schottischen Folkloristen, beklagt, daß sich die mündlich überlieferte Literatur während der letzten drei Jahrhunderte sehr vermindert habe. Als Gründe führt er die Reformation an, die Kirchenspaltung, die Schule und den Zeitgeist, dann fährt er fort: ›Konvertiten neigen zur Maßlosigkeit. Die Reformation verdammt diejenigen Glaubensinhalte und kultischen Gebräuche, die von der keltischen und der römischen Kirche assimiliert worden waren. Auch Bildwerke und Architektur entgingen ihrem maßlosen Glaubenseifer nicht.‹[7] Und er fügt an, daß die Kirchenspaltung eine besondere Zäsur gebracht habe. Offenbar verhielten sich die Geistlichen der Staatskirche toleranter als die kämpferischen Pfarrer der Freien Kirche.

Schon 1860 hatte I. F. Campbell bedauert, daß die Geistlichkeit das Geschichtenerzählen verbiete.[8] MacInnes, selbst Pfarrer, beschließt 1890 die Schilderung eines Erzählabends wehmütig: ›Jetzt ist es anders geworden – außer vielleicht in einem abgelegenen Winkel der Äußeren Hebriden. Die neuen Ideen, die aus dem Süden [Schottlands] gekommen sind, die Bildung ..., die Verbreitung der Bibel und anderer religiöser Bücher und der Einfluß der Geistlichen haben das Interesse der Leute in andere Richtung gelenkt.‹[9] Deutlicher spricht sich Norman Macleod (1878) aus. Nachdem er von einem warmherzigen und musischen Pfarrer berichtet hat, der abends seinen Kindern selbst mit der Geige zum Tanz aufspielte, fährt er fort: ›Ein Pfarrer auf einer abgelegenen Insel teilte mir mit, daß er ‚aus religiösen Gründen' die einzige Geige auf seiner Insel zerbrochen habe. Ich fürchte, seine Vorstellung von Religion ist unter seinen Mitbrüdern im fernen Westen und Norden nicht selten.‹[10] Das anschaulichste Bild vermittelt Carmichael um 1900: ›Ignorante Schulmeister und engstirnige Kleriker haben der ausdrucksvollen Sprache, der gesunden Literatur, den männlichen Leibesübungen und dem fesselnden Zeitvertreib der Hochländer schmerzlichen Schaden zugefügt.‹[11] Er gibt den empörten Bericht einer jungen Dame wieder, die eine Weile auf Islay die Schule besucht, ein paar Brocken Gälisch aufgeschnappt und mit den anderen Mädchen gälische Lieder gesungen hatte: dafür bezogen sie alle vom Schulmeister Rutenhiebe auf die Hände, bis das Blut kam. Carmichael selbst erlebte, daß ein alter Mann beim Sagenerzählen von seinem Enkel unterbrochen wurde, der ›im Ton überlegener Autorität ausrief: ‚Großvater, der Lehrer sagt, für deine gälischen Lügengeschichten gehörst du auf den Sünderschemel!'‹ Es kostete Carmichael viel Anstrengung, den tiefverletzten Alten zu beruhigen und zum Weitererzählen zu bewegen. Ein anderer Mann, mit Mühe zum Geschichtenerzählen gebracht, verstummte beschämt beim Nahen von Bekannten: Er werde Vorwürfe von der Familie ernten, Tadel vom Pfarrer, Spott von den Freunden. Carmichael hatte es erreicht, daß ein Schafhirt ihn zum Erzählen aufsuchte, damit er nicht durch seine Umgebung gehemmt würde. Der Mann legte dazu einen Marsch von fünfundzwanzig Meilen zurück; aber als dann zufällig der Distriktsheriff eintrat, um Carmichael zu besuchen, flüchtete der Hirt in solcher Panik, daß er Mütze, Plaid und Stab zurückließ. Carmichael erzählt ausführlich, wie er einmal in Ness auf Lewis in einem Haus liebevoll und großzügig bewirtet wurde; als die Rede auf Musik und Tanz kam, erklärte die Hausfrau, in ihrer Jugend habe es kaum ein Haus auf Lewis gegeben, in dem nicht zwei oder drei Flöte, Fiedel oder Maultrommel spielten, noch früher auch Harfe, Leier und Dudelsack. Aber es sei eine gesegnete Wandlung über die Leute gekommen, denn die guten Pfarrer und Kirchenältesten hätten sie dazu gebracht, ihre Flöten und Fiedeln zu zerbrechen und zu verbrennen. Habe einmal ein Törichter gezögert, so hätten die frommen Pfarrer und Kirchenältesten die Instrumente selber zerbrochen. Und Carmichael schließt mit dem Bericht von einem weithin bekannten Violinspieler auf der Insel Eigg, vor dessen Haustür der Pfarrer folgende Ansprache hielt: ›Da hinter der Tür bist du, du jämmerlicher Mann mit deinem grauen Haar, und spielst deine alte Fiedel mit der Hand, die von außen kalt ist und innerlich von des Teufels Feuer brennt.‹[12] Der alte Mann gab dem Drängen seiner Familie nach und verkaufte seine Geige, die von einem Stradivarischüler stammte und für die er in seiner Jugend seines Vaters beste Kuh gegeben hatte, für zehn Shilling einem Hausierer; keiner sah ihn je wieder lächeln.

Nicht bei allen Sagensammlern treten die Erzähler der Geschichten so deutlich hervor wie bei Carmichael.

Zum Beispiel Hugh Miller nimmt die Sagen als Allgemeingut, als etwas, das in einer bestimmten Gegend und an sie gebunden gleichsam in der Luft liegt. Bei Grant Stewart tritt schon einmal ein Erzähler selbst mit Berufsangabe auf, und zwar dann, wenn er ihn unmittelbar sprechen läßt. Auf solche Rollenerzählungen stoßen wir auch dann und wann bei Chambers (›Nurse Nanny erzählt‹). John Francis Campbell, der Klassiker der schottischen Sagensammler, gibt seine Erzähler genau und mit Beruf an. Da finden wir Fischer, Steinbrecher, einen blinden Spielmann, einen Kesselflicker, einen Dudelsackpfeifer, des weiteren Dienstmädchen, Pfarrer, Hochlandkleinbauern. In der von Lord Archibald Campbell von 1889 bis 1895 herausgegebenen fünfbändigen Sammlung folgen die einzelnen Autoren demselben Prinzip; bei MacInnes zum Beispiel erfahren wir vom vierundsiebzigjährigen Schuster von Orban und von einem Straßenarbeiter. Pfarrer Walter Gregor liefert ab und zu genauere Angaben über Beiträger; einer davon ist Maurer. Überraschend genau in ihren Angaben ist Miß Dempster, deren Sagen aus Sutherlandshire 1888 im Folk-Lore-Journal erschienen, aber schon 1859 gesammelt wurden; sie muß mit John Francis Campbell in Verbindung gestanden haben, denn das eine oder andere aus ihrer Sammlung ist in seine übergegangen, und beide nennen einen gemeinsamen Gewährsmann: den Pirschgänger W. Ross. Miß Dempster vermittelt mit der Reihe ihrer Erzähler ein anschauliches Bild von den Leuten im Umkreis eines Gutes: Pfarrer, Kupferschmied, Müllersfrau, Beamter des Sheriffs, Pächter und Kleinpächter, die Gemeindearme Witwe Mary Calder; besonders wichtig ist der Wildhüter D. M. (der Name steht nicht da), der die gälischen Erzählungen englisch an die Herrschaft weitergibt. – In Angaben anderer Publikationen lesen wir neben dem immer wiederkehrenden ›Pächter‹ Berufe wie Gartenarbeiter, Briefträger, Dienstmädchen, pensionierter Postbeamter, Kinderfrau. Aber vielfach steht auch nichts weiter als der Name der Gewährsperson verzeichnet, womit wenig gewonnen ist. – Alexander Carmichael umreißt am ausführlichsten Persönlichkeit und Lebensumstände seiner Erzähler. Meist sind es Häusler, auch der Schmied erscheint neben dem Schäfer. Immer wieder betont er die eingeborene innere Vornehmheit, das freie, sichere und höfliche Wesen, die Gastfreundlichkeit und herzliche Freigebigkeit dieser oft bitterarmen, weit abgelegen wohnenden gälischen Schotten. Wir geben einige seiner Berichte wieder:

›Die Hütte von Hector Macisaac, Ceannlangavat, South Uist, stand in einem Torfmoor. Die Wände bestanden aus Rasen, das Dach aus Schilf; das winzige Haus war etwa fünfzehn Fuß (also ungefähr fünf Meter) lang, zehn Fuß breit und fünf Fuß hoch. Es gab darin nichts, was der erbärmlichste Dieb im elendsten Slum hätte stehlen mögen. Kein Wunder, daß die Bewohner dieser Hütte im Moor kränkelten. Hector und seine Frau wohnten allein darin, die Tochter diente außerhalb und ernährte jetzt die Eltern. Beide waren mit körperlichen und geistigen Gaben reich ausgestattet gewesen und besaßen, nun betagt, noch alle geistigen. Die Frau kannte viele weltliche Runen, geistliche Hymnen und Elfenlieder, während der Mann zahlreiche Heldengeschichten, Gedichte und Balladen wußte. Ich war schon früher bei diesen beiden gewesen, und im September 1871 besuchten Iain (John) Francis Campbell von Islay und ich sie gemeinsam. Hector Macisaac, der analphabetische Häusler, der keine Sprache außer seiner eigenen kannte, der mit niemandem in Berührung kam als mit Leuten seiner Art, den Nachbarn vom Torfsumpf, und der sich nie von seiner Heimatinsel entfernt hatte, war so höflich und wohlerzogen wie Iain Campbell, der gelehrte Anwalt, der Weltreisende und der geehrte Gast eines jeden europäischen Hofes. Beide fühlten sich miteinander wohl und vertraut, da es keine Unterwürfigkeit auf der einen und keine Herablassung auf der anderen Seite gab. – Die Geschichten und Gedichte, die Hector Macisaac während unserer Besuche rezitierte, hätten mehrere Bände gefüllt. Mr. Campbell stellte dann und wann eine Suggestivfrage, die des Geschichtenerzählers wunderbares Gedächtnis und seine umfassenden Folklorekenntnisse zutage brachte.

Ähnlich war es mit dem alten blinden Hector Macleod, Häusler in Lianacuithe, South Uist, und mit dem alten Roderick Macneill, Häusler, Miunghlaidh, Barra. Jeder von diesen Männern sagte Geschichten und Gedichte her, Erzählungen und Balladen, die viele Bücher gefüllt hätten. Doch keiner von ihnen erzählte mehr als einen kleinen Teil dessen, was er wußte. Keiner der drei Männer kannte Buchstaben oder irgendeine andere Sprache als Gälisch, ebensowenig war einer je von seiner Heimatinsel fortgewesen. Alle drückten in wohlgewählten Worten ihr Bedauern aus, daß sie keinen bessern Platz hatten, um ihre Gäste zu empfangen, und alle dankten höflich, daß sie gekommen waren, um sie zu besuchen, und daß sie sich für ihre in Verruf gebrachten, verlachten alten Überlieferungen interessierten. Und jeder war liebenswürdig wie ein Hofmann.

1860, 1861 und 1862 schrieb ich viele Überlieferungen von Kenneth Morrison, Häusler, Trithion, Skye, nieder. Er war Maurer gewesen, doch jetzt war er alt, blind und arm. Obwohl völliger Analphabet, war er höchst intelligent. Er nannte die Namen vieler alter Männer in der großen, doch nun verlassenen Gemeinde Minngnis, die in seiner Knabenzeit als Geschichtenerzähler berühmt gewesen waren – Männer, die im ersten Jahrzehnt des 18. Jahrhunderts geboren waren. Mehrere davon, sagte er, konnten viele Abende nacheinander Geschichten und Gedichte hersagen; manche von den Geschichten dauerten mehrere Abende. Er wiederholte Bruchstücke davon. Kenneth Morrison erzählte mir, daß die Alten, von denen er das alles übernommen hatte, es wiederum in ihrer Knabenzeit von alten Männern gehört hatten.‹[13]

In der Dorfgemeinschaft gehörten die Abende den Zusammenkünften, bei denen debattiert, Geschichten erzählt, lyrische Gedichte und Balladen hergesagt und Sprichwörter angeführt wurden. ›Eine bewundernswerte Einrichtung, um ein Volk zu kultivieren‹, bemerkt Carmichael. Mehrere der Sammler schildern solche Erzählabende:

›Der Leser möge sich eine Hochlandhütte um das Jahr 1810 vorstellen. Das Feuer brennt in der Mitte auf dem Fußboden, der Rauch steigt auf und zieht durch einen kurzen Rauchfang aus Flechtwerk ab, der in einer Dachöffnung befestigt ist. In einem Winkel liegt ein Stapel Torf; ab und zu wirft jemand ein neues Stück in die Flammen. Über dem Feuer hängt an einer Kette ein Topf; sie ist an einem der Querbalken befestigt. Auf einer Seite des Raums steht ein Bettschrank, auf der andern ein Tisch mit einem Regal, in dem die Teller stehen. Auf dem Tisch sitzt mit gekreuzten Beinen, die Lampe oder die fackelartige graue Kerze (aus in Leinen gewickelten Talgstücken) dicht neben sich, ein Schneider; während er fleißig die Nadel handhabt, trägt er eine der volkstümlichen Geschichten des Landes vor. Jeder Stuhl, jeder Hocker, jede Truhe und sogar der Bettschrank ist von begierigen Zuhörern besetzt; viele sind aus den Nachbarhütten hergekommen. Oft wird es spät, bis eine Geschichte fertigerzählt ist; und dauert es gar zu lange, so geht es am nächsten Abend weiter. Das wiederholt sich Abend für Abend, solange der Schneider im Dorf bleibt‹[14].

Hier – bei MacInnes – ist es der Wanderschneider, der als Erzähler die besondere Attraktion bildet. Was er im Hochland für die Unterhaltung leistet, vollbrachte im englisch-schottischen Grenzbezirk bis kurz vor 1800 der Stadtpfeifer, den jede größere Stadt hatte und der im Frühling und im Herbst nach der Ernte seinen Bezirk durchwanderte und gegen Unterkunft, Verpflegung und auf den Höfen ein Honorar von Saatkorn mit Musik und Geschichten aufwartete[15]. Doch zurück zum Hochlanderzählabend. Bei Carmichael ist der Erzähler keiner von außerhalb. Nach der Beschreibung der Hütte mit dem Torffeuer mitten auf dem Fußboden gibt Carmichael, wichtig für das Gesamtbild des dörflichen Lebens, die Beschäftigungen der Zuhörer und auch ihre Gesprächsthemen an: ›Der Hausvater dreht Heidekraut zu Seilen zusammen, mit denen das Dachstroh befestigt wird; ein Nachbar zwirnt Queckenwurzeln zu Kuhfesseln zusammen; ein anderer flicht Straußgras zu

Mehlkörben. Die Hausfrau spinnt, eine Tochter krempelt, eine kämmt Wolle; eine flüstert, statt zu arbeiten, mit einem Nachbarburschen. Nachbarsfrauen stricken, nähen, sticken. Die allgemeine Unterhaltung dreht sich um Lokalnachrichten, Wetter, Viehpreise; das führt zu anspruchsvolleren Themen: Krieg, Parlament, die Wirkung von Sonne und Mond auf die Gezeiten. Dann bittet ein Besucher den Hausvater um eine Geschichte. Gespannt hört man zu; bei rührenden Szenen und unglücklichen Ereignissen weinen die Frauen. Am Schluß debattieren alle über die Geschichte, loben oder tadeln die Handelnden. Dann, falls es noch nicht zu spät ist, folgen Sprichwörter, Rätsel, Scherzfragen, Lieder. Aber manche Geschichten sind auch so lang, daß sie mehrere Abende nacheinander ausfüllen.‹[16]

Bei Norman Macleod wiederholt sich die Schilderung, außer daß zum Körbeflechten – anders als auf den so gut wie baumlosen Hebriden – Weidenruten benutzt werden; und er lobt das kunstvolle Maultrommelspiel des Schafhirten Donald, das den Abend einleitet und die Pausen zwischen Liedern, Geschichten und Rezitation ausfüllt.[17]

Wir haben eben schon ein Bild des typischen schottischen Hauses erhalten. Selbstverständlich gibt es Varianten: Millers wohlhabende bäuerliche Hochlandverwandte bewohnten ein niedriges, langgestrecktes Gebäude, vier Erdgeschoßräume, an einem Durchgang aufgefädelt, wobei die größten die sechs Milchkühe innehatten; angrenzend der Raum mit dem Feuer, den wir heute Wohnküche nennen würden; als nächstes ein durch Trennwände unterteiltes Schlafzimmer und ein sogenanntes Gastzimmer mit Tischlermöbeln und rund fünfzig Büchern. Vor dem Wohnhaus lagen Pferdestall, Scheune, Heuschober, Schafstall mit angebautem Schuppen, Molkereihaus, und rundum, unregelmäßig geformt und in der mit großen Steinen übersäten Heide verstreut, Felder; dann kamen die Nachbarhöfe. Die Grundstruktur aller Gebäude war dabei die gleiche: Balken aus gewaltigen, aus dem benachbarten Moor ausgegrabenen Bäumen, Steine, mit der Schleife aus der Heide herantransportiert, die Zwischenräume zwischen den Steinen mit Moos verstopft, das Dach mit Rasensoden gedeckt. So waren alle Bauernhäuser in Sutherlandshire – selbstgebaut von den Bauern – beschaffen.[18] Dagegen schildert uns Miller die primitivste Variante der Hochlandhütte, wie er sie 1823 im wilden, unzugänglichen Nordwesthochland, in Gairloch, fand: ›Die Hütte war ein niedriger, langer, dunkler Bau, dessen Dach und Wände in nahezu demselben Winkel schräg abfielen; es gab keine Fensteröffnungen außer längs des Dachfirsts; und die Tür erhob sich kaum mehr als vier Fuß über der Schwelle. In diesen nordwestlichen Regionen, wo ungefähr doppelt soviel Regen fällt wie an der Ostküste und wo die Schauer zeitweise fast unaufhörlich an die Wände prallen, müssen die Seiten eines Gebäudes so dicht sein wie das Dach, daher die Schräge. Sie entsteht dadurch, daß man einen Wall von solidem Rasensoden an die senkrechte Steinmauer schichtet. – Beim ersten Schritt ins Haus versanken wir in einer Grube von zwei Fuß Tiefe, in der man hier das ganze Jahr über die Torfasche als Dünger sammelt. Jetzt, im Frühjahr, war sie eben geräumt worden. Es war stockdunkel und rauchig, wir hatten Mühe, die Innentür zu finden, deren Schwelle auf gleicher Höhe wie die der äußeren lag. Dann waren wir mit einem Schritt im Mittelraum der Hütte. Ein Torffeuer loderte frei auf einem flachen Stein mitten auf dem Estrich, so daß die Flammen rundum die rohen Wände und die ebenso rohen Möbel beleuchteten. Oben stand, dicht und niedrig wie eine Stubendecke, der Rauch, und ein dunkles Gehäng von Heringsnetzen schien daraus hervorzuwachsen. Die Innenwände waren, wie der grellrote Feuerschein erkennen ließ, aus unbehauenen Steinen, ohne Mörtel, die Lücken sorgfältig mit trockenem Moos verstopft. Das dicke Rasendach hielt dicht, außer dort, wo neben den Giebeln, nicht über dem Feuer, die beiden Abzugslöcher für den Rauch waren. Und es gab, hinter einer weidengeflochtenen Tür, eine Schlafkammer.‹[19] Die Hütten des Dorfes lagen verstreut, die kleinen Felder waren mühsam dem steinübersäten Boden abgerungen.

Die vielen Hausbeschreibungen weichen nur in Einzelheiten voneinander ab: statt des Schrankbetts normale Bettstellen und in den schlichtesten Behausungen ein Heidekrautlager; statt der Stühle eine primitive Bank: ein Brett über große Steine gelegt (so auf den Hebriden 1899).[20] 1773 berichtet Boswell, daß die Hochländer keine Bettücher hätten;[21] dagegen spricht Miller[22] von leinenem Bettzeug und Wolldecken und Macleod[23] überdies sogar noch von Tagesdecken; freilich betreffen die beiden letzten Zeugnisse Anfang bzw. frühe Mitte des 19. Jahrhunderts. – Von einem Regal mit Schüsseln und Tellern, einer Truhe, von dem Feuer in der Mitte des Raums mit dem Kessel an der Kette darüber und vom Torfwinkel ist immer die Rede, von Hühnern und Hahn auf den Dachbalken ab und zu,[24] immer vom Rauchloch im Dach, nicht immer vom Fenster. Macleod schreibt: ›Das Fenster glich einem Bullauge und war gewöhnlich zum Teil mit Glas und zum Teil mit Torf (peat) ausgefüllt.‹[25]

Für die wichtigsten Gerätschaften läßt sich eine ebensolche Spannweite zwischen solide heimgefertigt und vorsintflutlich feststellen wie für die Häuser. Chambers[26] erzählt, die schweren Holzpflüge der alten Zeit seien von vier Pferden oder vier bis zwölf Ochsen gezogen worden; Miller erwähnt, daß der Pflug in Sutherland wie alle Geräte eigene Arbeit des Bauern sei, die Eisenteile ausgenommen.[27] Dagegen schreibt er von den armen Fischer-Bauern von Gairloch, daß sie weder Pferd noch Pflug besitzen, sondern nur einen langstieligen Spaten benutzen.[28] Gregor[29] berichtet, daß in Nordostschottland die Nachbarinnen einander besuchen und dabei die Spinnräder mitnehmen; Miller bezeugt von Gairloch: ›Wir haben arme Hochlandfrauen gesehen, die sich unter ihrer Last von Torf oder Dung beugten und gleichzeitig mit dem primitivsten aller Geräte, mit Spinnrocken und Spindel, spannen.‹[30] Meist wird nicht erwähnt, auf welche Art die Frauen spinnen, doch während des Viehhütens auf der Sommerweide zum Beispiel dürfen wir gewiß auch die uralte Methode mit dem Rocken, den die Spinnerin in den Gürtel steckt, wenn sie im Gehen spinnt, und der herumgewirbelten, freihängenden Spindel voraussetzen. – Von Schleifen statt der Wagen hören wir wiederholt, vgl. oben zum Hausbau. Aus Gairloch berichtet Miller auch von der urtümlichen Bootsherstellung,[31] bei der die Fugen mit getrocknetem und dann geteertem Moos abgedichtet werden; die Anker bestanden aus Holz und Stein, das Tauwerk war aus langen, dünnen Fasern von Moortanne gedrillt und die Segel aus Wollenzeug gemacht. – Ein besonderes Problem bildeten die Mühlen. In alten Zeiten gab es in jedem Haus eine Handmühle fürs Korn. Als die maschinellen, wasserbetriebenen Mühlen errichtet wurden, ließ die Obrigkeit die Handmühlen zerstören, um die Leute zu zwingen, in die Mühlen zu ziehen und die Mahlgebühr zu zahlen. Das hatte für Tausende von Leuten, die in straßenlosen Gegenden, auf fernen Inseln ohne Mühlen oder auch nur weitab von der nächsten Mühle lebten, unerhörte Härten zur Folge, namentlich bei Stürmen.[32] Mühlen standen oft abseits von den Dörfern an den Wasserläufen. Erst wenn man sich das vergegenwärtigt, wird einem alles Außergewöhnliche, Schwierige, Unheimliche recht begreiflich, was mit der Mühle und dem Weg zu ihr in der Sage oft verbunden ist. – Übrigens halfen sich viele, denen ihre Handmühlen zerstört worden waren, indem sie sich aus alten Ruinen die Kornmörser früherer Generationen hervorgruben.

Als Nahrung wird in den Sagen immer wieder Haferkuchen – eigentlich sind es Fladen, die älteste Form des Brotes – genannt; etwa seit 1760 begann die Kartoffel an Bedeutung zu gewinnen, bis sie zur Hauptnahrung wurde.[33] Von Miller erfahren wir auch, was wir uns neben dem Hammelfleisch als kräftigere Hochlandspeisen der Wohlhabenderen denken dürfen: Käse, Forelle, Lachs, Rehkeule. Aber auch bei den Sutherlandern, die vor der Zwangsumsiedlung in keiner schlechten Lage waren, wurde das Essen zwei Monate vor der neuen Ernte knapp. Sie halfen sich dann, indem sie Wildkräuter zu Suppe verkochten und ab und zu den nicht trächtigen Kühen mit der Lanzette vorsichtig Blut abzogen, aus dem sie eine Art Blutwurst herstellten.[34] – Daß bei den Küstenbewohnern die Heringe entscheidend wichtig waren, versteht sich.

Noch ein paar Worte zum Dorf: Da die presbyterianische Kirche in Schottland verstaatlicht war, hatte der Gutsbesitzer jeder Gemeinde die gesetzliche Pflicht, eine Kirche zu bauen und instandzuhalten, dazu eine geeignete Schule und ein Pfarrhaus; außerdem mußte er für den Pfarrer ein Stück Land zur Verfügung stellen (Macleod berichtet von einem achtzig Morgen großen[35]). Das Pfarrhaus war im Bau dem landläufigen Herrenhaus ebenbürtig.

Die Schule schloß sich an die Kirche an, lag also dicht beim Friedhof, auf dem die Kinder Verstecken spielten. Der Schulmeister wohnte in einer Hütte mit Strohdach und Lehmfußboden; sie enthielt zwei Räume, Küche mit Bett und Schlafzimmer und zwischen beiden noch einen Schlafalkoven, dazu, über eine Leiter zu erklimmen, den Dachboden mit weiteren Betten und Strohlagern. Hier wohnten Vater, Mutter, vier Söhne, drei Töchter. Die Mädchen lernten in der Schule Lesen, Schreiben, Rechnen und daheim Nähen, Spinnen, Wollekrempeln, Liedersingen, während die Jungen Virgil und Arithmetik paukten und abends angeln gingen oder im Garten und auf dem Feld halfen, das Vieh heimtrieben, Torf stachen und stapelten, Farne als Viehstreu für den Winter ernteten, aus Moor und Exkrementen Dünger herstellten. – Die Einkünfte des Schulmeisters betrugen jährlich fünfzehn Pfund Gehalt und fünf Pfund Schulgebühren; daneben verdiente er sich sieben Pfund als Postmeister, eins als Schreiber der Kirk-Session, eins als Vorsänger in der Kirche und fünf als Katechist, also insgesamt vierunddreißig. Er hatte ein Stück Land mit zwei oder drei Kühen, ein paar Schafen und einigen Morgen Kartoffeln, Hafer, Gerste, doch dafür zahlte er Pacht.[36]

Auf Skye schlossen sich die Pächter zusammen und stellten, zusätzlich zum Unterricht, für ihre Söhne gemeinsam einen Hauslehrer an, der abwechselnd auf den einzelnen Höfen wohnte und von den Jungen der Nachbarhöfe aufgesucht wurde. Im Herbst wanderte er zusammen mit den größeren Jungen nach Aberdeen, wo sie, von ihm beaufsichtigt, den Winter über die Universität besuchten; im Frühling kehrte er mit ihnen ins Hochland zurück. Der damalige Häuptling der Macleod, noch von der patriarchalischen Art, pflegte die Söhne seiner Pächter ihren Professoren vorzustellen und dann Professoren und Studenten zusammen in seinem Aberdeener Hotel zu bewirten, stolz auf die guterzogenen jungen Leute seines Clans.[37]

In den Sagen kommt ab und zu die Sommerweide vor. Im alten schottischen Dorf ließen die Leute ihr Jungvieh frei herumstreifen und auf den Hügeln Gras suchen, und im Mittsommer wurden auch die Milchkühe auf die Gebirgsweide getrieben. Rohe, aber solide Weidehütten standen dort, und rundum Koppeln für Kälber, Lämmer und Zicklein. Jede Familie besaß soviel Schafe, wie sie für Kleidung und Nahrung brauchte. Der ganze Haushalt zog mit Freuden auf die Sommerweide; die Männer hielten sich freilich nur die ersten paar Tage dort auf, um nach dem Winter alles instandzusetzen, und kehrten dann nach Hause zur Feldarbeit zurück. Frauen und Kinder blieben zwölf bis vierzehn Wochen allein, sorgten für Butter- und Käsevorrat, spannen – mit der Spindel – und sagen.[38] Es gab übrigens viele Melklieder, deren hübsche Melodien die Kühe zu besserem Milchgeben brachten; die Tiere gewöhnten sich an sie und streikten ohne den Gesang, manchmal verlangten sie sogar eine spezielle Lieblingsmelodie, berichtet Carmichael;[39] und wer eine Milchmagd einstellte, achtete auf eine hübsche Stimme. Und Ähnliches galt für die Pflugochsentreiber: Sie ermunterten ihre Tiere nicht nur mit dem Stock mit der Eisenspitze, sondern mit einer kleinen Melodie, im ganzen Land mit derselben; hörten sie auf, die zu pfeifen, blieben die Ochsen stehen, bis sie weiterpfiffen, und wer den Treiberpfiff nicht beherrschte, wurde nicht angestellt.[49]

Wir wollen das Hochlanddorf nicht verlassen, ohne die Tracht vorzustellen, die, wir erinnern uns, im Jahre 1773 eigentlich noch verboten war, als Boswell sie zu Gesicht bekam: ›Kingsburgh war vollkommen die Erscheinung eines stattlichen Hochländers ... Er hatte seine karierte Decke umgehängt, einen großen blauen Hut mit einem Knoten aus schwarzem Band wie eine Kokarde, einen braunen, kurzen Mantel aus einer Art Wollstoff, eine karierte Weste mit goldenen Knöpfen und goldenen Knopflöchern, einen bläulichen Schottenrock und karierte Strümpfe. Er hatte pechschwarzes, hinten zusammengebundenes Haar und war ein großer, stattlicher Mann mit einem festen, verständigen Gesichtsausdruck.‹[41] Von einem Hut ist im allgemeinen seltener die Rede als von einer Mütze.

Von der heimischen Landschaft der Sagen und von ihren Erzählern war die Rede; doch auch die Sammler verdienen eine Betrachtung. Sehr verschiedenartige Männer und eine Frau haben die Geschichten dieses Bandes aufgeschrieben, verschiedenartig nach Lebensstellung und nach Stilhaltung. Eine überraschend große Zahl Pfarrer sind unter ihnen; Grant Stewart, Gregor, John Gregorson Campbell, Mac Dougal, Cuthbert Bede, eigentlich Edward Bradley, ein Engländer; Norman Macleod stammt zumindest aus einer Pfarre. Dagegen war John Francis Campbell (1822–1885), der die Güter seines Vaters eingebüßt hatte, Jurist und hatte bei Hof Ämter inne, Carmichael spricht von ihm als ›dem gelehrten Barrister‹, also Anwalt. Sir Walter Scott, historisch, literarhistorisch, volkskundlich gelehrt wie als Romanautor berühmt, war Berufsschriftsteller wie Chambers, der, ursprünglich Buchhändler, sich durch umfassende historische und literarhistorische Arbeiten und seine Sammlertätigkeit Scotts Freundschaft und akademische Ehren verdiente. Berufsschriftsteller war auch Hugh Miller, von Haus aus Maurer, dann, genialer Autodidakt, Geologe und Journalist, bedeutend als Sammler wie als engagierter Sozialkritiker. James Hogg stammte aus einer alten Bauernfamilie und war Schafhirt. Miß Dempster war die Tochter des Gutsbesitzers Captain Dempster, über Alexander Carmichael fehlen die persönlichen Angaben in den uns zugänglichen Büchern.

Die Wiedergabe des Gehörten ist auf vielerlei Arten möglich; grob unterschieden, finden sich drei Methoden.

Grant Stewart, unserem Musäus vergleichbar, steht als amüsant erzählender und kommentierender Schreiber zwischen seinem Sagenstoff und dem Leser. Miller tritt in seinen vorzüglich erzählten Sagen viel stärker zurück, bleibt aber doch als gestaltender Autor spürbar. Das trifft auch auf Chambers zu, sofern er nicht seine Sage wortgetreu, der Erzählperson folgend, wiedergibt. Scott gehört an sich zu diesen beiden letzten; die Tatsache aber, daß seine Sagen vielfach als Anmerkungen, also stark gerafft, erscheinen, rückt sie in die Nähe zur dritten Gruppe, den Notaten.

Genaue, weitgehend wortgetreue Aufnahme der Sagen, wie sie für die moderne Volkskunde verbindlich ist, pflegte bereits John Francis Campbell, dessen vier Bände ›Popular Tales of the West Highlands‹ 1860–1863 erschienen; er hat mit seiner Arbeit für die schottische Märchen- und Sagenforschung den Markstein gesetzt, man könnte ihn den Grimms vergleichen. Seine Methode wortgetreuer Aufzeichnung wird auch in den von Lord Archibald Campbell herausgegebenen Bänden ›Waifs and Strays of Celtic Tradition‹ befolgt.

Dagegen finden sich in John Gregorson Campbells nicht dort erschienenen Bänden ›Witchcraft and Second Sight in the Highlands and Islands of Scotland‹ und ›Superstitions of the Highlands and Islands of Scotland‹ – Werke, die von beispielhafter Sammlergründlichkeit zeugen – die Sagen in stark geraffter Form, weniger erzählerisch, als nach Sinnzusammenhängen gewürdigt; und ähnlich verhält es sich bei Gregor, auch bei vielen, ja einem überwiegenden Teil der Beiträger zu den drei Folk-Lore-Zeitschriften: da werden Gerippe von Erzählungen geliefert. Zuweilen ist die Form des Sagenextrakts auch durch sprachliche Schwierigkeiten bedingt: Nicht alle Sammler waren des Gälischen mächtig. Miß Dempster mußte sich ihre Geschichten von einem englischkundigen Gälen, der kein eigentlicher Erzähler war, nur Gehörtes recht und schlecht wiedergab, übermitteln lassen. Da erhielt sie offensichtlich schon Abgekürztes, nicht Ausgeführtes. Und je mehr Schottland bereist wurde – etwa von der Wende zum zwanzigsten Jahrhundert an –, erscheinen in den Bänden der Folk-Lore Aufzeichnungen, die wichtig für die Sagenmotivforschung, aber erzählerisch unbefriedigend sind, stichworthaft sowohl wegen des speziellen Sinnzusammenhangs, dem allein sie dienen wollen, wie infolge der Sprachbarriere.

Die Sagen des vorliegenden Bandes sind zum weitaus überwiegenden Teil von ihren Sammlern in der *Erzählform* veröffentlicht worden, stammen also aus den beiden ersten Gruppen der Sagenwidergabe. Ein kleiner Teil Notate war als einziger Beleg bestimmter Motive unentbehrlich; er mußte hier dem übrigen erzählerisch behutsam angepaßt werden. Das geschah im Rahmen lebendiger mündlicher Erzählung und wurde in den Quellenangaben vermerkt.

Ebenso erwies es sich als nötig, die mannigfachen gälischen Namens-Schreibarten zu vereinheitlichen, die, abgesehen von der Sprachbarriere, aus der Aufsplitterung des Gälischen in Dialekte herrühren.

Eine letzte Bemerkung zur Anordnung der Sagen: Wir haben hier und da, wo das für den abgerundeten Eindruck wünschenswert schien, mehrere Varianten derselben Geschichte nebeneinandergestellt, so auch beim Fionnzyklus. Überhaupt bilden die Fionngeschichten nicht genau aneinander gefügte Teile *eines* Handlungsverlaufes, sondern wir müssen sie uns eher als die Facetten eines großen Themen- und Geschehenskomplexes denken.

Und nun: Sollte, was wir nicht hoffen wollen, Leserin und Leser über dem langen Vorwort die Lust auf die Texte vergangen sein, so mögen sie sich nun des Chambersschen allschottischen Ermunterungspfiffes bedienen, wie das auch die Schreiberin des öfteren getan hat.

Christiane Agricola

AUS ALTER ZEIT

I. Wie das Königshaus begründet wurde

Es lebte einmal ein König von Irland, der grämte sich über den Tribut, den die Skandinavier Schottland und Irland auferlegt hatten. Sie kamen im Sommer und im Herbst nach der Ernte in sein Reich, um sich am Ertrag des Landes gütlich zu tun; und sie waren stattliche, starke Männer, die genausoviel aßen und raubten, wie die Schotten und die Iren einbrachten und fürs nächste Jahr zurüsteten.

Er schickte nach seinem Ratgeber und sagte dem alles, was er dachte, daß er einen Weg suchte, wie er die Skandinavier fernhalten könnte. Der Ratgeber erwiderte ihm, so schnell sei das nicht getan, wolle er ihm aber folgen, dann solle Hilfe werden, sobald die Zeit da sei. »Verheirate«, sagte er, »die hundert größten Männer und Frauen Irlands miteinander. Laß ihre Kinder wieder untereinander heiraten und dann ihre Kindeskinder. Die Söhne der Kindeskinder aber stell den Skandinaviern entgegen.«

So geschah es, und als das dritte Geschlecht herangewachsen war, fuhren sie übers Meer nach Schottland hinüber, und der sie anführte, hieß Cumhal. Und Cumhal machte sich in Schottland zum König. Nun wuchs in ihnen der Gedanke, die Skandinavier in die Flucht zu treiben und aus dem Lande zu verjagen. Cumhal wollte Schottland keinem andern überlassen, gleichviel, ob Ire oder Skandinavier.

Das war dem König von Skandinavien ein großer Kummer und Verdruß, und er trug dem König von Schottland an, sie wollten Freundschaft miteinander halten, hier wie drüben. Und die drei Könige, der von Skandinavien, der von Schottland und der von Irland, vereinbarten untereinander, daß zwischen ihnen Freundschaft und Waffenruhe herrschen sollten, und daß sie alle zusammen ein großes Tanzfest feiern wollten. Aber der König von Irland und der König von Skandinavien schmiedeten untereinander einen Plan, wie sie den König von Schottland umbringen wollten.

Nun war Cumhal jedoch so mächtig, daß es keine Möglichkeit gab, ihn zu töten, außer er wurde mit seinem eigenen Schwert erschlagen, wenn er von Trunk und Liebe erschöpft im Schlafe lag.

Der König von Irland ließ also alles für das Fest bereiten; die Tafeln ächzten unter der Last von Wildbret, Ochsen- und Hammelfleisch, von Haferkuchen, Butter, Bier und Whisky, und die Halle schallte von Dudelsack- und Harfenmusik. Der König von Skandinavien hatte seine Tochter mitgebracht, und sie sagten Cumhal, er könne sich jede beliebige Frau unter den Versammelten zu seinem Liebchen aussuchen. Da war es die Tochter des Königs von Skandinavien, auf die seine Wahl fiel.

Sie begaben sich nun zur Ruhe. In der Gesellschaft war aber ein Mann, der hieß der schwarze Arcan. Den hatten sie dazu bestimmt, daß er den Mord an dem Schlafenden begehen sollte. Und als Cumhal und die Königstochter eingeschlummert waren, packte der schwarze Arcan Cumhals Schwert und erschlug ihn damit. Der Mord war geschehen, und alles war in Ordnung. Schottland unterstand den Skandinaviern, und die Irländer und der schwarze Arcan hatten Cumhals Schwert.

Der König von Skandinavien ließ seine Tochter beim König von Irland mit dem Befehl, wenn sie einen Sohn gebäre, so solle er erschlagen werden, sei das Kind jedoch eine Tochter, dann möge es leben bleiben. Ein Prophet hatte aber geweissagt, daß Fionn MacCumhal kommen werde, und das Zeichen dafür sei ein Fluß in Irland: in dem werde niemand eine Forelle fangen und töten können, bis Fionn da sei. Aber als es soweit war, da brachte die Tochter des Königs von Skandinavien einen Sohn und eine Tochter

Cumhals zur Welt. Fionn hatte keine Schwester als diese eine, und sie wurde die Mutter Diarmaids.

In der Nacht, als die Kinder geboren wurden, floh die Amme mit dem Sohn und suchte mit ihm eine einsame Gegend auf. Da pflegte sie ihn, bis sie ihn zu einem strammen, ansehnlichen Jungen herangezogen hatte. Nun dachte sie, es sei doch traurig, daß er ohne Namen bei ihr leben sollte, und deshalb entschloß sie sich, mit ihm in die Stadt zu gehen und zu versuchen, ob sie Mittel und Wege fände, ihm zu einem Namen zu verhelfen. Sie sah, daß die Schuljungen der Stadt in einem Teich herumschwammen. »Geh zu denen da raus«, sagte sie, »und wenn du einen von ihnen packen kannst, tauch ihn unter und ertränk ihn; erwischst du aber zwei, so tauch sie beide unter und ersäuf sie.«

Er schwamm auf den See hinaus und fing an, die Kinder zu ertränken. Zufällig beobachtete das einer von den Bischöfen der Stadt. »Wer«, sagte er, »ist der derbe, hübsche Knabe da mit den Augen eines Königs im Kopf, der die Schuljungen ersäuft?« Nun heißt aber hübsch auf gälisch ›fionn‹, es bedeutet auch ›weiß‹, und ›fionn‹ war das Wort, das der Bischof gebrauchte. »Darf er sich seinen Namen stehlen?« fragte die Amme. »Fionn, Sohn Cumhals, Sohn von Schottlands hohem König – und jetzt ist es Zeit, daß ich mich aus dem Staub mache.« Fionn kam ans Ufer, und sie riß ihn mit sich fort. Die Leute aus der Stadt jagten hinter ihr her.

Als die Verfolger drauf und dran waren, sie einzuholen, sprang der Knabe seiner Amme vom Rücken, packte sie bei den Knöcheln und warf sie sich über die Schulter. Er lief mit ihr in einen Wald hinein und jagte zwischen Bäumen und Sträuchern durch, und als er auf der anderen Seite wieder aus dem Wald herauskam, hatte er nur noch ihre beiden Schenkel über dem Rücken. Es lag ein See dort hinter dem Wald, da schleuderte er die beiden Schenkel weit hinein ins Wasser. Von da an nannte man den See Loch nan Lurgan, Schenkelsee. Aus den Beinen von Fionns Amme erwuchsen zwei große Ungeheuer, und so war er mit denen verwandt.

Danach ging er, und zwar ohne zu essen oder zu trinken, in die große Stadt.

Er traf den schwarzen Arcan, wie er eben im Fluß fischte; ein Hund leistete ihm Gesellschaft – Bran mac Buidheig, Schwarzer Sohn der Kleinen Gelben. »Wirf deine Angel für mich aus«, sagte Fionn zu dem Fischer, »sieh zu, ob du eine Forelle für mich kriegen kannst, ich habe Hunger.« Die Forelle biß an, der schwarze Arcan tötete sie, und Fionn bat um den Fisch. »Du bist mir der Richtige!« sagte der schwarze Arcan, »bittest mich um eine Forelle – seit Jahren fische ich für den König und hab noch nie eine für ihn gefangen!« Er wußte aber, daß es Fionn war, den er vor sich hatte.

Um die Sache kurz zu machen: Er tötete eine Forelle für den König und eine für seine Frau und eine für seinen Sohn und eine für seine Tochter, bis er endlich Fionn eine gab. »Ehe du einen Bissen davon essen kannst«, sagte der schwarze Arcan, »mußt du sie drüben auf der anderen Seite vom Fluß braten. Aber Feuer gibt es nur hier auf dieser Seite, und du hast keine Erlaubnis, dir ein Stück Holz aus dem Wald zu nehmen.« Und dann legte sich der schwarze Arcan neben seine Angelrute, um sich auszuruhen.

Fionn wußte nicht, was er anfangen sollte. Er ging weiter, hinüber auf die andere Flußseite; da fand er einen Haufen Sägemehl und zündete ihn an. Eine Flamme schoß jählings auf und brannte einen schwarzen Fleck in die Forelle am Spieß. Er tippte mit dem Finger darauf und verbrannte sich. Da steckte er den Finger in den Mund. Er hatte aber, und davon ahnte er bisher noch nichts, im Mund einen Weisheitszahn: Wenn er den mit dem Finger berührte, wußte er sofort, was sonst verborgen war. Und nun ging ihm plötzlich auf, daß es der schwarze Arcan gewesen war, der seinen Vater umgebracht hatte, und gleichzeitig wußte er auch, daß er den schwarzen Arcan erschlagen mußte, während der schlief, andernfalls würde der ihn töten, sowie er wieder aufgewacht war. Also ging Fionn wieder auf die andere Flußseite hinüber, wo der schwarze Arcan neben seiner Angelrute lag, und tötete den Kerl, und so kam er zu einem Schwert und einem Hund, und der Name des Hundes war Bran mac Buidheig.

Und dann dachte er, daß er nun nicht länger in Irland bleiben, sondern daß er lieber nach Schottland ziehen wollte, um seines Vaters Soldaten für sich zu gewinnen.

Er kam in Farbeine ans Ufer. Da traf er auf einen großen Trupp von Riesen, gewaltige Männer, und er begriff, daß das seines Vaters Soldaten waren, und daß sie bei den Skandinaviern als arme Gefangene lebten und für sie jagten, während sie selber nichts bekamen als die kläglichen Abfälle von dem, was das Land erbrachte. Wenn Krieg war oder ein Streit drohte, dann nahmen ihnen die Skandinavier die Waffen ab, aus Furcht, sie könnten sich erheben und mit den Feinden zusammen gegen sie kämpfen. Es gab eigens dazu einen Mann, der hieß Ullamh Lamh Fhada oder Olaf Langhand und hatte die Aufgabe, die Waffen einzusammeln und mitzunehmen. Nun kam es so, daß er auch Fionns Schwert mit fortnahm. Fionn ging ihm nach und forderte sein Schwert zurück. Als sie in Sichtweite des skandinavischen Heeres kamen, sagte er: »Blutiger Mann und blutloser Mann, Schar im Wind, es ist ein Jammer ohne Luins Sohn.« – »Wozu mag das wohl gehören?« fragte Olaf Langhand. »Das gehört zu dem Schwert, das ich hatte«, sagte Fionn. »Du hast es mit den übrigen an dich genommen, mir fehlt es sehr, und dir nützt es nichts.« – »Was würdest du denn Großartiges damit anfangen?« – »Ich würde den dritten Teil der Schar, die ich da vor mir sehe, töten.« Olaf Langhand suchte in den Waffen, dann gab er ihm das Schwert, das ihm Fionns zu sein schien, das beste, das er fand. Fionn ergriff und schüttelte es, er zog es aus der hölzernen Scheide und sagte dabei: »Das ist eins von den schwarzschneidigen Schwertern, nicht mein Schwert Mac an Luin; das tut nichts Schlimmres als seine Scheide, es würde keinem Lamm den Kopf abschneiden.« Olaf Langhand suchte noch einmal unter den Waffen und reichte Fionn ein anderes Schwert, aber Fionn prüfte es und sprach dieselben Worte und sagte wieder: »Blutiger Mann und blutloser Mann, Schar im Wind, es ist ein Jammer ohne Luins Sohn.« – »Was würdest du schon Großartiges mit ihm tun?« fragte Olaf Langhand. »Das tät ich: Ich würde alle damit töten, die ich vor mir sehe.« Olaf Langhand warf alle Waffen auf einmal zu Boden. Da ergriff Fionn sein Schwert und sprach: »Das gehört in meine rechte Hand.«

Und er kehrte zu den Männern zurück, die er verlassen hatte, ergriff dort das Horn der Fians und stieß hinein. Da sammelten sich um ihn alle von den Seinen, die am südlichen Ende Schottlands waren, und er zog mit ihnen gegen die Skandinavier und griff sie an, und die er nicht tötete, die fegte er aus Schottland hinaus.

2. Wie Fionn MacCumhal geboren wurde und aufwuchs

Fionn MacCumhal wurde nach seines Vaters Tod geboren. Cumhal, der Vater, war ein irischer Häuptling von hohem Rang und wurde von seinem Land durch die Streitigkeiten vertrieben, mit denen die Häuptlinge jener Zeit offenbar beschäftigt waren.

Von der Schlacht erhitzt, betrat Cumhal das Haus des Schmiedes von Ulster und bat um einen Trunk Wasser. Es war nur die Schmiedstochter drinnen, die sagte: »Zu trinken will ich dir schon geben, aber ich habe nur ein einziges Gefäß zur Hand, du mußt sehen, wie du damit zurechtkommst.« Und sie reichte es ihm. Es hatte aber sieben Röhren, davon mußte man sechs mit den Fingern zuhalten, um aus der siebenten Wasser saugen zu können. Während Cumhal trank, spritzte das Wasser aus einer der Röhren heraus, und die Schmiedstochter lachte; da warf Cumhal das Gefäß zu Boden. Er blieb aber noch bei der Schmiedstochter.

Als er in die Schlacht zurückkehrte, traf ihn ein Schwerthieb, so daß er stürzte und nun unter den Füßen der Kämpfenden lag. Da drängte sich der schwarze Arcy, der Fischer, zu ihm durch und erbot sich, Cumhal an einen sicheren Ort zu tragen, wenn er das Schwert mit ihm tauschen wolle. Doch sowie Arcy Cumhals Schwert erhalten hatte, stieß er es ihm in den Rücken und tötete ihn mit seiner eigenen Waffe.

Es hatte aber jemand prophezeit, und das Gerücht verbreitete sich schnell, daß ein Sohn Cumhals seines Vaters Tod rächen und die Herrschermacht wieder erringen werde. Das hörten Cumhals Feinde und schickten Leute aus, die aufpaßten, und nun wurde jedes männliche Kind erschlagen, das innerhalb der nächsten neun Monate in den Grenzen des Besitztums zur Welt kam.

Inzwischen wurde die Tochter des Schmieds von Ulster schwer von dem Kind, das sie trug. Was am Tage nicht wuchs, das wuchs in der Nacht, und schließlich nahte die Niederkunft. Cumhal hatte eine Schwester namens Schnellfuß hinterlassen, die brachte es fertig, vor den Augen der Späher zur Schmiedstochter zu dringen; manche sagen, sie habe die Hebamme totgeschlagen und dann ihre Stelle eingenommen. Die Schmiedstochter gebar zuerst ein Mädchen – das hielt die Hebamme den Spähern, die draußen das Haus umringten, vor die Nase. Aber nicht lange, und es kam noch ein Junge nach. Schnellfuß, Cumhals Schwester, fing ihn in der Schürze auf und steckte ihm einen pfeilförmigen Klumpen Fett in den Mund, damit er nicht schrie; sie band ihm die große Zehe an dem Fett fest, so daß ers herausstrampeln konnte, falls das Fett ihm die Luft nähme; dann versteckte sie ihn unter ihrem Kleid und ging mit ihm fort.

Sie hatte noch einen Bruder, der war Schmied, der beste, der je gelebt hat; er hauste im Wald von Ulster. Ihn bat sie, in einem der Bäume eine Hütte für sie zu bauen, und zwar so, daß die ganz verborgen wäre und von niemandem entdeckt werden könnte. Der Schmied baute das Haus. Als es fertig war, besah sie es sorgfältig und fragte ihn: »Kann irgendeiner merken, daß dort ein Haus ist?« Er verbesserte noch ein oder zwei Stellen und sagte dann: »Jetzt merkt es keiner.« – »Wenn das so ist«, sagte Schnellfuß, »und wenn es außer dir keinen gibt, der mein Geheimnis kennt, dann soll es gar niemanden geben.« Und sie schnitt ihm den Kopf ab.

Nun lebte sie mit ihrem Schutzbefohlenen in dem Baumhaus, bis er zu einem tüchtigen Burschen heranwuchs, und lehrte ihn schwimmen, springen und laufen. Das Laufen brachte sie ihm bei, indem sie ihm eine Hagedornrute gab, mit der sollte er ihr rund um einen Baum hinterherjagen; sie selber trug ein ebensolches Büschel von Dornenzweigen in der Hand. So hetzten sie einander um den Baum, und wenn sie den Jungen einholte, dann bearbeitete sie ihm die Füße mit ihren Dornenruten, bis er schließlich so schnell um den Baum herumrannte, daß er sie mit seinem eigenen Büschel schlug, und er ließ mit seinem Dornenbesen kein Fetzchen Fleisch, keinen Blutstropfen an ihren Beinen. Sie dagegen versuchte nicht mehr, ihn einzuholen. Darauf brachte sie ihm das Springen bei: Sie grub ein Loch in den Boden, aus dem mußte er sich herausschnellen. Das nächste Loch, das sie grub, wurde tiefer, und so fort, bis er schließlich imstande war, aus einem Loch, dessen Rand ihm bis zur Brust reichte, auf eine Mauer zu springen. Das Schwimmen lehrte sie ihn, indem sie ihn ins Wasser warf, bis er schließlich über neun Wogen schwimmen konnte und trotzdem noch eher wieder am Strand war als sie selber. Nun brauchte er nur noch einen richtigen Namen.

Unterdessen hatte der Clan Mòlum die Herrschaft im Lande an sich gerissen. Sie nahmen den Platz ein, der Schnellfußens Schützling gebührt hätte, und wohnten in Cumhals Palast.

An einem Sonntag ging Schnellfuß mit dem Jungen zu dem Schloß und sah, wie sich die Kinder von Cumhals Feinden in dem Teich davor tummelten, während die Eltern zuschauten. »Siehst du die?« sagte Schnellfuß zu dem Jungen. »Jetzt sollst du deinen Vater rächen. Schwimm zu ihnen!« Das tat er, und als er bei den anderen angelangt war, ergriff er mit jeder Hand ein Kind und drückte es unter Wasser so lange, bis es ertrunken war. Endlich merkten es die Eltern am Ufer und schrien: »Wer ist der schöne

Weiße, der uns die Kinder ersäuft?« Schnellfuß sprang vorwärts und rief: »Das ist Fionn, Cumhals Sohn!« Und dem Jungen, der gerade wieder ans Ufer sprang, rief sie zu: »Mögest du dich deines Namens freuen! Von jetzt an sollst du Fionn heißen!«

Die vom Clan Mòlum stürmten heran, Schnellfuß nahm den Jungen huckepack und floh mit ihm in den Wald von Ulster. Als sie müde wurde, setzte sie ihn ab, und er packte sie bei den Knöcheln, warf sie sich über die Schulter und jagte mit ihr durch den Wald. Er achtete nicht darauf, daß sie schrie, und hatte nichts andres im Sinn, als seinen Verfolgern zu entrinnen, so daß er nicht spürte, daß seine Bürde leichter wurde, und als er aus dem Wald herauskam, lag vor ihm ein See, aber von Schnellfuß war nichts mehr übrig als ihre Schienbeine. Die warf er aufs Wasser hinaus, und von da hat der See seinen Namen – Loch Lurgan, Beinsee.

Nun hatte er keinen Menschen mehr und kein Heim, keinen Ort, wohin er gehen konnte. So wanderte er am nahen Fluß hin, bis er an einen Felsen kam, auf dem ein Fischer stand. Den Jungen quälte der Hunger, und so bat er den Mann, für ihn die Angel auszuwerfen. Das tat der andere, aber der Fisch, den er herauszog, war ein Lachs, und der Fischer weigerte sich, ihn herauszugeben. Fionn bat ihn, noch ein zweites Mal für ihn die Angel auszuwerfen, und wieder fing der Fischer einen Lachs und behielt ihn selber. Das wiederholte sich noch zweimal; den fünften Fisch endlich händigte er Fionn aus, aber er sagte dabei: »Paß ja auf, daß er beim Braten keine Blase kriegt! Sonst komm ich und mache einen Fußball aus deinem Kopf.«

Fionn suchte Holz zusammen und zündete ein Feuer an, spießte den Lachs auf einen Stab und hielt ihn über die Flammen, und nach einer Weile hob sich an einer Stelle die Haut vom Fisch ab. Fionn drückte den Finger drauf, um sie wieder flachzupressen, dabei verbrannte er sich und steckte den Finger in den Mund. Da entdeckte er, daß er einen Weisheitszahn hatte: Wenn er den mit dem Finger drückte, wußte er im selben Augenblick, was andern verborgen war, so daß er fortan auf alle Fragen Antwort geben konnte.

Jetzt aber wußte er auf einmal, daß der Fischer der schwarze Arcy war, und daß der schwarze Arcy seinen Vater erschlagen hatte. Und als Acry zu ihm kam, um nach dem Fisch zu sehen, fragte er ihn: »Weißt du, wie Cumhal gestorben ist?« Der schwarze Arcy sagte: »Er blökte wie ein Kalb und furzte wie ein Wallach, als ihm mein Speer schräg in den Rücken fuhr.« Fionn sagte: »Du sollst nicht besser sterben als er.« Er nahm Arcys Angelrute und zerbrach sie über dem Knie. Mit dem einen Stück schlug er Arcy nieder und tötete ihn dann.

Er hatte ja nun entdeckt, daß es bei ihm stand, sich Wissen zu verschaffen. Jetzt wollte er erfahren, ob seine Mutter noch lebte. Fionn drückte den Finger unter seinen Weisheitszahn, und sofort ging ihm auf, daß er die häßlichste Frau von Irland zur Mutter hatte und wo sie zu finden war. Er wanderte weiter, und nicht lange, da kam er an das Haus des Schmiedes von Ulster. Seine Mutter stand davor im Bach und klopfte Wäsche. Als sie ihn erblickte, ließ sie den Bleuel sinken und sagte: »Du kommst! Nun habe ich ein Drittel meines Gehörs wieder zurück.«

Sie setzten sich am Bach ins Gras und fragten und erzählten, und Fionn klagte der Mutter seine Not: Um sich in der Welt fortzubringen, brauche er ein Schwert. Die Mutter wußte Hilfe. »Verding dich bei meinem Vater, dem Schmied«, sagte sie. »Er macht alle Waffen für die vom Clan Mòlum und hat eine ganze Kammer voller Schwerter. Verlang als Lohn nichts anderes als ein Schwert.« Und sie erklärte ihm, ihr Vater werde ihm eines machen, so gut, daß er damit nie mehr als einmal zuschlagen müsse.

Fionn ging zum Schmied hinein. Der fragte ihn: »Wer bist du?« Er antwortete: »Ein guter Knecht, der einen Herrn braucht.« Er verdingte sich für ein Jahr und einen Tag und verlangte, sein Lohn solle ein Schwert sein, das für seine Hand passe, und der Schmied war damit zufrieden.

Der Schmied hatte noch nie einen Gehilfen gehabt, der

so wie Fionn mit dem Hammer umgehen konnte. Am Ende des Jahres befahl er ihm, zu einem Stapel Schwerter in der Schmiede zu gehen und sich eins auszusuchen. Fionn gehorchte, ging hin und hob ein Schwert auf; aber als er es schüttelte, zerbrach es in tausend Stücke. Er bückte sich nach dem nächsten, doch der Schmied rief ärgerlich: »Laß sie liegen!« Er packte mit der Zange eine Stange Eisen, hielt sie ins Feuer, bis sie glühte, legte sie auf den Amboß und hämmerte ein neues Schwert, ein schwereres. Aber als es fertig war, nahm Fionn es und schüttelte es, und es zerfiel wieder in tausend Stücke. Da fragte der Schmied: »Wer bist du, dem kein Schwert paßt, das für einen andern gut wäre? Ich wollte, ich hätte dich nie gesehen.« Und er sagte: »Um für dich ein Schwert zu machen, muß ich die ganze Nacht aufbleiben. Du pack dich hinaus.«

Fionn ging ins Haus zu seiner Mutter, die sagte: »Hüte dich, einen Fuß in die Schmiede zu setzen, solange mein Vater an dem Schwert arbeitet. Er braucht dazu Eisen und Kohlen von einem bösen Ort, und wenn das Schwert geschmiedet ist, muß es im Blut des ersten lebenden Geschöpfes gehärtet werden, das in die Schmiede kommt – Mann, Frau oder Hund.«

Fionn und seine Mutter saßen wach und lauschten auf die Hammerschläge, die durch die Nacht klangen, und als der letzte getan war, liefen sie beide an die Tür der Schmiede; die Mutter öffnete sie einen Spalt weit und rief dem Sohn leise zu: »Wirf ein Hundejunges hinein.« Da packte Fionn ein Junges und schleuderte es durch die Tür, und der Schmied schnitt den kleinen Hund mit einem Schwertstreich mittendurch. Eine Weile später aber ging Fionn selber hinein und empfing sein berühmtes Schwert Mac an Luin.

Nun nahm Fionn Abschied von seiner Mutter und ging auf die Suche nach den Mannen seines Vaters; er fand sie in Uferhöhlen, in die sie sich hatten flüchten müssen und wo sie von Schalentieren lebten. Fionn trat in die erste Höhle, er fand einen Alten, der für die andern kochte, und als er Fionn erblickte, schrie er: »Das Wort hat sich erfüllt!« Und eine ganze Weile konnte Fionn nichts anderes aus ihm herauskriegen.

Die Männer waren alle von Haar und Bart überwuchert und so verhungert, daß sie sich die Kleider mit sieben Nadeln oder Wurstspeilern zusammenstecken mußten. Es gab aber unter ihnen eine Prophezeiung, daß Cumhals Sohn eines Tages kommen werde. Und der Alte, den Fionn in der Höhle getroffen hatte, sagte ihm auf den Kopf zu, er sei Cumhals Sohn. »Denn«, sagte er, »ich hab ein Drittel meiner Kraft und meines Augenlichtes zurückgewonnen.« Und er befahl Fionn, sich zu verstecken, oder die andern würden ihn aus reiner Freude und Liebe verschlingen.

Die Nachricht, Cumhals Sohn sei aufgetaucht, verbreitete sich wie ein Lauffeuer, von Höhle zu Höhle wurde sie weitergegeben: »Das Wort hat sich erfüllt, genau wie es verheißen ist.«

Fionn trieb die Kühe zusammen, die denen vom Clan Mòlum gehörten, und stach einen Hammel ab. Als der erste Höhlennachbar herangerannt kam und Schafbraten roch statt Muschelfleisch, rief er aus: »Das Wort hat sich erfüllt!« Fionn ließ alle auf sein Schwert schwören, dann schor er den Männern mit seinem Schwert Mac an Luin den Bart und stutzte ihnen das Haupthaar.

Als Fionn seines Vaters Mannen in ihrer Armut und Höhleneinsamkeit am Meer gefunden hatte, war sein Erstes, daß er sich die Herrschaft über sie sicherte und ihnen bewies, daß er der würdige Sohn eines würdigen Vaters war: Er hatte von seiner Mutter einen Sack Äpfel mitbekommen, den hatte er vor der Höhle abgestellt und durch einen Zauber oder einen geheimen Kniff am Boden festgemacht, so daß ihn niemand aufheben konnte. Und nun schickte er einen Mann nach dem anderen heraus, um die Äpfel zu holen, aber keiner brachte den Sack von der Stelle, und auch alle zusammen richteten nichts aus. Da ging Fionn selber vor die Höhle, hakte den kleinen Finger in die Schnur, hob den Sack auf und trug ihn so herein. Das verschaffte ihm mit einem Schlag Hochachtung und machte ihn zum Meister über die ganze Schar. Sie reinigten ihre Waffen, und er ging hinaus mit ihnen und verjagte die vom Clan Mòlum und eroberte Cumhals Königreich zurück.

3. Wie Mac an Luin geschmiedet wurde

Einmal war Fionn mit Oscar, Daorglas und Diarmaid auf Islay zur Jagd; und als sie so hinschritten, sahen sie einen häßlichen Mann in großer Eile vom Berg her auf sie zurennen. Er war lang und dunkel und trug Mantel und Schurz von dunkelgrauem Fell. Das merkwürdigste an ihm aber war, daß er nur ein einziges Auge hatte, und das saß dichtbewimpert mitten auf der Stirn. Es war aber Lon MacLean, der eine Weile beim König von Lochlin in Gilvin gearbeitet hatte. Er rannte mit aller Macht auf Fionn MacCumhal zu. Als er die Männer erreicht hatte, bat er sie, ihm in seine Schmiede zu folgen. Da sagte Fionn: »Und wo, Bürschchen, ist deine Schmiede? Und was haben wir davon, wenn wir sie zu sehen kriegen?« – »Meine Schmiede«, sagte der Elfenschmied, »findet keiner, und wenn ich es nicht will, dann seht ihr sie auch nicht.«

Daorglas war der schnellste Läufer unter den Fians; sauste er in voller Geschwindigkeit dahin, dann schien es, als rennten drei Leute. Als nun der dunkle Mann mit dem Stirnauge kehrt machte und davonraste, so schnell, daß sie ihn kaum mehr zu erkennen vermochten, lief Daorglas ihm hinterher, und danach erst folgten die andern, Fionn als letzter. Daorglas blieb dem Elfenschmied dicht auf den Fersen. Der Dunkle trat mit einem einzigen Schritt über jede düstere, einsame Schlucht hinweg, und sie konnten nur mit Mühe ein Stück des Gewandes über seinen Schenkeln erblicken. Aber auch Daorglas setzte mit einem einzigen Schritt über die Schluchten. So geschwind liefen sie dahin, daß sie in der schnellen Bewegung fast unsichtbar wurden.

Als sie sich der Tür der Schmiede näherten, holte Daorglas den Elfenschmied ein; sie standen nebeneinander vor der Bergwand mit dem Höhlenloch. »Ein kleiner Eingang!« sagte der Elfenschmied. »Reiß ihn weiter auf!« sagte Daorglas. Der Elfenschmied wandte sich zu ihm um und sagte: »Ich denke nicht, daß ich das tun werde. Sieh zu, wie du hineinkommst.« Da warf sich Daorglas zu Boden und schlängelte sich, Arme und Kopf voran, durch das enge Loch, die Tür zur Bergschmiede des Elfs. Als sie drinnen angelangt waren, sagte der Elfenschmied: »O Daorglas, du hast dir den Namen der Schlankheit verdient, von jetzt an sollst du Caoilte heißen.« Caoilte aber bedeutet soviel wie Dünnmann.

Sie fanden drinnen Feuer und Blasebälge, Ambosse und Schmiede, jeden mit vier Armen, so daß sie gleichzeitig die Zangen halten und die Hämmer schwingen konnten; aber Daorglas-Caoilte arbeitete tüchtiger als sie alle, er arbeitete sich die Wangen röter als die Kohlenglut. Einer der Schmiede fragte: »Woher kommt der Dünnmann, den nichts einschüchtert und der uns den stählernen Amboß verdirbt?«

Der Elfenschmied und Caoilte schmiedeten aber miteinander das Schwert Mac an Luin, und als sie dabei waren, trat die Tochter des Elfs herein und fragte: »Wer ist der schlanke graue furchtlose Mann?« Die Jungfrau sprach dann mit Daorglas über bedeutsame Dinge und verriet ihm, daß ihr Vater, wenn das Schwert fertig sei, zu ihm sagen würde: »Und was braucht es nun?« Darauf müsse er antworten: »Nur noch eine Kleinigkeit.« Und dann müsse er das Schwert ergreifen und ihrem Vater in den Leib stoßen, um es zu härten.

So entstand Fionns berühmtes Schwert Mac an Luin, das, wie sie es nannten, von seinem Schlag nichts übrigließ – es war kein zweiter nötig, wenn man einmal damit zugeschlagen hatte, der erste durchdrang schon, was zu durchdringen war.

Fionn besaß noch ein zweites wunderbares Werkzeug, nämlich seinen Hammer, der in ganz Irland gehört werden konnte. In manchen Geschichten wird statt des Hammers ein Schild erwähnt: Wer immer von Fionns Schar das hörte, war verpflichtet, denen zu Hilfe zu eilen, die in Gefahr sein mochten.

4. Die Fians in kargen Zeiten

Wenn die Fians schlechte Jagdzeiten hatten, und das kam öfter einmal vor, dann lebten sie von der Milch ihrer Kuh Grauwange, und zwar so, daß jeder einen Mundvoll bekam; dazu aßen sie das Fleisch von Schalentieren: Schnekken, Muscheln und Krebse.

Einmal waren sie auf Skye und hatten wieder nichts erjagen können, da schickten sie Dünnmann, Caoilte, los, den Schnellsten: Er sollte nach Wild Ausschau halten, während sie selbst am Loch Snizort Napfschnecken suchten. Er fand Rotwild im nördlichen Lynecan – wo das ist, weiß man nicht genau. Als er die Rehe sah, stieß er einen Schrei aus, den die andern hörten. Sie saßen gerade am See und aßen ihre Muscheln. Sie hörten Dünnmanns schrillen, harten Schrei aus dem Norden von Lynecan herüberdringen, und der eine, der eben den Mund voll von Muschelfleisch und einem Schluck Milch der grauwangigen Kuh hatte, spuckte den widerwärtigen Bissen in hohem Bogen aus. Der Ort, wo das geschah, heißt Mundvoll-Fels; der Stein dort ist verfärbt von dem ausgespienen Bissen. Die Helden brachen augenblicklich auf und zogen dorthin, wo es die Rehe gab.

Besonders einer der Weideplätze der grauwangigen Kuh wird heute noch auf der Insel Skye gezeigt, aber man kennt dort auch fünf andere ihrer Lieblingswiesen. Ihren Lagerplatz hatte sie am Kitzenfels auf Skye.

Übrigens haben die Fians auch Pferde besessen, aber ihr stärkstes und bestes mit Namen Weißstirn kam durch Überanstrengung um, als es im Herbst die Ernte mit der Schleife vom Nassen weg auf den trockenen Boden schleppen mußte.

Und viel wird von Fionns Hund Bran erzählt, der ein Elfenhund war und eine giftige Klaue hatte; die mußte immer bedeckt bleiben, außer der Hund sollte kämpfen.

5. Conall

Früher gab es in Irland einen alten König. Seine Schwester, sie hieß Maobh, hatte drei Söhne, der älteste war Ferghus, der mittelste Lagh an Laidh und der jüngste Conall.

Der König beschloß, den ältesten, Ferghus, zu seinem Erben zu machen. Er ließ ihm die Erziehung eines Königssohnes und Ritters zuteil werden, und als er zufrieden mit dem war, was Ferghus gelernt hatte, nahm er ihn zu sich nach Hause in den Palast. Nun waren sie dort zusammen.

Sagte der König: »Dies Jahr hab ich gut zugebracht, nun geht es zu Ende, und Mühsal und Sorgen kommen über mich.« – »Was für Mühsal und was für Sorgen?« fragte der junge Mann. »Heute erscheinen die Vasallen des Landes, um Rechenschaft zu fordern.« – »Du hast es doch nicht nötig, dich zu plagen, es ist ja schon verkündet worden, daß ich der junge Erbe bin, und es steht an allen Enden des Königreichs in Dokumenten und Urkunden verzeichnet. Ich werde für dich ein schönes Schloß vor dem Palast errichten. Ich rufe Zimmerleute und Maurer und Schmiede zusammen, die sollen es bauen.« – »Ach, so denkst du dir das, Schwestersohn?« sagte der König. »Du hättest weder Anspruch noch Recht auf das Königreich, hätte ich selber es nicht für gut befunden, sie dir aus meinem eignen freien Willen zu geben. Ehe ich unter der Erde liege, wirst du dich nicht auf Irlands Thron sehen.« – »Bevor ich dies so weitergehen lasse«, erwiderte der junge Mann, »wird es einen Tag mit Kampf und Schlacht geben.«

Er ging fort und segelte nach Schottland hinüber. Dem König von Schottland ließ er die Botschaft überbringen, daß der junge König von Irland ihn besuchen komme. Sie hoben ihn auf die Speerspitzen, der König ordnete einen großen Schmaus an, es gab Fleisch zu essen und gab zu trinken und gab Musik zu hören, und sie feierten fröhlich miteinander und ließen es sich allesamt wohl sein. »Oh, junger König von Irland«, sagte der König von Schottland,

»daß du nach Schottland gekommen bist, hat doch gewiß seinen Grund.« – »Den möchte ich dich erst wissen lassen, wenn ich sicher bin, daß ich bekomme, was ich wünsche.« – »Du erhältst alles, was ich habe, denn falls ich selber Hilfe suchte, so würde ich vielleicht zu dir gehen, um sie zu bekommen.« – »Zwischen mir und meiner Mutter Bruder ist Streit ausgebrochen. Es ist verkündet worden, daß ich König von Irland bin, er aber sagt mir, ich hätte nichts mit der Regierung zu schaffen, bis er unter der Erde läge. Ich will mein Recht behaupten, und von dir möchte ich Hilfe.« – »Die sollst du haben«, sagte der König, »dreihundert schnelle Helden, dreihundert tapfere Helden, dreihundert vollkommene Helden. Das ist nicht schlecht geholfen, sollte ich meinen.« – »Ich habe keinen, der sie anführt, und bin so übel dran wie zuvor. Aber ich hätte noch eine kleine Bitte, und wenn ich wüßte, daß du sie mir erfüllst, dann würde ich sie aussprechen,« – »Du sollst alles haben, wovon ich mich trennen kann«, sagte der König, »hab ichs aber nicht, kann ichs dir nicht geben, also heraus mit der Sprache, und du sollst es bekommen.« – »Es ist Boinne Breat, dein Sohn: Gib ihn mir als ihren Anführer mit.« – »Meine Qual komm über dich! Hätt ichs dir nicht versprochen, du kriegtest ihn gewiß nicht. Aber es ist keiner geboren – nicht in Schottland, nicht in Irland und nicht im angelsächsischen Land und nirgendwo auf der Welt –, der meinen Sohn im ehrlichen Kampf besiegt. Kommt mein Sohn nicht so zurück, wie er auszieht, dann wird das Wort eines Iren nie mehr gelten, denn dann ist er durch Verrat überwunden worden.«

Am nächsten Morgen zogen sie fort und segelten hinüber zum König der Angelsachsen. Ferghus ließ ihm die Botschaft überbringen, daß der junge König von Irland gekommen sei. Der Sachsenkönig zog ihm entgegen, sie hoben ihn auf die Speerspitzen, Musik wurde angestimmt, und jede Klage schwieg im Palast des Sachsenkönigs; es gab Fleisch zu essen und gab zu trinken und gab Musik zu hören, und sie feierten fröhlich miteinander und ließen es sich allesamt wohl sein.

»Oh, junger König von Irland«, sagte der Sachsenkönig, »daß du hierher gekommen bist, hat doch gewiß seinen Grund.« – »Ich bin als Königssohn und Ritter aufgezogen worden. Mein Mutterbruder hat mich heimgeholt. Er fing an, über die Vasallen des Landes und über das Volk im Königreich zu reden, und daß Mühsal und Sorge ihn bedrückten, und daß er wünsche, das Ende vom Jahr käme überhaupt nicht heran. Da sagte ich zu ihm: ›Ich bau dir einen Palast, so daß du weiter nichts zu tun brauchst, als dir das Gesicht zu waschen und die Füße in den Schuhen auszustrecken.‹ Sagt er: ›Mein Neffe, du hast kein Anrecht aufs Reich gehabt und sollst es nicht bekommen, bevor ich unter der Erde liege, und da mag sein, was will.‹ Sag ich: ›Ehe es so wird, gibt es zwischen uns beiden eine Schlacht, der Tag kommt.‹ Und ich bin fortgegangen, hab mein Schiff genommen und einen Kapitän dazu und bin nach Schottland hinübergesegelt. Ich bin in Schottland gelandet und hab dreihundert schnelle Helden und dreihundert tapfere Helden und dreihundert vollkommene Helden erhalten. Nun komme ich zu dir, um zu sehen, was für Hilfe du mir gibst.« – »Ich geb dir ebensoviel und einen Helden, der sie anführt«, sagte der Sachsenkönig.

Sie zogen fort und segelten nach Irland hinüber. Sie gingen in Irland an einer Klippe an Land, und die heißt heute noch Ferghusklippe. Er kam zum König. »Bruder meiner Mutter, bist du bereit?« – »Nun gut, Ferghus, obwohl ich das gesagt habe, hab ich doch nicht gedacht, du würdest im Bösen kommen. Ich habe meine Männer noch nicht zusammengerufen.« – »Das ist keine Antwort für mich. Du hast Irland unter deinem Regiment. Ich bin mit meinen Männern hier, und ich hab weder Platz für sie noch Essen und Trinken.« – »Oh!« sagte der König, »Irlands Speicher stehen dir offen, und ich will gehen und mein Volk sammeln.«

Er ging fort; wanderte durch ganz Irland. Da kam er an einen Ort, den sie An t'Iubhar, den Wacholder, nannten. Es war nur ein Mann im Iubhar, der hieß Goibhlean Gobha, Goibhlean Schmied. Der König beschloß hineinzugehen, denn er verspürte Durst, den wollte er löschen und eine Weile verschnaufen.

Er trat ein. Drinnen war nur die Schmiedstochter. Sie trug ihm einen Stuhl zum Sitzen herbei. Er bat um einen Trunk, und die Schmiedstochter wußte nicht, was sie anfangen sollte, denn der Schmied besaß nur eine einzige Kuh, die hieß Glas Ghoibhlean, graue Ghoibhlean, und gab dreimal am Tag einen Eimer voll Milch; aber dreimal am Tag wurde der Schmied von einem großen Durst befallen und leerte den Eimer. Hatte seine Tochter den nicht vollgemolken, so ließ er sie nicht gehen. Als nun der König um etwas zu trinken bat, fürchtete sie, wenn sie den Eimer für den Vater nicht gefüllt hätte, würde er ihr den Kopf abschlagen. Aber dann dachte sie: ›Komme es, wie es wolle, der König soll trinken.‹ Sie holte den Eimer herbei und stellte ihn vor ihn hin, er trank und trank ihn zu einem Viertel aus, drei Viertel ließ er darin.

»Lieber wollt ich, du tränkest das Ganze. Mein Vater hat einen Eid geschworen: Hab ich den Eimer nicht voll, muß ich sterben.«

»Nun«, sagte der König, »ich habe einen Zauber, damit mach ich ihn so voll, wie er war.« Er stellte den Eimer auf den Tisch, schlug mit der flachen Hand an den Rand und schlug so viel davon ab, wie über der Milch war, und der Eimer war wieder voll. Und bevor der König wieder wegging, gehörte ihm das Mädchen.

»Nun gehst du fort, o König von Irland, und ich bin in der Schande. Was läßt du mir zurück?« – »Ich geb dir tausend von jeder Farbe, tausend von jeder Art, tausend von jedem Geschöpf.« – »Was tu ich damit? Ich finde in Irland doch kein Salz, um sie einzusalzen.« – »Dann geb ich dir drei Täler und drei Hochmoore, da kannst du sie von einem Jahr aufs andere füttern.« – »Was tu ich damit? Denn wenn Ferghus dich tötet, dann nimmt er mirs wieder ab, außer ich habs schriftlich, mit einem Tropfen Blut, um es festzumachen.« – »Heut abend bin ich in Eile«, sagte der König, »aber komm du morgen in das Lager zu Ćroc Maol nam Muc«, und er segnete sie und ging fort.

Ihr Vater kam heim. »Behüte dich, behüte dich, meine Tochter! Ich glaube, heut war ein Fremder hier und hat dich besucht.« – »Woher weißt du das?« – »Als ich ausging, hattest du den langsamen Wimpernschlag einer Jungfrau, jetzt aber hast du den schnellen Wimpernschlag einer Frau.« – »Von wem möchtest du gern, daß er hiergewesen wäre?« – »Ich hab nie einen Mann erblickt, den ich lieber hier gehabt hätte, als den König von Irland.« – »Schön, er ists gewesen. Er hat mir tausend von jeder Farbe vermacht, tausend von jeder Art, tausend von jedem Geschöpf. ›Was‹, hab ich gesagt, ›was fang ich damit an, da ich in Irland doch nicht Salz genug kriege, um sie einzusalzen?‹ Sagt er: ›Ich geb dir drei Täler und drei Hochmoore, daß du sie von Jahr zu Jahr weiden lassen kannst.‹ – ›Was fang ich an, wenn Ferghus dich tötet? Dann krieg ichs nicht.‹ Sagt er: ›Ich gebs schriftlich mit einem Tropfen von meinem eigenen Blut drauf, ums festzumachen.‹«

Die Nacht schliefen sie so, wie sie waren, und kam der Tag auch früh, noch früher erhob sich der Schmied. »Komm, Tochter, laß uns gehn.« Sie ging mit dem Schmied, und sie erreichten den König in seinem Lager.

»Bist du gestern nicht im Iubhar gewesen?« sagte der Schmied zum König. »Das war ich.« – »Und weißt du noch, was du dem Mädchen gesagt hast!« – »Gewiß weiß ich das. Aber die Schlacht wird erst morgen sein. Ich geb dir, was ich dem Mädchen versprochen habe, aber laß sie jetzt.« Der Schmied begriff und ging fort.

In der Nacht erwachte sie, nachdem sie eine Weile geschlafen hatte, denn sie hatte geträumt. »Bist du wach?« – »Ja. Was willst du von mir?« – »Ich hab geträumt: Ich sah, wie ein Tannenschößling aus dem Herzen eines Königs wuchs und einer aus meinem eigenen Herzen, und sie wanden sich umeinander.« – »Das ist unser Söhnchen.« Sie schliefen weiter, aber nicht lange, da träumte sie wieder. »Bist du wach, König von Irland?« – »Ja, was willst du von mir?« – »Ich habe wieder geträumt. Ferghus kam und nahm mir Kopf und Hals.« – »Das heißt, Ferghus tötet mich und nimmt mir Kopf und Hals.« Sie schlief wieder ein und träumte abermals. »Schläfst du, König von Irland?« – »Nein, was willst du von mir?« – »Ich hab Irland gesehen, wie es von einer Seite zur andern und von einem Ende zum andern mit Garben von Gerste und Hafer bedeckt war; da kam ein Windstoß vom Osten, einer vom Norden. Jeder Baum wurde weggefegt, nichts mehr war von den Garben zu sehn.« – »Ferghus wird mich töten und mir Kopf und Hals nehmen. So geschwind wie du je was getan hast: Nimm meine Waffe an dich und bewahr sie. Du und ich haben einen Sohn miteinander gezeugt. Du sollst ihn säugen und pflegen und ordentlich aufziehen. Bewahr die Waffen. Wenn du siehst, daß er sprechen und sich selber forthelfen kann, dann schick ihn in die Welt hinaus, er soll wandern, bis er herausgefunden hat, wer er ist. Er wird König über Irland sein, und sein Sohn wird König über Irland sein, und sein Enkel wird König über Irland sein. Aus seinem Geschlecht werden Irlands Könige stammen, bis es das neunte Glied erreicht. Von dem neunten wird ein Kind geboren werden. Ein Bauer wird mit einem Fisch kommen, sie werden den Fisch kochen, eine Gräte wird dem Jungen in der Kehle steckenbleiben, und er wird ersticken.«

Maobh, des Königs Schwester und die Mutter von Ferghus, hatte noch zwei andere Söhne, und am nächsten Morgen sollte die Schlacht sein. Lagh an Laidh und Conall, und Lagh an Laidh war der ältere. »Was meinst du«, sagte Lagh an Laidh, »sollen wir unserm Mutterbruder beistehen oder Ferghus?« – »Ich weiß nicht. Wenn unser Mutterbruder gewinnt und wir auf der Seite von Ferghus sind, dann haben wir für immer einen Stein im Schuh. Aber wenn Ferghus gewinnt, dann wird er uns den Rücken wenden, weil wir gegen ihn waren.« – »Also gut, das soll nicht sein. Zieh du mit Ferghus, und ich will mit unserm Mutterbruder ziehn.« – »Wenn ich ein Mann wäre,« sagte Maobh, »dann würd ich mit meinem eigenen Bruder zusammen kämpfen.« – »Also schön, ich ziehe mit Ferghus«, sagte Lagh an Laidh, »und du, Conall, tu es auch.«

Ferghus ging zu Fionn; er pries ihn mit ruhigen, sanften

Worten. Fionn pries ihn mit besseren Worten – und wenn sie schon nicht besser waren, so waren sie mindestens nicht schlechter. »Ich habe gehört, es soll eine Schlacht zwischen dir und deinem Mutterbruder stattfinden«, sagte er. Ferghus antwortete: »Das soll geschehen, und ich komme, um dich um Hilfe zu bitten.« – »Es wäre sehr dreist von mir, gegen deinen Mutterbruder zu ziehen, der mir in seinem Land Wohnung und Nahrung gewährt. Wenn dein Mutterbruder gewinnt, bekommen wir keine Furche, keinen Klumpen Erde mehr von Irlands Boden, solange wir leben. Ich will das tun: Keinen Streich für dich, keinen Streich gegen dich.«

Am andern Tag zog Ferghus heim; sie stellten ihre Männer zur Schlacht auf; die zum König gehörten auf der einen Seite, die zu Ferghus gehörten auf der andern. Ferghus hatte keine Gefährten außer Boinne Breat und die Seinen, den großen Sachsenhelden und die Seinen und Lagh an Laidh. Boinne Breat legte den Harnisch für Schlacht und harten Kampf an, er zog seinen seidenen gestrickten Rock über das Panzerhemd, an der linken Seite trug er einen dröhnenden Schild; wie viele Tode steckten in seiner gegerbten Scheide!

Er schritt aus mit zornigen Schritten wie ein plötzlicher Windstoß; jeder Schritt, den er zurücklegte, war kleiner als ein Berg, doch größer als ein Hügel auf der Bergseite. Er wandte sich ihnen zu, gegen den Boden gestemmt und geduckt, drei Reihen von ihnen vertrieb er, schmetterte sie von ihren Schilden und über die Wolken zu ihrem Fleisch und Blut. Keinen wollte er übriglassen, der den Mund zu voll nehmen, die Geschichte erzählen oder schlimme Neuigkeiten berichten könnte. Da war ein kleiner, einäugiger, rotbrauner Mann, einäugig und nur noch auf einem Knie und mit einer Hand. »Du sollst nicht leben, um eine Geschichte von mir zu erzählen!« Sprachs und schlug ihm den Kopf vom Halse. Dann zog sich Boinne Breat zurück; er nahm die Rüstung ab. »Geh, Ferghus, und schlag deinem Mutterbruder den Kopf herunter, oder ich tus.« Ferghus ging, er packte seiner Mutter Bruder und schlug ihm den

Kopf ab. Die Schmiedstochter hob die Waffen des Toten auf und nahm sie mit.

Lagh an Laidh behielt seine Rüstung an. Als er sah, daß sich Ferghus anschickte, seinem Mutterbruder den Kopf abzuschlagen, wurde er rasend. Lagh an Laidh schritt um den Hügel herum und suchte Boinne Breat, der unbewaffnet war. Boinne Breat dachte, der Mann sei trunken von der Schlacht; er wollte sich auf die andere Seite des Hügels wenden und sehen, ob er zu seinen eigenen Männern gelangen könne. Lagh an Laidh trat ihm auf der andern Seite entgegen. Boinne Breat wollte abermals umkehren. ›Vielleicht‹, dachte er, ›wird die Schlachtentrunkenheit verebben.‹ Beim dritten Mal jedoch entschied er, daß er nun nicht wieder umkehren wolle, und stünden ihm auch alle entgegen, die in Schottland, Irland oder im Sachsenland seien. »Es ist seltsam, Mann, daß du, der die ganze Schlacht über an meiner Seite gekämpft hast, jetzt gegen mich stehst! Ich kann nur glauben, daß du von der Schlachtentrunkenheit besessen bist«, sagte Boinne Breat. »Ich bin ganz außer mir.« – »Nun dann«, sagte Boinne Breat, »ich bin zwar waffenlos, und du bist gerüstet, aber bedenke, du bist für mich nicht mehr, als was ich zwischen diesen beiden Fingern halten kann.« – »Ich will nicht als Verräter an dir handeln. Dort hinter dir stehen drei der besten Helden, die es in Schottland, Irland oder dem Sachsenland gibt.« – Boinne Breat wandte sich zurück, um die Helden zu sehen, und als er sich umdrehte, schlug ihm Lagh an Laidh den Kopf ab.

»Oh, mein Elend!« sagte Ferghus, »lieber wollte ich, dort läge mein eigener Kopf. Nun wird, solange noch Menschen leben, keines Iren Wort mehr gelten. Das ist dir für immer ein Stein im Schuh, und du sollst kein Quentchen vom Irenlande erhalten.« Lagh an Laidh ging fort, er ging zum Berge, dort grub er sich eine Höhle, darin blieb er.

Die Schmiedstochter gedieh und nahm zu, und nach einiger Zeit gebar sie ein Söhnchen. Sie gab ihm den Namen Conall Mac Rith Eirinn, das heißt Conall Irenkönigssohn. Sie nährte ihn gut und überreich. Als er sprechen gelernt hatte und gut laufen konnte, nahm sie ihn an einem nassen, nebligen Tage mit auf den Berg zwischen Hochmooren und Wäldern. Dort ließ sie ihn abseits vom Pfad allein in der Wildnis zurück, damit er sich selber den Weg suche, und ging heim.

Er wußte nicht, was in aller Welt er tun sollte, denn er ahnte nicht einmal, in welche Richtung er sich wenden mußte, aber er fand eine schmale Spur, der folgte er, und am Abend sah er etwas am Wegrande: eine kleine Hütte. Er trat ein. Drinnen war kein Mensch; da ließ er sich am Feuer nieder. Dort blieb er, bis am Ende der Nacht eine Frau kam, die hatte sechs Schafe bei sich. Sie erblickte einen großen Bengel am Feuer, einen Einfaltspinsel, wie ihr schien, und wunderte sich sehr. Dann sagte sie zu ihm: »Hör mal, du, mach, daß du weiterkommst! Dort unten hat der König sein Haus, da kannst du bei den Küchenmägden was kriegen.« – »Nein«, sagte er, »ich geh nicht. Aber wenn du mir was zu essen gibst, dann hüte ich dir die Schafe.«

Caomhag, Sänftlich, denn so hieß die Frau, sagte: »Wenn ich das glauben kann, will ich dir schon Essen und Trinken geben.« Am Morgen zog er mit den Schafen fort. »Ich habe keinen Fußbreit Grasland für sie«, sagte sie, »nichts als den Straßenrand. Du mußt sie dort fressen lassen, und paß ja auf, daß sie nicht weiterlaufen.«

Als es Nacht wurde, kam er mit den Schafen heim, und am Morgen zog er wieder mit ihnen aus. Es gab schon kaum noch Gras an dem Straßenrand, wo er sie weiden ließ, aber jenseits des Dammes lagen drei Weizenfelder, die gehörten drei Herren. Die Schafe blökten und verlangten Futter, er wurde der Sache müde: Da ging er hin und riß den Wall ein und ließ sie auf das eine Feld. Nach ein paar Tagen war das kahl, da ließ er sie weiter aufs nächste und endlich auch aufs dritte, bis sie alle drei Felder leergefressen hatten. Eines schönen Tages aber kamen die Herren an, alle drei zusammen. Als sie auftauchten, stand auf den drei Feldern kein Hälmchen mehr.

»Wer bist du? Du hast die Felder abgefressen?« – »Ich

doch nicht! Das waren die Schafe.« – »Sinnlos, mit dem zu reden, der ist ja ein Narr. Kommt, wir gehen zu Caomhag! Wollen doch sehen, ob das ihre Schafe sind.« Sie langten bei Caomhag an und nahmen sie mit sich zum Gericht. Dies war der erste Gerichtstag, den Ferghus hielt, seit er die Krone erlangt hatte.

Damals hatten die Könige eine Gabe, die vererbten sie einer dem andern: Wenn sie nicht wußten, wie sie das Recht am besten spalten sollten, dann fing der Richterstuhl an auszuschlagen, und wenn der König nicht so, wie er sollte, Gerechtigkeit übte, dann verdrehte sich dem König der Hals.

»Ich kann das nur so sehen«, sagte der König: »Sie sollen den Zahn erhalten, der die Verwüstung angerichtet hat.« Der Richtersessel fing an auszuschlagen, und der Hals des Königs verdrehte sich. »Komm einer von euch her und löse mich ab. Seht zu, ob ihr einen bessern Spruch findet.« Es waren zwar Tausende im Saal, aber keiner wollte sich an des Königs Statt auf den Sessel setzen, keiner hatte Lust, dem König solche Respektlosigkeit zu zeigen. »Ist einer da, der mich ablösen will?« – »Nein, niemand, höchstens Caomhags Hirte selber, vielleicht tut ders.«

Sie schoben Caomhags Hirtenjungen vor, und er ließ sich auf dem Sessel nieder. »Lös mich ab, mein kleiner Held, und fäll einen gerechten Spruch, ich sag nichts dazu.« – »Ich spreche nicht Recht und nicht Gerechtigkeit, wenn ich nicht erstmal was zu essen kriege.« Sie brachten ihm eine Hammelkeule. »Was für einen Spruch hast du getan?« fragte er den König. »Ich hab ihnen den Zahn zugesprochen, der ihnen die Felder verwüstet hat.« – «Warum hast du nicht gleich Caomhag zum Tode verurteilt? So würde ichs machen: Caomhag hat sechs Schafe, und wenn ihr auch die sechs Schafe weggenommen würden, davon wären die Herren doch nicht bezahlt. Caomhag wird sechs Lämmer haben, die Herren sollen die sechs Lämmer bekommen, und sie selber soll die Schafe behalten müssen.« Des Königs Hals wurde wieder gerade. Conall ging fort, und sie fragten nicht, wer er war, und ließen ihn in Frieden.

Nun wohnte dort ein anderer Herr, der besaß ein Pferd, das schickte er zum Beschlagen in die Schmiede. Der Schmied hatte ein Söhnchen; auf den Kleinen paßte ein Kindermädchen auf. Aber das Wetter war schön, das Pferd wurde im Freien beschlagen, und das Mädchen hatte noch nie zugeschaut, wenn einem Pferd die Hufeisen aufgenagelt wurden: sie ging mit dem Kind hinaus, um sich das anzugucken. Sie setzte sich vor dem Pferd hin, und der Schmied nahm Nagel und Eisen, aber er hämmerte den Nagel nicht ins Horn, sondern ins Fleisch, das Pferd keilte gewaltig aus und traf das Kind und zerschmetterte ihm den Schädel. Da gingen sie zum König, damit er Recht spreche, und was er sagte, war dies: dem Pferd sollte das Bein abgenommen werden. Der Richtersessel fing an zu wackeln und auszuschlagen, und dem König verdrehte sich der Hals. Wieder war Caomhags Hirtenjunge zugegen. Sie baten ihn, den König abzulösen. Er antwortete, wenn er nicht erst was zu essen kriege, werde er nichts dergleichen tun.

Sie brachten ihm eine Hammelkeule, er aß und ging dann hin zum Königssessel. »Was für ein Urteil hast du gesprochen?« – »Dem Pferd soll das Bein abgenommen werden.« – »Davon hat der Schmied gar nichts. Schickt mir den Stallknecht, der das Pferd zugeritten hat, und den Herrn, dem es gehört, und der Schmied und das Kindermädchen sollen kommen.«

Der Herr und der Pferdeknecht traten vor den Richtersessel. »Also gut, mein Herr, hast du dem Reitknecht befohlen, daß er das Pferd so, wie es sein muß, zureitet?« Der Reitknecht sagte, das habe er getan, so gut er es verstünde. »Mehr kann keiner von dir verlangen. Also schön, Schmied, hast du dem Mädchen befohlen, daß es drin in der Kammer bleiben und nicht herauskommen soll?« – »Nein«, sagte der Schmied, »das hab ich nicht. Sie konnte tun, was sie wollte.« – »Mein Herr«, sagte er, »du stehst am besten da und bist am reichsten. Deshalb will ich dir ein Drittel des Bußgeldes für den Sohn des Schmieds auferlegen und das zweite Drittel dem Schmied selber, weil er den Nagel nicht gemessen hat, bevor er ihn benutzte, und das dritte Drittel sollen das Mädchen und der Reitknecht tragen, sie, weil sie nicht in der Kammer blieb, und er, falls er beim Abrichten das eine oder andere versäumt hat.« Der Herr und der Schmied gingen fort, der Richtersessel stand still, er gab keinen Ruck, der Hals des Königs wurde wieder gerade, und sie ließen Conall gehen wie beim letzten Mal.

Da sagte der König: »Und wenn der Junge die ganze Welt durchwandert hat – in dem ist ein Tropfen königliches Blut, ohne den könnte er nicht so gut das Gesetz spalten. Meine drei besten Helden sollen ihm nachgehen und mir seinen Kopf bringen.« Sie gingen ihm nach. Er schaute zurück, da erblickte er sie. Sie traten zu ihm heran. »Wo wollt ihr hin?« – »Zu dir. Wir wollen dich töten. Der König schickt uns.« – »Ach, das hat er bloß so gesagt. Es lohnt sich nicht für euch, daß ihr mich umbringt.« – »Der ist ja ein Narr«, sagten sie. »Na, und wenn er euch schon schickt, daß ihr mich tötet, warum tut ihrs dann nicht?« – »Willst du dich selber töten, mein kleiner Held?« sagten sie. »Wie soll ich das machen?« – »Da hast du ein Schwert. Hau dirs an den Hals und schlag dir den Kopf ab«, sagten sie.

Er packte das Schwert und wirbelte es in der Faust herum. »Na, nun fang schon an, bring dich um, mein kleiner Held.« – »Packt euch«, sagte er, »ab mit euch nach Hause, und verbergt es nicht vor dem König, daß ihr mich nicht getötet habt!« – »Dann gib mir das Schwert«, sagte der eine. »Nein! Und so viele in ganz Irland sind, sie sollen mirs nicht aus der Faust nehmen«, sagte er.

Sie kehrten um und zogen heim. Wie er so allein für sich weiterging, sagte er zu sich selber: ›Ich bin nicht ohne Mutter auf die Welt gekommen und nicht ohne Vater gezeugt worden. Nach Irland gezogen bin ich nicht, und ich weiß, daß ich in Irland geboren bin.‹

Er wanderte zum Iubhar. Es war ein schöner, warmer Tag, und seine Mutter stand vor dem Haus im Bach und klopfte die Wäsche. Da ging ihm plötzlich ein Licht auf, und er dachte: ›Die dort steht, das ist sie.‹ Er trat heran und hinter sie und legte ihr die Hand auf die Brust. »Wahrhaftig«, sagte er, »ich bin der, den deine rechte Brust genährt hat.« Sie drehte mit einem Ruck den Kopf um. »So einen leibeignen Packesel wie dich hab ich weder geboren noch gesäugt.« – »Meine linke Hand ist hinter deinem Kopf, und in der rechten hab ich ein Schwert. Wenn du mir nicht sagst, wer ich bin, schlag ich dir den Kopf ab.« – »Halt die Hand ruhig, Conall, du Sohn des Königs von Irland.« – »Ich hab gewußt, daß ich das bin und daß ein Tropfen Königsblut in mir ist – aber wer hat meinen Vater getötet?« – »Ferghus hat ihn umgebracht, und um einen zweiten ist die Welt an dem Tag ärmer geworden, das war Boinne Breat, der Sohn des Königs von Schottland.« – »Wer hat Boinne Breat erschlagen?« – »Das tat Ferghus' Bruder, den sie Lagh an Laidh nennen.« – »Und wo wohnt der Mann?« – »Als er Boinne Breat erschlagen hatte, konnte er kein Stück irischen Boden mehr bekommen. Er zog in die Berge und grub sich eine Höhle in einer Bergwand im Wald, da lebt er zwischen wilden Tieren und Ungeheuern.« – »Wer hat meines Vaters Waffen aufbewahrt?« – »Das tat ich.« – »Geh, hol sie her, gib sie mir.« Sie brachte sie. Er legte die Waffen an, und sie paßten ihm so gut, als seien sie für ihn gemacht. »Ich esse nicht und trinke nicht und ruhe nicht nach dieser Nacht, bis ich dorthin komme, wo dieser Mann ist, wo immer er sein mag.«

Er blieb die Nacht über, am nächsten Morgen zog er weiter. Er wanderte fort, bis seine Sohlen schwarz und seine Schuhe durchlöchert waren. Die weißen Wolken des Tages segelten davon, die schwarzen Wolken der Nacht schwammen heran, und er hatte noch keinen Platz gefunden, wo er bleiben und ruhen wollte. Da sah er einen großen Wald. Er richtete sich im Wipfel eines Baumes ein, um die Nacht dort zuzubringen. Am Morgen hielt er Ausschau. Und siehe, da erblickte er einen Menschen, wie die Sonne noch nie einen gesehen hatte, ohne Kleider und

Schuhe, von Haar und Bart bedeckt. Er dachte: ›Wenn ich heruntersteige, kann sein, der ist mir über.‹ Da legte er einen Pfeil auf die Sehne und schoß ihn ab. Er traf ihn am rechten Unterarm, und der unten fuhr zusammen. »Rühr keine Sehne und keine Ader und kein Fäserchen Fleisch und kein Haar, bis du mir versprochen hast, mich als König von Irland zu sehn, oder ich schick so lange meine schlanken eichenen Pfeile hinunter, bis du an der Erde festgenagelt bist.« Der Wilde stellte sich, als habe er nicht gehört, er wandte sich zum Gehen, und wieder schoß Conall einen Pfeil ab. Diesmal traf er ihn in den linken Unterarm. »Hab ich dir nicht gesagt, du sollst keine Ader und keine Fleischfaser und kein Haar regen, bevor du mir versprochen hast, mich als König über Irland zu sehen?« – »Also komm herunter, und ich will dich oder mich als König sehen, eh mehr als ein Tag und eine Nacht vergangen sind.« Conall kletterte herunter. »Hätt ich gewußt, daß ein Knecht wie du mir so befahl, dann hätt ich um nichts in der Welt nachgegeben. Aber nun hab ichs versprochen, dir beizustehen, also gehn wir.«

Sie zogen vor den Königspalast. Sie brüllten, sie seien zum Kämpfen gekommen, und wenn niemand kämpfen wolle, dann sollten die drinnen Ferghus' Kopf herausschikken oder ihn selber als Gefangenen.

Kampf sollten sie haben, keineswegs aber Ferghus' Kopf oder ihn als Gefangenen. Vierhundert schnelle Helden strömten dichtgedrängt heraus, vierhundert tüchtige Helden und vierhundert starke Helden.

Sie fingen an. Sie mähten des Königs Helden nieder, bevor die auch nur dazu kamen, sich einer von des andern Seite zu rühren. Und wieder brüllten sie: Sie wollten Kampf, oder aber die drinnen sollten ihnen Ferghus' Kopf herausschicken oder ihn selber als Gefangenen.

»Kampf sollt ihr kriegen, aber nicht meinen Kopf und auch nicht mich als Gefangenen!« brüllte der König zurück. Zwölfhundert schnelle Helden strömten dichtgedrängt heraus, zwölfhundert tüchtige und zwölfhundert stämmige.

Sie mähten des Königs Helden nieder, bevor die auch nur dazu kamen, sich einer von der Seite des andern zu rühren. Sie brüllten: »Kampf oder Ferghus' Kopf oder Ferghus als Gefangenen!«

Kampf sollten sie bekommen, keineswegs aber Ferghus' Kopf oder ihn selbst.

Vierhundert mal zwanzig wurden zu ihnen herausgeschickt. Man konnte den einen nicht vom andern unterscheiden, so geschwind fielen sie unter den Hieben der beiden zur Erde. Sie schrien: »Kampf!«

»Die draußen«, sagte Ferghus, »sind so schwer zufriedenzustellen, daß sie unbedingt meinen Kopf wollen, und wenn sie ihn nicht kriegen, werden sie ganz Irland abschlachten und mich als letzten. Nehme einer von euch den Kopf von einem der Erschlagenen, und wenn Lagh an Laidh kommt und meinen Kopf verlangt oder mich selber als Gefangenen, dann gebt ihm den des Erschlagenen, und er wird denken, es ist meiner.«

Sie gaben Lagh an Laidh den Kopf, und er ging damit zu Conall. »Was hast du da?« fragte Conall. »Ferghus' Kopf.« – »Das ist doch nicht Ferghus' Kopf. Ich hab ihn nicht so oft gesehn wie du, aber das erkenn ich. Kehr um und bring mir den Kopf von Ferghus.« Lagh an Laidh kehrte um.

»Ein anderer soll gehen und sich für mich ausgeben und ihm sagen, er soll den Kopf haben, aber keinen als Gefangenen.« Der andre ging zu Lagh an Laidh. Der packte ihn und riß ihm den Kopf vom Halse. Er kam zu Conall. »Was hast du da?« – »Ferghus' Kopf.« – »Das ist noch nicht der Kopf von Ferghus. Kehr um und bring mir den richtigen.« Lagh an Laidh kehrte zurück.

»Der eine draußen paßt so gut auf, und der andre ist so blind, daß in ganz Irland kein Mann übrigbleiben wird – sie werden jeden töten, außer sie kriegen mich.« – »Wohin willst du, Lagh an Laidh?« fragte Ferghus. »Ich suche dich – deinen Kopf will ich oder dich als Gefangenen.« – »Meinen Kopf sollst du haben, dein Gefangener will ich nicht sein. Aber was für eine Bruderliebe übst du da?« –

»Dieselbe Bruderliebe, die du für mich hattest, die bekommst du nun von mir.«

Er schlug ihm den Kopf ab und nahm den Kopf auf und kam damit zu Conall. »Was hast du da?« – »Den Kopf von Ferghus.« – »Er ists nicht.« – »Doch, er ists.« – »Zeig her.« Er gab ihn ihm. Conall riß ihn an sich und schlug Lagh an Laidh damit und machte zwei Köpfe aus dem einen, und nun fielen sie übereinander her. Sie trampelten Stein zu Sumpf und stampften den Sumpf zu Stein. Dort, wo sie nur wenig einsanken, versanken sie bis an die Knie; dort, wo sie tief einsanken, versanken sie bis an die Augen.

Conall dachte: ›Es wäre arg, wenn ich nun fiele, nachdem ich meinem Ziel so nahe war.‹ Er zog das Schwert und schlug Lagh an Laidh den Kopf ab.

»Nun bin ich König über Irland, wie es mein Recht ist.«

Er holte seine Mutter und ihren Vater vom Iubhar und nahm sie zu sich in den Palast, und sein Geschlecht wohnte dort bis zum neunten Glied. Der letzte erstickte als kleines Kind an einem Knochensplitter, der sich ihm in der Kehle festspießte, und dann kam ein anderer Stamm in Irland an die Herrschaft.

6. Diarmaid und Grainne

Diarmaid war der einzige Sohn von Fionns Zwillingsschwester, der drittbeste Held der Fians, kühn und mutig, dazu stattlich und schön mit gelbem Haar. Überdies aber trug er auf der Stirn einen Schönheitsfleck, wenn den eine Frau zufällig zu sehen bekam, verliebte sie sich Hals über Kopf in Diarmaid. Deshalb durfte er sich nie ohne Mütze blikken lassen, die zog er sich tief ins Gesicht und über den gefährlichen Fleck.

Fionn hatte auf seine alten Tage Grainne geheiratet, die Tochter des Königs von Ulster, das damals eins der Fünftel Irlands bildete. Zu der Zeit war Fionns Enkel Oscar, Oiseans Sohn, schon ein junger Mann.

Die Edlen und Großen der Fians waren zur Hochzeit

versammelt. Es gab ein gewaltiges Fest, das dauerte sieben Tage und sieben Nächte, und als die letzte Stunde davon verstrichen war, bekamen die Hunde ihr eigenes Fest. Die Helden warfen die Knochen von all dem Wild, das sie verspeist hatten, vor die Tür; die Hunde stürzten sich darauf, aber sie fielen auch übereinander her, eine wilde Beißerei begann, und die Männer sprangen zwischen sie und jagten sie auseinander. Diarmaid war dabei. Als er sich zwischen die wütenden Hunde warf, stieß er sich unwillkürlich die Mütze aus dem Gesicht. Aber Grainne stand in der Tür und schaute zu, da sah sie Diarmaids Schönheitsfleck, und die Liebe zu Diarmaid schlug wie eine Woge über ihr zusammen.

Sie sagte es Diarmaid, der wies sie zurück. Aber sie plagte ihn weiter und drohte ihm auch. Da fürchtete er, sie werde ihn am Ende durch einen Zauber abzehren machen und umbringen. Er ging zu Fionn und fragte ihn um Rat: »Was ist besser, Schande oder Verfall?« Fionn antwortete: »Du sollst nicht verfallen, solange du lebst, du Sohn meiner Schwester!«

Grainne drang wieder in ihn: »Du mußt mit mir fliehen.« – »Nein«, sagte Diarmaid. »Ich leg es dir als Wunsch auf und als Zauber, daß du mit mir fortgehen mußt.« – »Ich geh nicht mit dir. Ich nehm dich nicht im Guten und nicht im Bösen. Ich nehm dich nicht draußen und nicht drinnen. Ich nehm dich nicht zu Pferde und nicht zu Fuß«, sagte er und ging verdrossen fort. Er zog ein Stück abseits und baute sich ein Haus und wohnte nun dort.

Aber was geschah eines schönen Morgens? – Wenn die Männer auf die Jagd gingen, dann blieb immer einer von ihnen zu Hause, um auf die Frauen achtzugeben. An jenem Tag war die Wahl auf Diarmaid gefallen, er blieb daheim. Und nun stand auf einmal Grainne vor der Tür und rief herein: »Diarmaid, bist du drin?« – »Bin ich.« – »Komm jetzt raus und geh mit mir.« – »Hab ich dir nicht schon gesagt, daß ich dich nicht zu Fuß und nicht zu Pferd und nicht draußen und nicht drinnen nehme? Und daß ich mit dir auf keinen Fall was zu tun haben will?«

Sie hielt mitten in der Tür und hockte auf einem Geißbock. »Ich bin aber weder draußen noch drinnen und bin weder zu Fuß, noch sitz ich zu Pferde. Also mußt du nun mit mir gehn!« sagte sie. Diarmaid sagte: »Das taugt nicht für mich, mit dir weglaufen!« – »Oh! Wir gehen, oder ich zerreiße mir die Kleider und sag Fionn, du hättest das getan.« – »Ich habe keinen Zweifel, daß er dir glaubt – seiner Frau, die er liebt, wie sollte er nicht? Aber es gibt keinen Ort, an dem uns Fionn nicht findet. Er braucht nur den Finger an seinen Weisheitszahn zu legen. Und er wird mich dafür umbringen, daß ich mit dir gehe.« – »Ach, wir gehen nach Carraig«, sagte Grainne. Carraig heißt Fels. »Es gibt so viele Carraigs, daß er nicht wissen kann, wo wir sind!«

So wanderten sie miteinander drei Tage und drei Nächte. Aber wo sie die Nacht verbrachten, ließ Diarmaid ungebrochenes Brot zurück zum Zeichen dafür, daß er noch ohne Schuld war. Sie wateten durch einen Bach, und eine kleine Forelle sprang aus dem Wasser empor, da sagte Grainne: »Wenn du an Land könntest, du wärest kühner als Diarmaid!«

Als Fionn von der Jagd heimkam und merkte, daß seine Frau fortgelaufen war und Diarmaid mit ihr, wurde er sehr zornig. Die Männer brachen sofort wieder auf, um die beiden zu suchen. Sie zogen über die Berge. Diarmaid sagte: »Nun, jetzt suchen sie uns. Im Haus finden sie uns nicht, also werden sie unserer Spur folgen und uns einholen.« – »Das werden sie nicht«, sagte sie. »Aber ob sie uns nun kriegen oder nicht, auf alle Fälle werden wir versuchen, uns zu verstecken. Paß auf, was wir machen: Wir gehen in den Wald dort hinauf – da verbergen uns die Zweige und die Blätter.« Sie kletterten auf eine Eberesche und stiegen bis in den Wipfel, dort schmiegten sie sich an den Stamm und zogen die belaubten Zweige um sich zusammen.

Inzwischen kamen Fionn und seine Männer an denselben Bach, durch den Grainne und Diarmaid gewatet waren. Sie sprangen von Stein zu Stein, und als sie drüben waren, sagte Fionn: »Nun laufen wir schon recht lange.

Wir wollen uns eine Weile ausruhn. Kommt, wir setzen uns dort unter den großen Baum.« Sie gehorchten und ließen sich am Fuße des Baums nieder. Sagte Fionn: »Laßt uns spielen, Jungs.« – »Einverstanden«, sagten sie.

Sie spielten aber Taileasg, so etwas wie Schach, und wie gewöhnlich waren Fionn und sein Enkel Oscar die beiden Anführer dabei. Aber sonst war immer Diarmaid auf Fionns Seite, so wie Oisean, Oscars Vater, bei seinem Sohn. Fionn wußte, daß Diarmaid beim Spiel Zauberkräfte besaß. Sie fingen an. Das Spiel wandte sich gegen Fionn, und Oscar gewann. Sie spielten drei Partien. Da sagte Fionn: »Wahrhaftig, ich vermisse Diarmaid, denn wenn er bei mir war, dann hat sich das Spiel kaum je gegen mich gewandt. Seit er sich von mir getrennt hat, hab ich nur Unglück. Aber ich will es noch einmal gegen dich versuchen.«

Diarmaid hörte alles. Er preßte die Hand gegen seine rechte Seite, und da geriet ihm eine der roten Beeren in die Finger, die auf dem Baum wuchsen, und er ließ sie am Stamm herabfallen. Fionn aber lehnte im Sitzen am Stamm, er merkte, daß ihm irgendwas auf den Rücken fiel, und faßte hinter sich und erwischte die Ebereschenbeere und steckte sie in die Tasche. Sie fingen aufs neue zu spielen an, und diesmal gewann er. »Eins steht für mich«, sagte Fionn. »Stimmt«, sagte Oscar, »aber zwei brauchst du. Willst du noch mal mitmachen?« – »Aber ja, aber ja«, sagte Fionn, »versuchen wirs nochmal!« Diarmaid ließ die nächste Ebereschenbeere hinabfallen, und Fionn gewann auch dieses Spiel. »Noch eins?« fragte er. »Ja«, sagte Oscar. »Zwei hast du zwar, aber eins fehlt dir immer noch.« Diarmaid ließ die dritte Beere hinunterfallen, und Fionn gewann das dritte Spiel. »Jetzt sind wir quitt«, sagte Oscar, »du hast alles zurückgewonnen, was du an mich verloren hast.« – »Willst du noch mal?« fragte Fionn. »Ja«, sagte Oscar, »und diesmal kommts drauf an.«

Sie fingen an, Diarmaid warf die vierte Beere hinunter, und Fionn gewann. »Mag das sein, wie es will: Ich hab gewonnen, solang du Diarmaid nicht auf deiner Seite hattest. Wie auch immer das zusammenhängt, du hast jetzt etwas bei dir, was Diarmaid gehört, sonst hättest du nicht das vierte Mal gewonnen.«

Da sagte Oisean: »Das war kein gerechtes Spiel gegen uns, mein Sohn, so, wie mein Vater gewonnen hat.« – »Es wars aber doch!« sagte Fionn. »Nein«, sagte Oisean. »Doch, und zum Beweis, daß alles richtig zugegangen ist, hab ich vier Ebereschenbeeren in der Tasche: für jedes Spiel, das ich gewonnen hab, eine.« Er zog die vier Beeren heraus. Da gerieten Fionn und Oscar miteinander in Streit, sie griffen zu den Waffen, und das Unheil begann, sie schlugen aufeinander ein, so wild, daß die Schreie eine Meile weit zu hören waren, und fügten einander viel Leid zu. Die übrigen Fians sahen, daß Oscar drauf und dran war, seinen Großvater zu besiegen. Da sagte Goll MacMorna: »Wir sollten sie auseinanderbringen.« Conan sprach: »Laß sie einander die Leiber zerhacken.« Aber dann rief Fionn selber dem Enkel zu, sie wollten den Waffen Einhalt gebieten: »Was soll sonst werden«, sagte er, »wenn der Clan Mòrna uns in Schottland wieder bekriegt?«

So schlossen sie wieder Frieden, pflegten ihre Wunden und zogen weiter. Diarmaid und Grainne aber kletterten vom Baum herunter und flüchteten weiter über die Berge. Sie fanden eine Höhle, manche sagen, es sei die am Westende von Tiree im Kenavarraberg gewesen, dort wohnten sie miteinander, aber Diarmaid wollte Grainne noch immer nicht nahekommen und legte jede Nacht einen Stein zwischen sie und sich.

Es wurde Winter, und sie blieben verborgen. Im Frühling jedoch kamen Manus und seine Männer. Die Fians stießen den Kriegsschrei aus. Diarmaid sagte zu Grainne: »Mich bindet der Eid, wo immer ich den Schrei höre, muß ich antworten.« Fionn und Manus kämpften miteinander Mann gegen Mann am Strand, sie standen bis zur Mitte im Wasser. Diarmaid eilte zu Hilfe und rettete Fionn. Als der Kampf vorbei war, befahl Fionn seinen Männern, Diarmaid zu umzingeln und zu fangen. Er sprang über Fionns Kopf hinweg und entkam zum Berg.

An einem düsteren nebligen Abend zog ein Sturm herauf, so wild, daß sich Diarmaid nicht aus der Höhle wagte, obwohl er dringend dessen bedurft hätte; so suchte er das fernste Höhlenende auf. Das Unglück wollte es, daß in dieser Nacht Ciuthach Mac-an Doill in seinem Boot aus hautüberzogenem Weidengeflecht übers Meer kam; er ruderte von Westen heran bis zu dem schmalen Sandstreifen vor dem Berg; da sprang er ans Land, zog das Boot herauf und trat in die Höhle. Grainne saß am Eingang und schaute den wilden Mann mit großen Augen an. Der griff nach ihr und war drauf und dran, sie zu umarmen; indessen kam Diarmaid wieder zurück. Grainne sagte: »Das ist keiner, der sich als Klotz an die Höhlenwand legt!«

Da erstach Diarmaid den Ciuthach mit seinem Speer. Grainne stellte sich mit den Füßen in eine Wasserlache, es bespritzte ihr das Kleid, sie höhnte: »Wie lange bin ich nun schon mit dem drittbesten Helden der Fians zusammen! Aber so kühn ist er mir gegenüber noch nicht gewesen.« Sie kehrten in den geschützten Teil der Höhle zurück. Am nächsten Tag flüchteten sie weiter; und diesmal ließ Diarmaid gebrochenes Brot zurück.

Sie zogen weiter nach Glaenn Eilg. Sie wanderten stromaufwärts am Rand eines Baches, der dort floß, und bauten sich eine Hütte. Diarmaid war ein geschickter Zimmermann; nun brachte er seine Zeit damit zu, daß er Schüsseln machte oder fischte, und Grainne ging dann herum, um die Schüsseln zu verkaufen. Aber die Späne, die Diarmaid vom Holz schnitt, flossen den Bach hinunter an den Strand.

Fionn jagte mit seinen Männern am Strand; da bemerkte Fionn an der Bachmündung die Späne. »Das«, sagte er, »sind Späne, die Diarmaid geschnitten hat.«

»Aber nein doch!« sagten die andern, »der lebt nicht mehr.« – »Und sie sind doch von ihm!« sagte Fionn. »Wir werden den Jagdschrei ausstoßen, er hat geschworen, Antwort zu geben, wo immer er ist.«

Diarmaid hörte den Jagdschrei.

»Das ist der Jagdruf des Fians, ich muß Antwort geben.« – »Oh, Diarmaid, antworte nicht! Es ist ein Schrei, der lügt.« Aber Diarmaid antwortete dem Ruf und ging hinunter an den Strand.

Fionn blickte ihm entgegen. Er sagte: »Mein Leib, mein Auge, meine Hand verlangen danach, dich zu ehren, o Diarmaid! Du tapferer Mann, der sich mit meiner Gemahlin davongeschlichen hat!« Es lebte dort eine alte Frau, die hieß Mala Llee, graue Braue, und sie besaß eine Schweineherde mit einem giftigen Eber als Schutz für die Säue. Mancher brave Bursch, der ausgezogen war, um den zu jagen, war nicht wieder zurückgekehrt. Da sagte Fionn zu Diarmaid: »Geh, jag den Eber in Mala Llees Herde. Es ist ihm manch einer nachgelaufen, der nicht neben der Forelle aus dem Bach herausgekommen ist.« Denn Fionn brachte es trotz allem nicht über sich, Diarmaid, seiner Schwester Sohn, zu erschlagen: aber er hoffte, daß der Eber Diarmaid töten würde.

Diarmaid verfolgte den Eber vom Beinn Eidin bis zum Beinn Tuire. Als sie den langgestreckten Berg hinabliefen, stellte sich der Eber seinem Feind und brachte den Helden in arge Not: seinen Speer zerknickte er wie einen Binsenhalm. Da zog Diarmaid das Schwert, das Ion MacLoobhain geschmiedet hatte, und stieß es dem Tier in die Achselhöhle, so tötete er es. Aber damit hatte Fionn noch nicht seine Rache an Diarmaid.

Fionn und die andern Männer waren ihm gefolgt; sie fanden ihn vor dem erstochenen Eber. Da befahl ihm Fionn, er solle das Tier mit dem Fuß messen. Diarmaid hatte aber in der Sohle ein Mal, und wenn dort eine der giftigen Borsten eindrang, dann mußte er sterben, das wußte Fionn.

Er sagte: »O Diarmaid, miß den Eber. Wieviel Fuß hat er vom Rüssel bis zur Ferse?« Diarmaid maß ihn. »Sechzehn Fuß genau.« Es war ihm aber beim Messen keine Borste eingedrungen. »Miß ihn gegen den Strich.« Er gehorchte, eine Borste drang ihm in das Mal, und er fiel zu Boden. Fionn wurde von Mitleid für ihn erfaßt, als er hinsank. »Was kann dir helfen, Diarmaid?« – »Bekäm ich einen Trunk Wasser aus Fionns Händen, dann würde mir besser.«

Fionn ging zur nahen Quelle und bückte sich darüber und schöpfte, doch wenn er an Grainne dachte, so verschüttete er es wieder; dachte er aber an Diarmaid, so schöpfte er wieder die Hände voll; und während er unschlüssig stand, starb Diarmaid. Diarmaids Todesschrei klang weithin.

Die Männer wanderten wieder ans Ufer hinab und dann bachaufwärts, bis sie an Diarmaids Hütte kamen, Grainne saß davor. Fionn sagte: »Hast du Diarmaids Schrei gehört?« – »Ja«, sagte Grainne. »War das für dich der schlimmste Schrei, den du je gehört hast?« – »Nein!« sagte sie, »das war der Schrei des wilden Mannes, als Diarmaid ihn tötete.« – »Ihr Götter! Daß Diarmaid noch am Leben wäre!« sagte Fionn.

Sie nahmen Grainne, die Tochter des Königs von Ulster, die nie einen Schritt geradeaus gegangen war, und verbrannten sie in einem Reisigbündel von grauem Eichenholz.

7. Lauchlin, Dhumohr und die Hexe

Es trug sich zu bei einem Fest, als Fionn mit den Riesen, die seine Gefährten waren, beim Mahl saß, daß er den Becher, aus dem er trank, allen in der Runde bot – er reicht ihn jedem, nur nicht dem mutigen Dhumohr, dem dunkelsten Mann von allen und dem drittstärksten. In Dhumohrs Brust schwoll der Zorn, und er stand auf und ging fort von Fionn und aus seinem Dienst und segelte nach Dänemark hinüber zu dem Ort, wo Lauchlin, Fionns Feind, wohnte. Wild war das Gestade in Lauchlins Land und hoch türmten sich die Wogen, aber Dhumohrs Schiff erreichte heil das Ufer, und er zog es mit der Rechten auf den Strand, bis es weit oben im Trockenen lag. »Wer ist denn das?« fragten Lauchlins Männer. »Das ist einer von Fionns Helden. Wenn er herankommt, werden wir ihn erkennen.« Und sie sahen, daß es Dhumohr war, der drittstärkste aller Mannen auf Morven.

Da veranstaltete Lauchlin einen Schmaus für die Helden, und Dhumohr saß neben der Königin, denn er hatte sich mit Kopf und Arm Fionns Feinden zur Verfügung gestellt. »Laß das Mahl auftragen«, sagte der König, und die Tafel knarrte unter dem Gewicht des Wildbrets, und die Halle war voller Musik. »Hast du bei Fionn je so schmausen sehen und solche Musik gehört, Dhumohr? Erzähl uns das!« sagte Lauchlin. »Setz das Land nicht herab, wenn wir es auch verlassen haben!« sagte Dhumohr zu seinem Knecht, zum König aber sagte er: »Auf Morven, o Lauchlin, könnte jeder Knecht Fionns solch Mahl verzehren und könnte es auch ohne Hilfe allein auftragen.«

»Holt mehr ran!« sagte der König erstaunt, und die Tafel wurde noch verschwenderischer beladen.

»Nun also, hast du bei Fionn je so üppig gespeist?« sagte die Königin und lächelte dabei Lauchlin an.

»Jede Nacht fressen Fionns Hunde nach dem Abendbrot die Reste, und was sie kriegen, ist mehr als dies hier.«

»Dann schafft mehr ran!« sagte Lauchlin zornig, und die Tafel wurde noch mehr überladen, bis sich kein Platz mehr für die Speisen fand. »Nun sag uns, Dhumohr«, sagte der König, »ob Fionns Abendessen so gewaltig ist?«

»Mehr als das hier essen drei von Fionns Knechten jeden Tag.«

Da sagte die Königin zu Lauchlin: »Ich werde nie wieder ein Wort mit dir sprechen, bevor du mir nicht von Morven diese drei Knechte Fionns gebunden hergebracht hast, damit sie mir dienen.« Doch in Dänemark gab es keinen Mann, der sich an dieses Unternehmen wagte, Dhumohr aber weigerte sich, gegen Fionn auszuziehen.

Da erhob sich schließlich in der Küche die Hexe, die dort am Boden in der Asche zu schlafen pflegte, und sagte Lauchlin, wenn er ihr zu essen gäbe und sie im Haus behalte, dann wolle sie der Königin die drei großen Knechte Fionns gefangen aus Schottland herüberbringen. »Das Meer ist wild«, sagte Dhumohr, »und die Männer sind stark, die auf Morven mit Fionn zusammen kämpfen. Wenn sie es wagt, wirst du die alte graue Häsin verlieren.« Denn die Hexe verstand die Kunst, sich in einen Hasen zu verwandeln.

Aber die Königin beharrte auf ihrem Willen, und der König erklärte der Hexe, sie solle haben, was sie verlange. Da forderte sie neun Maß Hafer und neun Stein Butter, die wurden herbeigeschafft, und sie aß alles auf, dann stach sie in See.

Sie tötete mit ihrem Hauch in Schottland dreihunderttausend Mann; aber in Nigg in Ross-shire wurde sie überwältigt, und zwar so: Zwanzig Männer bewaffneten sich mit scharfen Speeren und legten sich in einer Höhle auf die Lauer, und zwanzig Riesen mit scharfen Speeren trieben sie hinein, und sie starb auf den Spitzen von zwanzig Speeren.

So kam es, daß die alte graue Häsin nie wieder nach Lauchlin zurückkehrte. Was aber Dhumohr anlangt, so starb er in Dänemark.

8. Wie Bruch Farala verbrannte

Wie das Ende der Fians kam, wird in den Geschichten nicht erzählt. Das erste Unglück, das sie befiel, war der Kampf zwischen Fionn und Oscar unter dem Ebereschenbaum, an dem sich, wie manche erzählen, die ganze Schar beteiligt habe. Das zweite große Unglück kam mit dem Brand des Bruch Farala über sie. Auch hier weichen die Überlieferungen voneinander ab.

Auf dem Festland nahe dem Sund, der Skye von Gleann Eilg trennt, hatten die Fians ihr großes Haus stehen, Bruch Farala. Bruch bedeutete einen stark bevölkerten Wohnsitz, einen befestigten wohl; man nennt die Elfenwohnungen in den Hügeln Bruchs, und wir dürfen uns einen dickwandigen flachen Bau denken, der in der Form den runden Elfenhügeln gleicht, rund oder länglich abgerundet. Groß muß er schon gewesen sein, denn alle Frauen der Fians wohnten darin, und das waren viele: Hundert Frauen sitzen und sticken, heißt es in dem Lied, das vom Brand erzählt, hundert Frauen säugen Kinder, hundert Jungfrauen sind verlobt in dem langen Haus.

Einmal hatten die Fians wieder eine karge Zeit: sie konnten nichts erjagen. Die Männer wurden mager und elend, aber die Frauen blieben frisch und kräftig und schön, und sie bekamen doch nicht mehr Fleisch zu essen als ihre Männer. Die wunderten sich sehr. Sie kamen aber nicht hinter das Geheimnis der Frauen. Da ließen sie, als sie wieder auszogen, um ihr Glück von neuem zu versuchen, den großen Garry bei den Frauen zurück, Mornas Sohn – er sollte versuchen herauszufinden, was für geheime Nahrungsquellen die Frauen besaßen.

Garry paßte genau auf, er ließ die Frauen nicht aus den Augen, und es dauerte gar nicht lange, da entdeckte er, was sie machten: Sie pflückten sich die Spitzen der Haselzweige und Baumblätter und scharrten Heidewurzeln aus, manche sagen auch Farnwurzeln. Vor allem die Haselspitzen kochten sie und tranken die Brühe und wuschen sich auch damit.

Während Garry so auf der Lauer lag, wurde er müde, und als er erkundet hatte, was er wissen wollte, schlief er zufrieden ein. Aber die Frauen hatten inzwischen begriffen, daß Garry daheimgeblieben war, um sie auszuspionieren, und sie waren äußerst erbost. Und als sie merkten, daß er fest schlief, trieben sie rund um seinen Kopf sieben Pfähle in den Boden und mit den Pfählen sieben Strähnen von Garrys langem Haar. Dann stimmten sie den Kriegsschrei der Fians an, der bis über alle fünf Fünftel Irlands hinklang, den mußte jeder Mann aus der Schar beantworten, ganz gleich wo er gerade war oder wann er ihn hörte. Sie rannten ins Haus und verriegelten die Tür.

Als Garry den Schrei vernahm, sprang er sofort auf die Beine und brüllte seinerseits auf, denn die sieben Haarsträhnen und ein Teil seiner Kopfhaut waren an den Pfählen geblieben. Wütend über den Betrug, den die Frauen an ihm verübt hatten, rannte er in den nahen Wald und las sich eine Tracht Holz und einen Armvoll Heidekraut zusammen, packte sich alles auf die Schulter und warf es vor dem Haus ab. Aber das genügte ihm noch nicht. Er lief noch einmal in den Wald zurück, fällte einen Baum und schleifte ihn vor das Haus; dort zerhackte er ihn zu Feuerholz. Und schließlich errichtete er vor der Burg einen riesigen Scheiterhaufen und zündete ihn an. Er wollte die Frauen durch Rauch und Feuer umbringen.

Aber er hatte doch Bedenken, Fionns Frau mit zu verbrennen, und als sie drinnen die Flammen und den Rauch merkten und hastig die Tür aufriegelten und sie aufstoßen wollten – aber Garry hatte sie von außen verrammelt –, da schrie er ihnen zu, er sei bereit, Fionns Frau entkommen zu lassen, und sie solle auch für jeden ihrer Finger neun Frauen mit hinausnehmen dürfen. Doch Fionns Frau wollte nur herauskommen, wenn sie neunundneunzig für jeden ihrer Finger mitbekäme. Das wieder hätte Garry um seine Rache gebracht, die Tür blieb geschlossen, die Frauen verbrannten, und Garry ergriff eilends die Flucht. Er wußte eine Höhle, in der er sich verbergen konnte; dorthin sprang er in weiten Sätzen rückwärts, damit nicht seine Fußtapfen die Spur wiesen: nun schienen sie aus der Höhle wegzuführen, nicht hinein. Manche sagen, es sei gerade ein leichter Schnee gefallen, so daß die Tritte besonders deutlich sichtbar wurden.

Zu der Zeit hielten sich die Fians grade gegenüber von Bruch auf der andern Seite des Kyle Ray auf. Sie bemerkten den tief dahinziehenden dunklen Qualm, und nicht lange, so erkannten sie, daß die Flammen aus ihrem Haus züngelten. Da schrien sie laut auf und schlugen sich mit der linken Hand vor die Stirn, während sie in den Himmel starrten.

Dann rannten sie los, um ihren Frauen zu Hilfe zu eilen, aber die Meerenge trennte sie von ihnen. Da sprangen sie, sich mit den Speerspitzen abstützend, darüber und kamen alle heil an bis auf einen, Mac an Reaishinn, der fiel in den Sund und ertrank, und von dem Tage an trägt der Meeresarm seinen Namen. Die Fians rannten mit aller Macht heim, um die Frauen zu retten, aber als sie zur Burg kamen, fanden sie die mit all ihren Bewohnerinnen zu Asche verbrannt, Garry aber war verschwunden. Die wütenden Fians suchten vergebens, bis Fionn den Finger an seinen Weisheitszahn drückte; da wußte er, wo Garry sich verbarg, und befahl seinen Männern, ihn schleunigst in der Höhle zu fangen.

Das taten sie, brachten ihn zu Fionn, und Garry wurde zum Tode verurteilt. Aber nach dem Gesetz der Fians durfte er selber bestimmen, auf welche Art er sterben wollte. Da verlangte er, daß sie ihm den Kopf mit Fionns Schwert Mac an Luin abschnitten, während sein Haupt auf Fionns weißem Schenkel ruhte. Denn der rachedurstige Garry wußte sehr gut, daß das furchtbare Schwert jedes Ding mit einem Schlag glatt durchschnitt.

Fionn bat die Seinen, ihm zuerst sieben graue Häute und sieben Reisigbündel und dann noch sieben Lagen grauer Borke auf den Schenkel zu packen – andere sagen, sieben graue Häute, sieben Bündel verflochtener Ruten und sieben Fuß Erde oder sieben Stücke grober Grassode –; darauf legte Garry seinen Kopf, und das Schwert schnitt nicht allein Garrys Kopf ab, sondern traf Fionns Bein, daß aus der großen Ader das Blut spritzte. Manche sagen, Fionn sei sofort gestorben, andere, daß er nie wieder der Alte war.

Es scheint, daß nach dem Tod der meistgefürchteten Helden die Schar dahingeschwunden ist. Offenbar hatten die Fians im Lande die Macht verloren. Fionns Sohn Oisean überlebte den Vater und alle Helden seiner Zeit, daher das Wort: Oisean nach den Fians.

So die eine Überlieferung; die andere unterscheidet sich von ihr nur wenig: Nicht Garry ist der Brandstifter, sondern der stets boshafte und unbeliebte Conan. Er verlangt, daß sein eigener Sohn ihn auf Fionns Schenkel köpft, Fionn übersteht die Verletzung, so wie die Frauen bis auf zwei den Brand überstanden haben, und Conans Sohn Garbh, der seinen Vater hingerichtet hat, verliert den Verstand: er fragt Fionns Männer, wo die Fians seien, wird von ihnen ans Meer hinuntergewiesen und schlägt so lange auf die Wogen ein, bis er ins Wasser fällt und ertrinkt.

9. Oisean, der Sänger unter den Fians

Wenn die Leute von Oisean erzählen, dem Sänger unter den Fians, rühmen sie heute noch, was für ein ungewöhnlich starker und schöner Mann er gewesen ist. Er war imstande, die rote Hirschkuh einzuholen und beim Ohr zu packen, dann, wenn sie in voller Geschwindigkeit dahinfloh, und selbst in der finstersten Nacht brachte er es fertig, einen Distelstachel aus einer Wunde zu ziehen, so scharf waren seine Augen. Wir haben schon gehört, daß auf Skye einige behaupteten, Oiseans Mutter sei eine Hirschkuh gewesen. Aber die Sache wird sich anders verhalten. Dem Pfarrer John Gregorson Campbell, der auf Tiree amtierte, hat es ein Mann in Lochaweside (Argyllshire) so erklärt: Die Hindin habe Oisean zwar gesäugt, aber seine Mutter sei sie nicht gewesen. Und von andern hat der Pfarrer erfahren, Oisean habe eine Elfenfrau zur Mutter gehabt. Gewiß hat sich die Elfin dann und wann in eine Hirschkuh verwandelt, wenn sie unerkannt bleiben wollte.

Aber offenbar wünschten die Fians und wünschte vor allem Fionn nicht, daß über die Angelegenheit geredet wurde – keiner weiß so recht warum, denn es ist ja gewiß keine Schande, einer Elfenfrau Sohn zu sein. Aus irgendeinem Grund jedenfalls schickten ihn die andern, als er längst ein Mann und, wie wir sahen, Oscars Vater war, fort ins Land der Jugend. Das war eine Insel in der Nähe von Skye. Dort ist er lange Zeit geblieben; endlich kehrte er wieder aufs Festland zurück.

Als er an Land gekommen war, ging er eine Straße an einem Feld entlang, auf dem Bauern gerade die Garben banden. Er fragte die Leute, ob sie ihm sagen könnten, wo die Fians seien, und sie antworteten, nach dem letzten, was sie von ihnen gehört hätten, müßten sie in Irland sein. Da kehrte Oisean um, zum Meer zurück, und zog nach Irland hinüber. Aber er fand von den Gefährten keinen einzigen mehr vor. Allein seine Tochter Anna war da. Sie hatte inzwischen Sankt Patrick geheiratet – den ›Patrick der Psalmen‹, der Irland gesegnet hat, so daß es keine einzige Giftschlange mehr im Lande gibt. Zu diesen beiden und ihrem Sohn zog nun der alte Oisean.

Sankt Patrick erhielt von den Iren eine Steuer oder einen Zehnten in Vieh und Getreide und was sonst noch zum Essen gehörte; damit ernährten sie nun Oisean. Aber der alte Held aß seiner Tochter zuviel, sie maß ihm seine Mahlzeiten so knauserig zu, daß er sich den Rock mit sieben Wurstspeilern zusammenstecken mußte, damit er nicht gar zu arg um ihn schlotterte. Überdies erblindete er.

In den Stunden, da sich Patrick von seinem Gottesdienst ausruhte, pflegte er Oisean zu besuchen, denn für sein Leben gern disputierte er mit ihm oder hörte sich die Geschichten aus der großen alten Zeit an. Dabei behauptete Oisean stets, Fionn und seine Männer seien durchaus imstande, sich gegen alle Eindringlinge zu verwahren und insbesondere gegen den Gott, von dem Patrick andauernd rede. Als Patrick von der Hölle sprach und meinte, dort seien die Fians jetzt eingesperrt, geriet Oisean in Wut. »Du lügst!« schrie er. »Wären Fionn und die andern dort, sie hätten sich längst zu den Herren des Orts gemacht und einen Ausfall getan!« Aber Patrick war nicht minder zäh und hartnäckig als Oisean, und es gibt ein Gedicht, in dem berichtet wird, am Ende habe der heidnische alte Held doch Sankt Patricks Lehren angenommen und aufrichtig alles Böse bereut, das er wohl begangen hatte.

Sankt Patrick wiederum begeisterte sich so an Oiseans Geschichten von Fionn und den Seinen, daß er sie alle aufschrieb. Doch dabei kam es zu einem großen Mißgeschick. Eines Tages nämlich erklärte Oisean, ehedem seien die Hirsche um ein Gewaltiges größer gewesen als die jetzigen. »Damals«, sagte er, »hatten sie solche Knochen – in der Knochenröhre könntest du den Knochen von einem heutigen Hirsch um die eigene Achse drehen.« Das war mehr, als Sankt Patrick glauben konnte. Erbittert warf er die Feder hin, ergriff das ganze Pergamentbündel mit den sorgfältig notierten Geschichten von den Fians und schleuderte es ins Feuer, denn er dachte nicht anders, als daß Oisean ihm die ganze Zeit nur Lügen erzählt hätte. So ging der genaue Bericht über die Fians verloren, Patrick und Oisean schieden voller Zorn, und dem alten Helden blieb nun gar nichts mehr, was ihn von seinem Gram über die dahingeschwundenen Gefährten und von seinem Hunger ablenken konnte.

Aber zu der Zeit baute Patrick gerade ein Gotteshaus, und er setzte es sich in den Kopf, einen bestimmten großen Stein mit einmauern zu lassen. Der war so schwer, daß ihn die sechzehn Maurer, die Patrick angestellt hatte, nicht von der Stelle bekamen. Oisean ließ seinem Schwiegersohn ausrichten, wenn er das Essen der sechzehn Maurer erhalte, dann wolle er den Stein schon heben. Damit war Patrick sehr einverstanden. Anna kochte das Essen für die sechzehn Maurer, aber in ihrem Geiz brachte sie es nicht übers Herz, ihrem Vater alle sechzehn Portionen vorzusetzen: sie gab ihm nur fünfzehn, und Oisean konnte nur sechs von den sieben Wurstspeilern aus seinem Rock herausziehen. Sie führten ihn hinaus zu dem Stein, er hob ihn auf und trug ihn an den Platz, wohin sie ihn haben wollten. Dann fuhr er mit den Fingern drüberhin und kehrte ins Haus zurück.

Patrick kam zu ihm und sagte: »Höre, der Stein liegt aber nicht ganz richtig. Du mußt noch einmal herauskommen und ihn genau an seine Stelle legen.« – »Wie er liegt«, sagte Oisean, »so liegt er. Hätt ich das Essen für die sechzehn Maurer gekriegt, dann hätt ich ihn auch richtig hingelegt.« Und dann rief er nach seinem Enkel, er möge ihn hinausführen, denn jetzt, da er einmal fast satt geworden war, hatte er einen Teil seiner alten Kraft zurückgewonnen.

Sie wanderten miteinander, bis sie an einen See kamen, und dort sagte Oisean zu dem Jungen: »Siehst du in dem See einen Grashügel? Führ mich hinaus.« Sie schritten in den See hinaus, und Oisean riß den Hügel auseinander und hob einen Kessel auf, der darunterlag. Dann gingen sie weiter.

Sie kamen an einen hohen, steilen Felsen mit einem Loch in der Wand. Oisean bat seinen Enkel, ihm die Hand in das Felsenloch zu führen, und nahm die Knochen des Schwarzen Elchs heraus. »Nun«, sagte er zu dem Jungen, »steck dir ein Weilchen die Finger in die Ohren, so fest wie du kannst.« Das tat der Junge, und Oisean pfiff laut auf dem Knochen des Schwarzen Elchs. »Hat dir das weh getan?« fragte er den Jungen. »Nein«, sagte der Junge. »Was siehst du kommen?« fragte Oisean. »Elche, eine ganze Menge.« – »Steck dir die Finger wieder in die Ohren.« Der Junge gehorchte, und Oisean pfiff. »Was siehst du jetzt kommen?« – »Noch viel mehr Elche.« Er pfiff zum drittenmal. »Ich denke«, sagte der Junge, »es kommt fast jeder Elch, den es überhaupt gibt.« – »Jetzt müßte ich den stärksten und faulsten Burschen hier haben, den wir bei den Fians hatten, und dazu den stärksten und faulsten Hund.«

Da kamen der Hund, den sie Biorach MacBuidhaig nannten, das ist ›trotziger Sohn der kleinen Gelben‹, und der Bursche, dem sie den Namen Rotschopf gaben. Der Hund sprang zwischen die Tiere und riß sie, und der Knecht sammelte sie ein und stapelte sie auf, eins über dem andern. Als er meinte, daß es genug wären, kam er und setzte sich neben Oisean, aber der Hund stürzte sich immer weiter auf die Elche. Der Junge sagte: »Jetzt kommt der Hund zu uns zurück.« – »Wie sieht er aus?« fragte Oisean. »Er sperrt das Maul auf, und man kann Leber und Lunge unten in seiner Brust sehen.« – »Wenn er das ist, dann sieh zu, daß du mir die Hand in sein offenes Maul führst.«

Das tat der Junge, und Oisean riß dem Hund Leber und Lunge heraus und tötete ihn. Und dann befahl er dem Knecht, ein Feuer anzuzünden und in dem Kessel Wasser zu kochen. Das geschah, und als das Wasser kochte, hieß er seinen Enkel weggehen, bevor er ihm etwas antäte –

»denn«, sagte er, »ich habe einen wütenden Hunger«. Als er das Fleisch aß, sagte er zu dem Knecht: »Nimm dir, was du willst.« Da kam der Junge wieder herbei, und Oisean sagte zu ihm: »Drei Drittel meines Gehörs und drei Drittel meines Gesichts hab ich nun wieder. Geh heim, dein Großvater gibt dir seinen Segen.«

Der Junge verließ ihn und ging heim, und von Oisean hat nie wieder jemand etwas gesehen oder gehört.

Aber der Enkel nahm den Knochen des Schwarzen Elchs mit, als er nach Hause ging. Und als Patrick den erblickte, jammerte es ihn, daß er Oiseans Geschichten ins Feuer geworfen hatte.

10. Oisean nach dem Ende der Fians

Als es mit den Fians ein Ende genommen hatte, war Oisean schon ein alter Mann und lebte im Hause seiner Tochter. Er war blind, taub und hinkte, und in seinem Bauch steckten neun eichene Fleischspieße, und er aß den Tribut auf, den Patrick von Irland bezog. Sie schrieben damals in dicken Büchern die alten Geschichten auf, die er ihnen erzählte.

Sie schossen einen gewaltig großen Hirsch, legten den Schenkelknochen bloß und brachten ihm den an sein Lager. »Hast du damals bei euch je einen dickeren Knochen gesehen als den hier?« – »Ich hab einen Knochen von einem Amseljungen gesehn, in dem würde er sich um die eigene Achse drehen können.« – »Das ist gelogen.«

Als er das hörte, richtete er sich voller Zorn auf, packte die Bücher und schleuderte sie ins Feuer. Seine Tochter holte sie wieder heraus, erstickte die Flammen und bewahrte die Bücher auf. Oisean auf seinem Lager aber brach in bittere Klagen aus. »Käme nur der schlechteste Bursche mit dem schlechtesten Hund aus dem Lande der Fians her, und ich spürte ihn auf der Brust!« Da fühlte er eine Last auf der Brust. »Was ist das?« – »Das bin ich, MacRuaghadh, der Sohn des Kastanienroten.« – »Und was liegt auf meinen Füßen?« – »Das ist MacBuidhaigh, der Sohn der kleinen gelben Hündin.«

Sie blieben so, wie sie waren, bis der Morgen graute, da sprang der Hund von Oiseans Füßen, der Bursche wich von Oiseans Brust, und Oisean erhob sich vom Bett. Er bat den Burschen, ihn zu einer bestimmten Schlucht zu führen. Der Bursche langte mit ihm dort an. Oisean zog eine Pfeife aus der Tasche und blies darauf. »Siehst du drüben auf dem Berg irgendwas sich bewegen?« – »Da ziehn Hirsche vorüber.« – »Was für welche?« – »Ich sehe was Schlankes, Graues.« – »Die stammen von den Lon Luath ab, von den schnellen Elchen; laß sie laufen. Und was für welche siehst du nun?« – »Jetzt seh ich ein paar Dünne, Graue, Gesprenkelte.« – »Die stammen von den Deag Dasdanach ab, den roten Wilden; laß sie laufen. Und was für welche siehst du nun?« – »Jetzt seh ich ein paar Schwere, Glatte.« – »Hetz den Hund auf sie.« – »Hussa huss!«

MacBuidhaigh schoß los. »Reißt er viele?« – »Ja.« – »Schön, wenn du siehst, daß er ein Dutzend hat, ruf ihn zurück.« Als der Junge meinte, das Dutzend sei voll, blies er auf der Pfeife und rief den Hund. »Also, wenn der Hund seine Jagdgier gestillt hat, dann kommt er ruhig und sanft herangetrabt; ist er aber noch nicht zufrieden, dann springt er mit aufgerissenem Rachen auf uns zu.« Der Hund rannte mit weit offenem Rachen heran; die Zunge hing ihm aus dem Maul. »Das ist eine üble Sache, daß du den Hund zurückgepfiffen hast, wo er noch nicht zufrieden ist. Wenn er kommt, nimm meine Hand und sieh zu, daß du sie ihm ins Maul steckst, oder er zerfetzt uns.«

Der Bursche stieß Oiseans Hand dem Hund ins Maul, und Oisean riß ihm die Gurgel heraus. »Komm, trag die Hirsche zusammen und bring sie dort auf den Hügel mit den Binsen.« Der Junge gehorchte, aber er fand nur neun Hirsche, und die reichten gerade eben für Oisean allein; für den Jungen blieb nichts übrig.

»Leg meine Hände um den binsenbewachsenen Hügel, der dort sein muß.« Der Junge gehorchte, und da steckte unter den Binsen der große Kessel, den die Fians immer benutzt hatten. »Nun häute die Hirsche und nimm sie aus, wirf sie in den Kessel und zünde Feuer darunter an.«

Das tat der Bursche. Als es soweit war, daß sie essen konnten, sagte Oisean zu ihm: »Rühr du ja nichts an, bevor ich satt bin.« Und Oisean machte sich über die Hirsche her, und bei jedem, den er aß, nahm er einen von den Fleischspießen aus seinem Bauch heraus. Als aber Oisean mit dem sechsten fertig war, da hatte der Junge ihm inzwischen die drei andern weggegessen. »Hast du mir das angetan?« sagte Oisean. »Ja«, sagte der Bursche. »Ein paar habe ich schließlich auch gebraucht, wo du so viele hattest.« – »Sieh zu, ob du mich zu dem Felsen bringen kannst, der hier sein muß.«

Sie gingen hin, und Oisean holte aus dem Felsen eine junge Amsel heraus. »Nun wollen wir heimgehen.« Der Junge faßte ihn unter den Arm, und sie gingen los. Als Oisean dachte, sie seien schon in der Nähe des Hauses angelangt, sagte er: »Sind wir schon fast da?« – »Ja«, sagte der Junge. »Würden sie es jetzt zu Hause hören, wenn ein Mann hier schrie?« – »Bestimmt.« – »Dreh mich genau in die Richtung heimwärts.«

Der Junge tat es, und als beide noch ein Stück weitergegangen waren, packte Oisean den Burschen, steckte ihm die Hand in die Kehle und brachte ihn um. »Du«, sagte er, »wirst keine Geschichten über mich erzählen, du nicht und ein anderer auch nicht.« Er tastete sich an der Mauer entlang heim, und am Haus warf er das Amseljunge auf die Erde. Sie fragten ihn, wo er den ganzen Tag seit dem Morgen gewesen wäre, und er antwortete: »Da, wo ich oft frohe, glückliche Tage zugebracht habe.« – »Aber wie hast du heimgefunden? Du bist doch blind!« – »Ich hatte heut eine Gelegenheit hinzugelangen. Da drüben liegt ein Tierchen, das ich mitgebracht habe, holt es herein.«

Sie liefen hinaus, um nachzuschauen, aber so viele auch liefen: Um das heimzutragen, wovon er gesprochen hatte, waren sie nicht genug. Da stand er selber auf und schleppte den Vogel herein, dann verlangte er ein Messer.

Er packte den Schenkel, häutete ihn und schnitt das Fleisch herunter und brach den Knochen in zwei Stücke. »Und nun nehmt den Knochen des schwarzbraunen Hirschs, von dem ihr gesagt habt, ich hätte so etwas bei den Fians noch nie erblickt.«

Sie holten ihm den Knochen, und er warf ihn durch die Höhlung, wo das Mark gesessen hatte. Nun sahen sie freilich, daß er die Wahrheit gesprochen hatte, und fragten ihn nach mehr Geschichten, aber sie brachten nie wieder eine aus ihm heraus.

Manche erzählen die Geschichte auch so, daß sich Oisean von einem Knecht in eine bestimmte Waldschlucht in Balnagown nahe dem Moray Firth leiten ließ, zu einer Felsentreppe; dort schoß er mit Hilfe des Knechts, der ihm die Hand am Bogen führte, aus einer ungeheuren Schar riesiger Vögel einen, der dreimal so groß wie ein Ochse war. Der Knecht trennte ihm ein Hinterviertel ab, sie trugen es zusammen heim. Und als sie am Haus des Schwiegersohns anlangten, schritt Oisean mit der Vogelkeule hinein und zielte mit einem furchtbaren Hieb nach dem Platz, an dem sein Schwiegersohn zu sitzen pflegte. In seiner Blindheit nahm Oisean nicht wahr, daß der Stuhl leer war – er wurde in Stücke zerschmettert. Aber der Schwiegersohn bereute sein Leben lang, daß er den Alten so übel behandelt hatte, und besserte sich.

11. Fionn auf der Insel

Es wird erzählt, daß ein Kapitän aus Jura, Besitzer eines kleinen Kauffahrers, einmal an der Mole von Greenock einen Mann traf, der das Schiff für eine gewisse Fracht mietete: Es sollte ihn und seine Ladung westlich von Islay absetzen. Der Handel wurde abgeschlossen, die Ladung an Bord gebracht, und sie umsegelten den Mull of Kintyre und fuhren über den Sound of Islay, und da kam ein dikker Nebel auf. Sie überwanden den Sund und hielten nach Westen, und ein paar Tage später fanden sie sich eines

Morgens dicht an Land. Sie warfen Anker und legten sich schlafen; aber als sie wieder aufwachten, war der Mann samt seiner Ladung fort.

Der Kapitän aus Jura hatte keine Lust, sich um seinen Lohn bringen zu lassen; er sprang an Land, ging zu einem großen Haus hin und trat ein. Drinnen fand er einen großen, kräftigen alten Mann in einem Armstuhl sitzen. Der Alte bot ihm einen Schluck zu trinken an. Aber die Trinkgefäße waren so groß, daß der Kapitän nicht imstande war, eins anzuheben. Da rief der große Mann seine Tochter herein, damit sie dem Gast zum Trinken verhelfe, und das Mädchen kam und hob den Becher an, und der Kapitän nahm einen langen Zug Bier. Dann berichtete er, was ihm widerfahren war, und der große Mann erkundigte sich, ob er den wohl wiedererkennen würde, der das Schiff gemietet hatte. Ja, sagte er Schiffer, das könne er bestimmt. Da schickte der Alte nach einer ganzen Reihe von Männern, die mußten vor den Kapitän hintreten, und als letzter erschien auch der Schuldige, wurde erkannt und mußte den Frachtlohn bezahlen. Aber dann stieß er dem Schiffer einen Finger ins Auge, blendete ihn so und sagte dabei: »Hätt ich dir das schon eher getan, dann hättest du mich nicht wiedererkannt.« Und dann befahlen die Inselbewohner den Männern von Jura, jedes Staubkörnchen, das von der Insel stammte, von ihren Füßen zu wischen, und schickten sie mit ihrem Gelde fort, und als sie davonsegelten, schien die Insel im Nebel zu verschwinden.

Das Abenteuer des Kapitäns sprach sich bald auf den Inseln und dem Festland herum und machte ihn überall berühmt. Aber er blieb auf einem Auge blind.

Der große Mann, so heißt es, ist Fionn gewesen.

12. Der Schmiedsfelsen auf der Insel Skye

Es heißt, daß in diesem Felsen die Fians schliefen, und wenn einer hineinginge und dreimal in den hölzernen Schreier, die Pfeife, bliese, die neben Fionn läge, dann würden sie sich erheben, lebendig und gesund, wie sie einstmals waren.

Ein Schmied, der auf der Insel lebte, hörte das erzählen, und es ließ ihm keine Ruhe: Er mußte versuchen, in den Felsen hineinzugelangen. So ging er zu ihm hin, prägte sich die Form des Schlüssellochs gut ein, kehrte in seine Werkstatt zurück und schmiedete sich einen Schlüssel, der in das Loch paßte. Dann wanderte er wieder zum Felsen. Und siehe da: Sowie er den Schlüssel im Loch gedreht hatte, sprang die Tür auf, und er sah vor sich einen großen, weiten Raum, und auf dem Boden lagen riesige Männer. Einer war noch gewaltiger als die andern: der lag in der Mitte ausgestreckt und hatte neben sich einen ungeheuren Holzstab. Der Schmied dachte, das müsse wohl die Pfeife, der hölzerne Schreier, sein. Aber sie war so groß, daß er fürchtete, sie gar nicht anheben, viel weniger aber hineinblasen zu können. Eine Weile stand er da und starrte das Ding an, aber schließlich sagte er sich: »Bin ich einmal so weit gekommen, will ichs wenigstens probieren«. Er packte den Schreier, mit Mühe und Not hob er das Mundstück an und hielt es an die Lippen. Und dann sammelte er Atem und blies, sosehr er nur konnte. Der Ton, den er zustandebrachte, war so laut, daß er meinte, der Felsen stürze über ihm zusammen. Die riesigen, plumpen Männer auf dem Fußboden erbebten vom Scheitel bis zur Sohle. Noch einmal pumpte der Schmied seine Lungen voll und stieß den Atem mit aller Kraft in den hölzernen Schreier –, da richteten sich alle mit einem Ruck auf die Ellenbogen auf. Ihre Finger waren wie die Greifklauen von hölzernen Enterhaken und ihre Arme wie Balken von Mooreiche. Und den Schmied erfaßte ein so furchtbarer Schrecken über ihre Größe und ihr Aussehen, daß er den hölzernen Schreier fallenließ und zum Ausgang rannte; mit einem Satz war er draußen. Da brüllten sie ihm hinterdrein: »Du läßt uns elender zurück, als du uns gefunden hast, elender, als du uns gefunden hast!« Aber er blickte sich nicht um, bis er draußen war und die Tür hinter sich zugeschlagen hatte. Dann zog er den Schlüssel ab und warf ihn in den See, der bei dem Felsen liegt, und der heißt bis auf den heutigen Tag der See vom Schmiedsfelsen.

13. Die Gräber der Fians

Übrigens war es auch ein Sprichwort: Wenn die Fians einmal vierundzwanzig Stunden lang von keinem genannt würden, dann würden sie wieder auferstehen.

Im Srath Earn – der Earn ist ein Fluß, und Srath heißt soviel wie Uferwiese – gibt es das Dorf Fianntach, das den Fians gehörte oder wo sie gewohnt haben, und rundum hat man zum Gedächtnis der Helden zahllose Steinhügel errichtet.

Vor ein paar Jahren hat man den Carn Chumhail geöffnet und darin einen riesigen steinernen Sarg gefunden; dicht dabei war ›Oiseans Grab‹. Als General Wade 1746 die Straße durch das Land baute, stieß sie an ebendiesen Fleck. Eine Abordnung machte dem General ihre Aufwartung und bat ihn, die Straße seitlich vorbeizuführen, damit nicht die letzte Ruhe des ›ersten Barden des Altertums‹ gestört würde. Aber dem General paßte es nicht, diesen sehr verständlichen Wunsch zu erfüllen. Vielleicht ergaben sich technische Schwierigkeiten, und vielleicht hegte er auch insgeheim den Wunsch zu erproben, wieweit man der Überlieferung trauen könne. Gewiß ist, daß sich die Bewohner des umliegenden Landes zusammenscharten. Sie öffneten das Grab und fanden darin tatsächlich die sterblichen Überreste ihres geliebten Oiseans. Vier große, flache Steine, die mit den Kanten aneinandergefügt waren, bildeten den Sarg, den ein weiterer großer, dicker Stein verdeckte. Sie hoben Steine und Gebeine mit Sorgfalt und Verehrung auf, und während Dudelsackpfeifer die Melodie einer Totenklage spielten, marschierten sie in feierlichem Schweigen auf den grünen, heidebedeckten Gipfel eines benachbarten Hügels, dort oben gruben sie ein neues Grab und legten die letzten sterblichen Überreste ihres geliebten Oiseans, der süßen Stimme von Cona, hinein.

Es gibt in Gleann Eilg eine Stelle, die heißt Iomaire-nam-Fear-Mor, Großemännergrat. Die Überlieferung besagt, daß zwei von den Fians ertranken, als sie Kyle Ray, den schmalen Sund, überqueren wollten, und daß sie hier begraben liegen. Ein englischer Herr, der durch die Hochlande reiste, hörte das erzählen und äußerte sich abschätzig: dies sei leeres Gerede; wie es heißt, ließ er noch viele weitere unbegründete Bemerkungen über Hochlandüberlieferungen im allgemeinen und die über die Fians im besonderen fallen; und um zu beweisen, was das alles für ein Gewäsch sei – so beliebte er sich auszudrücken –, bestand er darauf, daß eins der vermeintlichen Gräber geöffnet werde.

Die Leute haben eine fromme Verehrung für die Toten und vielleicht auch eine geheime abergläubische Scheu davor, ein Grab zu stören, folglich weigerten sie sich ganz entschieden, den Hügel aufzuwühlen. Aber lieber als ihre geheiligten Überlieferungen Märchen schimpfen zu lassen, wollten sie doch eines der Gräber öffnen, und so geschah das.

Sie mußten sehr tief stoßen. Zuerst kam der sandige Boden der Gegend, dann eine dicke Schicht Torf, dann wieder sandige Erde und abermals ein Torfbett, in dem lag ein Gerippe. Torf konserviert, und zu diesem Zweck hatte man die Leiche hineingelegt. Man stellte fest, daß die Knochen vollkommen wohlerhalten und ungewöhnlich groß waren. Nie hatte jemand zuvor etwas Ähnliches erblickt, und es heißt, keiner, der die Gebeine nicht selber gesehen habe, könne glauben oder sich eine Vorstellung davon machen, *wie* groß sie gewesen seien. Ein Herr, der zugegen war, der verstorbene vortreffliche Pfarrer Mr. MacIver aus Gleann Eilg, hatte eine Länge von sechs Fuß, zwei Zoll; er war sehr stämmig und, wie man allgemein zugestand, einer der hübschesten Männer seiner Zeit. Als nun die Anwesenden staunend vor den Riesenknochen standen, nahm der Pfarrer die Kinnlade auf und steckte mit Leichtigkeit seinen Kopf hindurch.

Weiter erzählt man, der Tag sei schön gewesen. Aber

ganz plötzlich seien Donner und Blitz, Sturm und ein sintflutartiger Regen aufgekommen, wie es vorher noch nie jemand gesehen oder gehört hatte. Die Leute dachten, nun sei die Strafe für die Entweihung der Totengebeine über sie gekommen. Möglicherweise glaubt jetzt manch einer, dies grenze ans Wunderbare; aber es bestreite keiner die Wahrheit der Geschichte. Noch leben viele, die damals zugegen waren, und jeder einzelne erklärt, daß er den Tag und den Vorgang bis an seinen Tod nicht vergessen werde, und es waren unter andern Herren von Skye und viele vom Festland anwesend.

Wer der Herr war, der durch seinen Skeptizismus die Gräberöffnung veranlaßt hatte, habe ich nie gehört, aber das ganze trug sich etwa vor sechzig Jahren zu.

14. Die Pikten

Vor langer Zeit nannte man die Leute hier im Land die Pikten. Sie waren klein und untersetzt, mit roten Haaren und langen Armen und ganz breiten Füßen, die konnten sie sich bei Regen über den Kopf halten wie einen Schirm. Die Pikten sind große Baukünstler gewesen. Sie haben all die alten Schlösser im Land gebaut, und wißt ihr auch wie? Ich werds euch erzählen. Sie stellten sich alle in einer Reihe auf, die reichte vom Steinbruch bis zum Bauplatz, und dann gab jeder seinem Nachbarn die Steine zu, bis das Ganze fertig war.

Die Pikten brauten auch ein herrliches Ale, und zwar machten sie das aus Heidekraut. Und wißt ihr, natürlich war das auf diese Weise ein ungeheuer billiges Getränk, denn darauf könnte ich schwören: Heide hat es damals schon genausoviel gegeben wie heute. Und die andern Leute, die auch noch im Land lebten, waren ganz wild drauf zu lernen, wie die Pechs das mit dem Heidekraut machten. Aber die ließen sich nie ein Wörtchen darüber entschlüpfen, sondern gaben ihr Geheimnis nur unter sich weiter, immer vom Vater auf den Sohn, wobei jeder Vater seinem Jungen ganz streng einschärfte, daß er es um keinen Preis verraten dürfe.

Aber am Ende hatten die Pikten große Kriege, und viele von ihnen wurden getötet. Es blieb tatsächlich nur noch eine Handvoll Leute übrig, so daß es schon aussah, als ob sie ganz von der Erde verschwinden würden. Doch ihr Geheimnis vom Heidebier hüteten sie trotzdem immer noch eisern, sie waren entschlossen, es sich von ihren Feinden nie und nimmer abringen zu lassen.

Also, zuletzt kam es zwischen ihnen und den Schotten noch einmal zu einem furchtbaren Kampf, in dem sie ganz und gar geschlagen wurden; sie kamen alle um, bis auf zwei, einen Vater und seinen Sohn. Und so ließ der Schottenkönig sich die beiden Männer vorführen, er wollte versuchen, sie so in Angst zu versetzen, daß sie ihm das Geheimnis verrieten. Er sagte ihnen glatt, wenn sie es ihm nicht im guten mitteilten, dann müßte er sie so lange foltern, bis sie gestünden, es wäre also bestimmt besser für sie, beizeiten nachzugeben.

»Schön«, sagte der alte Mann zum König, »ich sehe, es ist zwecklos, Widerstand zu leisten. Aber ich hab eine Bedingung, die mußt du erfüllen, bevor du das Geheimnis erfährst.«

»Und was ist das?« fragte der König.

»Versprichst du mir, sie zu erfüllen, wenn es nichts ist, was dir schadet?« sagte der Mann.

»Ja«, sagte der König. »Das verspreche ich dir.«

Und dann sagte der Pikte. »Du mußt wissen, ich wünsche den Tod meines Sohnes, aber ich möchte ihm nicht selber das Leben nehmen.

Mußt töten meinen Sohn,
und dann erst sag ichs dir,
wie wir braun aus Heide
unser gutes Bier!«

Ohne Zweifel war der König höchst erstaunt über das Verlangen, aber da er es versprochen hatte, befahl er sofort, den Burschen hinzurichten. Als der alte Mann sah, daß sein Sohn tot war, sprang er mit einem Riesensatz auf und rief: »Jetzt mach mit mir, was du willst. Meinen Sohn hättest du zwingen können, denn er war nur ein schwacher Jüngling, aber mich zwingst du nie.

Und bringst du mich auch um,
du hörst es nie von mir,
wie wir braun aus Heide
unser gutes Bier.«

Jetzt staunte der König noch mehr als vorher, aber diesmal darüber, daß ein wilder Mann ihn so hatte übertölpeln können. Er begriff aber, daß es überflüssig war, den Pikten zu töten, denn für den war es nun bestimmt die schlimmste Strafe, leben zu bleiben. So wurde er gefangen fortgeführt und lebte noch viele Jahre lang, bis er ein uralter Mann war, bettlägerig und blind. Die meisten Leute hatten längst vergessen, daß es ihn noch gab; aber als eines Abends in dem Haus, wo er lebte, ein paar junge Männer zusammen waren und sich mächtig mit ihren Kraftstücken brüsteten, da beugte er sich aus dem Bett und sagte: »Ich möchte wohl mal bei einem von euch das Handgelenk fühlen, damit ichs mit den Armen der Männer vergleichen kann, die in der alten Zeit gelebt haben.«

Da hielten sie ihm zum Spaß eine dicke Eisenstange zum Befühlen hin. Er faßte sie so mit zwei Fingern, wie ihr einen Pfeifenstopfer. »Es ist ja ganz schön knorpelig«, sagte er, »aber gegen die Handgelenke zu meiner Zeit ist es gar nichts.«

Und das war der letzte von den Pikten.

15. Der letzte Pikte

Die ersten Leute, die überhaupt je auf unserer Insel lebten, hießen Pikten; sie sollen aus Frankreich gekommen sein, und zwar aus einer Gegend, die man Picardy nannte. Dort hatten sie sich untereinander gestritten, und manche flohen durch Schottland, und ein paar kamen bis nach Wick herauf. Sie hatten keine Schiffe, bloß kleine Boote, und sie planten, von Gestade zu Gestade zu fahren, bis sie das

Ende allen Landes erreichten. Als sie in Nord-Shetland anlangten, sagten sie: »Yit-land, Yit-land«, und damit meinten sie: das äußerste oder letzte Land; und auf die Art kamen die Inseln zu ihrem Namen Shetland. Diese Pikten waren überhaupt kein Seefahrervolk. Sie waren sehr klein, aber stark und geschickt. Und friedlich waren sie, freundliche Leute, aber faul. Sie bauten Burgen, die waren immer so gemacht, daß ein flacher Stein oben das Dach bildete; und wie tief sie in die Erde hinein gingen, das weiß keiner, denn wenn die Pikten ihre Häuser oben fertig hatten, dann bauten sie unterirdisch immer weiter Gewölbe und Kammern und Gänge an. Sie hatten nie mehr Essen in Vorrat, als für zehn Tage zureicht, und nach dem Abendbrot sagten sie jedesmal:

»Der in Betlehem kam zur Welt,
sorgt morgen für uns, daß er uns erhält.«

Sie brauten eine Art Schnaps aus Heidekrautblüten und -spitzen, und der war so beliebt, daß viele Völker ihn zu machen versuchten, aber die Pikten hielten geheim, wie sie es anstellten. Und dann kamen einmal unerwartet die Nordländer und brachten all die friedlichen Pikten um, alle bis auf einen einzigen Mann und seinen Sohn. Die ließen sie übrig, weil sie von ihnen herauskriegen wollten, wie das mit dem Heideschnaps zuging. Zuerst weigerten sich beide, das zu verraten, da wurden sie von den Nordmännern gefoltert. Und nun sprach der Vater: »Bringt den Jungen um, dann sag ichs euch.« Die Seekönige taten, was der Vater verlangte, und da sagte der frohlockend: »Jetzt könnt ihr mich töten, langsam oder schnell, mir gilt alles gleich. Ihr werdet die Geheimnisse unseres Stammes nie vom letzten Pikten erfahren. Meinen Sohn hättet ihr dazu bringen können, sie preiszugeben, aber die Gefahr besteht nun nicht mehr: Tötet mich langsam oder schnell, irgendwann kommt der Tod.«

Und das war das Ende der Pikten auf Shetland.

16. Die beiden Brüder

Vor langer, langer Zeit soll auf der Insel Mull weiter niemand gewohnt haben außer ein paar Familien, die auf der Südseite in Carsaig lebten, in dem Teil der Insel, die als Ross of Mull bekannt ist. Diese Familien lebten von der ganzen übrigen Welt abgetrennt; keins von ihnen hatte je irgendwen von anderswo erblickt, und keins von ihnen war einmal von dort fortgekommen. Sie besaßen keine Boote, und sie sagten, die andern kleinen Inseln und das Land, das sie vor sich sahen, seien andere Welten.

Aber eines Tages erblickten sie vor sich auf dem Meer einen Fleck, der bewegte sich vom Festland fort auf sie zu, und als er in die Nähe kam, da fanden sie, er sähe aus wie ein Pferd, dem auf dem Rücken ein Baum wuchs. Aber als er am Ufer anlangte, da war es ein Boot, aus Weidenzweigen geflochten und mit Häuten bezogen, die Fellseite nach außen. Es saß nur ein einziger Mann darin, der hatte was zu trinken bei sich und als Eßvorrat eine Portion Haselnüsse. Wegen seines hautbedeckten Bootes nannten sie ihn den Kuhhautmann.

Als er gelandet war, erzählte er ihnen, wie er sich aus Neugier von zu Hause aufgemacht hatte, weil er andre Gegenden sehen wollte, und dies hier war die erste, die er erreicht hatte. Die Leute erzählen, er sei aus Ardencaple im Bezirk Lorn auf dem Festland herübergekommen.

Er blieb lange bei ihnen, denn sie behandelten ihn freundlich, weil sie ihn mochten; es gefiel ihnen, daß er ihnen alles mögliche Neue beibrachte, was ihnen bei der täglichen Arbeit half; und er nützte ihnen auf viele Art durch seine Geschicklichkeit und seine Kenntnisse. Zum Beispiel fiel ihm auf, daß sie nichts mit ihrer Kuh- und Ziegenmilch anzufangen wußten, und er erkundigte sich, weswegen sie denn keinen Käse daraus bereiteten. Da fragten sie, was das denn sein solle, Käse? Sie hätten nie welchen gesehen und auch nie was davon gehört, aber machen würden sie schon gern mal welchen, wenn sie nur wüßten wie. Butter bereiten konnten sie schon. Der Kuhhautmann suchte sich Labkraut und legte Stengel davon in die Milch, daß sie stockte und sich die Molke vom Quark trennte; und so machten sie auf Mull zum erstenmal Käse.

So verging beinah ein Jahr, da langte auf Mull ein zweites Boot an oder, wie sie es nannten, ein Pferd mit einem Baum im Rücken; es schwamm auf dieselbe Weise heran. Dieses aber kam in Lochspelvie, weiter östlich, an Land und hatte einen Mann an Bord, den nannten sie ›den in den Hautdecken‹. Er war der Bruder des andern, der vor ihm eingetroffen war, und kam, ihn zu suchen.

Die beiden Fremden und die Einheimischen verstanden sich gut miteinander, und die Brüder fingen an, ein Boot zu bauen, denn Holz gab es auf Mull im Überfluß. Als es fertig war, nannten sie es ›das sechsrudrige Boot‹, und als es mit allem ausgerüstet und segelfertig war, nahmen die beiden Brüder ein paar Burschen als Besatzung auf und stachen in See, um zu irgendeiner von den Welten zu gelangen, die sie vor sich sahen. Sie erreichten Jura, aber die Bewohner der Insel wollten sie nicht an Land lassen, weil sie nie zuvor ein Boot erblickt hatten. Sie trieben sie mit Steinwürfen wieder aufs Meer zurück. Da wandten sie sich nach Colonsay, aber dort waren die Männer genauso hartherzig: sie schleuderten Steine nach ihnen und versuchten sie blind zu machen, indem sie ihnen Sand in die Augen warfen. Da fuhren sie schließlich nach der grünen Insel weiter – so wurde Islay damals genannt. Und da trafen sie es besser, denn es hielt sich kein Mensch am Strande vor ihnen auf. Sie zogen das Boot ans Land hinauf und marschierten los, um zu sehen, ob sie auf der Insel Leute finden würden, und ob sie vielleicht auf jemanden stießen, der sie zu einem Haus führen könnte.

Der erste Mensch, den sie trafen, war ein alter Mann, der Kühe hütete. Der glaubte, sie gehörten auf die Insel, denn keiner hatte je davon gehört, daß jemand von anderswo hergekommen oder von der Insel fortgefahren wäre. Nun fragte ihn der erste Bruder, der Kuhautmann, nach Auskunft über die Gegend. Der Alte meinte: »Du sprichst aber komisch dafür, daß du hier geboren bist.« Er gab zurück: »Ich bin ja nicht von hier.« – »Und wenn nicht«, sagte der Alte, »was hat dich dann hergebracht?« – »Das ist so: Ich will euch fragen, was ihr mir geben könnt und ob ihr was haben wollt, was ich euch geben kann.« Inzwischen war es dämmrig geworden, und der alte Mann brannte ein Feuer an; da saßen sie bei ihm die Nacht durch, bis es wieder hell wurde und sie vor sich Häuser und Menschen erkannten.

Die Leute auf Islay verhielten sich gastfreundlich gegen die Fremden, und die blieben ein ganzes Jahr bei ihnen und bauten ihnen sieben Boote, und der ältere Bruder heiratete ein Mädchen von der Insel. Aber nach einiger Zeit dachte er doch daran, wieder nach Mull zurückzukehren. Sie machten das Boot fertig und stachen in See, die Brüder und die junge Frau und die Burschen von Mull, und hielten Kurs nach Norden zu. Aber sie waren noch nicht weit gekommen, da stieg ein dicker Nebel auf und verfinsterte ihnen die Welt, und da sie keinen Kompaß besaßen und Land nicht erkennen konnten, trieben sie hilflos weiter, bis das Boot auf Grund stieß. Da tauchte zum erstenmal, seit sie von Islay abgefahren waren, wieder Land vor ihnen auf. Ein großer Mann kam zu ihnen herab – sie hatten nie jemanden so Riesiges gesehen –, packte den Vorderteil des Bootes und zog es mitsamt der Besatzung über die Flutgrenze hinauf. Dann lud er sie alle zu sich in sein Haus ein.

Sie folgten ihm und wurden willkommen geheißen. Der ältere der beiden Brüder bat die Tochter des Hauses um einen Trunk, da brachte sie Milch in einem hölzernen Bottich, dessen Dauben von zwei Reifen zusammengehalten wurden; sie stellte das Gefäß neben die Besucher auf den Boden und ging fort. Einer der Männer stand auf, um es anzuheben, aber er brachte es nicht in die Höhe. Da standen noch drei andere auf, aber zusammen vermochten sie nicht, den Bottich hochzubekommen. Das Mädchen kam zurück, fand ihn so, wie sie ihn hingestellt hatte, und sagte: »Ihr braucht nicht viel, um euern Durst zu löschen.« Der Kuhhautmann erwiderte: »Wir sind es nicht gewohnt, uns beim Trinken zu bücken wie das Vieh, und aufheben konnten wir den Zuber nicht.« Daraufhin faßte sie den Bottich mit der Linken am Henkel und hielt ihn einem nach dem andern zum Trinken hin. »Woher kommt ihr«, fragte sie, »und wo wollt ihr hin?« – »Wir kommen von der dunkelblauen Insel«, sagte der Kuhhautmann, »und sind unterwegs zur Hügelinsel.« – »Das ist Mull!« sagte sie, »Mull, das ich liebe, Mull, das den kleinen Männern gehört.« Sie verbrachten die Nacht fröhlich miteinander.

Am nächsten Tag wollten sie in See stechen, aber als sie versuchten, das Boot zu bewegen und flott zu bekommen, rührte es sich nicht – geradesogut hätten sie versuchen können, die Rhinns of Islay von der Stelle zu bringen. Da sagte die junge Frau, die von Islay mit ihnen gekommen war: »Ich weiß, wo wir sind. Wir sind auf der verzauberten Grünen Insel, aber ich habe etwas, das uns losbringen wird.« Und sie erzählte den andern, daß ihr die Mutter beim Abschied eine Kappe gegeben und dabei gesagt hatte: »Wann immer du in Not bist, setz sie auf, und dabei mußt du den Kopf siebenmal bis zu den Füßen herabneigen.« Sie trug die Kappe in ihrem Gürtel; sie zeigte sie ihnen und wies sie an, sich auf die Bänke zu setzen und die Ruder zu nehmen. Dann stellte sie sich in die Mitte, berührte die Kappe, beugte den Kopf zu Boden, und die Kappe hob sich vom Gürtel zur Brust; das nächstemal, als sie sich beugte, stieg sie bis zum Hals hinauf, das drittemal bis zum Kinn, und als sie den Kopf zum viertenmal beugte, stieg sie über den Mund bis zur Nase; das nächstemal erreichte sie die Augen, drauf die Stirn und schließlich den Scheitel, und da war das Boot frei. Der Nebel war immer noch da. Sie fragten den älteren Bruder, welchen Kurs sie einschlagen, sollten. Da hieß er sie, dem Flug der Vögel zu folgen, denn die wandten sich am Abend zum Ufer hin und würden sie zum Land führen. Es gibt ein Sprichwort über das Heimkommen von Vögeln und Fischen, das sagt: Die Vögel der Welt fliegen nach Westen, aber die Fische in der Tiefe schwimmen zum Osten hin.

Während der Nacht rief der jüngere Bruder, ›der in der Hautdecke‹, den andern zu, daß vor ihnen ein Hügel wäre.

Sein Bruder, der im Heck saß, sagte: »Es ist ein tòrr, ein hoher Sandkegel«, und bis zum heutigen Tag ist der Name Torrens geblieben.

Als es Tag wurde, langten sie am Ufer von Mull an; und sie fuhren mit dem Boot in eine schmale Meerenge ein, die nicht breiter als ein Graben war; und bevor sie noch die Ruder von den Dollen lösen konnten, waren sie gebrochen. Die Stelle heißt heute noch ›Ruderbruchenge‹.

Sie gingen an Land, wanderten heim und berichteten, wo sie gewesen waren, und was sie erlebt hatten.

Der nun über siebzigjährige Mann, von dem der Schreiber die Geschichte beinahe Wort für Wort hat, sagt, er habe sie als junger Mann gehört.

17. Eine Überlieferung von Islay

Die Sage berichtet, daß die westlichen Inseln lange Zeit nach dem Sieg über die Nordleute und deren Austreibung nur ganz dünn besiedelt gewesen seien. Die Eroberer hatten nur wenige von den Einheimischen am Leben gelassen, und das Land lag nun öde und wüst. Der erste Mann, der wieder Besitz davon ergriff, war der mächtige John MacConnal, den man den Hirten der Inseln und den ersten Herrn der Inseln nannte. Er hatte sieben Söhne, und als sie herangewachsen waren, teilte er seine Besitzungen unter sie auf. Weil er aber meinte, die Hochlande und ihre Inseln seien für so viele zuwenig zum Teilen, zog er mit einem von seinen sieben Söhnen fort nach Irland, um einen oder mehrere von den fünf Königen zu stürzen, die dieses Land damals regierten, und seinem Sohn alles Land zu verschaffen, das er in dem Kampf erringen könnte. Seinen Ältesten ließ er auf Islay, der ersten Insel, in deren Besitz er sich gesetzt hatte.

Er hatte Erfolg bei seinem Unternehmen, denn er gewann den Teil Irlands, über den damals der Graf von Antrim herrschte, und übergab ihn seinem Sohn. Nun vergingen einige Jahre; und von Islay kam ein Neffe des neuen

Herrschers zu Besuch nach Antrim herüber. Bei einem seiner Besuche verliebte sich der Neffe in ein irisches Edelfräulein und bat es um seine Hand. Sein Antrag wurde angenommen, und nach der Sitte der Zeit forderten ihn die Verwandten der Dame auf zu sagen, welche Mitgift er von ihr verlange. Er begehrte siebenhundert Männer, die Beinamen trügen, um sie nach Islay mitzunehmen. Es heißt, in jenen Tagen hätten nur die großen Männer und die Edlen Beinamen bekommen, und der Bräutigam habe auf die Art erreicht, daß er mit den von ihm erbetenen Siebenhundert zusammen auch ihre Gefolgsleute mit nach Islay bekam, und so wurde die Insel wieder bevölkert. Die Nachkommen jener Iren finden sich noch heute in vielen Teilen des Festlandes wie auf den Inseln.

18. Wie die Frauen an der Tafel den Ehrenplatz bekamen

Eine Schar dänischer Seeräuber landete auf Unst zu einer Zeit, da eben fast alle kampffähigen Männer fort waren. Die wenigen, die sich zu Hause befanden, wurden gefesselt und zu Sklavenarbeit gezwungen, aber am schlimmsten war, daß die Eroberer Besitz von den Häusern und Frauen der Shetländer nahmen. Aber die Frauen fügten sich nicht zahm in diese Lage der Dinge.

Sie schmiedeten einen Plan und hielten ihn geheim, bis die Gelegenheit da war. Dann stürzten sie sich eines Nachts auf ein verabredetes Zeichen hin alle gleichzeitig auf die schlafenden Dänen, ermordeten sie und befreiten ihre versklavten Ehemänner. Als Lohn für diese Tat und zur Erinnerung an die Gelegenheit, wo Frauen ein Geheimnis wahrten, nahm von da an die Frau den Ehrensitz oben an der Tafel ein.

19. MacNeil von Barra und die Nordländer

Einmal landeten die Skandinavier auf Barra und trieben MacNeil in die Flucht. Es gelang ihm, mit Frau und Kindern im Boot nach Irland zu entkommen, und dort blieb er, dort wuchsen seine Söhne auf. Aber die Söhne wurden von den Einheimischen beständig als Fremde verspottet und hörten sich von ihnen ›die Barraleute‹ nennen. Da beschlossen sie herauszufinden, warum die andern sie so behandelten, und eines Tages, als sie mit den Eltern beim Essen saßen, fragten sie den Vater nach der Erklärung dafür. Aber er antwortete ihnen, der Name Barra verursache ihm schweren Kummer, und verbot ihnen, das Wort je wieder auszusprechen. Doch sie sagten: »Wir werden keinen Bissen mehr essen und keinen Tropfen mehr trinken, bevor wir nicht wissen, was das Wort bedeutet.«

Da erklärte er ihnen den Namen und erzählte ihnen alles, was ihm widerfahren war, und daß er so lange Schmach und Hohn ertragen müsse, wie seine mächtigen Feinde, die Nordländer, sein Land besäßen.

Als die Söhne hörten, wie ihr Vater von seinem Eigentum vertrieben worden war, beschlossen sie, ihr Erbe um jeden Preis zurückzuerobern. Sie fingen an, ein Boot auszurüsten, und als es fertig war mit Masten, Segeln, Rudern, Besatzung und Kompaß und bereit, in See zu stechen, wies ihnen ihr Vater die Himmelsrichtung nach Barra Head und sagte: »Wenn der Mann, den ich auf Barra zurückgelassen habe, noch lebt – Macillcary heißt er –, dann wird er euch geradenwegs dorthin führen, wo ihr unsere Feinde findet.«

Sie segelten übers Meer, erreichten Barra Head und gingen an Land, da trafen sie einen Mann und fragten ihn nach Macillcary. »Ja«, sagte der andere, »er lebt noch.« Und er wies sie an, Castle Bay anzusteuern und auf ein Licht zuzuhalten, das, wenn sie in die Bucht einführen, rechterhand leuchten würde.

Sie langten bei dem erleuchteten Haus an, aber sie konnten nicht hinein, denn die Tür war verriegelt, und niemand öffnete. Da kletterten sie aufs Dach und spähten durch das Rauchloch nach innen; und sie sahen einen armen alten Mann sitzen und bitterlich weinen. Sie riefen ihm zu, sie seien Freunde, und er ließ sie ein; dann erzählte er ihnen, er habe am selben Tag den Nordländern den Pachtzins bezahlt, aber ein paar Mark hätten ihm gefehlt, und dafür hätten sie ihm angedroht, wenn er nicht mit dem Rest des Geldes wiederkäme, solle er am nächsten Mittag eine Tracht Peitschenhiebe erhalten. Nun verrieten ihm die MacNeils ihr Vorhaben, und der Alte zeigte ihnen voller Freude den geheimen Weg zum Schloß.

Der Erzähler unserer Geschichte hat manches, was ihm selbstverständlich war, ausgelassen, und wir müssen es uns ergänzen. An dieser Stelle war davon die Rede, daß im Schloß ein Quell floß, von dem keiner wußte, wo er entsprang. Es wird also so gewesen sein, daß der Quell einen unterirdischen Zu- oder Abfluß von draußen nach drinnen oder umgekehrt hatte; die verborgene gemauerte Leitung muß weit genug gewesen sein, daß ein Mann durchkriechen konnte, und diesen Eingang hat der Alte den Söhnen seines ursprünglichen Herrn gewiesen.

Die jungen Männer drangen in das Schloß ein und brachten es in ihre Gewalt. Sie werden die Nordländer darin im Schlaf überfallen und getötet haben, und vielleicht hat es auch noch ein paar von den alten Barra-Leuten darin gegeben, die sich auf ihre Seite schlugen, das alles hat der Mann, der die Sache erzählte, nicht erwähnt; aber er berichtete, sie seien dann weitergezogen nach Kinloch und Vaslam und hätten beide von den Feinden gesäubert, dann aber ihrem Vater Botschaft gesandt: und zu all dem haben sie wohl doch einige Hilfe gebraucht. Sicher ist, daß der alte MacNeil ihnen sofort mit einer Schar Gefolgsleute zu Hilfe kam und daß sich überall auf der Insel die freudige Nachricht von seiner Rückkehr verbreitete, und daß sich immer mehr Inselbewohner zu ihm und den Söhnen fanden, solche, die er früher gekannt hatte und auf deren Freundschaft er sich verlassen konnte. Und mit den andern Männern zusammen kam auch ein Sohn MacNeils, der nicht ehelich geboren war und den er nicht anerkannt und daher zurückgelassen hatte, und die Leute nannten den jungen Mann deswegen Mac-an-Amharuis, Sohn des Zweifels. Er nun stellte sich bei seinem Vater ein und forderte, daß der ihn jetzt anerkenne, da erwiderte MacNeil: »Bist du mein Sohn, so beweise es, indem du noch vor dem morgigen Tag Eilean Fiaradh von meinen Feinden säuberst.« – »Gib mir die Mittel dazu«, versetzte Mac-an-Amharuis, »und es soll dort kein Blutstropfen von denen übrigbleiben.«

MacNeil reichte ihm sein eigenes Schwert, und der junge Mann wanderte noch in der Nacht zu dem Schloß, das acht Meilen von Castle Bay an einer kleinen Bucht steht, drang dort heimlich ein, während die Nordländer betrunken in tiefem Schlaf befangen waren, und tötete sie einen nach dem andern, so, wie sie lagen. Es heißt, man könne ihre Leichname noch heute sehen, wenn ein schwerer Sturm den Sand über dem Fort, wo sie erschlagen wurden, hin und her treibt.

Von dem Tag an hatte MacNeil seine Rechte zurückerlangt.

20. Die Browns von Tiree

Die Browns von Tiree werden bis auf den heutigen Tag Brunaich (Einzahl Brunach) genannt. Das ist kein einheimisches Wort, sondern eine Gälisierung des englischen Brown. Die folgende Geschichte berichtet, wie die Browns zuerst nach Tiree gekommen sind. Sie kann ebensogut wahr sein wie andere, erzählt wurde sie von einem, der auf der Insel geboren ist und sich in den Überlieferungen seiner Landsleute bestens auskennt.

Die Frau des MacLaine von Dowart war eine Tochter des Herrn der Inseln. Die Herren der Inseln – so nannten sich die MacDonalds, die Gebieter von Kintyre, die sich königliche Gewalt anmaßten und sogar Parlamente abhielten. – Eines Tages nun besuchte MacDonald seine Tochter in Aros auf Mull und stellte mißbilligend fest, daß es ihr an Tafelleinen mangelte. Er sprach mit ihr darüber, aber sie erklärte ihm, auf dem Gut gäbe es keine Stelle, wo man Flachs anbauen könnte.

»Wenn das so ist«, sagte der Vater, »werde ich dir Tiree schenken. Dort gedeiht der Flachs gut. Meine Tochter soll keinem Tadel ausgesetzt sein.« Und so kamen die Dowarts in den Besitz der Insel Tiree und behielten sie auch, bis der Clan am Ende des 17. Jahrhunderts verfiel.

Offenbar haben die MacLaines auf der Insel mit eiserner Rute geherrscht. Es gibt dort noch einen Hügel, den die Leute Galgenbank nennen, und sie erzählen, daß dort gehenkt worden ist, wer am Zahltag als letzter mit seinem Pachtzins ankam. Ein Trupp starker Männer im Dienste der MacLaines hielt die Inselbewohner in Furcht und Schrecken: sie waren nichts anderes als Bedrücker und Raufbolde.

Einmal nun war die Frau des Dowart mit ihrem Boot und ihren Leuten in Croig auf Mull und wollte nach Tiree übersetzen. Während die Männer das Boot bereitmachten, trat ein großer, starker Kerl zu ihnen heran. Er sah aus wie ein Bettler, denn seine Kleider waren zerlumpt und geflickt.

»Erlaubt mir, daß ich mitfahre«, bat er ruhig. Der Bootsführer lehnte barsch ab. »Denkst du, wir lassen einen wie dich mit der Herrin ins selbe Boot?« – »Was solls der Herrin ausmachen, ob ich mit dabei bin oder nicht?« fragte der Bettler, und damit wandte er sich zur Herrin selber und wiederholte seine Bitte. Sie gab ihm die Erlaubnis, und der Mann setzte sich ans Ende des Boots, so weit weg von ihr wie möglich, um sie nicht zu belästigen.

Doch es dauerte nicht lange, und ein heftiger Wind erhob sich, und noch eine kleine Weile später, da meinte der Bootsführer: »Es ist kein guter Tag für die Überfahrt.« Eine Sturzsee schlug ins Boot und durchnäßte die Lady von Dowart. »Kannst du nicht besser steuern?« sagte der Bettler zum Bootsführer. Der gab zurück: »Kannst du's vielleicht?« – »Besser als so bestimmt«, sprach der Bettler,

»Zeig mir die Richtung, in die ihr wollt.« Der Bootsführer wies sie ihm, da versetzte der Fremde: »Ich denke, du solltest zusehn, daß du Land anläufst.« – »Was bildest du dir ein?« gab der andere zurück, »du hast hier nichts zu sagen!« Da wandte sich die Dame an den Bettler und sprach: »Willst du das Boot übernehmen, wenn du das Kommando bekommst?« – »Das will ich wohl«, sagte er. Da ordnete sie an, daß sie ihm das Kommando übergeben sollten. Er ließ sich am Steuerruder nieder und befahl den andern, die Segel zu reffen und alles straff anzuziehen, und nun kam kein Fingerhut Wasser mehr ins Boot. Sie hielten auf Tiree zu und langten unterhalb von Hynish am äußersten Ende der Insel an. Der Bettler bugsierte das Boot in die erstbeste geschützte kleine Bucht hinein, die er entdeckte; sie ist heute noch als ›der Bootshafen‹ bekannt.

Die ganze Gesellschaft kam glücklich an Land, und beim Abschied forderte die Lady von Dowart den Bettler auf, sie im Inselhaus zu besuchen. Dort hatte die Familie Dowart ihren Sitz, und dort wohnen heute die Eigentümer der Insel. Der Name Inselhaus kommt daher, weil der Bau ehedem vom Wasser eines nahen Sees umringt war; eine Zugbrücke verband ihn mit dem übrigen Land. Jetzt ist der schützende Wassergraben zwischen Haus und Gestade nicht mehr nötig, er ist zugeschüttet worden, und der wehrhafte Landsitz ist ein Haus wie alle andern.

Der Fremde wanderte eine Zeitlang umher, dann ging er zum Inselhaus und wurde freundlich aufgenommen. Nach ein oder zwei Tagen aber dachte er, es wäre doch besser, wenn er ein eigenes Haus bekäme. Die Lady von Dowart versprach ihm, sie wolle ihm den Baugrund schenken, wo immer er ihn sich wähle; es muß damals noch viel freien Platz auf der Insel gegeben haben. Und nun wurde es gemacht, wie es damals Brauch gewesen war: Der Fremde erhielt ein Pferd mit einem Packsattel, über den hängte er ein Strohseil und band daran den oberen und den unteren Stein einer Handmühle, so daß zu beiden Seiten des Tiers einer hing. Und nun zog er los und wartete, wo wohl das Seil reißen würde: das war das Zeichen, an der Stelle würde ein guter Bauplatz für ihn sein, dort würde er Glück haben.

Die Mühlsteine des Bettlers fielen am ›Sonnenfleck‹ zu Boden, jetzt heißt der Platz ›Grünberg‹. Dort baute er sich eine Hütte, und als er sie fertig hatte, kam eine Frau zu ihm und führte ihm den Haushalt und lebte mit ihm. Sie gebar ihm einen Sohn, aber der Fremde weigerte sich, ihn als sein Kind anzuerkennen. Da verließ sie ihn.

Als der Kleine so weit aufgewachsen war, daß er selber auf sich aufpassen konnte, ging die Frau wieder mit ihm zu dem Fremden und bat den, er möge das Kind doch als seines anerkennen, damit sie zur Freien würde. Aber er weigerte sich immer noch zuzugeben, daß das Kind von ihm war, und wies sie fort. Da besann sie sich darauf, daß er ihr früher erzählt hatte, wo er herstammte, und sie sagte zu dem Jungen: »Wenn uns dein Vater nicht will, vielleicht hat uns dein Großvater in Irland lieber.« Und sie suchte, bis sie einen fand, der sie in seinem Boot nach Irland mitnahm.

Der Vater des Fremden empfing sie und seinen Enkel sehr freundlich, er behielt sie und ihren Sohn bei sich, bis der Junge erwachsen war. Da wurde die Frau wieder von der Unruhe erfaßt, es drängte sie, zurückzukehren. Der Großvater fragte den Enkel: »Was willst du lieber, bei mir bleiben oder mit deiner Mutter gehen?« Der Bursche sagte: »Ich geh mit der Mutter.«

So kamen sie wieder nach Tiree zurück, und der Sohn gab keine Ruhe, bis sie seinen Vater aufsuchten. Sie langten bei der Hütte an, der Fremde saß davor, und die Frau sagte: »Heut wirst du deinen Sohn wohl aufnehmen, den du damals nicht hast anerkennen mögen.«

Aber der Mann hatte noch immer keine Lust, sich zu dem Sohn zu bekennen. Da packte ihn der Jüngling, warf ihn zu Boden, setzte ihm das Knie auf die Brust und sagte: »Ich laß dich erst wieder aufstehen, wenn zu zugibst, daß ich dein rechtmäßiger Sohn bin und daß die Mutter deine rechtmäßige Ehefrau ist.« Endlich fügte sich der Mann, und der Bursche ließ ihn wieder los. Nun lebten sie zu dritt miteinander und bauten sich ein großes Haus und Ställe, und ihr Vieh gedieh, und die Herde vermehrte sich.

An einem stürmischen Frühlingsabend, als sie eben dabei waren, die Tiere in den Pferch zu treiben, erblickten sie einen stämmigen Mann in schlechten Kleidern, der von Kilkenneth herkam und geradewegs auf das Haus zuschritt.

»Ich hab nie einen größern Kerl gesehen als den Bettler da«, sagte der Sohn. »O ja«, sagte der Vater. »Er ist groß. Ich kenne ihn gut. Er kommt meinetwegen. Heut abend verlier ich mein Leben. Ich habe seinen Bruder getötet, aber das war nicht meine Schuld, denn hätt ichs nicht getan, so hätte er mich umgebracht.« – »Vielleicht verlierst du das Leben doch nicht in dieser Nacht«, sagte der Sohn. »Sei freundlich zu ihm. Laß ihn sich erst wärmen, es ist ja kalt heut abend, und bitte ihn, mit uns hinauszugehen und eine Kuh zu schlachten.«

Der Fremde trat ein, und sie hießen ihn willkommen. Der Alte sagte: »Ein Fremder ist da, und die Nacht ist kalt, da wäre es gut, wir schlachteten eine Kuh.« Sie gingen hinaus und holten das Tier zum Haus. Der Bursche sagte zum Fremden: »Was willst du lieber, die Axt nehmen oder die Kuh beim Horn halten?« Der Fremde zog es vor, das Horn zu halten, der Bursche holte aus, und der Schlag, der das Tier traf und fällte, war so stark und kam so plötzlich, daß der Fremde mit der Kuh zugleich zu Boden stürzte. Sofort warf sich der Jüngling auf ihn und hielt ihn nieder, er sprach: »Wie ist das, kannst du dir helfen? Wenn nicht, dann bleibst du so, bis du mir erzählt hast, was du bei uns willst.« Da berichtete der andere Wort für Wort, wie er gekommen sei, um seines Bruders Tod zu rächen. »Lebend laß ich dich nicht los«, sagte der junge Mann, »außer du versprichst, meinen Vater nicht zu behelligen, solang du hier im Lande bleibst.« Der Fremde schwor; wenn er freikomme, wolle er niemandem zu nahe treten. Sie erlaubten ihm zu bleiben und verbrachten die Nacht heiter und in Frieden mit ihm. Am Tag darauf kehrte der Fremde auf demselben Weg, den er gekommen war, wieder zurück. Mit dem Vater und dem Sohn aber begann ein weitverzweigtes Geschlecht: Die beiden waren die ersten Browns auf Tiree.

21. Der Schmied und die beiden Herren

Als MacLaine von Dowart der Besitzer von Tiree war, gehörten Balemartin und Mannal auf der Südseite der Insel zu einem Gut, und im Dorf lebten nur wenige Leute. Das Wirtshaus lag an dem Flüßchen Gedans zwischen dem Inselhaus, wo der Herr wohnte, und dem Strand. An einer kleinen Bucht namens Port-nan-Long in Balemartin aber hauste Fionnladh Guibhneach, Finlay der Schmied. Er war auf allen fünf Inseln der einzige Schmied, oder besser gesagt, es gab keinen zweiten, der so geschickt war wie er.

Nun bestand damals zwischen MacLaine von Tiree und MacLeod von Dunvegan auf Skye Pflegebruderschaft, so daß sie verpflichtet waren, einander Freundschaft zu erweisen, ganz gleich, bei welcher Gelegenheit und um welchen Preis; MacLeod aber brauchte dringend Finlays Dienste. Deshalb kam er mit seinem Boot nach Tiree, um ihn zu holen. Er landete in Port-nan-Long und begab sich ins Inselhaus. Dort wurde er von MacLaine herzlich willkommen geheißen. Er fragte nach Finlay.

»Ach«, sagte MacLaine, »er ist ein paar Tage nicht im Inselhaus gewesen. Und das ist kein guter Tag«, meinte er, »wo ich ihn nicht zu sehen kriege.«

Da sagte ihm MacLeod, daß er gekommen sei, um Finlay auf ein Jahr mitzunehmen. Er wolle gut für ihn sorgen, und wenn nicht einem von ihnen beiden ein Mißgeschick zustoße, dann wolle er selbst Finlay am Ende des Jahres wieder heimbringen.

Als MacLaine das vernommen hatte, sagte er: »Schön, gehen wir ihn suchen.« Sie zogen los, und als sie das Gemeindeland zwischen Haus und Flüßchen überquerten, trafen sie Finlay. Der hatte sich eben von einem Anfall übler Laune wieder erholt und war auf dem Weg ins Inselhaus, wohin er sonst täglich kam. »Was macht die Gesundheit?« fragte ihn MacLeod. »Oh, ich kann nicht klagen«, gab Finlay zurück, »ich werde zwar älter, aber deswegen nicht schwächer, im Gegenteil, ich nehme noch jeden Tag an Kraft und Stärke zu, ich bin rühriger im Laufen und sehe besser denn je.« – »Ich bin überrascht, das zu hören«, sagte MacLeod, »denn auf Skye verlieren die Leute an Kraft und Rührigkeit, wenn sie älter werden. Sonderbar«, meinte er, »daß das bei dir so anders ist.«. – »Ach«, erwiderte Finlay, »ich weiß aber, daß ich jetzt im Laufen besser bin und daß ich an Augenlicht gewonnen habe, denn früher habe ich über den Soabaibach springen können, aber jetzt wandere ich zur Furt, wenn ich hinüber will; und als ich jünger war, hab ich nur einen erblickt, wenn ich jemanden ansah, jetzt aber sind es dann zwei oder drei.«

Sie nahmen Finlay nach dem Wirtshaus mit. Als MacLeod einen auf die Gesundheit MacLaines ausbrachte, sagte er wie gewohnt: »Darauf, daß ich von dir kriege, was ich mir wünsche, MacLaine!« – »Deinen Wunsch sollst du gern und reichlich erfüllt bekommen!« gab MacLaine zurück. MacLeod sagte: »Mein Wunsch ist der, daß ich Finlay mitnehmen darf.« MacLaine erwiderte den Zutrunk; dann sagte er: »Und mein Wunsch ist es, daß ich Finlay für mich behalten darf.« – »Aber ich bitte dich doch nicht darum, daß du ihn mir für immer läßt!« sagte MacLeod. Und dann setzten sie den Lohn fest und einigten sich, daß Finlay auf ein Jahr zur Arbeit nach Dunvegan an der Westküste von Skye ziehen sollte, und damit er nicht länger dabehalten werde, sollte MacLaine mit ihm gehen.

Als Finlay heimkam und seiner Frau von der bevorstehenden Reise erzählte, sagte sie zu ihm: »Du bist ein Narr, daß du so weit weggehst, wo du es bei MacLaine so gut hast.« – »Gehen muß ich auf jeden Fall, und du kommst mit«, sagte er und berichtete ihr, daß er ja nicht auf Skye bleiben sollte und daß MacLaine selber mitfahren wollte, damit sie ihn nicht etwa dabehielten. »Wie kann ich denn mitkommen«, sagte sie, »da doch MacLaine nicht zuläßt, daß eine Frau mit ihm im selben Boot sitzt?« – »Ich steck dich in ein Faß«, sagte er, »und wenn wir in Dunvegan angelangt sind, dann werden sie alle schmausen und lustig sein, und wenn die Herren alle bei MacLeod versammelt sind, dann kommst du als alte Frau herein. Das übrige bring ich dann schon zuwege; vielleicht verdienst du auf die Art noch mehr als ich.« Da willigte sie ein, und in der Nacht schaffte er sie mit reichlich Eßvorrat ins Boot.

Sie langten in Dunvegan an. Es gelang Finlays Frau, sich ungesehen vom Boot wegzustehlen; dann wartete sie in einem Haus in der Nähe darauf, daß das Fest begann.

Als die Mannschaft und die andern, die im Boot gesessen hatten, das Schloß erreichten, herrschte große Freude; sofort wurde ein üppiges Mahl bereitet, die aus dem Schloß versammelten sich, Tische wurden gedeckt, Gäste eingeladen, wie es Brauch ist. Unter denen, die zu der Versammlung kamen, befand sich ein gutgestellter Lehnsmann, der aus irgendeinem geringfügigen Anlaß MacLeods Gunst verloren hatte. Finlay beobachtete, daß er sich der Gesellschaft fernhielt, und nachdem er den Grund erfahren hatte, riet er ihm, einen auf die Gesundheit MacLeods auszubringen und ihm gleichzeitig seinen Kummer auszudrücken. Der Mann befolgte den Rat und sagte:

»Geschätzt war ich in MacLeods Haus,
als Gerechtigkeit in seinem Lande saß,
und heute Nacht beim Trinken
bin ich ein vergessener Sohn.
Aber dies bring ich dir,
Sohn des Dunklen John,
der heut oder gestern eintraf,
ich bin der Sohn eines Helden,
der einstmals hier war,
obschon ich heute nicht mal den Hügel
für meine Kuhherde kriegen kann.«

»Guter Jüngling«, sagte MacLaine, »geh nach Mull, und ich will dir dort Land geben.«

Er sagte:

»Eines Helden Sohn war ich letztes Jahr,
aber dies Jahr bin ich des Kummers Sohn.
Wird mir ein Drittes aufgebürdet,

kommt eine dritte Last auf mich,
dann will ich im nächsten Jahr
ein Sohn von Mull sein.«

MacLeod sagte: »Noch gibt es bei MacLeod Land genug.« Und er setzte ihn wieder auf seinem vorigen Gut ein und gab ihm seine Rechte zurück, und er brauchte weder nach Mull noch sonstwohin auszuwandern, um Land zu bekommen.

Während der ganzen Zeit hielt Finlay Ausschau nach seiner Frau, und sowie er sie in der Tür erblickte, rief er ihr zu: »Armes Weib! Was bringt dich her? Du mußt in schlimmer Not sein, daß du heut nacht zu den Edlen des Clans MacLeods kommst. Erzähl deine Geschichte, und ich bin gewiß, sie werden alle miteinander bereit sein, dir zu helfen, und sie werden dich nicht mit leeren Händen wieder weglassen.« Sie sagte, sie sei eine arme Frau, die sich durchs Leben schlüge, so gut sie das auf ehrliche Art und mit Hilfe derer könnte, die ihrer Armut Aufmerksamkeit schenkten und ihr Barmherzigkeit zeigten; und nun sei sie zu den Edlen des Clans Leods gekommen, die sich hier versammelt hätten, um zu versuchen, ob sie ihr beistehen würden. »Laß deine Landsleute tun, was ihnen gefällt«, sagte Finlay, »ich will dir eine trächtige Kuh geben.« MacLaine schaute ihn erstaunt an, und das war kein Wunder: Da gab doch Finlay die einzige Kuh, die seine eigene arme Frau in Balemartin hatte, fort an ein fremdes Weib im Norden! Jeder von den anwesenden Edlen schenkte ihr eine ähnliche Gabe, und als MacLaine Gelegenheit hatte, ungestört mit Finlay zu reden, sagte er zu ihm: »Wie bist du bloß darauf verfallen, deine einzige Kuh der Nordfrau zu geben?«

»Weißt du denn, wessen Frau sie ist?« sagte Finlay. »Was kümmerts mich, wer ihr Mann ist oder war!« sagte MacLaine. »Na, es war eben meine eigne Frau, die da all die Kühe geschenkt gekriegt hat, und deine brauchst du ihr erst zu geben, wenn du wieder heimkommst«, sagte Finlay. »Und wie hast du sie hergebracht?« erkundigte sich MacLaine. »Ei, zum Kuckuck, MacLaine!« sagte er, »ganz einfach: in einem großen Faß zu deinen Füßen im Boot.« – »Soviel ist sicher«, sagte MacLaine, »wenn dich der Tod mal erwischt, tut ers am Galgen. Einmal wirst du schon noch gehängt für deine Kniffe!« Und er empfahl ihm, das Vieh nach Mull zu schicken, bis sie es nach Tiree übersetzen konnten. Finlay befolgte den Rat und schickte seine Frau mit den Kühen nach MacLaines Gut in Benmorlach auf der Nordwestseite von Mull, und sie brachte sie von dort weiter nach Balemartin, wo MacLaine nach seiner Heimkunft ihr seine eigene Gabe übersandte.

Finlay machte sich an die Arbeit und blieb fleißig dabei, damit er am Ende des Jahres fertig wäre und heimkehren könnte, und MacLeod suchte ihn häufig auf, mehr, um zu hören, was er sagte, als um nachzusehen, wie er mit der Arbeit vorankam.

Eines Tages fand er ihn gerade beim Frühstück und bemerkte, daß Finlay das ihm vorgesetzte Butterstück von hinten her zu vertilgen begann. Als er fertig war, erkundigte sich MacLeod bei ihm, warum er nicht von vorn her davon genommen hätte. »Ich hab sie einfach von hinten nach vorn weggenommen, wie wir es an MacLaines Tafel machten, wo die Portionen rund und groß waren.« Ein andermal fand ihn MacLeod, wie er einen Käserest schälte, und fragte ihn, wo er gelernt hätte, Käse zu schälen. »Seit ich in MacLeods Schloß gekommen bin! Auf den gastlichen, fröhlichen, reichen Tisch in MacLaines Haus kamen keine Reste.«

Als das Jahr zu Ende war, erschien, wie vereinbart, MacLaine, um Finlay nach Hause zu holen. MacLeod empfing ihn herzlich, und nach seiner Reise genoß er die gastliche Bewirtung, die ihm, wie bei Gästen seines Ranges üblich, zuteil wurde. Da hörte er Finlays Hammer klingen und sagte: »O weh! Ich habe es allzulange aufgeschoben, zu Finlay zu gehn.« Als er bei ihm eintrat, sagte er: »Verzeih mir, Finlay, ich komme ein wenig spät zu dir.« – »Das weiß ich, MacLaine«, sagte Finlay:

»Verachtung hab ich für die kleinliche Tafel,
wo schmutziger Geiz hockt:

Gelobt hab ich die wohlbesetzte Tafel,
an der stolze Helden saßen.
Du hast Finlay, den Schmied, nicht heimgeholt
und nicht an ihn gedacht bis eben.«

Da fragte MacLaine, wie es ihm in diesem Jahr ergangen sei, und meinte unter anderm, er wolle gern hören, was er von den Frauen in MacLeods Land halte, da er nun unter ihnen gelebt habe.

»Schön, das will ich dir sagen«, erklärte Finlay. »Wenn alle Frauen des Clans MacLeod, kleine und große, alte und junge, alle in einen einzigen Leib gesteckt würden, dann wollt ich schon eine, die taugt, daraus machen.« – »Was du da sagst, wird ihnen aber gar nicht gefallen.« – »Was ich sage, wird ihnen wohl noch besser gefallen als mir ihre Art und Weise«, sagte Finlay. »Ich sehe, es ist Zeit, daß wir wieder nach Tiree kommen«, sagte MacLaine.

Als Finlay vor dem Aufbruch zu MacLeod ging, um sich seinen Lohn zu holen, und als sie sich dann, nachdem das erledigt war, miteinander unterhielten, sagte MacLeod: »Ich wette, daß der Torf von Tiree nicht so gut brennt wie der von Skye.« – »Was meinst du dazu, Finlay?« fragte MacLaine, »soll ich die Wette annehmen?« »Es ist nicht der Rede wert«, sagte Finlay, »aber ich möchte doch wetten, daß der Torf aus dem Weißen Moor auf Tiree besser brennt als der Torf hier.« Die Wette wurde abgeschlossen. »Ich wette noch was«, sagte MacLeod, »nämlich, daß unsre Hunde die MacLaines besiegen.« Auch diese Wette wurde angenommen, und MacLeod setzte mit ihnen nach Tiree über und brachte sowohl Torf als auch Hunde in seinem Boot mit. Als die Wetten nun ausgetragen wurden, brannte der Torf von Skye hellauf mit großer Flamme, war aber bald ausgebrannt. Nun fragte MacLaine, ob sie jetzt den Torf von Tiree versuchen wollten. Da aber die Diener keinen gebracht hatten, bat MacLaine Finlay, welchen zu holen – das hatten die beiden vorher schon so miteinander verabredet. Finlay sagte, vielleicht werde es nicht der beste sein, den er bringe. Er ging hinaus, las einen Arm voll Torfsoden auf und tauchte sie, eine nach der andern, in ein Faß Öl. Als MacLeod sie erblickte, sagte er: »O Mann, sind die naß!« – »Je nasser sie sind, desto munterer brennen sie«, erwiderte Finlay, indem er sie anzündete; und als sie Feuer gefangen hatten, brannten sie beinahe das ganze Haus an. »Hab ich dir nicht gesagt, sie brennen besser als die von Skye«, sagte Finlay zu MacLeod. »Nun hast du die Wette verloren.« – »Kein Zweifel«, gab MacLeod zurück, »das hab ich.«

Am andern Tag sollten die Hunde aufeinander losgelassen werden. Finlay stand früh auf und gab seinen ein mächtiges Futter aus Milch und Mehl, und obwohl sie kleiner waren als die andern, konnten sich MacLeods Hunde nicht gegen sie halten. »Das ist verblüffend«, sagte MacLeod, »dabei ist einer von meinen so groß wie zwei von MacLaine.« – »Das braucht dich überhaupt nicht zu verblüffen«, sagte Finlay, die hier stammen nämlich von den Hunden im Lande der Fians ab, gegen die kommt keine andre Hunderasse an.«

»Wenn du im Lande der Fians wärst, du würdest zurückkommen, und solang du bei MacLaine bist, kommt keiner mit einer Wette gegen MacLaine an.« MacLeod sagte ihnen Lebewohl und fuhr wieder nach Hause.

22. Garlatha

Vor langer Zeit haben die äußersten der westlichen Inseln einmal drei Reiche gebildet: Der Nordteil der Hebriden, Lewis, gehörte einem König namens Cemal; die Mitte, Harris, war Besitz eines Fürsten, und über Uist, das noch weiter südlich liegt, herrschte König Keligan.

So unterstanden also Lewis und Uist einem König, während Harris nur einem Fürsten untertan war. Aber dieser Fürst war wegen seines Mutes und seiner Tapferkeit berühmt, und den Bewohnern seines Landes stand er jederzeit, wenn sie ihn darum baten, willig mit gutem Rat bei, nicht zu reden davon, daß er ihnen viele Wohltaten erwies: dafür schätzten sie ihn auch sehr.

Lagen zwei Nachbarn einander wegen der Grenze zwischen ihren Feldern oder wegen eines Stücks Vieh, das sich verlaufen hatte, in den Haaren, so schlichtete er ihren Streit klug und nachdrücklich, und versuchten seine Beamten, einander mit eifersüchtigem Gestichel vor ihm in Nachteil zu bringen, so trieb er ihnen das unnachsichtig aus. Aber was vielleicht das beste war: Er holte Männer ins Land, damit sie seinen Untertanen Dinge beibrachten, die ihnen bis dahin noch unbekannt gewesen waren, Handwerke und Künste. Er selber sorgte dafür, daß sie in Waffenübungen unterwiesen wurden, genauso aber im Dichten und Bewahren und Vortragen von Heldenliedern.

Seine Gemahlin Garlatha stand ihm an Güte und Klugheit nicht nach. Sie hielt die Frauen, die sie umgaben, zu Sparsamkeit und Fleiß an und brachte ihnen bei, wie man die verschiedenen Kräuter und Wurzeln kochen oder trocknen oder sonst zurichten muß, damit man sie essen oder Krankheiten und Wunden mit ihnen heilen kann, und sie zeigte ihnen, daß man mit Schwachen und Kranken sanft und freundlich umgeht. Und sie lehrte ihre Frauen ein gutes Leben führen.

Auf die Art waren die Menschen in ihrem Land zufrieden und wünschten sich nichts anderes.

Es heißt, Garlatha sei um 800 nach Christi Geburt gestorben. Das ist lange her. Ich weiß nicht, woran sie starb, jedenfalls gab es für sie keine Hilfe, sie ging dahin und ließ eine kleine Tochter zurück, die nach ihr genannt wurde: Garlatha.

Als das Mädchen heranwuchs, zeigte es sich, daß sie ihrer Mutter nachgeriet und alle ihre guten Gaben geerbt hatte. Sie verstand sich schon bald auf die Kräuter und Wurzeln so gut wie die Mutter und sorgte für die Leute wie sie, und die Menschen auf Harris waren mit ihr genauso zufrieden. Mit der Zeit verbreitete sich ihr Ruhm über die Inseln und noch weiter, und ein Freier nach dem andern kam in seinem Boot angefahren. Auch der König, der Lewis regierte, hatte es sich in den Kopf gesetzt, sie zu heiraten, und segelte herüber. Genauso der Herrscher von Uist.

Da sagte der Vater eines Tages zu ihr: »Tochter, bevor mein Leben zu Ende geht, will ich dich mit einem guten Mann verheiratet sehen. Ich überlege hin und her: welcher am besten für dich paßt, von denen, die deinetwegen hergekommen sind? Ich denke, es ist der von Lewis.« Der Tochter wäre der von Uist lieber gewesen, aber sie beugte sich dem Beschluß des Vaters, und der Besitzer von Lewis erhielt Nachricht, er solle sich einstellen, er werde sie bekommen. Hocherfreut folgte er dem Ruf, alles wurde abgemacht und festgesetzt, und Garlatha und er wurden vermählt. Aber nun kommt erst die Geschichte.

Als Garlatha und der von Lewis feierlich miteinander vermählt worden waren, sagte die Braut zu ihrem Kammermädchen: »Geh du nur zu den andern«, denn natürlich gab es ein riesiges Fest und einen gewaltigen Schmaus, »ich versteck mich jetzt.« Das Mädchen gehorchte, und der Vater und der Bräutigam und die Gäste saßen an der großen Tafel, aber ohne die Braut. Eine kleine Weile warteten sie geduldig, dann, mit der Zeit, wunderten sie sich immer mehr und warteten immer noch und meinten, nun müsse sie aber endlich auftauchen, aber sie kam und kam nicht. Und schließlich begriffen sie es alle, der Vater, der Bräutigam, die Leute vom Haus und die vielen Gäste, sie begriffen, daß Garlatha nicht kommen würde, und fragten sich immer lauter, wo sie sein konnte! Jeder fragte jeden, die Mägde, die Bedienten wurden verhört. Zuerst natürlich das Kammermädchen, aber die wußte von gar nichts und konnte nur die letzten Worte der Herrin wiederholen: »Jetzt versteck ich mich.« Da suchten sie drinnen und draußen und ließen keine Stelle aus, wo sie möglicherweise verborgen sein konnte, und riefen nach ihr, aber sie war und blieb verschwunden.

Die Nacht verging. Die Speisen standen unberührt auf der Tafel, die Gäste schauten bedrückt drein. Am nächsten Morgen suchten alle weiter, am Strand und in den Bergen, in jeder Richtung, sie suchten bis zum Abend und dann den nächsten Tag und den übernächsten, immer weiter, und schließlich gab es zwischen Barra Head und dem Butt of Lewis keinen Platz, so groß, daß auch nur ein Vogel darauf schlafen konnte, der nicht untersucht worden wäre. Aber nirgends fand sich eine Spur von ihr.

Garlathas Vater hörte nicht auf zu suchen. Viele Jahre noch, nachdem längst alle Hoffnung erstorben war, irrte er jeden Tag durch das Schloß und durch das Land und suchte nach ihr und rief sie; zuletzt sahen ihn die Leute, wie er mit seinem Stab jedes Blatt vor sich umkehrte und sogar unter dem Jakobskraut nachschaute. Er starb – und da war sie immer noch nicht wiedergefunden.

Danach stand das Schloß auf Harris zweihundert Jahre lang unbewohnt, es gab keinen Besitzer mehr. Als schließlich MacLeod sich des Landes bemächtigte, ließ er ein neues Haus bauen – die alten Gebäude waren nicht mehr zu gebrauchen, das Dach war eingestürzt. Als die Arbeiter einen Teil des Hauses räumten und abtrugen, entdeckten sie eine alte Truhe. Sie hoben sie an, da blieb das Unterteil auf dem Fußboden stehen, und darin lag das Gerippe einer Frau, jeder Knochen an seinem richtigen Platz und daneben lag der Trauring, so neu wie an dem Tag, da der Priester ihn ihr an den Finger gesteckt hatte, und darin eingraviert stand der Name Garlatha. Und das war die Geschichte.

23. Der große Dewar von Balemartin auf Tiree

John MacLaine war einer von den Dowarts auf der Insel Mull. Es heißt, er mußte von Mull fliehen, weil er MacLaine von Lochby half, als der mit MacLaine von Dowart im Streit lag: da verriet ihm John MacLaine etwas gegen den eigenen nahen Verwandten. Und das kostete ihn selber Haus und Hof.

John MacLaine flüchtete sich zuerst nach Jura, dann zog er weiter nach Tiree. Er soll der erste Mann von Mull gewesen sein, der sich auf Tiree niedergelassen hat. Er war ein riesiger Kerl und hatte sieben Söhne, die waren alle genauso groß und stark wie er. Sie hausten in der Gemeinde Balemartin auf der Südseite von Tiree; Sorabi mit dem

Friedhof gehörte auch zu ihrem Land; früher gab es dort eine Kapelle.

Zu der Zeit zahlten die Leute auf Tiree dem Herrn der Insel Pachtzins. Aber John Dewar weigerte sich glattweg zu zahlen, und als ihn der Besitzer von Tiree zum erstenmal zu zwingen versuchte, rief er seine sieben Söhne zusammen, zog mit ihnen zum Inselhaus, dem Wohnsitz des Herrn, stellte sich mit ihnen auf dem Rasen davor auf und rief: »Das ist die Bezahlung, die ich euch liefere, nun nehmt sie oder laßt es bleiben!«

Aber der Herr von Tiree versuchte doch noch einmal, den Zins von ihm zu erzwingen, und das trug sich folgendermaßen zu: Der große Dewar und seine Söhne waren im Frühjahr dabei, die Äcker zu bestellen, da zerbrach dem Vater die Pflugschar. Nun waren sie alle ziemlich weit voneinander entfernt – denn damals lebten noch nicht viele Leute in der Gegend –, und Dewar blieb nichts anderes übrig, als selber in die Schmiede zu gehen, um die Pflugschar flicken zu lassen. Er schirrte die Pferde nicht erst ab, bevor er ging, sondern ließ sie einfach vor dem Pflug stehen, denn er dachte: ›Sie können inzwischen fressen.‹ Es gab zu der Jahreszeit nicht viel Gras, aber auf dem Feld stand Ackersenf, den zupften die Gäule.

Während der Vater neben dem Amboß stand und dem Schmied zuschaute, brachen die Söhne in Sorabi die Äcker um. Einmal hielt einer einen Augenblick inne, um sich die Stirn zu wischen, dabei warf er zufällig einen Blick aufs Meer und bemerkte ein Boot, das sich dem Ufer näherte. Es hielt Kurs auf die kleine Bucht von Balemartin, und der Bursche auf dem Feld sah, daß sich im Boot ein riesengroßer starker Mann befand, und er erkannte ihn auch: es war der, den die Leute den schwarzen John Campbell nannten; er trieb auf der Insel den Pachtzins bei denen ein, die nicht zahlen wollten. Und der schwarze John Campbell war nicht allein: er hatte ein paar kräftige Männer als Besatzung mit.

Sie landeten und marschierten schnurstracks auf die Pferde zu, die Dewar auf seinem Acker hatte stehenlassen. Sowie sie bei den Tieren angelangt waren, nahmen sie sie bei den Köpfen. Zwei von den Männern fingen an, sie vom Pflug loszuschirren: sie hatten nichts anderes vor, als die Pferde statt des Pachtzinses mit ins Boot zu nehmen.

Sie waren bereits fertig und stapften neben den Pferden über den Acker zurück zur Bucht, als Dewar mit seiner geflickten Pflugschar in der Ferne wieder auftauchte. Als er die Fremden mit seinen Pferden erblickte, setzte er sich in Trab; er erreichte den Trupp, als sie schon dicht am Wasser waren und langte nach den Zügeln, um die Pferde zurückzunehmen. Da sagte Campbell und zog dabei sein Schwert: »Pack dich schleunigst, oder ich leg dir den Kopf vor deine großen Füße.« Dewar ließ die Zügel fahren, zog selber sein Schwert und schrie: »Immer komm, tu, was du kannst!« Sie stürzten sich aufeinander, und Dewar trieb den Campbell von Inveray Schritt für Schritt vor sich her quer übers Land, immer weiter, bis der schwarze John Campbell unversehens und rückwärts auf dem Friedhof landete, zwischen den Gräbern strauchelte, über MacLaines Kreuz stolperte und plötzlich auf der Erde lag. Bevor er wieder aufspringen konnte, war Dewar über ihm.

Als Campbells Leute ihn fallen sahen, waren sie sicher, daß es mit ihm aus war. Sie rannten mit den Pferden zu ihrem Boot und stachen in See. »Laß mich aufstehn«, sagte Campbell, »und ich geb dir mein Wort, daß ich kein zweitesmal zum selben Zwecke komme.« – »Gut«, sagte Dewar, »aber schwörs mir.« Das tat Campbell. »Und noch mehr«, sagte er, »wenn ich wieder in Inveray hin, schick ich dir den Preis für deine Pferde.« – »Komm jetzt mit mir in mein Haus«, sagte Dewar, »du brauchst nichts zu fürchten. Du sollst bei mir nicht schlechter empfangen werden und wohnen als ich selber, bis du wieder heimkehren kannst.«

Ein paar Tage später hatte Campbell Gelegenheit überzusetzen. Er kehrte nie wieder zurück, um böse mit jemandem umzuspringen und mit ihm Schindluder zu treiben. Und er hielt Wort. Sowie er Inveray erreicht hatte, verkaufte er die Pferde und schickte Dewar den Erlös.

Fortan unternahm niemand mehr den Versuch, den Pachtzins aus Dewar herauszupressen.

24. Die weise Frau von Duntulm und die Elfen

Vor langer Zeit lebte ein Herr der Insel namens MacConnal, der hatte zwei Söhne, aber nur einer von beiden konnte nach seinem Tode das Besitztum erben. Als er nun starb, sagte der ältere Sohn zum jüngeren: »Dich hat er nun ohne das geringste zurückgelassen, aber du sollst nicht ganz ohne Erbe bleiben. Geh nach Duntulm, nimm das Land dort für dich.«

Damals waren die Ländereien von Duntulm im nördlichen Teil von Skye an mehrere tüchtige Bauern verpachtet; die hatten mit Erfolg gewirtschaftet und waren zu Wohlstand gekommen; die meisten waren Kleinbauern, und einige wenige hatten die größeren Höfe inne. Den Pachtzins, den sie alle zahlten, sollte nun der jüngere Bruder erhalten und davon leben, er sollte sich ein Haus bauen und eine Frau nehmen. Das war ihm recht, und so zog er denn nach Duntulm.

Aber er war noch nicht lange dort ansässig, da erschienen bei ihm die Beamten des Königs und forderten Abgaben für sein Land. Das erstemal, als sie die Steuer von ihm verlangten, erwiderte er: »Ich zahl keine. Warum sollte ich? Welches Recht hat der König darauf?« Sie zogen wieder ab, aber sie sandten ihm eine Verfügung, wieviel er jedes Jahr zu entrichten hatte; doch er brachte es tatsächlich sechs Jahre lang fertig, keinen Penny zu zahlen. Aber dann schickte der König fünfzig Soldaten und einen Offizier zu ihm, die sollten ihm die Steuer abnehmen, ob er wollte oder nicht. Er sträubte sich nach wie vor und sagte, weder der König noch seine Soldaten brächten ihn zum Zahlen. Da nahmen sie ihm das Land weg und erklärten es zum Besitz des Königs. – Und jetzt empfing nun der König den Pachtzins.

Er ließ einen Verwalter bestimmen, der bei den Pächtern den Zins einziehen mußte, und zwar nahmen sie dafür einen Kerl, der sechzehn Meilen von Duntulm entfernt bei den andern Kleinbauern wohnte; er hieß Jon Donaldson MacWilliam und kam zweimal im Jahr zu den Leuten, jedesmal, um Geld von ihnen zu holen. Nachsicht kannte er dabei nicht.

Nun hatte sich, kurz bevor er eingesetzt wurde, ein trauriger Unfall zugetragen. Das Schloß des ursprünglichen Herrn, MacConnals also, stand auf einem steilen Hügel, auf dessen Westseite ein tiefer Kessel lag; in den spülte jede Flut einen Schwall Wasser, so daß er immer randvoll war und einen tiefen Teich bildete. Man mußte aufpassen, daß man nicht da hineinstürzte. Eines Tages aber passierte das: Ein Kleinbauer namens MacRury hatte irgendwas im Schloß zu tun, er fiel kopfüber in den Tümpel, und ob er nun schon bei dem Sturz umkam oder ob er ertrank, jedenfalls fanden ihn die Leute am andern Tage tot. MacRury ließ eine Frau und zwei Jungen zurück, aber die waren noch zu klein, als daß sie der Mutter hätten durchhelfen können. Die Nachbarn dauerte ihre jämmerliche Lage sehr, und sie taten für sie, was sie konnten. Aber im nächsten Frühjahr ertranken die beiden Jungen, als sie mit dem Boot Tang holen wollten. Nun war die arme Frau ganz allein und konnte weder ihren kleinen Hof bestellen, noch hatte sie Geld zum Leben, geschweige denn, um den Zins zu zahlen. Schließlich blieb ihr nichts mehr als eine einzige Kuh, die stand im Pferch. Und jetzt kam der Verwalter wegen der Steuern. Er kam auf einem Pony ins Dorf geritten, hielt vor dem Haus eines alten Mannes, mit dem er befreundet war, und forderte ihn auf, mit zu der Witwe zu gehen. Bei der hatten sich inzwischen schon die Nachbarn versammelt, gespannt, was der Verwalter vorhatte.

Er band sein Pony draußen an, trat mit seinem Freund ein und verlangte den Pachtzins. Die arme Frau erklärte ihm, wie es ihr gegangen war und daß sie nicht bezahlen könnte, da erkundigte er sich nach ihrem Vieh. Sie besäße nur noch eine einzige Kuh, die grase ein Stück vom Haus entfernt.

»Hol sie her«, befahl er, und sie ging hinaus und führte die Kuh vor die Tür. Die Kuh war stramm und glatt, denn weil sie ihre einzige war, hatte die Arme alle Liebe und Sorgfalt an sie gewandt. Der Verwalter kam heraus, und als der das Tier erblickte, sagte er: »Ein Jammer, daß du von der Sorte nicht mehr hast.« – »Ich hab aber keine weiter«, sagte sie. Der Verwalter nahm ihr den Strick aus der Hand, an dem sie die Kuh hielt, und sagte: »Sie ist beschlagnahmt.« Dann ging er ohne ein weiteres Wort und brachte die Kuh auf ein Feld, das nahe beim Schloß lag und von einer ziemlich hohen Mauer umgeben war; er stellte sein kleines rotes Pony dazu, und dann machte er sich auf, um jemanden zu suchen, der die Kuh forttreiben sollte. Anschließend ging er mit zum Essen ins Haus des Alten, seines Freundes.

Aber während die beiden dort saßen und sichs schmekken ließen, kletterten die jungen Männer von Duntulm über die Feldmauer, und so hoch die auch war, irgendwie stellten sie es an, daß sie die beiden Tiere drüber brachten. Im Trab führten sie sie zum Ufer, dort lag schon ein Boot bereit, darin setzten sie mit Kuh und Pony zu dem Inselchen Fladda über, das ungefähr zwei Meilen entfernt liegt. Dort brachten sie die Tiere an Land, und als der Verwalter und sein Freund vom Eßtisch aufstanden, waren die Burschen längst wieder in der Duntulmer Bucht zurück und hatten ihr Boot schon wieder ans Ufer gezogen. Und als die beiden kamen und nach ihrer Habe schauen wollten, siehe, da war das Gehege leer. Aber vor der Mauer standen die Männer und hatten unschuldige Gesichter.

Aufgeregt fragte der Verwalter: »Wo sind die Tiere? Wie haben die rausgekonnt? Hat die Mauer eine Lücke?« – »Ach nein«, antworteten die Männer, »das könnten wir nicht sagen, daß die Mauer eine Lücke hat, es ist eine recht sonderbare Geschichte. Ja, da gibt es wahrscheinlich nur eine einzige Person, die vielleicht imstande wäre, Licht in die Sache zu bringen.«. – »Ja, und?« fragte der Verwalter noch aufgeregter. »Wer ist das? Sofort her mit dem Kerl!« – »Ach«, sagten die Männer, »ein Kerl ist es nicht, es ist die weise Frau, die dicht beim Schloß wohnt, dort oben auf dem Berg. Sie heißt Isabel.« – »Worauf wartet ihr?« schrie der Verwalter. »Herholen!«

Die Männer von Duntulm machten sich auf, stiegen auf

den Schloßberg und marschierten zu Isabels Hütte. Richtig, sie saß davor. Da erzählten sie ihr alles und baten sie dringend, sie möge ja mitkommen und dem Verwalter erklären, daß die Tiere an irgendeinen wunderbaren Ort weggezaubert seien.

»Ach«, sagte Isabel, »darauf bin ich aber heute gar nicht vorbereitet.« – »Was brauchst du denn für Vorbereitungen?« fragten die Männer. »Das werdet ihr schon sehen«, versetzte sie und wandte sich zu einem: »Gib mir bitte deine Mütze.« Er reichte sie ihr, da stand sie auf, löste sich das Haar, so daß es ihr lang und üppig mit einzelnen grauen Strähnen drin über den Rücken floß, stülpte sich die Mütze auf den Kopf, band sich ein Ziegenfell um und band sich die Strümpfe fest mit Streifen vom selben Fell, dann schnürte sie sich die Schuhe zu, legte sich noch ein Strohseil um die Taille und nahm einen großen Stab in die Hand.

»Na also, jetzt ist sie bereit!« sagten die Männer. »Los, kommt!« Und sie stiegen alle zusammen hinunter und gingen wieder zu der Mauer, wo der Verwalter und sein Freund warteten. Als die beiden sie erblickten, starrte der Verwalter sie mit offenem Munde an: Nie zuvor hatte er ein Wesen zu Gesicht bekommen, das ihr auch nur im geringsten ähnlich gewesen wäre. Aber er faßte sich, und bevor sie ganz herangekommen war, schrie er ihr zu: »Weib, weißt du, wo das Pferd und die Kuh jetzt sind, die ich in dem Gehege da abgestellt habe?«

Sie beachtete ihn nicht, sondern kam ruhig und stetig heran, bis sie unmittelbar vor ihm stehenblieb. Dann fragte sie: »Wem gehören die Tiere?« – »Die Kuh dem König«, sagte er, »und das Pferd mir.« – »Wie kann der König in dieser Gemeinde eine Kuh haben?« fragte sie. »Die Frau hier hat sie mir statt des Pachtzinses gegeben«, antwortete er und zeigte auf die Witwe, die auch bei den andern stand.

»Sie hat sie dir nicht gegeben. Sie sagt, du hast sie ihr weggenommen. Und jetzt begreife ich auch, was das vorhin bedeutet hat. Als ich vor einer Weile in meinem Hause war, hab ich in den Lüften oben einen Tumult gehört, der war größer, als ich je einen vernommen habe, und wie ich hinaufschaute, um zu sehen, was da vor sich ging, da stand der Himmel in Flammen, und was für Flammen! Wenn ihr alles Feuer zusammennehmen würdet, das ihr in euerm ganzen Leben erblickt habt, alles auf ein Mal, dann wäre das noch nichts gegen die Flammen vorhin dort oben! Und wie ich hineinstarre und suche und suche, was da los ist, was meint ihr, hab ich gesehen? Rechts und links von dem Feuer ein Pferd und eine Kuh, und rund um die beiden gut fünftausend kleine Männer, die Hügelmänner – nicht größer als Flaschen! Und wenn ihr von den Bewohnern dieser Hügel soviel wüßtet wie ich, dann würdet ihr das Erbe der Witwe nicht anrühren. Aber wenn ihr die Tiere unbedingt wiederhaben wollt – dort vor euch liegt der Hügel, in dem sie stecken, dort könnt ihr hingehn und sie suchen und sie finden, *falls* ihr das könnt.«

Der Mann starrte sie wortlos an; er war furchtbar erschrocken über ihre Erscheinung und ihre Worte; langsam wich er Schritt für Schritt vor ihr zurück. Er wanderte heim ohne Pferd und ohne Kuh, und solange er in seinem Amt blieb, die Furcht vor der weisen Frau und vor den Elfen hielt ihn für immer von Duntulm fern.

Als er weit genug fort war, fuhren die jungen Männer von Duntulm zu der kleinen Insel hinüber, auf der sie die Tiere gelassen hatten, holten sie zurück und übergaben sie der armen Witwe.

25. Rache

Wer die Straße von Craignish nach Kilmartin entlangwandert, bemerkt vielleicht direkt hinter Craignish einen alten Pfad, der rechterhand steil einen grünen Hügel hinaufführt. Das war die ursprüngliche Straße zwischen den beiden Gemeinden, bevor die neue in der ›Großen Kluft‹, dem Paß von Kintraw, gebahnt wurde.

Der steile grüne Pfad verläuft nur ungefähr dreißig Yards weit frei, dann mündet er in eine enge, tiefe

Schlucht. Sie ist so schmal, daß zwei Leute dort nicht aneinander vorübergehen können. Und an ebendieser Stelle begegneten sich vor ungefähr vierhundert Jahren bei hellichtem Tag zwei junge Wanderer. Der eine war Donald Campbell, der Sohn des Gutsherrn von Barbreck-Craignish, der andere war MacLachlane, und sein Vater besaß das Gut Achagherrain in der Gemeinde Kilmichael-Glassary.

Keiner der beiden Burschen wollte dem andern Platz machen. Erst suchten sie einander beiseite zu stoßen, dann gingen sie zum Balgen über, und als MacLachlane merkte, daß er am Unterliegen war, zog er seinen Dolch und durchbohrte den Gegner. Das setzte dem Kampf jäh ein Ende. Campbell kroch noch mühsam bis zum Fuß des Hügels hinab, aber als er die Ebene unten erreicht hatte, fiel er auf den grünen Rasen und starb.

Böse Neuigkeiten reisen schnell, heißt es, und das Wort bewahrheitete sich auch hier. Noch war nicht Abend geworden, da erfuhr der Herr von Barbreck, daß sein Sohn tot war; und sowie er das hörte, beschloß er, mit seinen Männern nach Achagherrain zu marschieren und das Blut seines Sohns mit dem des jungen MacLachlane zu sühnen. Aber es kam ihm der Zweifel, welche Stunde dafür am günstigsten wäre. Wann sollte er aufbrechen? Kam er in den ersten Nachtstunden nach Achagherrain, dann verbarg sich MacLachlane vielleicht noch in irgendeinem sichern Versteck außerhalb seines Vaterhauses. Wartete er aber bis zum nächsten Morgen, dann konnte MacLachlane schon unterwegs nach dem Süden sein und außer Reichweite. Deshalb beschloß der Vater des Ermordeten, um Mitternacht aufzubrechen, damit er sein Ziel vor dem Morgengrauen erreichte. Inzwischen legte er sich zu Bett, um noch ein paar Stunden Schlaf zu erhaschen. Bevor er das aber tat, gab er seinem treuen Gefolgsmann MacIll Fhaolain Dubh – dem schwarzhaarigen MacLellan, Ziehbruder des toten Donald – die strenge Anweisung, ihn vor der festgesetzten Stunde zu wecken. MacLellan versprach Gehorsam und legte sich dann, in sein Plaid gewickelt, neben seines

Herrn Bett auf den Boden. Mit seinen Gedanken war er bei dem Zug, den sein Herr geplant hatte, und bei dem, was wohl daraus folgen mußte. Es kam ihm in den Sinn, daß noch andres Blut als das des jungen MacLachlane vergossen werden würde, bevor sie Vergeltung erlangt hätten – ein schlimmer Gedanke, aber nur zu wahrscheinlich. Und er überlegte, wie sich das vermeiden ließe. Eine Weile grübelte er so, dann beschloß er, das grausame Geschäft selber in die Hände zu nehmen und ohne Hilfe auszuführen.

Als sein Plan feststand, wartete er noch eine Weile und regte sich nicht neben dem Bett, bis sein Herr fest schlief, dann erhob er sich lautlos, stahl sich hinaus und wanderte mit flinken Schritten quer über die Hügel nach Achagherrain. Er langte vor Tau und Tag dort an und stellte sich mit dem Rücken an die Mauer von MacLachlanes Haus auf, dicht neben der Tür – so wartete er darauf, daß der, den er sich zum Opfer bestimmt hatte, herauskam. Als der Morgen dämmerte, hörte er, wie sich drin jemand rührte, und hörte Schritte zur Tür hin – das mußte MacLachlane sein, der fort wollte, eh noch seine Verfolger kämen. Der schwarze MacLellan nahm sein Schwert fest in beide Hände und stand da wie ein Raubtier, bereit, sich auf seine Beute zu stürzen.

MacLachlane – er war es wirklich – öffnete vorsichtig die Tür und blieb stehen; zwischen den Mauern unter den Türsturz gebückt, streckte er den Kopf heraus. Im nächsten Augenblick sprang sein Kopf auf die Stufe – MacLellan hatte ihn mit einem Streich vom Hals getrennt. Schnell erhaschte MacLellan den Kopf und floh damit, so geschwind er konnte, nach Barbreck. Als er dort angelangt war, trat er so geräuschlos wieder in seines Herrn Schlafkammer, wie er sie verlassen hatte, und streckte sich wie zuvor auf dem Boden aus. Dort schlief er fest ein.

Als Barbreck erwachte, schien der helle Tag herein. Wütend sprang er von seinem Bett auf. »Du hast mir nicht gehorcht!« schrie er MacLellan an. »Wie hast du gewagt …?« – »Herr von Barbreck«, antwortete MacLellan kühl, dabei stand er selber auf, »ich hab Euern Schlaf nicht stören mögen«, und dabei faltete er sein Plaid auseinander, ließ das tote Haupt auf den Boden rollen und fügte hinzu: »Da habt Ihr MacLachlanes Kopf.«

26. Der junge Ronald von Craignish

Campbell von Craignish schickte seinen jungen Sohn Ronald fort vom Craignish-Schloß zu MacIsaac von Largie, der in der Gegend zwischen dem Kilmartin-Fluß und dem Loch Craignish wohnte. MacIsaac sollte den Knaben erziehen: er war berühmt für seine Kraft und seine Tapferkeit und wegen seiner Erfahrung in militärischen Übungen, so wie man sie damals kannte. Und diese seine männlichen und soldatischen Qualitäten empfahlen ihn dem Vater als den rechten Mann.

Als nach Jahren Ronalds Ausbildung beendet war, nahm er von Largie Abschied und zog wieder heim, begleitet von seinen acht Pflegebrüdern, den Söhnen des alten MacIsaac. Sie benutzten die Straße nach Ormaig auf der Südseite des Loch Craignish und wandten sich von da nach rechts in der Absicht, dem Pfad zu folgen, der rund um den See nach Craignish führte und schon bald in den Ormaig-Wald mündete.

Aber im Ormaig-Wald trieb sich damals ein berüchtigter Räuber mit seinen Kumpanen herum. Die Leute nannten ihn den langen Kaufmann, deswegen nämlich, weil er sich ab und zu als Hausierer verkleidete; so wagte er sich dann aus dem Wald heraus, durchstreifte die ganze Umgebung und kundschaftete dabei alles aus, was die Bewohner vorhatten. Das nutzte er alsbald auf seine Art. Und bei einem seiner Erkundungsgänge brachte er heraus, daß Ronalds Heimreise bevorstand, und wann und auf welchem Wege. Sogleich beschloß er, ihm aufzulauern, ihn gefangenzunehmen und aus dem Vater ein schönes Lösegeld herauszupressen.

Im Geschwindschritt marschierte der lange Kaufmann

in den Wald zurück und suchte sich einen Standort aus, der für sein Vorhaben günstig war; dort wartete er in aller Ruhe mit seinen Leuten darauf, daß sein Opfer auftauche. Sowie sie das Trüppchen der ahnungslosen, fröhlichen jungen Männer hörten, stellten sie sich bereit, und als die Pflegebrüder, Ronald in der Mitte, unmittelbar bei den Versteckten angelangt waren, sprangen die rechts und links aus dem Gebüsch und stürzten sich mit wildem Ungestüm auf die braven MacIsaacs. Denen blieb kaum Zeit, einen Kreis um Ronald zu bilden, da waren die Räuber schon über ihnen.

Ein verzweifelter Kampf entspann sich, und auf beiden Seiten blieb keiner unverletzt. Der lange Kaufmann und die Seinen wurden bis auf einen Mann erschlagen, und die Hälfte der MacIsaacs lag tot auf dem Waldweg oder halb im Gesträuch. Die andere Hälfte, und unter ihnen der junge Ronald, war mehr oder weniger schwer verwundet; nur einer von ihnen, ›Calum mor‹, ›der große Dicke‹, konnte sich von dem Schlachtfeld mit Verwundeten und Blutenden fortschleppen und brachte es unter großer Mühe fertig, sein Vaterhaus wieder zu erreichen.

Der alte MacIsaac war damals schon blind und bettlägerig; er erkannte die Stimme seines Sohnes und sagte: »Bist du da, mein Sohn?« – »Ja, Vater, ich bin da«, antwortete der Jüngling. »Wo hast du deinen Pflegebruder und die Brüder gelassen?« – »Auf dem Schlachtfeld.« – »Und du bist lebend geblieben? Komm her, mein Sohn und küß mich.«

Der Sohn argwöhnte nichts Böses und trat zu dem Bett hin, aber seine Mutter, die ihren Mann nicht aus den Augen gelassen hatte, schrie plötzlich auf: »Lauf, lauf weg, er hat den Dolch in der Hand!« Der Sohn sprang zurück, keinen Augenblick zu spät, denn der alte Mann richtete sich nach den Tritten des Burschen und schleuderte den Dolch nach ihm, dann schrie er: »Nach wem bist du geraten! Dein Pflegebruder, deine Brüder tot auf dem Feld, und du stehst hier!«

Zum Glück verfehlte der Dolch sein Ziel; der Jüngling

rechtfertigte sich, und der Zorn des alten Mannes beruhigte sich; sie schickten Männer mit einem Lastschlitten in den Wald, um die Verwundeten heimzuholen.

Als der junge Ronald genesen war, kehrte er nach Craignish zurück, und sein Vater, dankbar für die Treue der MacIsaacs, schenkte Calum mor MacIsaac ein Gut auf den Ländereien von Craignish. Der Name des Hofs ist vergessen, aber auf dem Gebiet des Daill-Hofs liegt eine Bucht, die heute noch MacIsaacs-Bucht heißt.

27. Der Daumenberg

Vor langer Zeit wohnten auf der Insel Gigha nur die Angehörigen zweier Clans: die des Clan Famhair, die ›Riesensöhne‹ und die des Clan Bhreatan, ›Söhne Britanniens‹, die Galbraiths. Die beiden Sippen lagen ständig miteinander in Fehde; aber schließlich brachte es doch ein Galbraith fertig, eine von den ›Riesentöchtern‹ zur Frau zu nehmen, und das Paar lebte geraume Zeit recht behaglich. Der Ehemann versuchte, die beiden Stämme miteinander zu versöhnen, aber da mühte er sich umsonst: die Verwandten seiner Frau hegten gegen die Angehörigen seiner Sippe einen unbezähmbaren Haß.

Schließlich erkrankte der Vater der Frau und war dem Tode nahe. Sein Schwiegersohn wollte ihn aufsuchen und ihm seine Ehrerbietung beweisen, bevor er starb; die andern sagten es dem alten Mann auf seinem Bett. Da langte der nach seinem Schwert und versteckte es unter der Decke: er wollte dem Schwiegersohn damit den Todesstreich versetzen. Aber Galbraith merkte die Absicht, und da er nicht die Hand gegen einen Sterbenden erheben mochte, sagte er nur: »Machen wir uns ein andermal einen vergnügten Tag.«

Nachdem der alte Mann verschieden war, trafen die beiden Clans auf einem kleinen Hügel zusammen und schlugen und stachen wütend aufeinander los. Sie kämpften auf beiden Seiten mit großer Tapferkeit, aber schließlich errangen die Galbraiths, die Verwandten des Schwiegersohns, den Sieg und schnitten den Männern des andern Clans die Daumen ab und vertrieben sie von der Insel. Der Berg, auf dem die Schlacht geschlagen wurde, heißt bis heute Daumenberg. Lange Zeit bewohnte niemand anders die Insel als die Angehörigen des Clans Bhreatan.

28. Warum die MacMillans Browns genannt wurden

MacMillan war im Carradale-Tal ein mächtiger Mann; und er hatte drei Söhne, die so stark wie er selber waren. Damals geschah es oft, daß die Männer von Athol nach Kintyre kamen, plünderten und das Vieh aus dem Tal wegtrieben.

Einmal erschienen sie auch, als MacMillan und seine Söhne gerade nicht zu Hause waren: das nutzten die von Athol freudig und trieben ihnen sämtliche Kühe weg. Aber es dauerte nicht lange, da kehrten die Männer nach Hause zurück und sahen, was geschehen war. Schleunigst bewaffneten sie sich, setzten den Plünderern nach und holten sie ein. Dann entspann sich ein wütender Kampf. Die MacMillans siegten, und der Vater trieb mit den beiden ältesten Söhnen das Vieh wieder heim; der jüngste Sohn aber schloß sich ihnen nicht an, sondern verfolgte die Feinde auf eigene Faust weiter.

Ein paar Tage vergingen, und der Bursche blieb aus. Schon fürchtete der alte MacMillan, er sei getötet worden; da tauchte er wieder auf; er trug einen großen Sack auf dem Rücken. MacMillan stand vor seinem Haus, der Sohn trat vor ihm hin und schüttete den Sack aus. Eine Menge Köpfe rollte auf den Boden – es waren die der räuberischen Männer aus Athol. Als der Vater das sah, rief er aus: »Mein Held! Mein brauner Junge! So tapfer hast du sie verfolgt!«

Dieser MacMillan behielt nun den Namen Brown, und seine Nachkommen mit.

Aber später erkrankte ebendieser MacMillan an einer

Gehirnentzündung und verlor den Verstand. Er ging aus dem Haus in Rhonadale fort auf einen Berg, der ›Nase der alten Felsenhöhe‹ heißt, und danach sah ihn keiner wieder. Die Leute im Tal nehmen an, er sei in die schreckliche Grube gefallen, die auf der einen Seite des Berges liegt und aus der sie später oft entsetzliche Laute hörten; es klang wie die Wogen, die ans Ufer donnern; das Tal erzitterte davon wie unter einem Erdbeben. Viele haben es gehört, auch eine respektable alte Frau, die im Tal wohnte. Sie hat mir versichert, wenn sich der Lärm erhoben habe, dann hätten auf ihrer Anrichte die Teller geklappert. Und das Geräusch sei immer dann gekommen, wenn der Tod eines MacMillan oder Brown nahe gewesen wäre, und man glaubte, er rühre vom Geist des braunen Burschen her.

29. Die Geschichte von Mac-an-Uidhir

Den Namen Mac-an-Uidhir trägt meines Wissens kein Lebender mehr. Derjenige Mac-an-Uidhir, von dem unsere Geschichte erzählt, lebte in Hynish auf der Insel Tiree und war mit einem jungen Mädchen aus der Nachbarschaft verlobt; sie hatte einen andern Freier abgewiesen.

Kurz vor der Hochzeit trat das Brautpaar mit einem kleinen Trupp von Freunden eine Segelfahrt nach Heisker bei Canna an. Die Männer gingen an Land, um Seehunde zu schießen, da nahm der Abgewiesene seine böse Chance wahr: Er bewerkstelligte es, daß Mac-an-Uidhir hinter den andern zurückblieb, er selber rannte zum Boot und berichtete, der Bräutigam sei ertrunken. Er hoffte, das Mädchen werde seine Lüge glauben und daran verzweifeln, ihren künftigen Mann je wieder zu sehen, und dann könne er selber sie für sich gewinnen. Aber sie glaubte keineswegs, daß ihr Liebster tot war. Sie erklärte, wenigstens ein Jahr und einen Tag lang von seinem Verschwinden an wolle sie auf ihn warten.

Inzwischen fristete Mac-an-Uidhir auf der Insel mühsam sein Leben. Zuerst, solange er noch Munition besaß, ernährte er sich von Vögeln und rohem Fisch; danach mußte er essen, was er am Strand finden konnte, hauptsächlich Wellhornschnecken. Es heißt, wer nichts anderes zu essen hat, könne sich mit dieser Art Muscheln am Leben halten, bis er so schwärzlich wird wie die Wellhornschnecke selber. Auf die Weise lebte der im Stich gelassene und gestrandete Jüngling ein Dreivierteljahr, aber schließlich gelang es ihm, von dem Inselchen fortzukommen – es wird leider nicht gesagt wie. Vielleicht kam wieder jemand mit dem Boot herüber, um Seehunde zu schießen. Aber offenbar war es niemand aus Mac-an-Uidhirs Heimatgegend, denn der junge Mann brauchte ganze drei Monate, bis er endlich wieder zu Hause angelangt war; er muß wohl kreuz und quer zwischen den Inseln herumgeirrt sein, immer dorthin mitgenommen, wohin er eigentlich nicht wollte, nur ein Stückchen näher nach Hause.

Wie es auch zuging, er kam in Hynish an in ebender Nacht, da die Hochzeit seiner Braut mit dem gewissenlosen Nebenbuhler stattfinden sollte.

Mac-an-Uidhir ging zum Hause seiner Pflegemutter; aber durch die Entbehrungen, die hinter ihm lagen, hatte er sich so sehr verändert, daß sie ihn nicht erkannte. Er fragte sie, ob er über Nacht bleiben dürfte. Sie erwiderte: »Ich bin allein, da kann ich einen Fremden wie dich nicht einfach ins Haus lassen. Aber«, sagte sie, »geh dort hinüber, da feiern sie heute ein großes Fest.« – »Was für ein Fest?« erkundigte er sich hastig. Da erzählte sie ihm, daß ihr Pflegesohn ertrunken sei: »Und heute«, sagte sie, »nimmt der andere seine Stelle ein und feiert Hochzeit mit der Braut. Und wenn sie schon glücklich sind«, sagte sie, »ich bin traurig, daß ein anderer nun da sitzt, wo mein lieber Pflegesohn sitzen sollte.« Und dann fügte sie hinzu, grade vor einem Jahr sei er umgekommen, auf der Seehundjagd in Heisker; und seine Liebste habe immer gehofft, er werde noch wiederkommen. »Sie hat geschworen, ein Jahr lang nicht zu heiraten, denn sie hat nicht glauben wollen, daß er ertrunken ist. Aber heute Nacht ist die Zeit abgelaufen.« – »Laß uns hingehn«, sagte er, »wir wollen sie besuchen.« – »Du kannst gehn«, sagte sie, »aber mir sind sie so nahe genug.« Da fragte er: »Erkennst du mich denn nicht? Ich bin doch Mac-an-Uidhir.« Aber sie weigerte sich, ihm zu glauben. »So kann sich mein liebes Kind in der Zeit nicht verändert haben!« – Er sagte: »Kennst du deine eigene Arbeit wieder?« Und er wies ihr vor, was von seiner Kniehose noch übrig war, die sie ihm geschenkt hatte. Als sie ihrer eignen Hände Arbeit erkannte, fiel sie ihm freudestrahlend um den Hals, und nun gingen sie beide zusammen hinüber in das Hochzeitshaus.

Die Feiernden staunten, als sie hereinkam, denn sie wußten ja, wie traurig sie über den Verlust ihres Pflegesohns war. Aber sie empfingen sie wie den Fremden mit der größten Freundlichkeit. Der Braut aber ging es sonderbar: Wandte ihr der Fremde den Rücken zu, dann dachte sie, es müsse Mac-an-Uidhir sein, aber wenn er ihr das Gesicht zukehrte, dachte sie wieder, sie habe ihn nie zuvor erblickt; nur daß ihr das Herz warm wurde, wenn sie ihn ansah.

Es war Brauch, daß der Fremde einmal aus dem Glas der Braut trinken mußte; und während Mac-an-Uidhir das tat, ließ er einen Ring ins Glas gleiten. Sie erkannte augenblicklich, daß es der Ring ihres ersten Liebsten war.

Da wurde die Hochzeit zuschanden, die Gäste verliefen sich, die Braut folgte ihrem rechten Mann.

30. Die Weidenruten einweichen

Es gibt im Gälischen eine Wendung: Es ist Zeit, die Weidenruten einzuweichen, die bedeutet, es ist Zeit, daß einer Fersengeld gibt oder sich aus der Gesellschaft, in der er sich befindet, davonmacht. Der Ausdruck soll folgendermaßen entstanden sein:

Ein ungewöhnlich kleiner Mann, der ein guter Bogenschütze war, saß an seinem Feuer auf einem Stuhl, als Feinde ins Haus kamen, die ihn gefangennehmen wollten. Er blieb ruhig sitzen, aber seine Frau bewegte sich hin und her durchs Haus, und als sie begriff, welcher Art die Eindringlinge waren und was sie vorhatten, gab sie schnell gefaßt ihrem Mann eine Ohrfeige und fuhr ihn an, als sei er bloß der Hirtenjunge: »Los, es ist Zeit, die Weidenruten zu wässern!« Sofort erhob er sich und verließ das Haus, und sie brachte es fertig, ihm seinen Bogen und die Pfeile aus dem Fenster zu reichen. Nun suchte er sich einen günstigen Platz, dort stellte er sich auf und ließ nicht einen einzigen seiner Feinde lebendig entkommen; er schoß einen nach dem andern ab, wie sie aus der Tür traten. Es spricht für die Wahrheit der Geschichte, daß in den gesamten Hochlanden der Ausdruck ›Zeit, die Weidenruten zu wässern‹ nicht heißt, es sei Zeit, sich zum Handeln aufzuraffen, sondern sich dünne zu machen.

Eine ähnliche Geschichte wird von König Alfred dem Großen erzählt; er soll seinen Feinden auf etwa die gleiche Art entkommen sein. In alten Zeiten schirrte man die Zugtiere an Wagen oder Pflüge mit Kumten aus Weide, Strandhafer oder anderm Material, denn Eisen war rar und schwer zu beschaffen; die Weidenruten aber mußten gewässert werden, ehe man sie verarbeiten konnte. Es war ein gut Teil Kunstfertigkeit nötig, um ein Pferd mit allem auszurüsten: Packsattel, Fischkörben und so fort, alles aus Weidengeflecht. Manche Gegenstände tragen heut noch, obwohl aus anderm Material, im Gälischen Namen, die an die Weidenruten erinnern, zum Beispiel heißt der Bauchgurt am Sattel noch heute Gad-tarraich.

31. Der Rabe von Glengarry

Zwischen Glengarry und Kintail bildeten jahrhundertelang die Windungen eines Flusses die Grenzlinie. Aber der trat oft über die Ufer, änderte seinen Lauf, schnitt bald auf der einen Seite ein Stück Land ab und schob es der andern zu, bald umgekehrt. Da war es kein Wunder, daß die Besitzer der beiden Gebiete einander immer wieder in die Haare gerieten, und wenn sich die Streitereien zuspitzten, dann ergriffen die Pächter beider Herren für ihre Häuptlinge

Partei, und es kam zu blutigen Fehden. Schließlich nahm sich der Herr von Glengarry vor, dem ein Ende zu machen: Er verlangte, daß zwischen den beiden Gütern eine schnurgerade Grenzlinie gezogen werde. Aber MacKenzie von Kintail wollte in keinen Änderungsvorschlag einwilligen, und der alte Zank brach wieder aus; ein Scharmützel fand statt, und darin wurden von Glengarrys drei Söhnen zwei, die beiden ältesten, getötet. Den Jüngsten hatten die Männer zu Hause gelassen, weil er noch ein Knabe war und für den Kampf nicht taugte; so entging er dem Schicksal seiner Brüder.

Die Jahre verstrichen, der Knabe wuchs zum Manne heran, die Leute nannten ihn den Raben von Glengarry. Und eines Tages sagte sein Vater zu ihm: »Sie haben mir von Kintail eine beleidigende Botschaft wegen der Grenzlinie gesandt, ich muß die Herausforderung annehmen und die Männer zusammenrufen, und du mußt mit.«

»Wenn du vorhast zu kämpfen«, sagte der Rabe, »dann mußt du das allein tun, jedenfalls soweit es mich betrifft. Durch eure unsinnigen Zänkereien sind meine zwei lieben Brüder umgekommen, und wenn ich damals schon alt genug gewesen wäre, um mitzuziehen, dann wär ich jetzt auch tot. Aber heute, wo ich einsehen kann, wie läppisch der Grund ist, überlaß ich das Kämpfen dir.«

Seinem Vater blieb nichts anderes übrig, als seine Männer zusammenzurufen und ohne den Sohn zum Kampf zu ziehen. Als sie aber außer Sichtweite waren, legte der Rabe seine beste Rüstung an und ritt dann ein paar Runden um den Berg, um so jeden etwaigen Nachzügler zu täuschen; dann gab er seinem Pferd die Sporen und sprengte in gestrecktem Galopp davon; er wollte seinen Vater und dessen Leute im Bogen überholen.

Noch vor der Nacht war er an der Spitze des Loch Duich; er band sein Pferd an einer versteckten Stelle an und wanderte, während es dunkelte, am See entlang. Nachdem er eine Strecke gegangen war, stieß er auf zwei Burschen, die im Moos unter einem Baum lagen und fest schliefen; es mußten Gefolgsleute von MacKenzie sein, die weiter entfernt wohnten und gekommen waren, um am nächsten Tag mit zu kämpfen; denn sie trugen Tartans mit MacKenzies Stammesmuster. Der schwarze Rabe hob ganz behutsam den einen Schläfer ein wenig an; der schlummerte seelenruhig weiter. Da löste ihm der Rabe den Tartan, zog ihn sacht unter ihm weg und nahm ihn an sich; dann ließ er die beiden liegen und ging zu seinem Pferd zurück.

Am Morgen warf er sich den Tartan über, so daß das rote Zeichen von Glengarry darunter verborgen war; so ritt er geradenwegs ins Hauptquartier des Feindes auf der Donan Isle, wo sich die Männer von Kintail nun für den Kampf versammelten.

Wie es in jenen Tagen üblich war, hatte man für sie, die von nah und fern herbeigeströmt waren, eine lange breite Tafel gedeckt, die von Speisen und Getränken fast brach. An der Stirnseite war ein Platz für den Häuptling frei; die andern, die schon saßen, hatten alle ihre Dolche vor sich in die Platte gestoßen, und jeder, der sich niederließ, tat dasselbe: er spießte seinen Dolch am Rand in die Tafel. Der Rabe mischte sich unerkannt unter die andern, die noch standen; als er aber sah, daß der Häuptling von Kintail hereinkam, sagte er zu denen neben sich: »Ich will neben dem Häuptling sitzen.« – »Dann setz dich doch«, sagten die andern harmlos. Der Rabe ging zu dem Stuhl neben dem Herrn von Kintail, aber indem er sich niederließ, warf er MacKenzie rücklings zu Boden, stellte den Fuß auf ihn, um ihn untenzuhalten, und setzte dem hingestreckten Mann die Dolchspitze auf die Brust. Dabei verschob sich sein Plaid, das Rot leuchtete hervor, und im nächsten Augenblick starrten ihm hundert Dolche entgegen, bereit, ihn zu durchlöchern wie ein Sieb. Aber er hielt sie in Schach, indem er ihnen zurief: »Sowie mir einer zu nahe kommt, ist euer Häuptling ein toter Mann!«

Dann sagte er zum Häuptling: »Wenn ich falle, dann auf den Griff meiner Waffe, und du stehst nie wieder auf. Die Spitze sitzt auf deiner Brust, wer mir ans Leben will, gefährdet deins. Ich bin nicht hergekommen, weil ich Krieg will, sondern um des Friedens halber, und willigst du nicht ein, endlich mit allen Feindseligkeiten Schluß zu machen, und versprichst du nicht feierlich, diesen Streit nie wieder zu erneuern, so ist dein Leben verwirkt. Ich brauch nur auf den Griff meines Dolches zu drücken, und mag dann mit mir werden was will: Du jedenfalls hast keine Macht mehr, Unheil zu stiften.«

Kintail willigte ein, Frieden zu schließen, und schwur zweimal auf das kalte Eisen auf seiner Brust, daß er sein Versprechen treulich halten wolle. Der Rabe nahm seine Waffe von ihm weg, der Häuptling erhob sich vom Boden und ließ sich auf seinem Sitz nieder. Er wies auf den Platz neben seinem: »Nun komm an meinen Tisch.«

Nachdem der Rabe von Glengarry an dem Mahl teilgenommen hatte, kehrte er wieder nach Hause zurück; und der Häuptling und die Männer von Kintail gaben ihm ein Stück des Weges das Geleit. Als er den Vater mit seiner Schar von Bewaffneten traf, ritt er ihnen entgegen und hielt unmittelbar vor ihnen, so, daß auch sie halten mußten, dann rief er: »Kehrt nach Hause zurück! Ich habe allein mehr getan als ihr alle zusammen mit euerm Prahlen und Kämpfen! Der Streit ist zu Ende, ich habe die Gewähr immerdauernden Friedens erlangt, und kein Tropfen Blut ist dafür geflossen. Und nun, wenn ich jetzt noch einen unter euch finde«, sagte er, »der Streit anfängt oder den alten Zank wieder ausgräbt, dann geb ich dem Häuptling von Kintail volle Freiheit: Mag er dann mit ihm umgehn, wie ihn recht dünkt.«

Von da an hielten die Häuptlinge Freundschaft miteinander. Und der Rabe wurde später einer der besten Männer seiner Zeit im Dienst seines Landes.

32. Lachlan Gelbschopf, der Sohn Neils von Dervaig

Zu der Zeit, als Lachlan Kattenach schon Häuptling der MacLaines war, träumte seine Frau von einem irischen Häuptling namens William O-Power, und zur gleichen

Zeit träumte der irische Häuptling auch von ihr. Damals hatten die Westinseln mehr Handel mit Irland als mit jedem andern Land, und O-Power brachte es daher unschwer fertig, ihr zu schreiben und einen Boten zu senden; und sie antwortete ihm. Eines Tages entdeckte MacLaine, daß seine Frau, ohne daß er es wußte, mit dem irischen Häuptling Briefe wechselte, und war über diese Verletzung seiner Ehre sehr unglücklich. Um zu prüfen, wie groß die Neigung seiner Frau zu dem heimlichen Liebhaber war, ging er mit einem Federmesser in der Hand zu ihr und sagte: »Hier ist ein Geschenk von O-Power für dich.« Sie betrachtete das Messer und sagte:

»Mein Liebling, der mir das Messer geschickt hat,
ich bin müde zu warten, daß er endlich übers
Meer kommt,
und möge ich nicht gesund sein,
ist mir das Messer nicht lieber als die Hand,
die es hält.«

Da war MacLaine von der Schande seiner Frau überzeugt und ging fort und schickte nach seinem Verwandten, Lachlan Gelbschopf, der damals in Hynish lebte. Sobald der die Botschaft von seinem Häuptling empfangen hatte, kam er ins Inselhaus. Als er angelangt war, sagte MacLaine zu ihm: »Ich habe dich rufen lassen, damit du nach Irland gehst. Du bist ein tüchtiger Mann und hast sieben Söhne. Geh, bring mir den Kopf von O-Power, und welches Verbrechen du auch begehst, was immer du dir von heut an zuschulden kommen läßt, ich wills übersehen.«

Am nächsten Tag stachen Lachlan Gelbschopf und seine Söhne mit ihrem Boot in See; vor Sonnenuntergang erreichten sie Islay, und am Tag darauf waren sie in Irland. Da fragte Lachlan den ersten, den er traf, nach dem Häuptling O-Power. »Wenn du den suchst,« sagte der andere, »der kommt hier langgefahren in einer Kutsche mit zwei weißen Pferden; kein Mann außer ihm in Irland hat so eine.«

Da ging der alte Mann die Straße weiter, um zu versuchen, ob er O-Power träfe, und nach einer kleinen Weile tauchte die Kutsche auch wirklich vor ihm auf und fuhr schnell auf ihn zu. Als sie dicht vor ihm war, hielt sie an, O-Power beugte sich aus dem Wagenfenster und befahl Lachlan Gelbschopf, stehen zu bleiben. »Ich sehe, du bist hier fremd?« sagte er. »Das bin ich wirklich«, gab Lachlan zurück. »Und woher kommst du?« erkundigte sich der Häuptling. »Von Tiree«, antwortete Lachlan. »Kennst du da die Gemahlin von MacLaine?« – »Die kenn ich gut«, sagte er. »Willst du ihr eine Botschaft von mir überbringen?« – »Sicher«, sagte er.

Der Häuptling schrieb die Botschaft gleich in der Kutsche, und dann streckte er wieder den Kopf aus dem Wagenfenster, um sie Lachlan hinauszureichen. Aber während Lachlan mit der einen Hand den Brief ergriff, schlug er dem Häuptling mit der andern Hand den Kopf ab. Der Bediente auf dem Kutschbock war betäubt vor Schrecken und rührte sich nicht, und Lachlan Gelbschopf konnte ungehindert des Häuptlings Kopf aufheben und damit zu seinem Boot laufen, wo die Söhne augenblicklich die Segel setzten.

Noch am Abend waren sie wieder auf Islay und am Tag darauf schon auf Tiree. Frühmorgens ging Lachlan ins Inselhaus. Als er eingetreten war, erfuhr er, daß MacLaine und seine Frau eben beim Frühstück waren; da ging er in das Zimmer, in dem sie saßen, und stellte den Kopf des irischen Häuptlings mit dem Gesicht zu MacLaines Frau auf das Tafelende. Sie schaute das tote Antlitz an und fiel leblos zu Boden.

Eine Weile darauf brachten Lachlans Söhne vom Moor Torfsoden heim nach Hynish. Sie waren zu fünft mit sieben Pferden, die hatten sie aneinandergebunden, so daß eins hinter dem andern ging; die Pferde hatten auf beiden Seiten tiefe Körbe hängen, darin beförderten sie die Last. Aber wegen des Großen Dewar von Balemartin, der so grimmig war, konnten sie nicht den geraden Weg von Balemartin nach Hynish nehmen, sondern mußten den zerklüfteten Felsenpfad am Hynishberg entlangziehen. Der ist an einer Stelle, dem Korbstein, so schmal, daß man den

Pferden dort die Körbe abnehmen, am Stein vorbeischleppen und sie den Tieren dann jenseits wieder aufpacken muß.

Damals stand hinter Balvicean eine Mühle mit einer Zugbrücke über dem Wehr, die wurde vor Sonnenuntergang immer aufgezogen; Lachlans Söhne aber mußten auf ihrem Heimweg darüber. Diesmal nun langten die jungen Männer später als gewöhnlich bei ihr an: der Müller hatte sie schon aufgezogen. In ihrer Hast merkten das die Burschen nicht, sondern marschierten im Geschwindschritt drauflos, und das vorderste Pferd stürzte Hals über Kopf ins Wehr und ertrank.

Es wird nicht gesagt, wie die Burschen nach diesem Unglück und trotz der fehlenden Brücke weitergekommen sind. Offenbar war es so, daß die Mühle und das Müllerhaus auf der Seite standen, auf der sich Lachlans Söhne befanden, und es muß ihnen gelungen sein, die Brücke herunterzulassen, so daß sie darüber hin und nach Hause gelangten. Daheim berichteten sie dem Vater, was ihnen zugestoßen war. Da wurde der alte Lachlan sehr zornig und schwor dem Müller Rache. »Jetzt ists mein Pferd gewesen, das keine Luft mehr gekriegt hat«, sagte er, »heut nacht wird ers selber sein.«

Und so geschah es. Lachlan und seine Söhne gingen ohne Zögern zur Mühle zurück, überfielen den armen Müller im Schlaf und hängten ihn dem Inselhaus gegenüber auf dem Kreuzberg auf.

Als am nächsten Morgen ein Bedienter in MacLaines Schlafzimmer kam, um das Kaminfeuer anzuzünden, erkundigte sich der Herr, wie der Tag sei. »Ach, gut«, sagte der Diener, »aber draußen gibt es etwas Seltsames zu sehn.« – »Was denn?« fragte der Häuptling. »Einen Mann, der dort drüben auf dem Hügel gehängt worden ist.«

MacLaine stand auf und fragte: »Wer wagt es, das ohne mein Geheiß zu tun?« Er schaute aus dem Fenster und sah, was für eine Untat geschehen war; da vergoß er bittere Tränen und sagte: »Das ist kein anderer gewesen als Lachlan Gelbschopf. Das verdank ich dem Abkommen, das ich mit ihm traf, als er mir den Kopf des Mannes aus Irland brachte.«

Dies war das letzte Mal, daß auf der Insel jemand gehängt wurde.

33. MacLarty von Aird

Vor vielen Jahren – es mögen dreihundert sein – lebte in Craignish auf dem Aird-Hof ein tapferer Mann und berühmter Bogenschütze, MacLarty. Er war Gefolgsmann von Campbell von Craignish; und der betrachtete ihn mit Recht als seinen zuverlässigsten. Von MacLartys Haus konnte man die rechte Seite des Loch Beg mit der Bucht überblicken.

Einmal geschah es, daß Craignish ungeschützt lag, weil MacLarty mit seinem Häuptling zu irgendeinem wichtigen Unternehmen fort war. Das hörte MacKay oder MacGhee von den Rhinns auf Islay, und sofort beschloß er, mit seinem Boot hinüberzufahren und das Gut in Aird und die Nachbarschaft zu plündern und die Häuser niederzubrennen. Also stach er in See.

Er und seine Männer langten bei Nacht an und landeten auf einem Felsen, der heute noch als Islaymännerstein, Sgeir-nan-Ileach, bekannt ist; er liegt an der westlichen Landspitze der Bucht.

Aber in derselben Nacht traf noch jemand anders in Aird ein, ebenso unerwartet wie die MacGhees, und das war MacLarty. Die Hausfrau beeilte sich, seine Heimkehr mit einem festlichen Mahl zu feiern: Der älteste Sohn stach einen Widder ab, nahm ihn aus, zerlegte ihn, und die Mutter warf das Fleisch in einen großen Topf Wasser, der über dem Feuer hing. MacLarty aber setzte sich am Feuer hin und fing an, seiner Familie und den Freunden von seinen Abenteuern zu berichten. Während er im besten Erzählen war, hüpfte die Hammelschulter aus dem Topf heraus und auf den Boden.

»Steck sie wieder in den Topf«, sagte MacLarty zu

einem von den Jungen. Der sprang hin, hob den Knochen auf und schob ihn in den vollen Kessel; MacLarty erzählte weiter. Da schnellte die Schulter abermals heraus und fiel in die Glut. Wieder sprang der Knabe hinzu, hob sie auf und zwängte sie in den Topf. Aber als sie zum drittenmal herausschoß, schaute MacLarty sie betroffen an. »Das bedeutet wohl nichts Gutes«, sagte er, bückte sich selber nach dem Knochen und prüfte ihn gründlich.

Nun verstand sich MacLarty auf die Kunst, aus einer Hammelschulter Verborgenes herauszulesen, und jetzt erkannte er, daß ihnen Gefahr drohte. Ohne einen Augenblick zu vergeuden, stand er auf, langte sich Bogen und Köcher vom Nagel an der Wand und trat hinaus in die Dunkelheit. Er schaute rundum in alle Richtungen, aber er sah nichts, was ihn hätte erschrecken können. Das beruhigte ihn nicht; er ging vom Hause fort und schlug einen weiten Bogen zur westlichen Landspitze der Bucht. Dort versteckte er sich in einer Senke zwischen den Felsen und spähte wieder um sich: Zuerst durchforschte er mit dem Blick die Mündung des Sees, dann die Bucht und schließlich den Islaymännerstein unmittelbar unter sich. Und nun sah er, daß dort ein Boot vor Anker lag und leise auf den Wellen schaukelte; aber von der Mannschaft war niemand zu entdecken. ›Die haben nichts Gutes vor!‹ dachte er und sprang auf; angstvoll schaute er zu seinem Haus hinüber. Da sah er, daß an der Dachtraufe Fackeln leuchteten und daß das Dachstroh Feuer fing. Er rannte los und rannte mit halsbrecherischer Geschwindigkeit über die Steine hinunter zurück, bis er in Schußweite von seinem Haus war; dann hielt er an, riß einen Pfeil aus dem Köcher und schoß ihn mit unfehlbarer Zielsicherheit auf eine der dunklen Gestalten unter seiner Dachtraufe ab. Der Mann ließ die Fackel, die er gerade ans Dachstroh hielt, fallen, dann stürzte er selber zu Boden. MacLarty legte einen zweiten Pfeil auf die Sehne und schickte ihn ab – wieder stürzte eine dunkle Gestalt zu Boden. Ein dritter, ein vierter Pfeil – ein dritter und ein vierter Mann, die andern schrien in wildem Schrecken: »Das ist MacLarty, MacLarty ist da! Nur fort!«

Sie jagten, von Entsetzen getrieben, zu ihrem Boot, MacLarty setzte ihnen nach und richtete Pfeil auf Pfeil auf die Fliehenden. Zuletzt lief er wieder hinauf in seinen alten versteckten Ausguck in der Mulde, aber als er dort anlangte, waren sie alle bis auf einen schon in ihrem Boot. Dieser eine Mann war eben dabei hineinzuspringen, als der letzte Pfeil aus MacLartys Köcher ihn einholte und ihm die Hand am Dollbord festnagelte. Die Mannschaft sah es und brüllte wie aus einer Kehle: »Heil und gesund, MacGhee! Heil und gesund, MacGhee!«

War es Gebet oder Zauberspruch, gleichviel, es nützte wenig. MacGhees Sohn, denn er war es, starb, lange bevor das Boot den Ufersand der Rhinns berührte. Aber sein Vater bewahrte den verhängnisvollen Pfeil und hängte ihn an einem Platz, wo er von jedem Besucher wahrgenommen werden mußte, in seinem Hause auf. MacLarty, der Wachsame und Tapfere, erhielt von Campbell von Craignish zur Anerkennung und als Lohn den Hof ›Baile-tarsuinn‹, etwa: ›Heim quer drüberhin‹, so genannt, weil er sich über die ganze Breite von Craignish erstreckte. Später wurden zwei Höfe daraus gemacht, Achinarnoch und Gartcharran, und der alte Name kam außer Gebrauch und wurde schließlich vergessen.

Als MacLarty das Gut in Besitz nahm, plante er, ein paar brachliegende Landstücke in Achinarnoch zu bebauen. Aber dazu brauchte er ein ›Seisreach‹, ein Sechsergespann zum Pflügen. Islay war berühmt für seine Pferdezucht, also bemannte er ein großes Boot, das Campbell von Craignish gehörte, und segelte damit zu den Rhinns. Als er dort landete, sagten ihm die Jungen am Strand, daß MacGhee ein vorzügliches Gestüt besäße und gern zu einem anständigen Preis ein paar Pferde verkaufen würde. Ohne einen Augenblick zu zögern, wandte sich MacLarty zu dem Haus, das sie ihm zeigten, und klopfte bei MacGhee an. Der forderte ihn auf einzutreten und empfing ihn gastlich. Bald saßen die beiden Männer zusammen und feilschten um den Preis. Während MacGhee feurig seine Tiere pries, fesselte ein blutfleckiger Pfeil MacLartys

Aufmerksamkeit; er hing gerade gegenüber von ihm an einem Nagel an der Wand. MacLarty konnte nicht anders: Er stand auf, nahm den Pfeil in die Hand und betrachtete ihn näher. Dann wandte er sich zu MacGhee zurück: »Ein guter Pfeil«, sagte er. »Stimmt«, antwortete MacGhee, »und wenn du mir sagst, wessen Hand ihn abgeschossen hat, dann geb ich dir das beste Sechsergespann von Islay.« – »Es wird dich nicht mehr kosten«, gab MacLarty zurück. Sie einigten sich über den Handel, und MacGhee holte seine Pferde von der Koppel; die Männer führten sie zum Strand und brachten sie an Bord. Und dann war es soweit: Die Mannschaft saß an den Rudern und wartete aufs Startzeichen, und MacLarty stand mit dem einen Fuß auf dem Dollbord und mit dem andern auf dem Felsen, der als Landungsplatz diente.

Indem er sich zu MacGhee, der auf dem Felsen stand, zurückwandte, sagte er: »Gib mir die Hand.« MacGhee gehorchte, da schlug MacLarty die eigne mit einem gewaltigen Schlag in die des andern ein und rief: »Da ist die Hand, die den Pfeil abschickte.« Im nächsten Moment war er an Bord, und das Schiff schoß davon. Ein paar Augenblicke standen MacGhee und seine Männer reglos vor Staunen und starrten hinterher, dann, als sie sich von der Überraschung erholt hatten, stürzten sie zum Strand, um ihre Boote ins Wasser zu bringen und den andern nachzujagen. Sie schickten zu den Nachbarn, um Verstärkung anzufordern, aber als die endlich anlangte und die Boote bemannt und seefertig waren, da hatte MacLartys Schiff schon einen solchen Vorsprung, daß die Verfolgung aussichtslos war.

Das Pferdeboot kam glücklich in Aird an. MacLarty argwöhnte aber, daß die MacGhees ihm folgen und ihn nachts zu überrumpeln suchen würden. Deshalb ging er zur Aird, der Landspitze gegenüber von der ›Großen Tür‹ und behielt von da aus den Jura-Sund scharf im Auge. Als der Abend nahte, sah er, wie mit der Flut ein Boot den Sund herauffuhr, das geradewegs auf die ›Große Tür‹ zuhielt. Dort angelangt, steuerte es in einen der Schlupfhäfen an der Landspitze. MacLarty wartete, bis das Boot gelandet war und fest auf Grund saß, und dann schickte er von seiner Mulde aus Pfeil auf Pfeil mitten in die Besatzung, bis keiner von den Männern mehr lebte. Danach zog er von Aird fort in seinen Hof ›Baile-tarsuinn‹, wo er den Rest seines Lebens verbrachte. Seine Nachkommen besaßen das Gut bis zum Beginn des achtzehnten Jahrhunderts. Jetzt gibt es nur noch zwei Spuren von ihnen, den Namen einer Insel, die MacLarty-Insel heißt, und den eines Felsens gegenüber von Gartcharran, MacLartys schwarzer Stein.

34. Soulis im Kessel

William de Soulis besaß den gesamten Bezirk Liddisdale mit Westkirk und Kirkandrews in Dumfries-shire, dazu die Ländereien von Gilmerton bei Edinburgh und die reichen Baronien Nisbet, Longnewton, Caverton, Maxtoun und Mertoun in Roxburgshire. Der Lord war von königlicher Abstammung und Sohn des tapferen John de Soulis, der mit fünfzig Grenzlandleuten dreihundert Engländer zurückgeschlagen und ihren Anführer gefangengenommen hatte; dann war er für seinen König in der Schlacht von Dunwalk gefallen – die fand im Jahre 1318 statt. Sein Sohn aber, William de Soulis, verschwor sich mit andern gegen den König Robert Bruce, um ihn zu stürzen und selber den schottischen Thron zu besteigen. Der Plan kam ans Licht, die Verschwörer wurden gefangen, auch de Soulis, viele wurden, nachdem sie bekannt hatten, hingerichtet, ihm schenkte der König das Leben, aber seine Güter verfielen der Krone, und er wurde bis zu seinem Tode auf Schloß Dunbarton gefangengehalten. Die Verschwörung und jene große Verhandlung, in der die Schuldigen gestanden und verurteilt wurden, das sogenannte Schwarze Parlament, ereigneten sich 1320, nur zwei Jahre nach dem Ende des tapferen John.

Seit damals spielt die Familie de Soulis keine Rolle mehr in den Chroniken. Aber die Sage ist nicht wie die Geschichte über Lord William hinweggegangen; im Volk lebt die Erinnerung an ihn weiter, sie ist alles andere als schmeichelhaft. Er vereinte alle Eigenschaften, durch die Kraft fürchterlich wird: Grausamkeit, Heuchelei und Habgier. Kein Wunder, daß ihm die Menschen in einer geistergläubigen Zeit auch noch die geheimnisvollen Greuel der Hexerei zuschrieben. Man erzählt:

William de Soulis war ein grausamer Tyrann, ein mächtiger Hexer dazu. Seine Untertanen unterdrückte er mitleidslos, seine Nachbarn schädigte und belästigte er, und sein Schloß Hermitage machte er zur Festung, um sich dem schottischen König zu widersetzen. Bei dem Bau setzte er alle menschlichen, vielmehr unmenschlichen und höllischen Mittel ein: Er beschwor durch seine Zauberei den Teufel, und seine Bauern zwang er, das Holz und die Steine heranzuschleifen wie die Lasttiere.

Aber die Nachbarn wie die gequälten Untertanen schickten immer wieder Boten an den König mit Klagen und mit der Bitte, Robert Bruce möge doch endlich William de Soulis Einhalt gebieten, daß es wieder Ruhe und ein erträgliches Leben gäbe. Lange hörte sich der König die Vorstellungen der Geplagten untätig an, denn er dachte daran, was Williams Vater für die Krone getan hatte; doch als zum achten oder zehnten Mal eine Abordnung von Klägern vor ihn hintrat, rief er ihnen verdrießlich zu: »Meinetwegen kocht ihn, bloß laßt mich nichts mehr über ihn hören!«

Als die Männer das hörten, waren sie hoch zufrieden. Sie verabschiedeten sich vom König, eilten zu ihren Pferden, schwangen sich in die Sättel und jagten heim, entschlossen, die Worte des Königs als Auftrag zu betrachten und unverzüglich auszuführen. Sie langten zu Hause an, in Windeseile waren alle andern verständigt, die Bauern und die Knechte auf der Burg, die Knappen und die benachbarten Herren, die der mächtige William drangsaliert, beraubt und gefoppt hatte; sie überwältigten den starken de Soulis, führten ihn auf die Neunsteinkuppe und kochten ihn da in einem gewaltigen Kessel. Es heißt, der sei noch lange in Skelf-hill, einem Weiler zwischen Hawick und Hermitage, aufbewahrt worden.

Dem König aber waren doch, sobald die Boten so fröhlich von ihm Abschied genommen hatten, Bedenken gekommen. Er hatte ihnen seinerzeit Boten nachgesandt, um zu verhindern, daß seine voreiligen Worte ausgeführt würden; aber seine Leute kamen eben noch rechtzeitig, um das Ende des Geschehens mitzuerleben.

Man glaubt, Schloß Hermitage sei zum Teil in die Erde versunken, deshalb nämlich, weil die Mauern nicht mehr imstande gewesen seien, die Last der Frevel zu tragen, die sich so lange Zeit hindurch in der Burg angehäuft hatten. Die Landleute betrachten die Schloßruine noch heute mit Abneigung und Furcht. Sie glauben, daß sich alle sieben Jahre einmal die Tür der Kammer öffnet, in der Lord Soulis seine Beratungen mit den Höllengeistern abgehalten hat; denn als der Lord von seinen Bauern geholt worden ist, hat er die Schloßschlüssel über die linke Schulter hinter sich geworfen und dabei dem Teufel aufgetragen, sie für ihn aufzuheben, bis er zurückkomme. Die Leute fürchten sich, einen Blick in diese Kammer zu werfen (die in Wirklichkeit das Verlies ist); denn so mächtig wirksam ist die Bosheit des Bewohners, daß man eine ungeschälte Weidenrute, die man durch die Türritzen steckt, nackt findet, wenn man sie wieder herauszieht.

Die Neunsteinkuppe, auf der Lord Soulis gekocht wurde, ist ein Abhang, etwa eine Meile breit und vier lang, der aus der Hügelreihe zwischen Liddisdale und Teviotdale zum Hermitage Water abfällt. Sie hat ihren Namen von einem jener Ringe großer Steine, die man Druidenringe nennt; neun von ihnen sind bis in jüngere Zeiten erhalten geblieben, fünf sind noch sichtbar, und zwei davon bezeichnet man ausdrücklich als die Träger der Eisenstange, an welcher der verhängnisvolle Kessel über dem Feuer gehangen hat.

35. Der Sheriff von Cromarty

Das alte Schloß von Cromarty wurde im Jahre 1772 niedergerissen. Seine Besitzer waren die Häuptlinge eines weiten Landstrichs und genossen alle Vorrechte, die sich von da und von dem Regierungssystem ihrer Zeit herleiteten; und unter anderm vererbte sich unter ihnen auch das Amt des Sheriffs, des obersten Beamten der Grafschaft, und damit das Feudalrecht, die Frauen ersäufen und die Männer hängen zu lassen. Die höchste Erhebung des südlichen Sutors heißt heute noch der Galgenberg, denn er war damals der Richtplatz; und ein kleiner ginsterbewachsener Steinhügel ganz oben hat den Namen ›Galgen‹ behalten. Man erzählt, der letzte Verurteilte, der hier sterben sollte, sei ein armer Hochländer gewesen, der den Sheriff beleidigt hatte; doch als er eben dabei gewesen sei, die Leiter zu erklimmen, habe der Sheriff ihn auf die Bitte seiner Gemahlin begnadigt. Noch früher fanden die Hinrichtungen auf einer kleinen Anhöhe im westlichen Teil der Stadt, unmittelbar über dem Hafen, statt; dort kennen die Kinder eine kleine runde Vertiefung noch jetzt als Hexenloch, und die Überlieferung berichtet, daß unter der Regierung Charles' II. eine der Hexerei angeklagte Frau für ihr vermeintliches Verbrechen verbrannt wurde. Der Gerichtsberg dagegen lag der Altstadt einige hundert Yards näher; es war ein künstlicher Erdhügel, auf dem – zumindest in den früheren Zeiten – der Sheriff seine Fälle verhandelte und über sie entschied. Einige der auf dieser Stätte gefällten Urteile sollen abscheulich ungerecht gewesen sein. Besonders einen der Sheriffs beschreibt die Sage als einen grausamen, tyrannischen Mann, dem die Rechte seiner armen Untertanen genauso gleichgültig waren wie ihr Leben. Zwei kurze Geschichten von ihm haben sich noch lebendig erhalten.

Einem Mann namens Macculoch, Pächter der Cromartyschen Ländereien, wurde von einem Dienstmann des Sheriffs eine Kuh geraubt. Daraufhin marschierte er stracks zum Schloß. Nicht zu ergebenen Bitten gestimmt, trug er seine Beschwerde im Ton eines Menschen vor, der ein Recht zu fordern hat. Der Herr hörte ihn geduldig an, dann rief er nach dem Schlüssel zum Verlies, stand auf und winkte Macculoch, ihm zu folgen. Der gehorchte; sie stiegen miteinander eine Flucht von Steintreppen hinab und langten vor einer schweren Eichentüre an. Der Herr schloß auf, und dann packte er plötzlich und ohne ein einziges Wort den Pächter, um ihn hineinzustoßen. Aber da war er an den Falschen geraten. Macculoch umklammerte seinerseits den Sheriff, und zwar noch weitaus kräftiger; ein Kampf entspann sich, in dem der kühne, bärenstarke Hochländer so entschieden obsiegte, daß er den Herrn in sein eignes Verlies schleuderte; darauf schloß er ab und stieg in aller Ruhe wieder hinauf, den Schlüssel in der Tasche.

Die andre Geschichte ist düsterer. Ein armer Untertan war auf dem Gerichtsberg zum Tode verurteilt worden, und das Urteil war schreiend ungerecht – noch weit ungerechter als üblich. Nachdem es der Henker auf dem Hügel am Hexenloch ausgeführt hatte, kehrte der Herr inmitten seiner Diener durch die Stadt zum Schloß zurück. Da sprach ihn ein alter Mann am Straßenrand an – einer von den Hossacks aus Cromarty. Er war seit Jahren bettlägerig, aber an dem Tag hatte er sich mühsam aufgerappelt und sich hinausgeschleppt bis auf den Sitz am Haustor; dort hatte er auf den Sheriff gewartet. Die Sage hat nur die dunklen Schlußworte seiner Prophezeiung erhalten: »Herr, Herr, was den Dachs nicht trifft, das trifft den Stamm« – womit er gemeint haben soll, daß des Vaters Ungerechtigkeit einst an den Kindern heimgesucht werde.

36. Grenzziehung

Ich erklomm einen Hügel, der einen weiten Ausblick gewährt, und ließ mich nieder. Vor mir ragte in der Ferne der alte Turm von Fairburn auf; und dann schweifte der Blick weiter über Hügel und braunes Moor ohne ein einziges grünes Feld, ein einziges Haus dazwischen. Es gibt Überlieferungen, die so eigentümlich sind und sich von allen andern so stark unterscheiden, daß das für ihre Wahrheit spricht; eine kam mir jetzt in den Sinn; sie erzählte, auf welche Art die Mackenzies von Fairburn und die Chisholms von Strathglass diesen kahlen Strich zwischen sich aufgeteilt hatten. Er war wüst und herrenlos geblieben, als ringsum Siedlungen entstanden, und kein Grundbesitzer vermochte zu sagen, wo sein Land aufhörte und das des Nachbarn begann. Aber es stellte sich heraus, daß die ungewisse Grenze zu Streit zwischen den Hirten beider Güter führte, wenn die mit ihrem Vieh auf die Sommerweide zogen; deshalb kamen die Herren überein, daß sie den Boden zwischen sich aufteilen wollten. Das Zeitalter der Landvermesser war noch nicht gekommen; also halfen die beiden Herren sich anders. Jeder suchte sich eine fünfundsiebzigjährige Greisin aus dem Gesinde aus; die beiden alten Frauen wurden zur selben Stunde losgeschickt, die eine von Burg Fairburn, die andere von Schloß Erchless, damit sie sich zwischen den Hügeln begegneten. Die Herren hatten sich feierlich verpflichtet, die Stelle, wo die beiden Alten aufeinanderstoßen sollten, als Grenzpunkt anzuerkennen.

Die beiden rannten los, begleitet von je einem Trupp gewichtiger Zeugen. Sie rannten, als gelte es Leben oder Sterben. Aber die Frau aus Fairburn war die Ziehmutter des Gutsherrn; lag es nun daran, daß sie noch leidenschaftlicher bei der Sache oder daß sie rühriger als die Chisholmerin war: lief die aus Chisholm eine Meile, so rannte die Fairburnerin in derselben Zeit zwei. Und als sie in der Ödnis einander schließlich zu Gesicht bekamen, da war das weitab von den Feldern von Fairburn, aber nicht gar so fern von den Chisholmer Äckern. Man kann nicht recht begreifen, weswegen sich die beiden alten Frauen gegenseitig als Feindinnen betrachtet haben; aber als sie noch eine knappe Meile auseinander waren, da beschleunigten sie die mattgewordenen Schritte zum Trab, und als sie sich dann an einem schmalen Flüßchen trafen, wären sie am liebsten eine über die andere hergefallen. Aber dazu fehlte ihnen, abgejagt, wie sie waren, die Kraft, und auch der Atem zum Schimpfen fehlte; sie konnten nichts tun, als sich an den beiden Ufern auf den Boden zu setzen und sich über das Flüßchen hin anzufletschen.

37. Ettrick-Hall

Ettrick-Hall in Selkirkshire steht nicht weit von der Quelle des Ettrick-Water. Die Burg ist uralt; dereinst war sie von einem stattlichen Dorf umgeben; noch zur Zeit der Revolution bestand es aus dreiundfünfzig hübschen Häusern. Aber ein ungastlicherer Ort für eine so zahlreiche Bevölkerung läßt sich kaum denken. Etwa um das Jahr 1700 vertrieb ein Angehöriger der Familie Tushielaw, ein gewisser Mr. James Anderson, seine sämtlichen armen Kleinpächter und Unterpächter, und das waren viele, von seinem Grund und Boden. Er baute sich dort, wo sie ihre Felder hatten, ein prächtiges Haus und nahm die Bewirtschaftung des Guts selbst in die Hand. Damals entstand eine kleine prophetische Reimerei, niemand weiß, wer sie verfaßt hat; auf jeden Fall ist sie wunderlich in Erfüllung gegangen:

Dort auf der Ebene im Sturmgebraus
steht Ettrick-Hall, das neue Haus.
Nie färbt die Morgensonne es rot,
denn erbaut ists auf der Witwen Brot.
Nie können die Mauern sicher sein,
auf der Armen Elend steht jeder Stein.
Und eh dreißig Jahre ziehn übers Land,
ehe Baumgrün reicht bis zum Schornsteinrand,
weiß keiner mehr, wo Ettrick-Hall einmal stand.

Und es ist wirklich keine Spur mehr von diesem großen Herrenhaus geblieben, schon seit vielen Jahren nicht. Nur die Allee, die baumgesäumten Gartenwege vermag man noch zu erkennen. Dagegen stehen noch viele Lehmhütten, die viel früher erbaut sind, fest an ihrem Platz, zum Beispiel die, worin der Ettricker Schäfer geboren wurde und die der Gutsherr dann gelegentlich als Pferdestall benutzt hat. Sie steht da wie an dem Tag, als die Grundmauern des Herrenhauses im Kornfeld der Witwen gelegt wurden.

38. Maxton von Cultoqueys Litanei

Das kleine Gut Cultoquey in Perthshire wird in den Hochlanden als eine Art Wunder betrachtet, weil es sich seit fünfhundert Jahren in einer einzigen Familie gehalten hat, obwohl ringsherum ungefähr ein halbes Dutzend mächtiger Herren auf ihrem Land saßen.

Einer aus dem schottischen Tiefland oder ein Mensch der Neuzeit vermag kaum die Schwierigkeiten zu ermessen, die diese angesehene alte Familie erfahren haben muß, als sie ihren Boden inmitten solcher mächtiger und habgieriger Nachbarn festhielt, und das, während eine Epoche der Barbarei und der Bürgerkriege auf die andere folgte. Daß Übergriffe nicht unversucht blieben oder mindestens, daß die Nachbarn nicht die angenehmsten waren, beweise ein Zusatz zur Litanei, den Mr. Maxton von Cultoquey vor über hundert Jahren gemacht hat und der einigermaßen die Charakterzüge bestimmter schottischer Familien beleuchtet:

Vor der Gier der Campbells,
vor der Wut der Drummonds,
vor dem Dünkel der Grahams,
vor dem Wind der Murrays,
lieber Gott, bewahr uns!

Maxton pflegte sein sonderbares Gebet samt der übrigen Litanei jeden Morgen herzusagen, während er an einem Brunnen in der Nähe des Hauses seine Morgentoilette vollführte, und es ist anzunehmen, daß ihm diese Bitten am meisten von Herzen kamen. Gemeint waren in dem Spottgedicht Campbell von Monzie, der anderthalb Meilen von Cultoquey entfernt wohnte; Campbell von Aberuchill, ein Richter am obersten schottischen Gerichtshof und einer der größten Landkäufer seiner Zeit – acht Meilen entfernt; Drummond von Perth – vier Meilen; Graham, Herzog von

Montrose in Schloß Kincardine – acht Meilen; Murray, Herzog von Atholl in Schloß Tullibardine – sechs Meilen und Moray von Abercairney im Abercairney-Haus zwei Meilen. All diese Herren nahmen den Spaß mit gutem Humor auf – alle bis auf die Murrays, die am schmählichsten charakterisiert werden, denn Wind bedeutet im schottischen Sprachgebrauch einen Hang zu eitler und törichter Tapferkeitsprahlerei. Als der Herzog von Atholl von Cultoqueys Litanei hörte, so heißt es, lud er den alten Humoristen zum Essen ein und begehrte aus seinem eigenen Mund die Zeilen zu vernehmen, die soviel Aufsehen im Land erregt hatten. Cultoquey zögerte keinen Augenblick und sagte sie her, worauf Seine Hoheit halb wohl-, halb mißgelaunt sagte: »Paßt auf, Cultie, und laßt in Zukunft meinen Namen aus Eurer Morgenandacht heraus, oder ich schneid Euch für Eure Keckheit die Ohren ab!«

»Das ist *Wind*, Herr Herzog!« sprach Cultoquey mit der größten Kaltblütigkeit, indem er sein Glas austrank.

Ein andermal, als ein Herr mit demselben Namen wie der Herzog Mr. Maxton aufsuchte und zornig gegen die Art und Weise protestierte, in der sein Clan gekennzeichnet wurde, gab Cultoquey keine andere Antwort als die, daß er seinem Diener befahl, die Tür zu öffnen und *den Wind der Murrays herauszulassen!*

39. Christie's Will

Während der Regierung Charles' I. hauste auf Burg Gillnockie in der Gemeinde Cannoby William Armstrong, der Unterscheidung halber Christie's Will genannt, ein direkter Nachkomme des berühmten John Armstrong von Gillnockie, den James V. hatte hinrichten lassen. Er hatte zusammen mit dem Familiensitz auch die Familienraublust geerbt, und auf irgendeinem Beutezug wurde er gefangen und ins Jedburgher Gefängnis gesetzt. Der Lord Oberschatzmeister Earl of Traquair kam zufällig nach Jedburgh zu Besuch, und da er Christie's Will kannte, erkundigte er sich nach dem Grund. Will erwiderte, er sei eingesperrt, weil er zwei Halfter gestohlen habe. Aber als sich der Graf näher erkundigte, gestand er, am Ende der Halfter hätten sich zwei famose Füllen befunden. Den Grafen amüsierte der Witz, er gebrauchte seinen Einfluß und erreichte, daß Christie's Will aus der Haft entlassen wurde. Einige Zeit später sollte bei Gericht ein für den Oberschatzmeister wichtiger Prozeß entschieden werden, und es bestand guter Grund zu der Annahme, daß das Urteil vom Vorsitzenden abhängen würde, der bei Stimmengleichheit den Ausschlag gibt. Der Präsident war aber dem Grafen nicht gewogen, und deshalb wünschte ihn der dringend aus dem Wege, wenn der Prozeß verhandelt würde. In dieser Klemme nahm der Graf Zuflucht zu Christie's Will, der sich sogleich erbot, den Präsidenten zu entführen. Er hörte sich um und erkundete, daß der Richter häufig ohne Begleitung am Strand von Leith spazierenritt. Christie's Will legte sich auf die Lauer, und schließlich ergab sich die Gelegenheit: Bei einem dieser Ausflüge riskierte er es, an den Präsidenten heranzureiten, ihn anzureden und in ein Gespräch zu verwickeln. Seine Art und seine Worte waren so unterhaltsam, daß der Präsident unvermerkt neben ihm weiter und auf eine einsame und ginsterbewachsene Gemeindewiese ritt, die sogenannte Frigate Whins. Dort drängte Christie's Will plötzlich sein Pferd dicht neben das des Richters, zog ihn aus dem Sattel, wickelte ihn in einen großen Mantel, den er vorsorglich mitgenommen hatte, und schnürte den Unglücklichen hinter sich auf sein Roß; dann ritt er schleunigst davon. Er trabte munter Pfade entlang, die nur Leuten seines Schlags bekannt waren, fort bis nach Annandale, wo am Ufer des Dryfe, nicht weit von Moffat, ein altes Schloß stand, genannt die Grahamburg. Hier legte er seine ermattete und entsetzte Bürde ab.

Das herrenlose Pferd des Richters wurde aufgefunden; jedermann glaubte, daß es seinen Reiter ins Meer geworfen hätte. Seine Freunde legten Trauer an, und für sein Amt wurde ein Nachfolger bestimmt.

Inzwischen verbrachte der arme Präsident schwere Tage

im Schloßkeller. Er saß da mutterseelenallein, empfing sein Essen durch ein Loch in der Mauer und vernahm nie den Laut einer menschlichen Stimme, außer wenn ein Schäfer draußen seinen Hund – Batty hieß er – rief und wenn eine Magd die Katze Maudge lockte. Der Richter hielt die Rufe für Geisterbeschwörungen, denn er war überzeugt, daß er sich im Verlies eines Hexers befände. So vergingen drei Monate. Da entschied endlich das Gericht zugunsten des Earl of Traquair, und Will erhielt den Auftrag, den Präsidenten wieder in Freiheit zu setzen. Also trat er bei tiefer Nacht in das Gewölbe, packte den Präsidenten, wickelte ihn wortlos wieder in den Mantel, band ihn abermals aufs Pferd und brachte ihn an den Strand von Leith; dort setzte er den verblüfften Richter ab, genau an der Stelle, wo er ihn aufgegriffen hatte.

Leicht kann man sich die Freude seiner Freunde denken und die weniger angenehme Überraschung seines Nachfolgers, als er bei Gericht erschien, um sein Amt einzunehmen. Sie alle ließen sich von ihm überzeugen, daß er durch Hexenkunst weggezaubert worden sei, und er selber zweifelte nie im geringsten daran, bis er, viele Jahre später, zufällig durch Annandale reiste und da seine Ohren wohlbekannte Laute auffingen – abermals grüßten ihn die Rufe ›Maudge‹ und ›Batty‹, die einzigen, die ihn während seiner langen Kerkerzeit getröstet hatten. Das führte zur Entdekkung der ganzen Geschichte; aber in diesen liederlichen Zeiten lachte man nur darüber als über eine hübsche Kriegslist.

Wild und sonderbar, wie diese Überlieferung scheinen mag – es besteht kaum ein Zweifel daran, daß sie sich auf Tatsachen gründet. Der Richter, gegen dessen Person sich diese außergewöhnliche Strategie richtete, war Sir Alexander Gibson, Lord Durie; zum Gerichtspräsidenten wurde er 1621 berufen; er starb in seinem Haus Durie im Juli 1646.

Die Sage schreibt Christie's Will noch eine andere denkwürdige Tat zu, die berichtenswert ist. Bekanntlich blieb der Earl of Traquair Charles dem I. während seiner Nöte unverändert ergeben, setzte im Dienst seines unglücklichen

Herrn sein Leben aufs Spiel und opferte sein Vermögen. Nun ergab es sich, daß der König dringend ein Paket mit wichtigen Papieren brauchte, das sich in Schottland befand. Aber ihm das zu überbringen war höchst schwierig, denn die Führer des Parlaments taten alles, um die Verbindung zwischen dem König und seinen schottischen Freunden zu verhindern. In dieser schlimmen Lage nahm Traiquair abermals Zuflucht zu Christie's Will und seinen Diensten. Will erklärte sich bereit, überbrachte Seiner Majestät unangefochten die Papiere und nahm eine Antwort an den Earl of Traquair entgegen. Aber inzwischen war seine Botschaft ruchbar geworden, und Cromwell hatte Befehl gegeben, ihn in Carlisle abzufangen. Christie's Will ahnte nichts von der Gefahr. Er machte in der Stadt Halt, um sein Pferd verschnaufen zu lassen und zu füttern und zu tränken und setzte dann den Ritt fort. Aber sowie er die lange, schmale und hohe Brücke betreten hatte, die bei Carlisle über den Eden führt, wurden beide Seiten des Übergangs durch einen Trupp Parlamentssoldaten besetzt, die auf ihn lauerten. Der Grenzlandmann verschmähte es, sein Unternehmen aufzugeben, selbst unter so verzweifelten Umständen, spornte kurz entschlossen sein Roß und trieb es zum Sprung übers Geländer. Der Fluß war hochgeschwollen. Will sank – die Soldaten brüllten – er tauchte wieder auf, lenkte sein Pferd zu einem Steilufer und mühte sich, an Land zu kommen, doch vergeblich, denn sein schwerer Reitermantel hatte sich voll Wasser gesogen. Will schnitt die Schlinge durch, und das Pferd, so erleichtert, machte eine verzweifelte Anstrengung und erreichte das Ufer. Unser Held schoß in vollem Galopp davon, verfolgt von den Reitern, die erst eine Weile regungslos verharrt hatten, starr über seine Tollkühnheit. Will jedoch saß auf einem vorzüglichen Pferd und hielt so seinen Vorsprung; kam ihm ein Verfolger doch zu nahe, so bedrohte er ihn mit seinen Pistolen. – Der reine Bluff, denn die Waffen waren naß und nutzloß; aber er erreichte seinen Zweck. Will wurde bis zum Eske gejagt, den er ohne Zögern durchschwamm; und sowie er das Nordufer, schottischen

Boden, unter sich fühlte und seine Freunde in der Nähe wußte, drehte er sich um und lud in echtem Grenzlandreitergeist die Verfolger ein, herüberzukommen und einen Schluck mit ihm zu trinken. Nach diesem hohnvollen Abschied setzte er seine Reise fort und brachte seine Mission getreulich zu Ende. Solcherart waren die Taten des letzten Grenzlandräubers von Rang.

40. Das Rote Schloß

Unter den Einheimischen von Black Isle in Ross-shire hat sich eine Sage erhalten, die den Namen des Roten Schlosses erklärt. Als der Bau begonnen werden sollte, erhielten die Arbeiter den Befehl, den ersten besten, der ihnen auf dem Weg zum Arbeitsplatz begegnen würde, zu packen und zu binden und als lebendes Opfer unter den Grundstein zu legen, ganz gleich, wer es auch wäre – so war das damals Brauch.

Als die Männer früh loszogen, war der erste, den sie trafen, ein junger Bursche; sie hielten ihn fest, fesselten ihn und nahmen ihn mit. Seine Mutter hörte ihn schreien und kam gerannt und flehte, und sie rannte zum Baumeister und zum Bauherrn, aber es war alles umsonst, der arme Kerl wurde lebendig unter den Grundstein gelegt.

Da sprach seine Mutter einen Fluch über das Schloß aus: »Wenn es heute auch weiß ist, morgen wird es rot sein!«

Seit dem Tage, da das Schloß errichtet worden ist, kann man bis heute an einer bestimmten Stelle der Mauer einen Blutfleck sehen. Sie haben oft versucht, ihn wegzubekommen, aber er ist immer noch da.

41. Der heilige Columba und seine Kirche

Der heilige Columba, Collumcille, hatte sich vorgenommen, auf der Insel Iona eine Kirche zu bauen. Er rief viele Männer zusammen und fing an, aber alles, was sie am Tage bauten, wurde über Nacht wieder eingerissen. Da gab er drei Männern den Auftrag, sie sollten nachts bei der Kirche wachen. Das taten sie, aber am Morgen lagen sie tot da, und die Mauern waren wieder eingerissen. Am nächsten Abend befahl Collumcille, daß sechs Männer wachen sollten; aber als morgens die andern an den Bauplatz kamen, lagen die sechs Wächter tot da, und die Mauern waren eingerissen wie vorher. Als diesmal der Abend gekommen war, stellte Collumcille keine Wachleute wieder auf, sondern blieb, weil er ja ein heiliger Mann war, selbst da, um die Kirche zu behüten und aufzupassen, was geschah. Er wollte alles genau überblicken können, und deshalb stieg er auf einen hohen Felsen dicht am Meer.

Er schlief keinen Augenblick, sondern hielt unablässig Ausschau nach allen Seiten, in die Nähe und in die Ferne. Und auf einmal sah er vom Strand ein Ungeheuer herkommen, halb Fisch, halb Frau, eine uralte Frau, ganz mit Muscheln bewachsen. Wenn sie sich schüttelte, dann zitterte die Erde, und die Mauern bebten mit. Und an ihr klapperte es, als schlügen irdene Krüge aneinander. So bewegte sie sich auf die Kirche zu.

Collumcille stieg von seinem Felsen herunter und schritt auf sie zu. »Weißt du«, sagte er, »was mir nachts immer meine Männer umbringt, wenn ich sie die Kirche bewachen lasse?« – »O ja«, sagte sie. »Was ist ihnen zugestoßen?« fragte Columcille. »Sie sind vor Furcht gestorben. Wenn ich an Land gestiegen bin, ist ihnen das Herz zersprungen.« – »Und weißt du, was mir immer wieder meine Kirche zerstört?« fragte Columcille. »Ja«, antwortete sie, »auf die Art wird die Kirche immer wieder einstürzen, o heiliger Collumcille. Ich bin es nicht, die sie einreißt, aber eingerissen wird sie nun einmal.« – »Nun, und weißt du, was ich machen kann, damit ich mit der Kirche weiterkomme?« – »Ja«, sagte sie. »O heiliger Collumcille, du wirst morgen all die Männer fragen, die dir bei deinem Werk dienen, welcher von ihnen bereit ist, sich lebendig unter der Erde begraben zu lassen. Die Seligkeit ist seiner Seele gewiß, wenn er das mit sich geschehen läßt, und hernach wird mich keiner mehr zu sehen bekommen. Mit der Kirche wird es vorangehen, und nichts wird den Bau noch stören. Aber die Grube muß siebenmal so tief sein, wie du selber groß bist.«

Am nächsten Tag, als alle wieder versammelt waren, sprach er zu ihnen und fragte sie, ob einer von ihnen bereit wäre, sich lebendig begraben zu lassen unter der Bedingung, daß seiner Seele der Himmel gewiß wäre. Aber kein einziger hatte Lust, in die Grube zu steigen, obwohl Collumcille doch versprach, daß die Seele desjenigen durch Gottes Bestimmung außer aller Gefahr sein würde. Des Heiligen eigener Bruder, der arme Dobhran, stand ganz hinten. Er drängte sich durch die Menge und trat hinter Collumcille und sagte: »Ich bin bereit, daß ihr mich lebendig unter der Erde begrabt, wenn dafür die Kirche gebaut werden kann. Und ich glaube dir, daß meine Seele durch Gottes Bestimmung gerettet wird.«

Da sagte Collumcille: »Wenn ich auch keinen Bruder außer dem armen Dobhran habe, so bin ich doch froh, daß er es ist, der sich freiwillig erbietet, in die Grube zu gehen.«

Sie machten die Grube siebenmal so tief, wie ein Mann lang ist. Als Dobhran sie sah, wandte er sich an Collumcille und erbat sich als Gunst, daß ein Deckel über die Grube gelegt würde und daß er selber stehen bleiben dürfe, solange es Gott gefiele, ihn am Leben zu lassen. Das gewährten sie ihm. Sie ließen ihn dort stehen.

Collumcille kam und fing selber wieder an zu bauen, er arbeitete mit aller Gewalt zwanzig Tage hindurch, und die Kirche wuchs und wuchs, und der Bau kam großartig voran, und Collumcille war froh, daß alles gut ging.

Und als die zwanzig Tage um waren, befahl er den andern, sie sollten sehen, was für ein Ende der arme Dobhran gefunden hätte, und die Grube öffnen. Sie hoben den Dekkel ab. Dobhran wanderte auf dem Grunde der Grube hin und her.

Als er sie aufgetan sah und sah, wie die ganze Welt vor ihm lag, tat er einen krampfhaften Sprung hinauf und klammerte sich mit beiden Händen an den Rand; so hing er über der Grube. Vor der Kirche lag eine große, flache Wiese mit vielen Binsen darauf. Was Dobhran von den Binsen sah, wurde rot, und von da an haben die Binsen immer die kleine rote Spitze gehabt.

Collumcille aber auf der andern Seite der Grube schrie: »Erde, Erde auf Dobhrans Augen, damit er nichts mehr von der Welt und ihrer Sünde sieht!« Sie schütteten Erde auf ihn und kehrten an ihre Arbeit zurück. Und danach störte Collumcille nichts mehr, bis er mit seiner Kirche fertig war; und das Ungeheuer hat keiner wieder ans Ufer kommen sehen.

So erzählte man sich die Sage auf den Äußeren Hebriden, aber in Kintyre kannte man sie anders:

Der heilige Columba hatte einen Sohn, der Odhran hieß und nach dem die St.-Odhran-Kapelle benannt ist. Als die Kapelle gebaut wurde, fanden die Leute jeden Morgen das, was sie am Abend fertig hinterlassen hatten, wieder eingestürzt. Sie dachten zuerst, sie hätten irgend etwas versehen, und versuchten es immer wieder, aber ganz gleich, wie ordentlich und genau und fest sie bauten – früh lagen die Mauern in Trümmern. Da vernahm der heilige Columba einmal in der Nacht eine Stimme, die sagte: »Das einzige Mittel, die Kapelle fertig zu bekommen, ist, einen lebenden Mann unter dem Fundament zu begraben!« Ohne dies, sagte die Stimme, werde die Kapelle niemals vollendet werden.

Der Heilige entschied, daß keiner besser dazu geeignet sei, daß man ihn unter das Fundament legte, als sein eigener Sohn, und so befahl er, ihn auf der Stelle zu begraben, und baute über ihm weiter. Aber eines Tages erhob Odhran den Kopf, stieß ihn durch die Mauer und sagte: »Es gibt keine Hölle, wie du meinst, sowenig wie den Himmel, über den die Leute reden.«

St. Columba erschrak, er fürchtete, Odhran könne noch mehr von den Geheimnissen der andern Welt verraten, und ließ den Leichnam sogleich fortbringen und in geweihtem Boden begraben. Und St. Odhran beunruhigte nie wieder jemanden.

42. Der Druidenstein von Birsay

In der Gemeinde Birsay gibt es einen Druidenstein, an den sich eine ziemlich sonderbare und tragische Geschichte knüpft. Es geht die Sage, daß dieser Stein in jeder Neujahrsnacht beim Glockenschlag zwölf zu wandern beginnt; er bewegt sich zum Birsayer See hin. Hat er den Uferrand erreicht, dann taucht er leise sein Haupt in die Kräuselwellchen. Und dann kehrt er ebenso still an seinen alten Fleck zurück und bleibt dort für die nächsten zwölf Monate unverrückbar stehen. Und es galt seit Urzeiten für sehr gefährlich, etwa in der Neujahrsmitternacht draußen zu bleiben und dem Stein beim Wandern zuzuschauen. Es gibt viele Geschichten von Neugierigen, die das wagten und am Morgen darauf tot neben dem Stein gefunden wurden. Die letzte handelt von einem jungen Herrn aus Glasgow, der den Entschluß faßte, die ganze Nacht aufzubleiben und sich mit eigenen Augen zu überzeugen, ob das, was man von dem Wanderstein erzählte, stimmte oder gelogen war. Und in einer Neujahrsnacht trat der kühne Jüngling seine Wache tatsächlich an.

Als die Zeit vorrückte und die gefürchtete Mitternachtsstunde nahte, spürte er im Herzen ein kleines Grausen, und ein unheimliches Gefühl beschlich ihn, so daß er schauderte. Um Mitternacht entdeckte er, wie er beim Hin- und Herschreiten zwischen den Stein und den See gekommen war, und als er zum Stein hinblickte, schien ihm, daß er ihn sich regen sähe. Und in diesem Augenblick verlor er die Besinnung. Beim Morgengrauen fanden ihn seine Freunde ohnmächtig. Nach und nach kam er wieder zu sich, aber er war nicht imstande zu sagen, ob der Stein sich wirklich bewegt und ihn auf seinem Marsch umgestoßen habe.

Es gibt noch eine andere Geschichte, eine tragischere, von dem wandernden Stein:

An einem stürmischen Dezembertag strandete ein Schiff am Gestade von Birsay, und alle Mann bis auf einen einzigen Matrosen kamen um. Der Gerettete fand Unterkunft in einer Hütte, die dicht bei dem Stein stand. Er hörte von dessen jährlichem Marsch erzählen und beschloß, selber zu sehen, was dran sei. Umsonst warnte man ihn. In der letzten Nacht des alten Jahres machte er sich auf, ging hinaus, und um auch ja bestimmt nichts zu versäumen, kletterte er auf den Stein und hockte sich drauf. Und da wartete er auf die Dinge, die kommen sollten. Aber was das war, vermag keiner zu erzählen, denn der erste Morgen des neuen Jahres dämmerte über dem Leichnam des kühnen Burschen auf. Man sagt, der Stein sei auf seinem Weg zum See über ihn hinweggerollt.

43. Druidenkreise

Druidenkreise, ringförmig angeordnete Steinbrocken, und Monolithe wurden mit ehrfürchtiger Scheu betrachtet; es gab nur wenige Leute, die sie von ihrem Grund und Boden zu entfernen wagten.

Auf dem Pachthof Achorrachin in Glenlivet wohnte ein solcher kühner Mann. Auf einem seiner Felder stand in der Mitte ein großer Stein; der Pächter ärgerte sich darüber, meinte aber, man könne das, was im Felde lästig war, anderweit nützlich machen. Er war eben dabei, einen neuen Kuhstall zu bauen; da war, fand er, der Stein wunderbar als Türsturz geeignet. Gesagt, getan: Der Stein wurde eingebaut. Aber der Pächter hatte keine Freude am neuen Stall. Die Kühe wurden von einer Krankheit befallen. Nachts hörte man im Stall die unheimlichsten Geräusche, ohne daß sich entdecken ließ, wie sie entstanden. Weder Menschen noch Tiere fanden Ruhe. Da riet dem verzweifelten Pächter ein Freund, er solle doch den Stein aus der Stallmauer nehmen und in den Fluß werfen, der am Hof vorbeirann. Es geschah. Aber die Kühe im Stall und die Menschen im Haus bekamen immer noch keine Ruhe. Da holte der Pächter mit den Knechten den Stein wieder aus dem Fluß, sie fuhren ihn zurück an seine alte Stelle mitten im Feld. Und nun kehrten Ruhe und Ordnung wieder ein.

Bis zum heutigen Tag ist der Stein nun stehengeblieben, er trug vor ein paar Jahren noch Mörtelspuren.

In Killishmont bei Keith in Banffshire gab es ein Grundstück, das Höllmannskuppe genannt wurde. Es bildete den obersten Teil einer Anhöhe und bot einen viele Meilen weiten Ausblick über die Hügel von Banff und Moray. An einer Stelle kam der Felsen – eine Art Schiefer – durch den Boden, und dort waren neun Näpfchen in drei Reihen ausgehauen.

Vor langer Zeit setzte ein Pächter dazu an, die Kuppe umzuackern. Kaum aber hatte der Pflug den Boden dort oben berührt, da fiel einer der Ochsen tot um. Es ist noch nicht lange her, daß die Stelle doch noch bebaut worden ist. Bedauerlicherweise ist das Felsenstück mit den Näpfchen dabei zerbrochen worden und weggekommen.

Solch ein Landstück wurde vorzeiten Hausvaterland, the guidman's craft, genannt, wobei Hausvater, goodman, euphemistisch für Teufel steht. Es gibt kirchliche Urkunden über Strafen, die solche Pächter trafen, die das Teufelsland brachliegen ließen, um es nicht mit dem Teufel zu verderben.

44. Der beleidigte Quell

Im oberen Teil der Gemeinde Cromarty entspringt ein ganz einzigartig merkwürdiger Quell, Sludach genannt. Jeden Sommer versiegt er plötzlich und beginnt am Ende des Herbstes wieder zu fließen. Ein paar Stunden vor dem Versiegen sprudelte er noch mit unverminderter Stärke aus dem Hang, und wenn er wiederkehrt, bricht er in vollem Strom hervor. Die Sage berichtet, daß er diese seltsame Natur irgendwann im siebzehnten Jahrhundert erlangt hat.

An einem heißen Sommertag arbeiteten zwei Bauern auf den angrenzenden Feldern; beide wurden durstig und schritten gleichzeitig auf den Quell zu. Der eine war der Pächter des Hofs, auf dessen Land der Quell entsprang, der andere hatte den benachbarten Pachthof inne. Sie lebten schon eine ganze Weile miteinander auf gespanntem Fuß. Der Quellenpächter, ein großer, roher Kerl, langte als erster an, trank hastig, raffte dann eine Handvoll Schmutz auf und warf sie in genau dem Moment ins Wasser, als sein Nachbar herankam. »Jetzt trink dich satt!« sagte er und wandte sich ab.

Kaum aber hatte er die Worte ausgesprochen, da begann der beleidigte Quell wie ein Kessel zu kochen; eine Weile sprudelte er noch zwischen Gras und Binsen, und dann versank er in den Erdboden. Am nächsten Mittag ruhte der graue Sand, der sonst unablässig in einem kleinen, konischen Strahl gestiegen und gesunken war, als trocknes Häufchen, trocken wie der Staub auf den Feldern; verschwunden war das Bächlein aus dem Quell, und die blühende Kresse an den Rändern lag welk in der Sonne. Was aber die Sache noch sonderbarer machte: Man entdeckte, daß auf der andern Seite des Meeresarms – und der ist an dieser Stelle fast fünf Meilen breit – mit einem Mal ein mächtiger Quell sprudelte, und zwar war er wenige Stunden nach dem Versiegen des andern ausgebrochen. Die Geschichte verbreitete sich; der Pächter, roh und grob, wie er war, litt schwer unter den Prophezeiungen seiner Nachbarn; denn die betrachteten ihn offenbar als einen Fluchbeladenen. Da suchte er einen älteren Mann in der Nachbargemeinde auf, von dem die ganze Gegend wußte, daß er sich auf übernatürliche Dinge verstand, und bat ihn flehentlich um Rat.

»Geh wieder dahin«, sagte der Seher, »wo der alte Quell entsprungen ist, und zwar möglichst zu derselben Zeit, überleg sie dir genau, in der du das Wasser beleidigt hast. Da säubere das Loch mit einem frischen Leinenhandtuch, und dann leg dich daneben und wart ab.«

Der Mann tat das und wartete über der Höhlung auf dem Hang von Mittag bis fast zum Sonnenuntergang; und dann schoß das Wasser hervor mit einem Getöse wie Meeresbrausen und schwemmte den Sand ringsum meterweit weg. Nach einer Weile senkte sich der Strahl, bis er seine gewöhnliche Höhe wieder angenommen hatte, und floß wie früher zwischen den beiden Kressereihen dahin. Zur selben Zeit verschwand der Quell auf der gegenüberliegenden Seite des Meeresarms wieder im Boden und ist bis heute nicht mehr erschienen; der Sludach aber treibt mit den Menschen seinen Spott: In der feuchten Jahreszeit, wenn keiner sein Wasser braucht, bietet er es, und in der trockenen, wenn die Leute es dankbar nützen würden, hält er es zurück.

45. Der Hahnenschrei

Irgendwann während der letzten Zeit des ersten Charles hatte ein Kapitän sein Schiff an der oberen Reede der Bucht von Cromarty festgemacht und saß nun an einem schönen Abend allein auf Deck; er wartete drauf, daß seine Matrosen, die an Land gegangen waren, wieder zurückkamen, und unterhielt sich damit, die Lichter zu beobachten, die von den einzelnen Bauernhäusern herüberfunkelten; dabei lauschte er dem Viehgebrüll, das durch die Stille zu ihm drang, oder dem jähen Gebell des Wachhundes. Als es später wurde, verstummten die Laute, und die Lichter verloschen – alle bis auf eine einsame Kerze, die aus dem Fenster einer ungefähr zwei Meilen westlich vor der Stadt gelegenen Hütte leuchtete. Schließlich jedoch verschwand auch sie, und rund um die Bucht lag das Ufer dunkel da wie ein Gürtel aus schwarzem Samt. Plötzlich vernahm der Kapitän über sich ein zischendes Geräusch; er schaute auf und erblickte einen jener Meteore, die als Sternschnuppen bekannt sind, wie er schräg über den Himmel auf die Hütte zuschoß und immer größer und strahlender wurde, je mehr er sich der Erde näherte, bis der bewaldete Berggrat und das Ufer vom Schiff aus deutlich zu sehen waren wie bei hellem Tag. Ein Hund heulte jämmerlich von einem der Ställe her, im Wald schrie eine Eule. Der Meteor senkte sich, bis er fast das Dach berührte – und da krähte drinnen ein Hahn. Sofort schien die Sternschnuppe in ihrem Flug festgehalten, sie stand reglos still, dann hob sie sich wieder bis zur Höhe eines Schiffsmastes – und dann senkte sie sich abermals. Der Hahn krähte zum zweitenmal. Der Meteor hob sich wie zuvor, doch noch weiter, und dann sank er wieder bis fast aufs Hausdach herab. Fast berührte er es schon, da ließ sich ein leises Flügelschlagen vernehmen, wie ein Flüstern klang es übers Wasser hin, gefolgt von einem noch lauteren, herausfordernden Ruf des Hahns. Da tat der Meteor einen Satz nach oben und stieg auf, weiter und weiter, bis er sich unter den Sternen verlor. Er zeigte sich nicht wieder. Aber in der nächsten Nacht wiederholte sich um dieselbe Stunde das Ganze in allen Einzelheiten – der Meteor senkte sich, der Hund heulte, die Eule schrie, der Hahn krähte. Am Morgen darauf stattete der Kapitän in der Hütte einen Besuch ab. Er wollte zu gern wissen, wie es gehen würde, wenn der Hahn nicht mehr da wäre; deshalb kaufte er das Tier. Am Abend schiffte er sich aus und kehrte erst einen Monat später wieder.

Auf der Rückfahrt hatte er kaum eine Landzunge umsegelt, die ihm bis da den Blick verstellt hatte, da trat er schon vor an den Bug, um nach der Hütte hinauszuspähen: Sie war verschwunden. Als sich das Schiff dem Ankerplatz näherte, konnte er an dem Platz, wo sie gestanden hatte, einen Haufen geschwärzter Steine entdecken, und als er an Land ging, erfuhr er dann, daß sie bis auf den Grund abgebrannt war, es ahnte keiner wodurch; das hatte sich in der Nacht nach seiner Abfahrt ereignet.

Die Leute erzählen, er habe das Haus wieder aufbauen und ausstatten lassen.

46. Die Heringe ziehen fort

Von allen Fischen, die unser Meer aufsuchen, ist der Hering einer der wunderlichsten. Viele Jahre kommt er, wenn die Zeit da ist, regelmäßig in irgendeine bestimmte Flußmündung oder Bucht: Fischerdörfer entstehen an den Ufern, Häfen werden gebaut, um die Schiffe zu empfangen, und Fischer und Händler rechnen auf ihre gewohnte Fischmenge mit derselben Zuversicht wie der Bauer auf sein Korn. Doch dann kommt schließlich eine Saison, die so mild und angenehm ist wie nur irgendeine vorher – aber die Heringe suchen die Flußmündung nicht auf. Jeden Abend wirft der Fischer seine Netze aus, jeden Morgen zieht er sie wieder ein, aber die Maschen sind so braun und frei wie beim Auswerfen. In der folgenden Saison geht es nicht besser, und bevor der Schwarm an seine gewohnten Plätze zurückkehrt, ist der Hafen verfallen, und aus dem Dorf ist ein Haufen grüner Hügel geworden. So ging es zu Ende der Regierungszeit von Königin Anne mit dem Heringshandel im Moray Firth. Und von da an lag in Cromarty die Heringsfischerei über ein halbes Jahrhundert so gut wie brach.

Dazumal erklärten sich die Leute jedes außerordentliche Ereignis durch eine übernatürliche Ursache. Es haben sich bis heute zwei Geschichten erhalten, die sich darauf beziehen:

An einem Samstag war eine gewaltige Menge Fische gefangen und an Land gebracht worden. Die Packer arbeiteten die ganze Nacht hindurch, aber am Sonntagmorgen waren sie längst noch nicht fertig. Es war schwüles Wetter, die Fische fingen an mürbe zu werden, und die Händler wollten sie nicht einbüßen: Also drangen sie darauf, daß über Sonntag weitergearbeitet wurde. Gegen Abend suchte der Gemeindepfarrer die Packer auf, und da sie vom Kirchgang abgehalten worden waren, richtete er an sie eine kurze, mahnende Ansprache. Sie jedoch wurden bald ungeduldig; der Fleißige fing an zu arbeiten, der Nichtsnutz bewarf ihn mit Dreck, und der gute Mann brach seine Vorhaltungen jäh ab und betete, der Besen des Gerichts möge kommen und jeden Hering aus dem Fjord wegfegen.

Am Montag darauf stachen die Boote wie gewohnt in See, aber sie kehrten leer zurück; am Dienstag ging es nicht besser, und man schloß daraus, daß der Schwarm für diese Saison fortgezogen sei. Aber es sollte sich zeigen, daß es nicht bei einer blieb: Eine Saison nach der andern kam, und kein Hering wurde gefangen. Kurz, das Gebet des gekränkten Pfarrers erfüllte sich so gründlich, daß keiner von den unseligen Packern je wieder einen Schwarm zu Gesicht bekam.

Die zweite Sage erklärt die Flucht der Heringe auf andere Art. Es heißt, daß sie einen heftigen Widerwillen gegen menschliches Blut haben, namentlich, wenn es im Kampf vergossen worden ist. Am letzten Tag des Fischzugs verwirrten sich die Netze zweier Boote miteinander; die Mannschaft, die ihres einzog, gebrauchte die Messer gegen Scherbrett und Maschen des Nachbarn und brachte so ihre eigenen ohne Mühe und Schaden los. Natürlich kam es zum Streit, die Männer kämpften, über den Rand gelehnt, von Boot zu Boot miteinander, Blut floß, und zwar unglücklicherweise ins Meer; die beleidigten Heringe zogen fort und boten nun gut ein halbes Jahrhundert lang nicht mehr den geringsten Anlaß zu einem Streit am Moray Firth oder an seinen Ufern.

47. Die Seele auf Wanderschaft

Das nächstgelegene Ufer des Loch Shin war kaum eine halbe Meile entfernt, und dort gab es ein niedriges, langes Vorgebirge, das jäh in den See hinaussprang und damals noch mit einem urzeitlichen Wald vergreister, brüchiger Bäume bedeckt war; ganz am Rand, auf einem Hügel, um den die Wellen spielten, stand eine altersgraue Burg – eine von denen, die möglicherweise noch aus der Steinzeitperiode unserer Insel herrühren wie die Rundbauten von Gleann Eilg und Dornadilla. Sie war aus riesigen rohen Steinen und ohne Mörtel erbaut; zwischen den dicken Mauern lief ein Gang in die Runde, der einzige gedeckte Teil des Baus, denn der Innenraum hatte nie ein Dach erhalten. Dorthin konnte man sich vor einem plötzlichen Regenguß flüchten.

Ich erinnere mich an einen einzigartig köstlichen Morgen mit Vetter George neben dem alten verfallenen Turm.

Manche von seinen Hochlandsgeschichten waren sehr sonderbar, so die Überlieferung, die er mir dort mitteilte. Sie erläuterte die keltische Traumtheorie, ich habe seither oft an sie gedacht.

Zwei junge Männer hatten die erste Hälfte eines warmen Sommertages im Wald neben einer Ruine zugebracht wie der unsern. Zwischen ihr und dem moosbewachsenen Hügel, auf dem sie lagen, floß ein schmales Bächlein; quer darüber lagen, unmittelbar oberhalb eines winzigen Wasserfalls, ein paar welke Grashalme. Der eine von den beiden jungen Männern schlummerte, übermannt von der Hitze, ein; sein Gefährte lag schläfrig neben ihm. Doch mit einemmal war er hellwach: denn er sah, wie ein kleines, undeutliches Etwas, kaum größer als eine Hummel, aus dem Mund des Schläfers hervorkroch, sich aufs Moos hinunterfallen ließ und unten weiterkroch, auf den kleinen Bach zu. Den überquerte das Ding, indem es die welken Halme als Brücke benutzte, und dann verschwand es in einer Mauerlücke der Ruine.

Der Wachende entsetzte sich über das, was er sah. Er packte den Freund bei den Schultern und rüttelte ihn; umsonst, der andere blieb in bleiernem Schlaf befangen. Aber als der Wachende zur Ruine hinüberspähte, sah er, wie das kleine, wölkchenhafte Geschöpf wieder aus der Mauerlücke auftauchte. Jetzt bewegte es sich hastiger als zuvor, und statt über die Halmbrücke und die Grasnarbe zu kriechen, flog es über das Rinnsal weg und dem Schläfer geradenwegs in den Mund, gerade in dem Augenblick, da der zu erwachen begann. »Was ist los mit dir?« sagte der bestürzte Freund. »Was fehlt dir?«

»Mir fehlt nichts«, erwiderte der andere, »aber du hast mich aus dem köstlichsten Traum gerissen. Ich hab geträumt, daß ich durch ein schönes, reiches Land wanderte und schließlich ans Ufer eines stolzen Flusses kam; und gerade da, wo das klare Wasser donnernd über die Klippen stürzte, war eine Brücke von Silber. Über die ging ich, und drüben trat ich in ein stolzes Schloß. Drinnen erblickte ich große Haufen von Gold und Edelsteinen, und eben wollte ich mich mit den Schätzen beladen, da hast du mich unsanft geweckt, und ich bin um alles gekommen.«

48. Der Baum als Zeuge

Einmal vor langer Zeit wanderten zwei Männer am Spey entlang, ein junger und einer, der schon älter war. Den überkam die Müdigkeit, und als sie auf einen Bach trafen, sagte er: »Laß uns Rast machen.« Sie tranken vom Bachwasser, und dann setzten sie sich unter einen Baum, der am Rande des Rinnsals stand.

Der ermattete Wanderer schlief bald ein, und sein Gefährte saß neben ihm und beobachtete die Lerchen über den Ginsterbüschen und schaute den rieselnden Wellen des Bächleins nach. Da hörte er den Wandergefährten in einem unruhigen Schlaf stöhnen und murmeln und wandte sich zu ihm und sah, wie dem ein kleines Tier, wie eine flügellose Biene, aus dem Munde kroch. Die Biene bewegte sich langsam über Kinn und Hals und Hemd des Mannes hinunter bis auf den Rasen, und dort kroch sie fort bis zum Bach – aber dann konnte sie nicht weiter. Vergebens wanderte sie hin und her und wieder hin. Der Wachende sah ihr eine Weile zu, dann stand er auf, zog sein Schwert aus der Scheide und legte es als Brücke über das Wasser. Die Biene kroch hinüber und drüben weiter, und der junge Mann trat über das Rinnsal und folgte ihr langsam, Schritt für Schritt, bis sie eine Strecke von ungefähr zweihundert Metern zurückgelegt hatten. Da verschwand die Biene in einem kleinen Steinhügel, und der Bursche ging zurück und setzte sich wieder zu dem Schlafenden.

Nach einer Weile rieb sich der die Augen und richtete sich auf und reckte sich und sagte: »Ach, was hab ich für einen sonderbaren Traum gehabt!« – »Ja?« fragte der junge Gefährte. »Was meinst du!« sagte der andere: »Ich hab geträumt, wie mir ein winzig kleines Ding – nicht größer als eine Biene – erzählt hat, es wisse von einem versteckten Schatz und wolle ihn mir zeigen. Und dann war mir, als ob ich sähe, wie mir das Ding aus dem Munde käme und zum Bach hinunterliefe und wie du ihm drüberhülfest, und dann verlor es sich in einem Steinhügel. Das hab ich alles so deutlich gesehen«, sagte der Mann, »ich glaub fast, der Traum muß wahr sein.« – »Du bist ja verrückt!« sagte der Junge lachend, aber der Ältere beharrte: »Doch, bestimmt, es ist wahr! Ich geh zu dem Hügel drüben und seh zu, was darin steckt.«

Nun hatte sich der Bursche aber schon längst vorgenommen, den Steinhügel selber zu untersuchen. Der Gedanke war ihm schon gekommen, während er der Biene nachging; als er aber den Gefährten vom Schatz erzählen hörte, fing er an, vor Gier und Aufregung zu zittern. Er mußte den andern unbedingt von seinem Vorsatz abbringen.

»Du hast wohl im Schlaf den Verstand verloren!« sagte er. »Wann sollen wir heimkommen? Bei Nacht? Erst müssen wir deinetwegen hier die Zeit vertrödeln, und nun bist du kräftig genug, um einen Haufen Steine zu wälzen?« – »Du kannst ja schon weitergehen, wenn du solche Angst vor der Nacht hast«, sagte der Ältere fest. Der Bursche schrie: »Damit es dann heißt, ich hab dich im Stich gelassen, was? Deinetwegen hab ich hier gewartet, jetzt komm!« Und er packte den andern beim Arm. Der riß sich los und schob den Jungen derb zurück; da geriet der vollends außer sich; er riß sein Schwert aus der Scheide und stieß es dem Mann, der vom Schatz geträumt hatte, in die Brust. Der sank unter demselben Baum nieder, unter dem er vor kurzem noch geschlafen hatte. Mit seinem letzten Atem warf er dem andern seine Falschheit vor. »Der Baum soll mein Zeuge sein«, flüsterte er, »daß du mich niederträchtig ermordet hast.«

Der Bursche ließ den Toten liegen und lief fort, hinüber zu dem Hügel. Er wälzte die Steine fort und wühlte mit seinem blutigen Schwert die Erde auf, und als er tief genug gegraben hatte, fand er richtig den Schatz. Hastig schüttelte er seinen Ranzen aus und packte ihn mit Gold und Silber und silbernen Waffenstücken voll, und dann rannte er noch einmal zu dem Toten zurück, riß dessen Reisesack vom Boden auf und füllte auch ihn noch mit Kostbarkeiten. Schwer beladen schleppte er sich fort, nicht heimzu, sondern in die Fremde.

Der Bursche wurde ein reicher, glänzender Mann; aber immer, wo er auch ging, sahen die Leute über und hinter ihm einen Baum, der zog mit ihm, wohin er sich wandte, und blieb, wo er blieb. Und trotz all seines Reichtums fand er nie einen Freund, der bei ihm wohnen mochte, und brachte nie ein Mädchen dazu, ihn zu heiraten. Zuletzt war er all dessen so müde, daß er zum Priester ging und ein Geständnis ablegte und der Familie des Toten alles gab, was er besaß. Und das war jedenfalls gut für ihn: denn lange hat er nicht mehr gelebt.

49. Mr. Alexander Frasers Pilgerfahrt

Die Geschichte hab ich zuerst von Peggy Munroe erzählen hören, Miß, da war ich noch ein kleines Ding und Peggy eine alte Frau. Und Peggy hatte sie von ihrer eigenen Großmutter.

Mr. Alexander Fraser war Pfarrer oben im Gebirge von Inverness-shire. Die Leute in seiner Gemeinde mochten ihn nicht besonders, eher hatten sie Scheu vor ihm, denn er war ein großer, starker Mann, aber immer ernst und in sich gekehrt. Doch in einem Jahr ging er noch mürrischer als sonst durch das Dorf, und wenn die Leute sonst immerhin Respekt vor ihm gehabt hatten, so blickten sie ihm jetzt schief hinterher, wenn sie ihm begegneten. Er hatte sein Gelübde gebrochen, mit dem er den Frauen abgeschworen, und ein armes, bescheidenes Ding aus der Gemeinde verführt. Die böse Geschichte war herumgekommen, bald sprachen die Leute überall von Mr. Fraser und seinem Schatz. Da begriff der Pfarrer, daß sie so alle beide nicht weiterleben konnten, und daß er der Sache ein Ende machen mußte, und das Gewissen plagte ihn so, daß er fast den Verstand verlor. Er bestellte das Mädchen noch einmal oben an den Berg und sagte ihr, daß alles aus sein müßte zwischen ihnen, und wenn sie könnte, möchte sie ihm vergeben, und dann schickte er sie fort; und als das arme Ding weinend weggelaufen war, fiel er auf die Knie und gelobte, daß er weder seinen Bart scheren noch Schuhe tragen wollte, bis er seine Schuld gebüßt und am Grab des Herrn Vergebung erlangt hätte. Er kehrte noch einmal in sein Haus zurück, nahm Abschied von seiner Schwester und von seiner blinden alten Mutter und bat sie, daß sie ihn segnen möge, da er zu einem unaufschiebbaren Gang aufbrechen müsse.

»Ist es ein Weg der Barmherzigkeit, mein Sohn?« fragte die alte Frau. »Es ist ein Weg der Not, Mutter, und gnade mir Gott.«

Und so zog Alexander Fraser barfuß fort über die Berge von Inverness-shire. Die Mutter überlebte nicht lange Schreck und Kummer und die bösen Reden über ihren Sohn; sie starb, und sie begruben sie so, daß ihr Kopf im Schatten seiner verlassenen Kirche ruhte.

Der Büßer erfüllte treu sein Gelübde. Er hielt nicht inne auf seiner mühseligen Wanderung, bis er das Grab erreicht hatte. Da warf er sich nieder, mit dem Gesicht in den Staub, und flehte schluchzend, Gott möge ihm vergeben.

Und auf einmal fiel ein strahlendes Licht vor ihn und über ihn, er hob das tränenüberströmte Antlitz und hörte eine Stimme, die sagte: »Ich bin Maria, und deine Sünden hat dir Gott vergeben. Geh hin in Frieden.«

Lange kniete er noch erlöst und voller Dank, dann erhob er sich, und nun ruhte er nicht, bis er wieder die Berge von Lochaber unter den Füßen hatte. Als er wieder heimkam, war er jammervoll verändert: Matt und gebückt schlich er dahin, sein Bart war grau, die Kleider hingen ihm in Fetzen vom Leib, so schleppte er sich weiter. Von Zeit zu Zeit machte er Halt an einem Haus, an dem der Weg ihn vorbeiführte, klopfte, bat um ein geringes Almosen und fragte: »Wer ist euer Pfarrer?« Dann antworteten sie jedesmal: »Unser Pfarrer hat sich mit dem Bösen eingelassen, seit fünf Jahren hat ihn keiner zu Gesicht gekriegt.« So langte er zuletzt bei dem Haus an, wo seine Mutter gelebt hatte.

Als er herankam, merkte er, daß etwas Besonderes darin vorging. Er ging auf die Rückseite und trat durch die Küchentür ein. In der Küche waren die Mägde dabei, ein Hochzeitsessen zu bereiten. Morgen früh sollte ihre junge Herrin, die so lange allein in dem Haus gewohnt hatte, heiraten, einen gewissen Patrick Morrison. Als sie den zerlumpten, unheimlichen Menschen erblickten, riefen sie: »Sieh bloß den dreckigen Kerl, kommt einfach herein, ohne anzuklopfen! Marsch, hinaus mit dir!« Aber der Bettler antwortete: »Sagt eurer Herrin, hier ist ein Wanderer, der ein Wort mit ihr zu reden wünscht.« Da ging die eine Magd zu Miß Betty. Die saß in ihrer Kammer und nähte an ihrem Hochzeitskleid.

»Sag dem Landstreicher, ich hab heute keine Zeit!« beschied Betty das Mädchen. Heut bin ich für keinen zu sprechen, keinen außer einem einzigen. »Aber«, setzte sie hinzu, »gib ihm ein Glas Wein! Er soll auf unser Wohl und unser Glück trinken.«

Die Magd reichte dem Bettler das volle Glas, er trank es aus, und als es leer war, zog er sich den Ring vom Finger, den er trug, warf ihn ins Glas und sagte: »Bring das deiner Herrin als Antwort auf ihre Botschaft.«

Sowie Miß Betty den Ring erblickte, fiel sie ohnmächtig um. Als sie wieder zu sich kam, rannte sie in die Küche, wo der zerlumpte Fremde saß. »Der Lump!« rief sie, »der Lump! Den hat er meinem Bruder gestohlen, werft ihn hinaus!«

»Halt Ruh!« sagte er, »dann bekommst du deinen Bruder vielleicht jetzt zu sehen.« Und er berichtete ihr, zu welchem Ziel er gewandert war, und was ihn zurückgebracht hatte. Dann stieg er treppauf, wusch sich und schor seinen Bart und kam wieder herunter, setzte sich zu ihr und erzählte ihr alles, wie es gewesen war und wie er an des Herrn Grab Vergebung erfahren hatte. Und dann traute er Miß Betty Fraser und Patrick Morrison in seiner Kirche, und sie lebten alle glücklich zusammen bis an ihr Ende.

50. Der Ring am Finger der Toten

Die Geschichte von Ebenezer Erskines Mutter hat sich in Stirling gut zweihundert Jahre gehalten; 1932 wußte sie ein alter Herr zu berichten, dem sie vierzig Jahre zuvor von einer alten Frau erzählt worden war; ob man sie heute noch kennt, weiß ich freilich nicht.

Ebenezer Erskine war etwa um 1732 in Stirling Pfarrer, wie vor ihm sein Vater. Ein Vierteljahr vor seiner Geburt wurde seine Mutter von einer Krankheit befallen; es ist nicht recht deutlich, was es war, aber jedenfalls wurde die junge Frau schwächer und schwächer, und schließlich versank sie in eine tiefe Bewußtlosigkeit, die Tage anhielt; am Ende hielt man sie für tot.

Unter Tränen wuschen die beiden Schwägerinnen die arme junge Frau und streiften ihr das Totenhemd über und bahrten sie auf. Den kostbaren Ehering hatten sie ihr nicht vom Finger ziehen können, er saß zu fest. »Laß sie ihn mitnehmen!« sagten sie traurig.

Wie üblich hielten die Freundinnen und Verwandten Leichenwache; der Zug zum Friedhof, das Begräbnis folgten, und endlich ruhte die junge Frau Erskine in der Kirchhofserde.

Aber wie es so geht: Die Frauen, die bei Susan Erskine die Nacht über gewacht hatten, redeten nicht nur darüber, wie traurig ihr Tod sei, sondern auch darüber, daß sie ihren schönen Ring nun mit ins Grab nahm, und das war auch dem Totengräber zu Ohren gekommen. Er war ein habgieriger Kerl, ohne sonderlichen Respekt vor den Toten – dazu hatte er zuviel mit ihnen zu schaffen; er dachte: ›Was soll das arme Weib in ihrem Sarg mit dem Ring? Mir nützt er mehr.‹ Und so schlich er sich bei Nacht heimlich zum Friedhof, schaufelte das Grab wieder auf, das er vor wenigen Stunden zugeworfen hatte, und setzte das Stemmeisen an den Sargdeckel. Leicht brachte er den auf, die Verstorbene lag vor ihm, jung und schön und wie schlafend, die Hände über der Brust gefaltet, und am rechten Ringfinger, der Totengräber hatte sich eine Laterne mitgenommen, funkelte der kostbare Stein. Der Mann faßte zu: umsonst, so wenig wie den beiden Schwägerinnen gelang es ihm, den Ring zu lockern. Da griff er kurzentschlossen in die Hosentasche, zog sein Klappmesser heraus und setzte es an. Aber sowie er den ersten Schnitt am Finger getan hatte, siehe, da schoß auf einmal Blut hervor, die vermeintliche Tote regte sich und stöhnte leise, und während der Kerl noch mit dem Messer in der erhobenen Hand wie versteinert stand und sie anstarrte, schlug sie die Augen auf und schaute ihn an. Da stieß der Totengräber einen Schrei aus, ließ das Messer fallen und sprang zurück, unsinnig vor Entsetzen jagte er davon.

Die junge Frau brauchte eine Weile, um ganz aus ihrer Betäubung zu erwachen und zu begreifen, wo sie sich befand. Dann stützte sie sich auf, stieg mühsam aus dem engen letzten Bett, worein die Ihren sie so verfrüht gelegt hatten, und aus dem Grab und wanderte in ihrem Totenhemd zum nahen Pfarrhaus.

Ihr Mann saß nach dem traurigen Tag allein und unglücklich in seinem Studierzimmer, und während er um Fassung und Ergebung in Gottes Willen rang, hörte er plötzlich draußen in der tiefen Stille Schritte. Er schrak auf und lauschte, er sagte vor sich hin: »Wenn sie noch lebte, dann wär das der Schritt meiner Susan.« Und er schlug die Hände vor das Gesicht. Aber im selben Augenblick trat sie ins Zimmer.

Sie hat nicht nur drei Monate darauf ihren Sohn Ebenezer zur Welt gebracht, sondern auch noch lange weitergelebt. Manche sagen, sie sei stiller als vordem geworden. Wie es mit dem Totengräber weitergegangen ist, wissen die Leute nicht zu berichten. Es hat wohl niemand wieder etwas von ihm gehört.

51. Der Fiddlersbrunn

Oberhalb von Cromarty entspringt aus einem mit Moos und Gänseblümchen bedeckten kleinen Hügel ein klarer

Quell, der in der Stadt seit mehr als hundert Jahren als Fiddlersbrunn bekannt ist. Er soll heilkräftig sein, und noch heute erzählen die Leute, wie er entdeckt worden ist, und wem der Quell seinen Namen verdankt.

In der Stadt lebten zwei Jünglinge, eng miteinander befreundet, die beide zur gleichen Zeit von der Schwindsucht ergriffen wurden. Bei dem einen entwickelte sich die Krankheit reißend schnell, er starb nach kaum zwei Monaten, während der andere zwar zum Schatten abgezehrt war, aber doch noch Kraft genug besaß, um den Leichnam seines Freundes mit zum Grab zu geleiten. Fiddler, so hieß der Überlebende, und der Name kommt heute noch unter den seefahrenden Männern der Stadt vor, Fiddler träumte in der Nacht nach dem Begräbnis, daß er an einem klaren, schönen Sommertag allein am Meeresufer dahinging. Plötzlich spürte er, daß jemand dicht hinter ihn trat, und der flüsterte ihm ins Ohr: »Geh weiter, Willie, ich treffe dich am Stormie.« So heißt ein Fels beim Fiddlerquell, der seinen Namen von dem Ungestüm hat, mit dem ihn die See bei starkem Ostwind peitscht.

Fiddler träumte weiter: Er wandte sich um, als er die Stimme hörte, doch er sah niemanden; so stieg er in der Hoffnung, seinen Freund zu treffen, zu dem Felsen hinauf und setzte sich dort auf einen Wall nieder, um ihn zu erwarten. Aber er harrte lange umsonst, einsam und niedergeschlagen hockte er da, und auf einmal besann er sich darauf, daß der Freund ja tot war, und brach in Tränen aus. In diesem Augenblick flog eine große Biene vom Westen her und summte ihm um dem Kopf. Er hob die Hand und wedelte sie fort, sie wich aus und zog ihre Kreise ein wenig größer, aber sie summte weiter um ihn herum, unablässig, wieder und wieder, und plötzlich verwandelte sich das Summen in Worte, deutlich gesprochen mit der Stimme des Toten. »Grab und trink, Willie«, klang es, »grab und trink, grab und trink!«

Fiddler stand auf, schaute sich um – die Biene kreiste weiter um ihn und den Platz, auf dem er gesessen hatte. Da kniete er sich hin und fing an, mit den bloßen Händen in dem Hügelchen zu wühlen. Er hatte aber kaum ein Rasenstück von dem Wall losgerissen, als schon aus dem Loch ein Quell klaren Wassers drang; da flog die Biene noch einmal mit triumphierendem Gebrumm im Bogen um ihn herum und dann pfeilgerade fort. Er blickte ihr nach, doch während er im Traum noch stand und schaute, fingen die Bilder an sich zu verlieren, Hügel und Quell verschwanden, Fiddler erwachte und fand sich in seinem Bett.

Aber so zwingend war der Traum gewesen, daß er ihm keine Ruhe ließ. Der Kranke erhob sich, kleidete sich an, ging vor die Stadt hinaus und wanderte den Pfad bergauf, bis er den kleinen Hügel fand. Er grub den Quell aus, trank von dem Wasser und wurde gesund; und die Kraft des Brunnens ist noch immer berühmt.

52. Die gestörten Schatzgräber

In der Gegend von Kilmarnock ist diese Geschichte wohlbekannt: Man glaubt allgemein, daß seit langer Zeit ein Topf mit Gold auf dem Grund des kleinen Flusses liegt, der unterhalb der Craufurdland-Brücke, ungefähr drei Meilen von Kilmarnock, einen Wasserfall bildet und sich dann in einer sehr tiefen Stelle staut – dort soll der Schatz liegen. Viele Male hat jemand versucht, ihn zu erlangen, aber immer war etwas hindernd dazwischengekommen.

Zu Beginn des vergangenen Jahrhunderts unternahm der Gutsherr von Craufurdland selber an der Spitze seiner Bedienten den Versuch: Die Männer bauten zunächst einen Damm, der dem Flüßchen einen andern Lauf gab, dann schöpften sie den Tümpel unter dem Wasserfall aus, und dann fingen sie im Becken an zu graben. Und es war gerade so weit, daß sie hörten, wie ihre Spaten auf dem Kessel klirrten, da rief ein Brownie aus einem Busch:

»Hoo, hoo!
Craufurdland ist eine einzige Loh!«

Der Gutsherr sprang aus dem Flußbett, die Knechte warfen die Spaten weg und stürzten ihm hinterher, sie alle rannten heim, um zu retten, was zu retten war. Aber als sie ans Schloß kamen, siehe, da war nicht das kleinste Feuer zu sehen, es stand heil und ruhig da. Sie machten auf dem Hacken kehrt und stürmten zurück – aber als sie wieder an die Stelle kamen, wo sie gegraben hatten, da brauste das Wasser wieder mit voller Gewalt darüberhin. Nun begriff der Gutsherr wie seine Leute: Etwas, das stärker war als sie, wogegen sich nicht ankommen ließ, widersetzte sich dagegen, daß der Schatz ans Licht kam. Sie gaben auf.

So erzählen es die Landleute; ob die Geschichte auf einem wirklichen Geschehnis beruht oder ein bloßes Hirngespinst ist, läßt sich schwerlich sagen. Aber es ist merkwürdig, daß sich später – und dieser Vorfall ist nun wirklich verbürgt – noch einmal etwas zugetragen hat, das an die alte Sage erinnert, wenn auch ohne Brownie und Feuer.

Zu Beginn des gegenwärtigen Jahrhunderts hatte sich einer der Gutspächter – damals noch ein junger Bursche – mit einem Freund verabredet: Sie wollten an einem Sommerabend um Mitternacht zu dem Tümpel gehen und versuchen, den Schatz zu heben. Schon hatten sie einen Damm gebaut, das Wasser ausgeschöpft und wollten sich nun dranmachen, den Kessel auszugraben, als sie hoch über sich einen Hilferuf hörten: Jemand, dem ein Heuwagen umgefallen war, schrie nach Beistand. Sie ließen ihre Arbeit im Stich und rannten zur Straße hinauf, wo sie tatsächlich einen umgekippten Heuwagen fanden und ihn aufrichten und wieder beladen halfen. Aber als sie zurückkamen, fanden sie ihren Damm fortgerissen, und das Flüßchen stürzte wie immer in das Becken. Und sie begriffen, wie hundert Jahre früher der Gutsherr, daß alle Versuche, den Schatz zu erlangen, vergebens waren.

53. Der irdene Topf

Im Süden Schottlands erzählt man sich diese Schatzgräbergeschichte:

Einmal träumte ein Schafhirt, und zwar dreimal in einer

Nacht, wie das in solchen Fällen gewöhnlich so ist, in seinem Krautgarten läge ein Topf voll Gold vergraben. Kaum graute der Morgen, da stand er auf, ging an die Stelle, die ihm der Traum gewiesen hatte, und grub. Und siehe, er fand auch einen irdenen Topf – aber der war leer. Der Mann war sehr enttäuscht, aber er dachte: ›Besser als gar nichts‹, und trug den leeren Topf zu seiner Frau, damit sie ihn wusch und in der Hütte benutzte.

Ungefähr achtzehn Jahre später – der Schäfer hatte seinen trügerischen Traum schon beinahe vergessen – hing das Gefäß mit einem Gericht Kohl über dem Feuer, als ein Hausierer eintrat, hungrig, wie die immer sind. Die Hausfrau bewirtete ihn mit einem Napf Brühe. Während er die am Feuer verzehrte, fiel sein Blick auf eine Zeile sonderbarer Zeichen, die um den Topfrand lief. Er betrachtete sie näher und entdeckte, daß sie einen lateinischen Satz bildeten. Lateinisch verstand er, und so konnte er dem wackeren Paar den Sinn auf Englisch erklären: »Was kann das bloß heißen?« fragte er. »Hier steht: unter diesem Topf wirst du einen andern finden.« – »Ach, wirklich?« sagte der Schäfer. »Ja, das wüßte ich auch nicht.« – »Ach, was soll der alte Topf und was drauf steht«, sagte die Frau. »Für den Kohl ist er gut, alles andere kümmert mich nicht.« – »Nun ja, er ist ja auch schon sehr alt«, sagte der Hausierer, »wer weiß.« Und er bedankte sich für die Kohlsuppe, packte sich sein Bündel auf und ging fort.

Sowie er außer Sicht war, stürzte das Ehepaar in den Garten; dort, wo der Mann den Topf gefunden hatte, grub er, daß die Schollen flogen, während sie daneben stand und wie verhext in die Grube starrte – und wirklich, diesmal holten sie den richtigen Topf, den mit Gold, aus dem Boden, und er war randvoll.

Nun hatten sie für den Rest ihres Lebens genug, um behaglich auszukommen, und mehr als das.

54. Die Goldmine in Largo Five

Die Leute, die um den Largo Law in Five herum leben, glauben, daß sich unter dem Berg und dicht bei ihm eine reiche Goldmine verberge, nach der noch nie richtig gesucht worden ist. Und sie sind davon ganz fest überzeugt: Jedesmal, wenn sie ein Schaf mit gelbverfärbter Wolle am Bauch sehen, sagen sie: »Das hat über der Goldmine gelegen.«

Vor vielen, vielen Jahren ist dort ein Geist erschienen. Er muß wohl das Minengeheimnis als Last mit sich herumgetragen haben, aber natürlich war es nötig, daß ihn jemand ansprach, ohne das ließ er sich nicht zum Reden herbei. Wer sollte das tun? Keiner wollte es auf sich nehmen, sosehr das Gold lockte und trieb. Endlich faßte sich ein Schafhirt ein Herz und erkundigte sich nach dem Grund seines Umgehens. Der Geist erwies sich als sehr leutselig und ersuchte um eine Zusammenkunft an einem bestimmten Abend um acht Uhr. »Und«, so sagte das Gespenst,

»kräht in Auchindownie nicht der Hahn,
und bläst sein Horn nicht in Balmain der Mann,
dann zeig ich die Mine im Largo Law dir an.«

Der Schäfer räumte seiner Meinung nach alles aus dem Weg, was ihn hindern konnte, Verwahrer des bedeutenden Geheimnisses zu werden. Auf dem Hof von Auchindownie blieb kein einziger Hahn am Leben, gleichgültig ob alt, jung oder in mittleren Jahren; und der Mann im Balmainer Gut, der immer ins Horn blies, um die Kühe in den Stall zu rufen, wurde streng angewiesen, das an dem betreffenden Abend zu unterlassen. Die Stunde kam, und der Geist erschien, getreu seinem Versprechen bereit, das Geheimnis zu enthüllen. Aber im selben Augenblick stieß Tammie Norrie, der Kuhhirt von Balmain, laut und gellend in sein Horn – entweder aus Eigensinn oder weil er die Anweisung vergessen hatte; und zur tödlichen Enttäuschung des Schäfers verschwand der Geist, nachdem er ausgerufen hatte:

»Weh dem Mann, der das Horn geblasen.
Sie tragen ihn nimmer dort weg vom Rasen.«

Die Verkündigung erfüllte sich, denn der unglückselige Hornbläser wurde auf der Stelle vom Schlag getroffen und starb, und es stellte sich heraus, daß es unmöglich war, seinen Leichnam fortzuschaffen – der schien sozusagen an die Erde genagelt zu sein. So trug man einen kleinen Berg von Steinen über ihm zusammen. Inzwischen ist er zum grünen Hügel geworden und wird noch heute Norries Grab genannt, und das Volk betrachtet ihn als nicht recht geheuer. Er liegt auf dem Gut Fairyfield.

55. Der Traum vom Schatz auf der Brücke

In Ayrshire ist der folgende Reim weitverbreitet, und möglicherweise ist er auch sehr alt:

›Donald Din
baute sein Haus ohne einen Zapfen drin.‹

Das bezieht sich auf Dundonald Castle, den alten Sitz König Roberts II. Der Sage nach wurde es von einem Helden namens Donald Din oder Din Donald erbaut, und zwar ausschließlich aus Stein, ohne Holz – eine Vermutung, die durch das Aussehen des Gebäudes gestützt wird. Es besteht aus drei getrennten Stockwerken, die mit starkem Steinmauerwerk überwölbt sind, so daß das Dach des einen den Fußboden des nächsten bildet.

Der Erbauer Donald war ursprünglich ein armer Mann, aber er hatte die Gabe glückbringender Träume. Einmal nun träumte er dreimal in einer Nacht, wenn er zur Londoner Brücke gehen würde, dann würde er ein reicher Mann werden. So ging er denn; auf der Brücke sah er einen Mann, der über das Geländer schaute. Er grüßte ihn höflich, und nach einer kleinen Unterhaltung vertraute er ihm sein Geheimnis an, nämlich, was der Anlaß dafür war, daß er die Londoner Brücke besuchte. Der Fremde erklärte ihm, da habe er einen höchst närrischen Weg gemacht; übrigens habe er selber einmal etwas Ähnliches erlebt: Er sei im Traum an einen bestimmten Platz in Ayrshire in Schottland gewiesen worden, dort solle er einen riesigen

Schatz finden; es sei ihm aber gar nicht eingefallen, dem Befehl zu gehorchen.

Aus der Beschreibung des Platzes entnahm der schlaue Schotte sofort, daß der fragliche Schatz nirgend anders verborgen sein konnte als daheim in seinem eigenen bescheidenen Kohlgarten, zu dem er nun voller Erwartung sofort zurückkehrte. Und er wurde nicht enttäuscht. Nachdem er nämlich eine Menge guter und vielversprechender Kohlköpfe zerstört und so die Achtung seiner Frau und ihren guten Glauben an seinen Verstand schwer erschüttert hatte, fand er einen großen Topf voll Goldmünzen. Mit deren Erlös baute er sich ein starkes dauerhaftes Schloß und wurde der Begründer einer blühenden Familie.

Diese absurde Geschichte ist in fast jedem schottischen Bezirkslandstrich angesiedelt, wobei sie sich immer auf die Londoner Brücke bezieht, denn der Ruhm von Königin Mauds einzigartigem Bauwerk scheint schon früh in dies ferne Land gedrungen zu sein. Hogg hat die Sage in einer seiner ›Winter Evening Tales‹ auf sehr unterhaltende Art aufgeschrieben, wobei er die Brücke von Kelso für die Londoner einsetzt.

56. Der Wetterschlag

In Roxburgshire in Südengland liegen die Ruinen von Hermit Castle. Das Volk glaubt fest daran, daß unter den Schloßruinen riesige Schätze verborgen liegen; aber der Teufel bewacht sie, so daß es unmöglich ist, sie zu erlangen. Allerdings haben ein paar Verwegene zu verschiedenen Zeiten versucht, danach zu graben, aber immer, wenn das geschah, brachten die Elemente ein fürchterliches Unwetter mit Donner und Blitz zuwege und schreckten die Abenteurer vom Weitergraben ab – sonst wäre das Geld natürlich schon längst gefunden worden. Es ist überhaupt immer so, daß sich diesen interessanten Entdeckungen übernatürliche Hindernisse in den Weg stellen. In Perthshire zog vor etwa hundert Jahren ein redlicher Mann namens Finlay Robertson mit etlichen beherzten Gefährten aus, um die Schätze zu suchen, die man in der düsteren Höhle eines verstorbenen Hochlandräubers versteckt glaubte. Aber kaum hatten sie zu hacken begonnen, als sämtliche Männer gleichzeitig wie von einem elektrischen Schlag getroffen wurden. Mit Angst und Zittern liefen sie heim und blieben für den Rest ihres Lebens auffallend schweigsame, geheimnisvolle Männer, sehr empfindlich gegen Anspielungen auf ihr erfolgloses Unternehmen.

57. Der Taucher

Man glaubte, daß in vielen Flußtiefen Wassergeister hausten, so daß es gefährlich war, dort zu baden.

Manchmal, wenn ein Schloß oder ein Herrenhaus geplündert wurde, brachten ein oder zwei treue Diener es fertig, die Kiste mit dem Silbergeschirr zu retten und in ein Wasserloch im nahen Bach zu werfen. Einmal dingte man einen Taucher, der auf den Grund einer solchen Flußtiefe vordringen und das Silbergeschirr der Schloßherrschaft heraufholen sollte. Er tauchte, sah die Silberkiste und machte sich daran, sie zu heben, da befahl ihm der Dämon, sofort wieder an die Oberfläche zurückzukehren und sich nicht noch einmal herunterzuwagen. Und er warnte ihn: Käme er dennoch wieder, so koste es ihn das Leben. Der Taucher gehorchte. Als er am Ufer anlangte, berichtete er, was er gesehen und gehört hatte. Man drohte ihm und versprach ihm große Belohnungen, und er tauchte ein zweites Mal hinab. Ein oder zwei Augenblicke später stiegen sein Herz und seine Lunge von unten auf und schwammen auf dem Wasser. Der Dämon der Flußtiefe hatte sie ihm herausgerissen. Man glaubte allgemein, daß manche Flüsse und Bäche blutdürstiger seien als andere und deswegen mehr Opfer packten als ihre milderen Gefährten.

RIESEN

58. Die Herkunft der Riesen

Irgendwann in ferner Urzeit war ganz Britannien von Riesen bevölkert. Die Geschichtsschreiber sagen: Dioletian, der König von Syrien, hatte dreiunddreißig Töchter, die wie die Töchter des Danaos ihre Ehemänner in der Hochzeitsnacht umbrachten. Voll Abscheu über dies Verbrechen setzte ihr Vater sie alle in ein einziges Schiff, und das übergab er auf Gedeih und Verderb den Wellen. Sie trieben es an die Küste Britanniens, damals eines unbewohnten Landes. Dort lebten die Schwestern einsam und nährten sich von Wurzeln und Beeren, bis eine Dämonenhorde sich in sie verliebte und sie zu Weibern nahm. Aus der Verbindung entsprang ein Geschlecht von Riesen, die man als Urbewohner des Landes ansehen muß – falls nicht den Dämonen diese Bezeichnung zukommt. Aber ein paar Generationen später wurde der ganze Stamm von dem Vatermörder Brutus vernichtet, gegen dessen Tapferkeit der bloße plumpe Umfang nichts ausrichtete: er besiegte Gog, Magog und Termagol und noch eine ganze Schar anderer mit gleich schrecklichen Namen. Die Sage liefert nicht, wie die Geschichtsschreiber, den genauen Stammbaum des Geschlechts, verbreitet sich auch nicht über seinen Untergang, dafür berichtet sie uns ausführlich, wozu die Riesen imstande waren.

59. Spuren der Riesen

In der Gemeinde Edderton steht ein großer und sehr massiger Stein, von dem es heißt, eine Riesin habe ihn von der Spindelspitze über den Dornoch Firth geschleudert, und ein paar Meilen von Dingwall liegt ein andrer, noch größerer, noch gewichtigerer, den einer aus derselben Familie von einer benachbarten Anhöhe geworfen hat und der noch die Eindrücke eines riesigen Fingers und Daumens an zwei Seiten trägt. Aber die wunderbarste Tat vollbrachte eine Dame, die sich sogar innerhalb ihres Stammes als Cailliach-more, als große Frau, auszeichnete. Sie trug einen Korb mit Erde und Steinen auf dem Rücken; als sie aber nun dort stand, wo jetzt der große Ben-Vaichard aufragt, brach der Boden, und alles fiel durch. So entstand der Berg, und sie hat auch die meisten andern Berge in Rossshire gemacht.

Bevor Brutus in das Land einfiel, dienten die Vorgebirge von Cromarty zwei Riesen als Arbeitsschemel; die beiden versorgten ihre Genossen mit Schuhen und Stiefeln. Sie arbeiteten zusammen, denn da sie nur einen einzigen Satz Werkzeuge besaßen, ging es nicht, daß jeder allein für sich seinen Beruf ausübte. Das Gerät, das einer grad brauchte, warf der andre ihm über den Firth hinweg zu – wo der sich auftut, sind die beiden Vorgebirge ungefähr zwei Meilen weit voneinander entfernt.

Im Lauf der Zeit ging der Name Sutor, Schuster, von den Männern auf ihre Schemel über, und die heißen heute noch so.

60. Saxie und Herman

Vorzeiten lebten auf Unst zwei Riesen, Saxie und Herman. Saxies spezieller Bereich war das hügelige Vorgebirge auf der Ostseite des Burra-Fjords, und Herman hatte das auf der Westseite inne.

Offenbar lagen sich Herman und Saxie dauernd in den

Haaren, und von diesen Streitereien erzählen die Leute viele Geschichten. Am bemerkenswertesten finde ich, daß sie als Waffen Felsbrocken benutzten – und so hinterließen sie das ewige Zeugnis ihrer Heldentaten. Ein riesiger Stein, den Saxie geschleudert hat, ragt auf der Hermaness-Seite des Fjords dicht am Ufer aus dem Wasser; er heißt ›Saxies Ball‹; und der Felsen, den Herman nach seinem Feinde warf, ist in die Klippen von Saxford eingebettet und trägt den Namen ›Hermans Hellyac‹.

Saxies Kessel ist ein Becken im Felsen, worein von unten das Wasser steigt, sprudelnd und zischend, als koche es. Einmal bat Herman, Saxie möge ihm den Kessel borgen, er wolle gern einen Ochsen darin sieden. Aber Saxie antwortete: »Nur, wenn wir mit dem Ochsen halbpart machen!«

»Halbpart?« sagte Herman entrüstet,
»dir die Hälfte hinschmeißen?
Lieber ihn in Fetzen zerreißen!«
Eine wütende Wurfschlacht war die Folge. Aber man weiß nicht, wer als Sieger daraus hervorging.

61. Der Siggerberg

Nördlich vom Colvietal liegt der Siggerberg, und auf dem Hang dort gibt es einen flachen Stein von etwa acht mal zehn Fuß. Der Riese, der dort in der Gegend lebte, hieß Sigger. Er stellte sich einen Felsen als Schemel ins Meer, damit er beim Angeln bequem darauf sitzen konnte. Aber das Wasser war tief, und der Riese hatte keine Lust, sich die Füße naß zu machen, also dachte er daran, sich zwischen das Ufer und Scarva-Skerry einen Trittstein zu legen. Er stieg den Berg hinan und fand einen großen, platten Stein, der gut als Stufe geeignet war, aber als er damit nach Hause zurückkehrte, wankte er unter dem Gewicht des ungeheuren Brockens. Seine Frau kam heraus, und als sie ihn mit seiner Last erblickte, rief sie aus:

»O Siggi, Siggi,
das ist ein böser Stein auf deinem Rücki!«

Und während sie das sagte, trat der Riese fehl und stürzte, und der Stein fiel auf ihn, und so starb Siggi und mußte dort liegenbleiben, denn keiner hatte die Kraft, den Stein von ihm wegzuheben.

62. Der Riesensteinwurf

Auf der Orkney-Insel Rousay gibt es eine gewaltige Steinplatte, nicht unähnlich denen im Steinkreis von Stenness auf dem Mainland; mit ihr ist eine höchst wunderliche Geschichte verbunden.

In den Tagen der Wunder und übernatürlichen Erscheinungen lebte neben dem Fitty Hill auf Westray ein mächtiger Riese namens Bubbierow. Offenbar hegte er einen unerbittlichen Groll gegen irgendeinen Unglücklichen und war fest entschlossen, dem Betreffenden einen dauerhaften Denkzettel zu verpassen.

Bubbierows Feind ahnte das und flüchtete sich nach Rousay, das ungefähr achtzig Meilen entfernt liegt. Das machte dem Riesen nichts aus. Er stellte sich auf den Berg, ergriff den großen Brocken und schleuderte ihn über den Sund. Noch heute kann man Bubbierows Fingerabdrücke auf dem Stein erkennen.

63. Der einsame Riese auf Barra

Einmal ging ein Schiffskapitän, der ein paar Pferde an Bord hatte, auf Barra an Land, um Heu zu bekommen. Er irrte herum, ohne jemandem zu begegnen; schließlich kam er an ein prachtvolles Schloß. Aber auch in dem Schloß waren keine Leute – niemand weiter als ein Riese, ein ungeheurer, grauer alter Mann.

»Was willst du bei mir?« fragte er den Kapitän.

»Ach, ich suche nur jemanden, bei dem ich ein Fuder Heu kriegen könnte«, sagte der Kapitän, »oder wenigstens ein halbes. Ich habe Pferde an Bord.«

»Woher kommst du?« fragte der riesige alte Mann.

Der Kapitän sagte, daß er aus Morvern stamme, da seufzte der Alte: »Morvern! Dort bin ich mit Fionn gewesen. Ach! Und ich weiß, wenn ich nur noch einmal meine Hand mit Hochlanderde füllen könnte, dann würde ich wieder König sein.«

Dem Kapitän fiel sofort ein, daß er ja Erde als Ballast mitführte. »Das läßt sich machen!« sagte er, »ich denke, ich kann Euch helfen. Ihr müßt nur mit mir zum Strand kommen.«

Sie wanderten miteinander zur Bucht hinunter, aber bevor sie aus dem Schloß aufbrachen, ging der Riese in die Scheune und lud sich ein Fuder Heu auf die Schulter. Er warf es aufs Deck. Gleichzeitig rief der Kapitän seinen Leuten zu: »Los, den Erdsack aus dem Kielraum!«

Er begann, die Hand des Riesen mit dem Sack Hochlanderde zu füllen. Aber die Riesenhand war so groß, der Sack langte nicht zu; auf der ungeheuren Handfläche erschien der Erdhaufen nicht größer als eine trockene Erbse.

»Ja, das ist doch nicht so, wie ich dachte«, sagte der Kapitän.

Der Riese war sehr verdrießlich.

»Aber ich komme zurück«, sagte der Kapitän, »bestimmt. Vielen Dank für das Heu. Ich bringe Euch bestimmt so viel Erde, daß Ihr wieder König werden könnt.«

Und er hielt sein Wort und kam nach kurzer Zeit mit einer ganzen Schiffsladung Erde zurück. Aber er konnte suchen, wie er wollte: das Schloß war verschwunden, und ebenso der riesige Alte, der darin gehaust hatte.

DRACHEN

64. Der Drachenritter

›Der tolle Herr von Larinstone
erschlug den Wurm aus der Drachenschlucht
und gewann das ganze Kirchspiel Linton‹ –

so lautet ein Spruch, der in ganz Roxburghshire bekannt ist; er bezieht sich auf eine Sage, die mit der edlen Familie Somerville zusammenhängt. Es heißt, daß William de Somerville, der dritte aus der Familie nach ihrer Ansiedlung in Schottland, die Ländereien von Linton in der besagten Grafschaft 1174 von König William dem Löwen als Belohnung erhielt, weil er eine Schlange, die Plage der ganzen Gegend, getötet hatte. Das Familienwappen bezieht sich offenbar auf eine solche Tat, denn es zeigt ein Rad und einen feuerspeienden Drachen. Auch befindet sich über dem Portal der Kirche zu Linton eine rohe und nun sehr verwitterte Skulptur, die einen Reiter in Rüstung darstellt; er greift mit der Lanze ein grimmiges Tier an, jedoch eins von der Gattung der Vierfüßer. Und die Leute weisen auch auf den Ort des angeblichen Ereignisses hin: Ein kleines, enges Tal, das Drachenschlucht genannt wird und etwa eine Meile von der Kirche entfernt liegt.

Mag die Geschichte wahr sein oder nicht: Jedenfalls wird sie uns ausführlich von einem noblen Vertreter des Hauses berichtet, der um die Mitte des siebzehnten Jahrhunderts eine Denkschrift über seine Familie zusammenstellte:

In der Gemeinde Linton, im Gerichtsbezirk Roxburgh, trug es sich zu, daß ein abscheuliches Untier in Wurmgestalt erwuchs; Wurm nannten es die Landleute und achteten es für einen solchen, doch in Wahrheit war es eine Schlange oder eine Kreatur solcher Art; es maß drei schottische Yards und war um einiges dicker als das Bein eines gewöhnlichen Mannes, mit einem Kopf, der der Länge des Untiers entsprach; in Form und Farbe glich es unsern gemeinen Moorottern. Dies Geschöpf, der Schrecken der Landbewohner, hatte seine Höhle in einem engen Tal in der Wand eines Hügels südöstlich von der Lintoner Kirche, ein wenig mehr als eine Meile von ihr entfernt; sie ist heute noch unter dem Namen Drachenschlucht bekannt. Dort pflegte es zu ruhen und sich zu verkriechen; doch wenn es Beute suchte, dann wanderte das Geschöpf ein oder zwei Meilen von seinem Aufenthaltsort fort und schlug dann alle Arten von Tieren, die ihm in den Weg kamen, und das leicht, denn niedrig wie es war, kroch es in Heide oder Gras dahin. Davon gab es dort übergenug, denn es war viel Wiesenland da und ein großes Moor, das vielen Kühen zur Weide diente; so ward das Untier – selber nicht allzuschnell beweglich – nicht wahrgenommen, bis es Herr seiner Beute war, welche es augenblicklich verschlang. Demzufolge sahen sich die Bauern genötigt, ihre Kühe wegzuholen und sie drei oder vier Meilen entfernt von dem Ort unterzubringen, so daß er selber verlassen blieb; auch wagte sich aus Furcht vor dem Untier kein Wanderer auf jener Straße zur Kirche oder zum Markte. Mehrmals wurde der Versuch unternommen, es durch Pfeilschüsse oder Speerwürfe zu töten – denn keiner wagte sich so weit in seine Nähe, daß er Schwert oder Lanze hätte gebrauchen können. Doch alle Mühe war umsonst. Manchmal hinterließen jene Waffen leichte Wunden, aber nie vermochten sie das Untier zu töten; so fürchteten alle Menschen, die genannte Grafschaft werde verheert werden und Gott habe ihnen das Ungeheuer als gerechte Strafe für ihre Sünden gesandt.

Während so Furcht und Schrecken unter den Menschen herrschten, befand sich John Somerville im Süden und vernahm dort seltsame Berichte über dieses Tier; wie alle jungen Männer war er begierig, es zu sehen. Zu diesem

Zwecke kam er nach Jedburgh, wo er sämtliche Bewohner in solch panischer Angst fand, daß sie sich anschickten, die Stadt zu verlassen. Die Landleute, welche zuerst dorthin geflüchtet waren, hatten so viel Lügen erzählt, daß das Tier nun von Tag zu Tag wuchs und nachgerade schon Flügel bekam. Andere, die vorgaben, sie hätten es bei Nacht gesehen, versicherten, daß es Feuer speie, und so liefen tausend lächerliche Geschichten um, wie sie die furchtsame Menge bei solchen Gelegenheiten schnell erfindet. Um freilich die Wahrheit zu sagen: Nie zuvor hatte man in diesem Lande etwas Ähnliches erblickt.

Alles ungeachtet, blieb jener Herr bei seinem ersten Entschluß, daß Untier zu sehen, gleichviel, was ihm dabei zustoße. Demzufolge begab er sich bei Morgengrauen unverzüglich zu dem Ort, denn man hatte ihm mitgeteilt, daß die Schlange gewöhnlich bei Sonnenaufgang und -untergang aus ihrer Höhle herauskomme und über das Feld krieche, um Beute zu fangen.

John Somerville war noch nicht lange in der Nähe, da erblickte er das seltsame Tier, wie es aus seiner Höhle hervorkroch. Es bemerkte ihn in einiger Entfernung – denn John saß zu Pferde –, richtete den Kopf und zugleich die Hälfte des Leibes auf und starrte ihm lange Zeit mit offenem Maul ins Gesicht, wobei es sich nicht weiterrührte. Daraufhin faßte er Mut und ritt näher heran, um es vollständig und deutlich zu sehen und zu erproben, ob es einen Angriff wagen werde oder nicht. Doch das Tier bog sich zum Halbkreis und kehrte, ohne im geringsten zu drohen, in seine Höhle zurück. Hieraus schloß er, das Geschöpf sei nicht so gefährlich, wie man berichtete, und es werde sich ein Weg finden, um es zu töten.

Er hatte schon von den Versuchen gehört, die einige Männer unternommen hatten, und wußte, daß dem Tier mit Schwert und Dolch nicht beizukommen war, weil ja diese damals gebräuchlichen Waffen gleich wie die Lanze Annäherung erfordern; sollte das Tier aber giftig sein oder Gift auswerfen, verlor er vielleicht ohne Hoffnung auf Rache das Leben. Dieser Gefahr wohl bewußt, beobachtete er mehrere Tage, wie die Schlange ihre Höhle verließ, davonkroch und wieder hinein verschwand, und merkte an der Art, wie sie sich bewegte, daß sie sich nicht rückwärts zurückziehen, sondern höchstens im Halbkreis wenden würde. Es gab keine andere Möglichkeit, sie zu töten, als durch eine plötzliche Annäherung zu Pferde und mit einem langen Speer. Wiederum mochte es sein, daß ihr Leib undurchdringlich war; dann würde er bei einem solchen Versuch nicht nur das Leben seines Pferdes (welches er sehr liebte) nutzlos aufs Spiel setzen, sondern auch sein eigenes. Um dem zu entgehen, verfiel er auf folgenden Plan. Er hatte bemerkt, daß die Kreatur, wenn sie einen Mann erblickte, ihm stets mit offenem Maul ins Gesicht starrte. So ließ er sich einen Speer anfertigen, der nahezu doppelt so lang wie ein gewöhnlicher war, und befahl, denselben mindestens sechs Fuß von der Spitze abwärts mit Eisen zu verschalen, damit kein Feuer ihn zerstören könnte. Sowie solches nach seinen Angaben geschehen, nimmt er sein Pferd, das mit der Lanze wohl vertraut ist, und reitet es einige Tage lang mit brennendem Torf an die Lanzenspitze gespießt, bis das Tier sich an Geruch, Rauch und Licht des Feuers gewöhnt und sich nicht weigert, dem Sporn zu gehorchen, obwohl es das Feuer vor dem Gesicht hat. Nachdem er das Pferd so nach seinem Plan abgerichtet hatte, ließ er sich aus Eisen ein kleines, dünnes Rad machen und einen halben Fuß unterhalb der Lanzenspitze dergestalt befestigen, daß sichs bei der leisesten Bewegung drehte, ohne daß die Lanze in Gefahr war, plötzlich zu brechen.

Als all dieses nach seinem Sinn geschehen, ließ er im Lande bei Vornehm und Gering anzeigen, daß ers auf sich nähme, das Untier zu töten oder bei dem Versuch zu sterben, wobei er einen Tag festsetzte, an dem sie dem Schauspiel zusehen könnten. Die meisten betrachteten dies Versprechen als Prahlerei, andere als das verrückte Vorhaben eines unbesonnenen Jünglings; doch er kümmerte sich nicht um das, was sie sagten.

Der angekündigte Tag war herangekommen. John Somerville hatte seinen Diener, einen stämmigen, entschlossenen Burschen, durch eine große Belohnung dazu gebracht, das Wagnis mit ihm zu teilen. Mit ihm stellte er sich vor Morgengrauen einen halben Pfeilflug weit von der Höhlenöffnung entfernt auf – welche nur eben so groß war, daß die Schlange leicht ein- und auskriechen konnte. Die Schlange nun beobachtete er jetzt wachsam vom Pferde aus, nachdem er zuvor ein paar lange, schmale und harte Torfstücke vorbereitet, mit Pech und Schwefel beschmiert und mit dünnem Draht auf dem Rad an der Lanzenspitze festgebunden hatte. Wenn die mit Feuer in Berührung kamen, mußten sie augenblicklich in Flammen aufgehen.

Das Sprichwort, nach dem das Schicksal dem Wagemutigen hilft, bewährte sich an diesem jungen Mann, denn das Glück begünstigte sein verwegenes Unternehmen. Der Tag war nicht nur schön, sondern auch völlig windstill, was ihm sehr zupaß kam.

Bei Sonnenaufgang hob die Schlange, oder wie die Überlieferung sie nennt, der Wurm, den Kopf und einen Teil des Leibes aus der Höhle hervor, worauf der Diener, getreu dem erhaltenen Befehl den Torf auf dem Rad an der Lanzenspitze in Brand setzte, und im nämlichen Augenblick drückte der entschlossene Herr seinem Roß die Sporen in die Weichen, sprengte in vollem Galopp (indes die Flamme noch wuchs) heran und stieß Rad und Feuer zugleich mit etwa einem Drittel der Lanze der Schlange geradezu in den Rachen, in Kehle und Bauch. Dort ließ er die Lanze (welche beim Zurückprallen des Pferdes brach) stecken. Die tödlich verwundete Schlange, die zum Teil noch in der Höhle steckte, hob (denn so groß war ihre Kraft) in der Todesqual das gesamte Erdreich, das sich über ihr befand, und vollendete so selber ihr Verderben: denn die sinkenden Bodenmassen erstickten sie durch ihr Gewicht.

So wurde sie in der vorgeprobten Art und Weise zu Tode gebracht durch die kühne Unternehmung dieses edlen Herrn, der neben allgemeinem Beifall und der großen

Belohnung von seinem dankbaren Fürsten das Recht erhielt, diese seine Tat zum ewigen Gedächtnis auf eherne Tafeln eingraben zu lassen.

Er ließ sein Bildnis – und zwar in der Haltung, die er beim Kampf mit der Schlange eingenommen – aushauen, so wie jenes grobe Zeitalter es vermochte, zusammen mit seinem Namen und dem des Ortes, an dem er das Tier getötet hatte; so wurde es auf seinem Befehl über dem Kirchenportal von Linton Kirk angebracht, und weder die Länge der Zeit noch ungefähres Mißgeschick waren imstande, die Schrift zu verlöschen, wiewohl seither fünfhundert Jahre vergangen sind.

Der Leichnam des Wurms, wie das Volk ihn nannte, ward unter dem Erdreich hervorgezerrt und viele Tage lang der staunenden Menge gezeigt, die von weit und nah herbeiströmte, um den Kadaver des Geschöpfs anzustaunen, das sie so lange in Furcht und Schrecken gehalten hatte, und der Vater überlieferte die Geschichte weiter an den Sohn, so daß sie bei den meisten Leuten in der Gegend noch lebendig ist.

65. Der Martinsstein

In Forfarshire gibt es einen Vers:

›Pittempton hat mich in Versuchung gebracht,
Baldragon hat mich schmutzig gemacht,
bei Strike Martin zerschlug mir die Keule
mein Gebein,
getötet ward ich am Martinsstein.‹

Die Überlieferung verbindet die Reime mit der folgenden, von den Landleuten aus der Gegend oft erzählten Geschichte:

Vor langer Zeit, als Schottland noch größtenteils aus ödem, unbesiedeltem Land bestand und von wilden Tieren unsicher gemacht wurde, lebte ein Bauer ungefähr drei Meilen von Dundee an einem Ort namens Pittempton. Er hatte neun Töchter, die alle wegen ihrer Schönheit und ihrer Sittsamkeit berühmt waren. Eines Tages schickte er die Älteste Wasser holen, und sie ging mit ihrem irdenen Henkelkrug zur Quelle; die lag ein kleines Stück vom Haus entfernt. Es war schon gegen Sonnenuntergang, und da das Mädchen ungewöhnlich lange ausblieb, sandte ihr der Vater eine der Schwestern hinterher. Aber auch die kehrte nicht zurück. Da schickte er die dritte mit einer zornigen Botschaft an die beiden ersten fort: Sie sollten augenblicklich heimkommen, oder sie könnten auf eine strenge Strafe rechnen. Aber auch die dritte verweilte sich. Doch erst als auch die vierte, fünfte und sechste, siebente, achte und neunte Tochter auf dieselbe Art fortbeordert worden war und nun die Nacht schnell hereinbrach, wurde dem Vater ernstlich bang. Er langte sich seinen Fischspeer und rannte zu der Quelle, und dort entdeckte er eine riesenhafte Schlange oder einen Drachen. Das Untier lag blutbeschmiert da und hatte offensichtlich all die neun unglückseligen Mädchen gefressen.

Der arme Mann war außerstande, allein mit einem so schrecklichen Gegner fertigzuwerden, er zog sich voller Entsetzen zurück. Aber er rief eilig ein paar hundert Nachbarn zusammen und kehrte sofort mit ihnen auf den Schauplatz des Unglücks zurück, bereit, das Ungeheuer anzugreifen, das ihn so all seines Behagens und Trostes auf Erden beraubt hatte.

Als der Drache – denn so bezeichnen ihn die Landleute, obwohl sie dabei an eine jener Schlangen denken, von deren Vernichtung so viele Sagen an verschiedenen Orten berichten –, als der Drache sich von allen Seiten so wütend bedrängt sah, suchte er zu entfliehen und führte eine Art Rückzugskampf gegen die kleine Armee von Bauern. Von denen brannte jeder einzelne darauf, ein so außerordentliches Reptil zu erlegen und sich somit rühmlich auszuzeichnen. Und einer namens Martin, der Liebste eines der unglückseligen Mädchen und offenbar ein Jüngling von besonderer Tapferkeit und Stärke, war entschlossen, entweder den Tod seiner Geliebten zu rächen oder bei dem Versuch zu sterben.

Zuerst wandte sich die Schlange nach Norden und wurde an einem Platz namens Baldragon, ungefähr eine Viertelmeile von Pittempton entfernt, in die Enge getrieben und mit Stichen und Hieben traktiert. Damals gab es dort einen Sumpf – der ist inzwischen trockengelegt worden –, daher die Zeile ›Baldragon hat mich schmutzig gemacht‹. Die Schlange setzte ihre Flucht noch ungefähr zwei Meilen weiter nach Norden fort, dann wurde sie abermals von ihren Feinden umringt, und hier trat Martin zum Einzelkampf mit seinem schuppigen Gegner an. Mit einem Schlag seiner schweren Keule gebot er dem Vormarsch des Ungeheuers Einhalt; das war im Begriff, sich auf ihn zu stürzen und den Schlag zu rächen; im selben Augenblick kamen die andern herangelaufen und schrien: »Schlag, Martin!« Da ließ Martin seine Keule ein zweites Mal niedersausen, und zwar mit gewaltiger Wirkung, so daß der Drache nun schon fast ganz erledigt war. Er kroch schwerfällig weiter. Der Schauplatz dieser Großtat wurde fortan Strike-Martin, das ist ›Schlagmartin‹, genannt. Jetzt setzte der Drache seinen Rückzug noch ungefähr eine halbe Meile weiter nach Norden fort, dort verlegten ihm die Bauern wieder den Weg, und schließlich erschlug ihn der heldenhafte Martin vollends.

Noch heute bezeichnet ein Stein den Fleck, der Martinsstein genannt wird und in sehr rohen, altertümlichen Schriftzeichen den obigen Vers und dazu die Umrisse einer Schlange trägt. Und noch heute heißt die Quelle Neunmädchenbrunnen.

66. Der Drache vom Loch Corrie Mhor

Am Loch Corrie Mhor lebte viele Jahre lang eine fliegende Schlange. Sie war so schrecklich und wild, daß niemand in dem See fischen oder näher als eine Meile herankommen konnte. In einem Sommer aber gab es eine große Trockenheit, das Korn verdorrte, Hunger und Teuerung herrschten; da sagte ein Mann zu seinem Sohn: »Wir wollen im

Loch Corrie Mhor Fische fangen; vielleicht sieht uns die Schlange nicht.«

Also zogen sie los; aber sie hatten die Angel noch nicht zweimal ausgeworfen, da sahen sie das Untier quer über den See heranschwimmen. Der Mann sagte: »Jetzt wirds Zeit, daß wir hier wegkommen!«

Sie rannten fort, aber die Schlange war schneller als sie, bald spürten sie ihren heißen Atem. Da sagte der Mann: »Lauf zu, mein Junge! Meine Stunde ist gekommen.«

Also floh der Bursche, und sein Vater kletterte auf einen Baum; vorher spießte er noch sein Schwert zwischen die Wurzeln und hängte seine Mütze über den Knauf; er hoffte, das Untier würde dadurch zurückgeschreckt. Aber es schnüffelte nur an der Mütze, warf das Schwert um und begann, sich um den Baum zu winden. Der Mann beschoß es mit Pfeilen; aber die zog es sich mit den Zähnen so schnell wieder aus der Haut, wie er sie ihm hineinschnellte. Der letzte Pfeil aber hatte eine eiserne Spitze und zwei Widerhaken; es war so einer, den die Männer Todespfeil nennen und wovon sie sich erst im letzten Kampfe trennen. In ebendem Augenblick, wo die Schlange ihn erreichte und den Rachen aufriß, um ihn bei den Füßen zu packen, schoß er ihr den doppelhakigen Pfeil in den Schlund. Der blieb fest sitzen, die Schlange konnte ihn nicht herausschleudern, und so starb das furchtbare Tier nach wildem Sträuben, und der Mann konnte heimwandern und die Geschichte erzählen.

Als die Schlange tot war, wurde ein ganzes Zicklein aus ihr herausgeholt.

67. St. Gilbert und der Drache

Einmal lebte in Sutherlandshire ein großer Drache. Er war sehr wild und stark; er muß wohl ein Salamander gewesen sein, denn er war aus einem Feuer geboren, das sieben Jahre dauerte. In dem Feuer lebte er, und sein Atem verbrannte alle Wälder der Hochlande, alle die Tannenwälder in Ross, Sutherlandshire und Ray; ihre Überreste, verkohlt, schwarz und halbzerfallen, kann man jetzt noch in jedem Torfmoor finden. Es müssen prachtvolle Wälder gewesen sein, aber der Drache setzte sie mit seinem feurigen Atem in Brand, während er sich über das ganze Land wälzte. Die Männer flüchteten, und die Frauen sanken ohnmächtig hin, wenn er sich am Horizont zeigte. Er machte das ganze Land zur Wüste, dieser böse Geist, den das Volk ›das Biest‹ nannte, und eines Tages näherte er sich auch Dornoch. Er kam bis Lochfinn; von dort aus konnte er die Stadt sehen und die Turmspitze ihrer Kirche, die Sankt Gilbert gebaut hatte, und zwar mit Hexerei: Er pflegte einen Nagel an die Stelle hinaufzuwerfen, wo er hinmußte, und einen verzauberten Hammer hinterher. Dann schlug der Hammer den Nagel ein und schwebte wieder zu St. Gilbert herunter. Aber das ist eine andere Geschichte. Der Drache brüllte zur Stadt herüber: »Schade um dich, Dornoch!«

»Wahrhaftig schade um dich, Dornoch!« sagte St. Gilbert. Er nahm fünf lange, spitze Pfeile, gab sie einem Jungen zu tragen und ging mit ihm los, um dem ›Biest‹ das Herankommen zu verleiden. Er wußte, daß nur derjenige die Macht hatte, den Drachen zu erschlagen, der ihn sah, bevor der Drache ihn erblickte. So grub er mit dem Burschen, der die Pfeile trug, ein Loch und versteckte sich mit ihm darin, so daß er den Drachen sah, der ihn aber nicht. Als der Drache herankroch, spannte er den Bogen: »Schade um dich!« sagte er. Der erste Pfeil traf das ›Biest‹ ins Herz. Die Dornocher begruben es. Noch heute leben Männer, die auf dem Hochland zwischen Skibo und Dornoch die Entfernung berechnen, indem sie sagen: »Soundso weit vom Bieststein.«

Jetzt ist das Moor bepflanzt, und die Wipfel des Caermore-Waldes wogen über die Asche des tannenzerstörenden Drachens.

SPUK

68. Der schwarze Wanderer von der Furt

Oft wird von der spukhaften Erscheinung eines noch Lebenden berichtet: dem sogenannten Doppelgänger. Zuweilen erscheint er willentlich, dann berührt sich der Vorgang mit dem Hexerischen; zuweilen geschieht es ohne seinen Willen und sein Wissen, daß der Mensch, während er sich leiblich an einem Ort aufhält, als geisterhafte Erscheinung anderswo auftaucht. Dann enthält die Sage das Motiv vom Seelenaustritt im Traum: Die Seele eines Schlafenden macht sich selbständig und unternimmt Entdeckungsreisen.

Es ist über hundert Jahre her, da lebte in Amhulaich in Rannoch ein Müller, der dem Tabak sehr zugetan war, und wenn er keinen kriegen konnte, dann benahm er sich wie die meisten Raucher in diesem Fall: Er war mißlaunig und leicht erregbar. Einmal passierte es ihm wieder, daß der Tabak ausging; da beauftragte er ein paar Männer aus Lochaber, die auf dem Weg nach Perth bei ihm vorbeikamen, daß sie ihm welchen besorgen sollten. Der Mühlbach floß dicht an seinem Haus vorbei, und er mußte ihn auf Trittsteinen überqueren, wenn er aus seinem Haus in die Mühle wollte und umgekehrt. Als er nun des Abends in der Dämmerung heimkam und eben ins Haus treten wollte, hörte er Fußtritte, die sich der Furt näherten, und schrie: »Wer ist da?«Aber niemand antwortete. Mürrisch, wie er in seiner ungestillten Rauchbegier war, rief er ein zweites Mal sehr herrisch und ungeduldig – er dachte, es könnten die Männer aus Lochaber sein, die zurückkämen. Aber er erhielt immer noch keine Antwort. Da schrie er ein drittes

Mal, indem er einen Schritt zur Furt hinuntertrat: »Wer ist da? Ich bring dich zum Antworten, Kerl, gleich ob du ein Mensch oder Teufel bist!«

Daraufhin sprach das Ding und sagte: »Ich bin der schwarze Wanderer von der Furt.«

Was weiter zwischen den beiden geschah, ist nie ruchbar geworden, aber von da an verließ der Müller jeden Abend nach Einbruch der Dämmerung sein Haus, schritt über den Bach hinüber und ging zu einer kleinen Baumgruppe, ungefähr eine halbe Meile entfernt. Und dann hörte man von dorther die Nacht über Schreien und Geheul. Und bei Tagesanbruch kam der Müller heim, und sein Messer oder sein Dolch war blutbedeckt. Untersuchte man das Blut aber bei Tage, so stellte sich heraus, daß es nichts als Erde war.

Das ging so über ein Jahr lang. Einmal versuchten ein paar junge Männer, dem Müller zu seinem sonderbaren Stelldichein zu folgen, aber er wurde rätselhafterweise dessen gewahr, kehrte wieder um und warnte sie; sie möchten ihm nicht nachgehen: »Es langt wirklich«, sagte er, »wenn ich gehe, ihr braucht nicht auch noch eure Seelen in Gefahr zu bringen.«

Als er zum letztenmal hinüberging, um den schwarzen Wanderer zu treffen, gellten so furchtbare Schreie von der Baumgruppe durch die Dunkelheit, daß in den Nachbardörfern Amhulaich und Cragganoür die Leute vor die Tür liefen, um zu lauschen. Es war eine Winternacht, und am nächsten Morgen fand man im Schnee neben den Tapfen des Müllers Spuren von einem Fuß oder einem Knie, als habe jemand mit ihm gerungen.

Ein paar Jahre später trat jemand, der in Amerika gewesen war, in die Mühle von Amhulaich. Der Müller war eben dabei, den Mühlstein zu behauen. Als er den Mann aus Amerika erblickte, schleuderte er die Spitzhacke nach ihm, die er in der Hand hielt, so daß er ums Haar einen andern umgebracht hätte, der in der Nähe stand. Er befahl dem Fremden, ihm nie wieder vor die Augen zu kommen, er habe genug von ihm.

Viele nahmen an, daß dies der Mann gewesen war, der ihn zuvor so geplagt hatte. Aber wirklich herausgekriegt haben die Nachbarn das nie.

69. Die Magd mit den Handschuhen

Einer aus Glenbeg in Ardnamurchan – Henderson hieß er – war in Kilfinichen auf Mull in Stellung. Dort schenkte ihm eine von den Mägden ein Paar wollene Handschuhe. Bald darauf gab er seine Arbeit auf Mull aber wieder auf und kehrte nach Hause zurück.

Eines Abends mußte er von Glenbeg nach Kilchoan wandern. Es fing schon an, dämmerig zu werden; der Weg führte über einen steilen Hang des hochragenden Benshianta hin zu dem Vorsprung, der als ›die Nase der MacLaines‹ bekannt ist. Steile Bergpfade dieser Art werden Catha genannt, und dieser trägt den Namen Catha na Muice, Schweinepaß. Fast auf dem Gipfel, dort, wo der schwierige Pfad endet, führt eine schmale Schwelle zur nächsten Anhöhe hinüber; so schmal, daß nur einer darübertreten kann.

Als Henderson nun den ersten Steilpfad hinanstieg, ging auf einmal die Frau aus Kilfinichen neben ihm, die ihm die Handschuhe gestrickt hatte; das heißt, es war nicht sie selber, sondern ihr Geist. Sie schritt über ihm, auf der Bergseite, dahin, und als sie an die Schwelle kamen, begriff er: Falls sie die Laune anwandelte, ihm einen Stoß zu versetzen, dann würde er über die Felsen in die Tiefe stürzen und als formloses Etwas am Schwarzen Ufer unten im Tang liegenbleiben. Er bekreuzigte sich, faßte Mut und kam heil hinüber.

Als er gegen Corrie Vulin hin auf einigermaßen ebenen Boden gelangte, nahm er die Handschuhe, die sie ihm geschenkt hatte, warf sie nach ihr und sagte: »Und nun hast du mit mir nichts mehr zu schaffen!«

Über Nacht blieb er in Laga Fluich, und am andern Tage wanderte er nach Kilchoan. Auf dem Heimweg hielt er Ausschau nach den Handschuhen und entdeckte sie dort, wo er sie hingeworfen hatte.

Die Erscheinung ließ sich nicht wieder blicken.

70. Ohne Fußspur

Ein Stück weiter drüben, sagte Miß Dempster, dort, sehen Sie? Man kann es gerade noch erkennen … dort liegt ein Hügel, er ist mit Eichen bewachsen, die Landstraße nach Bonar Bridge führt durch das Wäldchen. Dort ging an einem Wintermorgen ein Bekannter von mir lang, Fraser; er arbeitete sich mühsam Schritt für Schritt durch hohen Schnee, denn es hatte über Nacht tüchtig geschneit. Wie er so hinstapfte, sah er ein Stück vor sich jemanden in einem langen Kapuzenmantel aus blauem Homespun und erkannte ihn auch, es war Murray – der Vater von einem unserer Kleinpächter. ›Na, das trifft sich!‹ dachte Fraser; er freute sich, einen Weggefährten zu kriegen, und legte einen Schritt zu, um den vorn einzuholen. Aber das war nicht leicht. Am Berg hatte der Wind den Schnee zu Wehen zusammengefegt; schwerfällig stieg Fraser durch; der Schnee lag so hoch, daß er ihm fast über die Ränder in die Stiefel drang, jeder Schritt ließ tiefe Löcher zurück … Fraser stapfte und stapfte und kam außer Atem dabei, aber der vor ihm blieb immer noch gleich weit entfernt. »Mann, hat der einen Schritt am Leibe!« sagte Fraser und blieb einen Augenblick stehen, um zu verschnaufen, und während er sich mit dem Ärmel übers Gesicht fuhr, blickte er dem unermüdlichen Murray ärgerlich hinterher. Da merkte er plötzlich, daß vor ihm keine Fußtapfen im Schnee waren – nicht eine einzige. Er drehte sich um und schaute zurück auf die Doppelkette tiefer Löcher, die er selber zurückgelassen hatte. Und dann setzte er sich in Trab, ohne Rücksicht auf Schneewehen und auf seine Lungen; er rannte, bis er fast neben den vermeintlichen Murray gelangte, atemlos rief er ihn an – da löste sich die Erscheinung wie ein Nebel auf und war verschwunden.

71. Der Spaziergang

Mr. Totter lebte als Architekt in Glasgow; er hatte einen Teilhaber, mit dem er auch befreundet war, Mr. Henderson. Beide wohnten vielleicht eine halbe Stunde voneinander entfernt.

Eines Nachmittags hatte Totter etwas mit Henderson zu besprechen, machte sich zu ihm auf und war höchst erfreut, als er in einem Heckenweg nahe bei Hendersons Wohnung den Freund erblickte, wie er ihm zu Fuß entgegenkam. Er sah ihn ganz deutlich und aus ziemlicher Nähe. Aber wie erstaunte er, als der andere, statt auf ihn zuzugehen oder wenigstens stehenzubleiben, kehrtmachte, das Pförtchen zum Sträuchergarten am Haus öffnete und gemächlich dahinter verschwand.

Totter war über dies sonderbare Verhalten ebenso verdrossen wie verblüfft. Am liebsten wäre er seinerseits umgekehrt, aber das zu Besprechende duldete keinen Aufschub; er eilte also um das Haus herum und hinein. Es dauerte kaum eine Minute, da wurde er in die Bibliothek geführt, wo er zu seinem Staunen den Freund in Schlafrock und Pantoffeln sitzen fand. Er hatte Zimmer und Haus den ganzen Tag nicht verlassen.

72. Der Mann im Boot

Fischer, die spätabends vom Heringsfang heimkehren, lassen oft ihre Boote samt Netzen und Heringen bis zum nächsten Morgen liegen, und die Leute in Portree sind auch so ehrlich, daß sich kaum einmal jemand daran vergreift.

Aber einmal kam es doch vor, daß der Nachbar eines Fischers – selber war er Schneider – am Abend, als er den andern heimkommen sah, dachte: ›Ein paar Heringe zum Frühstück wären nicht schlecht.‹

Er wartete also eine Weile, bis er sicher war, daß der Nachbar Fischer jetzt daheim am Abendbrottisch saß und es vollends still draußen geworden war; dann schlich er sich an den Strand hinab und ging zum Boot des Nachbarn. Als er unmittelbar davor stand, schrak er entsetzt zurück. Da saß Johnnie Calder in seinem Boot, Johnnie, den er gerade gesehen hatte, wie er ins Haus ging! Hals über Kopf stürzte der Schneider davon, nach Hause zurück.

Nicht lange darauf starb der Nachbar Fischer.

73. Seher

Es gab einzelne Frauen und Männer, die von Zeit zu Zeit unvermittelt von Zukunftsvisionen überfallen wurden, ›Seher‹.

Die Gabe der Hellsichtigkeit, des ›Zweiten Gesichts‹, wurde nicht auf jeden Fall als beneidens- oder wünschenswert betrachtet. Häufig äußerten Seher den Wunsch, daß sie von der Gabe befreit sein möchten. In manchen Fällen vererbte sie sich in der Familie; in anderen, doch selteneren, war der Seher der einzige seines Geschlechts, der Gesichte hatte. Manche besaßen die Gabe nur in der Jugend, anderen wurde sie erst in vorgerücktem Alter zuteil.

Die Gesichte bezogen sich nicht immer auf traurige Ereignisse wie nah bevorstehenden Tod, Begräbnisse, Unglücksfälle. Zuzeiten hatte der Seher Erscheinungen von glücklichen Ereignissen und erblickte seine zukünftige Frau, noch ehe er mit einem Gedanken an sie gedacht hatte, wie sie am Feuer auf dem Stuhl saß, den sie späterhin dann einnehmen sollte. Oder er konnte vorhersagen, wann ein abwesender Freund auf dem Heimweg war und ob er etwas mitbringen würde. Er konnte nicht sagen, was das sein würde, nur wie der Anwesende bei der Heimkunft aussehen –, und ob er mit leeren oder vollen Händen kommen würde.

Ein Zimmermann versichert uns: Er habe einmal als Junge in Assynt auf den Kalkfelsen von Stronchrubie – sie überragen die Spitze von Loch Assynt – eine Herde Schafe gehütet; da habe er einen vierrädrigen Wagen, ein Ding, das er zuvor noch niemals gesehen, mit einem Paar Pferden und einem Geschirr, das in der Sonne funkelte, erblickt, wie er in schnellem Tempo einen der meist zerklüfteten Berge in Sutherland herabrollte. Er dachte nicht mehr an die Erscheinung, obwohl sie wunderbar genug war, wenn man erwägt, daß es an jener Seite des Sees keinen Meter Straße gab. Er verließ Assynt und kehrte erst vor wenigen Jahren zurück, als die Straße, die jetzt von Assynt nach Glenn Dhu läuft, gebaut worden war.

Als er eines Tages wieder auf dem Kalkfelsen über dem See lag, da sah er einen offenen Wagen und ein Paar Pferde schnell die neue Straße entlangkommen, und zwar auf ebender Stelle, wo dreißig Jahre zuvor sein prophetisches Vehikel den steilen Hang von Glashbhein nach dem See hin überquert hatte.

In den westlichen Hochlanden, wo ich im letzten Sommer war, sind die Leute aus dem Bezirk viele Jahre lang wegen einer Eisenbahnlinie eingekommen. Ich bemerkte gegen einen von ihnen, daß es nicht so aussähe, als ob sie sie erhalten würden. »Es sieht zweifelhaft aus«, sagte er, »aber wir werden sie doch kriegen, dessen bin ich gewiß.« – »Aber wieso?« fragte ich. Er sagte, daß er und ein andrer Mann im Dunkeln die Straße entlanggegangen wären, da hätten sie beide ganz deutlich einen Zug an sich vorüberfahren sehen und sogar bemerkt, wie er keuchte.

Ein Mann aus unsrer Gemeinde arbeitete bei Bonar Bridge, ehe die Eisenbahn nach Norden gelegt wurde. Eines Abends kehrten er und sein Freund nach Hause zurück, da erblickten sie deutlich einen Zug, der sich die gegenwärtige Route entlangbewegte; sie konnten das Geräusch hören und den Dampf sehen. Dies geschah viele Jahre, bevor die Strecke nach Inverness gebaut wurde.

74. Der Kirchenälteste Donald Roy

Im großen ganzen nahmen es die Leute von Nigg mit dem Sonntag ebensowenig streng wie ihr Pastor. Sie besuchten die Kirche jeden Sonntagvormittag, aber der Abend gehörte den üblichen robusten Spielen des Landes. Donald Roy, ein derber, lebhafter junger Bursche, galt als Bester im allgemein beliebten Keulenspiel und verbrachte demzufolge seine Sonntagabende mit der Keule. Er war Pächter und besaß eine kleine Herde Rindvieh. Als er nun eines Sonntags heimkam, nachdem er seinen stärksten Gegner besiegt hatte, fand er seine beste Kuh quer über der Schwelle liegen, wo sie ein paar Minuten zuvor tot hingefallen war. Am nächsten Sonntag führte er die Keulenspieler wie gewohnt an, und als er wieder zu selben Zeit heimkam, fand er an genau derselben Stelle die zweite Kuh verendet. ›Sollten die Presbyterianer am Ende doch recht haben?‹ dachte er. Aber man hatte die Keulenspieler der Nachbargemeinde gerade eben zum Wettkampf herausgefordert, der sollte am kommenden Sonntag stattfinden; und Donald brachte es nicht über sich, die Frage zu entscheiden. Der Tag kam heran, Donald spielte so, daß er über jedes Lob erhaben war, schließlich trug er für die Gemeinde den Sieg davon. In gehobener Stimmung schritt er durch einen grünen Heckenweg heimwärts; da drängte sich eine schöne Kuh, die er erst ein paar Tage zuvor gekauft hatte, mit Gewalt durch das Gehege, warf sich vor ihm zu Boden und verschied zu seinen Füßen mit einem tiefen, gräßlichen Brüllen. »Das ist Gottes Gericht!« rief Donald aus, »die Presbyterianer haben doch recht! Ich hab Ihm seinen Tag genommen, und Er nimmt mir mein Vieh.«

Er spielte von da an nie wieder und veränderte seinen Charakter so, daß er kurz nach der Revolution zu einem der Kirchenältesten ernannt wurde; und später wurde er zu einem der bemerkenswertesten unter den verdienstvollen Männern des Nordens. Es sind noch etliche Geschichten über ihn lebendig geblieben, die zeigen, daß er zuletzt zu der außerordentlichen, heute ausgestorbenen Gattung von Menschen gehört haben muß, die gleichsam an der Grenze der natürlichen Welt leben und weit in die Geisterwelt hineinblicken.

Ungefähr siebzig Jahre nach der Revolution war er mit

zwei andern auf dem Kornhof des hochgelegenen Pachtguts Castle-Craig dabei, Garben von den Feimen herunterzugabeln und zu dreschen. Es war ein böiger Tag, und gegen Abend erhob sich ein heftiger Schneesturm.

»Bei den Schneewehen hat unser Kirchenältester einen üblen Heimweg«, sagte der eine Mann zu seinem Gefährten, »besser, er bleibt auf dem Craig-Hof. Sags ihm doch!« – »Mensch«, sagte der andre, »guck doch hin! Was ist mit dem? Sieh bloß!«

Ein wenig abseits, in einer leeren Scheunenecke, saß der Kirchenälteste, die weite blaue Mütze über die Stirn gezogen, und starrte die Wand an; dann und wann hob er die Hände und verschlang sie ineinander; es war, als verfolge er ein bedeutungsvolles, ein furchtbares Geschehen. Zuweilen murmelte er vor sich hin wie ein Verrückter. Die Männer hatten ihre Flegel fallen lassen und standen und starrten ihn an; sie konnten hören, wie er hastig, doch mit unterdrückter Stimme rief: »Laßt es treiben, laßt es doch treiben! Haltet nicht dwars zur See!« Dann schlug er die Hände zusammen und schrie auf: »Verloren, verloren! Oh die armen Witwen von Dunskaith! Aber wie Gott will.« – »Kirchenältester«, sagte einer der Männer, »gehts Euch nicht gut? Geht doch lieber ins Haus.« – »Nein«, sagte Donald, »wir müssen weg zum Bach von Nigg. Diese unselige Nacht hat schon Elend genug gebracht. Wir müssen hin zum Bach, oder es gibt noch mehr.«

Und behend wie in seinen Keulenspielzeiten sprang er auf – er ging damals auf die Neunzig zu – und schritt, gefolgt von den beiden Männern, hinaus in den Schneesturm. Sie erreichten den Bach. »Was ist das?« fragte der eine und wies auf ein Stück roten Stoff, der unter einer riesigen Schneewehe hervorsah. »Großer Gott! Da liegt die Schürze von unsrer Jenny im Schnee – und da – das ist Jenny selber –«

Die arme Frau hatte eine Freundin am andern Ende der Gemeinde besucht, war zu Beginn des Sturms nach Castle-Craig aufgebrochen und war, erschöpft von Kälte und Anstrengung, ein paar Minuten zuvor neben dem Bach niedergesunken. Die Männer trugen sie in die nächste Hütte, wo sie sich bald erholte. Und der andere Morgen brachte die traurige Erklärung der düsteren Vision. Unterhalb des Craig fand man das Wrack eines Dunskaither Bootes und die Leichname der Besatzung.

75. Der Mann in Pumphosen

Es dürfte vor ein paar Jahren gewesen sein, also vielleicht achtzehnhundertdreiundfünfzig oder -vierundfünfzig, da stand an einem Herbstabend einer unserer Pächter vor der Tür und schaute gemächlich die Straße entlang; und wie er so Ausblick hielt, sah er einen Leichenzug herankommen. Natürlich konnte das bei beginnender Abenddämmerung kein wirklicher sein; aber dergleichen Vorwarnungen sind in diesem Land so alltäglich, daß Mr. Greerson sich nicht aus der Fassung bringen ließ, ja, er gab nicht einmal sonderlich viel acht, erst dann, als ein Mann aus den Reihen trat und über das Gras vor dem Haus auf ihn zulief, als ob er ihn sprechen wolle. Die Gestalt trug, anders als alle andern, weiße oder fast weiße Pumphosen, die hell durch die Dämmerung schimmerten. Dicht vor Mr. Greerson verschwand der Schemen, und mein Freund ging zu Bett.

Aber am nächsten Mittag, zwölf Uhr, zog wirklich eine Begräbnisgesellschaft an Mr. Greersons Tür vorüber. Das war nun nichts Besonderes. Was die Sache aber erstaunlich macht: Während die andern gemessen dahinschritten, rannte ein Mann in weißen Pumphosen aus dem Zug weg und übers Gras zu Greerson hin, um ihm rasch die Hand zu schütteln und sich nach ihm und seiner Familie zu erkundigen, bevor er sich wieder einreihte. Es war ein Bekannter Greersons, der ziemlich entfernt wohnte und den er lange nicht mehr gesehen hatte.

76. Die Sargträger am alten Friedhof

Ein junger Mann auf Islay war eines Abends zu seinem Schatz unterwegs. Während er am Strand entlangging, sah er plötzlich vor sich ein Licht. Sein Hund – Hunde sind, wie auch Pferde und Hähne, geistersichtig – drängte sich zwischen ihn und das Licht, offenbar wollte er ihn am Weitergehen hindern; aber der junge Mann setzte seinen Weg fort. Er war jetzt in der Nähe eines alten Friedhofs angelangt. Dort erblickte er ein paar Männer, die einen Sarg trugen und ihm bekannt schienen; doch als er in ihre unmittelbare Nähe kam, verschwanden sie plötzlich. Nun erschrak er sehr, kehrte nach Hause zurück und berichtete sein Erlebnis. Kurze Zeit später drang die Nachricht vom Untergang der ›Cambria‹ nach Islay, und ebendort, wo der Bursche das Licht erblickt hatte, wurde eine Leiche an den Strand gespült; und es trug sich tatsächlich zu, daß derselbe Bursche auf dem nämlichen Weg am Kirchhof vorbeikam, als man den Schiffbrüchigen begrub, und daß er die wirkliche Begräbnisgesellschaft gerade dort sah, wo er zuvor die geisterhafte wahrgenommen hatte.

77. Der Leichnam am Fenster

Wenn jemand sterben muß, hört man vorher oft, wie sein Geist in der Tischlerwerkstatt Bretter für den Sarg aussucht. Und man sagt, er wähle auch das Leinen für das Totenhemd aus. Vernimmt man aber, daß Bretter und Werkzeug klappern, dann steht das Ende ganz bestimmt unmittelbar bevor.

Ein Müller namens Munro – er war der Pächter und ein Verwandter von Mr. Munro von Norwar – übte zusätzlich zu seinem eigenen noch zwei Berufe aus: den gesetzlichen eines Zimmermanns und den ungesetzlichen eines Schnapsbrenners. An einem Samstagabend – es war schon spät – trocknete und präparierte er in der Mühle noch Malz. Seine Frau war schon zu Bett gegangen; aber sie hatte in dem Raum, von dem die Kammer abging (nicht die Küche!) ein tüchtiges Feuer angezündet. Munro freute sich darüber, als er hereinkam; aber im selben Augenblick nahm er entsetzt etwas anderes wahr: Unter dem Fenster lag ein Leichnam im Totenhemd. Munro begriff wohl, daß es kein richtiger Leichnam war, sondern nur ein Scheinbild. Er betrachtete ihn eine Weile, und dabei wich das Entsetzen in ihm einer großen Traurigkeit. Er hatte oft erlebt, wie Bretter in seiner Werkstatt polterten und wie ein Sarg vorspukte, wenn in der Nachbarschaft jemand dicht vor dem Tode stand. Jetzt brachte er es nicht fertig, an dem spukhaften Leichnam vorbeizugehen, sondern schlüpfte zwischen Wand und Feuer hin in die Kammer zu seiner schlafenden Frau. Er zog sich aus, aber während er die Kleider abstreifte und auf dem Stuhl zusammenlegte, spähte er ins Zimmer hinüber: War das Gräßliche immer noch dort? Ja, da lag der Tote, steif, weiß und still.

Am Morgen war er natürlich verschwunden. Aber das Erlebnis hatte auf Munro eine starke Wirkung ausgeübt, und als sein Freund MacLaine ihn acht Tage später traf, stellte er fest, daß Munro ungewöhnlich ernsthaft war, daß er grau im Gesicht und elend aussah. Er mühte sich, ihn aufzumuntern: »He, Junge, was ist in dich gefahren?« Aber Munro blieb abwesend und in sich gekehrt; er erzählte zwar dem alten Gefährten stockend, was ihm begegnet war, aber MacLaines Aufheiterungsversuche überhörte er. Die beiden trennten sich, jeder unzufrieden mit dem andern und verstimmt. Dann vergingen sechs Tage. Am siebenten erhielt MacLaine Nachricht von Mrs. Munro: Er solle sofort zu ihr kommen, es sei ein großes Unglück geschehen. Der Mühlstein sei plötzlich zersprungen, und die Stücke hätten ihren Mann getroffen, so daß er sofort tot gewesen sei, er und der Bursche, der mit ihm gearbeitet habe, auch.

MacLaine war schwer betroffen. Gern wäre er auf der Stelle aufgebrochen, aber das war nicht möglich: Er war Bauunternehmer und Maurermeister und konnte beim besten Willen nicht alles stehen- und liegenlassen. Am nächsten Tag jedoch ging er zur Leichenwache. Er schrak schmerzlich zusammen, als er ins Zimmer trat und des armen Munro verstümmelten Leichnam, in reine Leinentücher gewickelt, rechts vom Feuer unter dem Fenster liegen sah, genau dort, wo der Tote die gespenstische Leiche erblickt hatte.

MacLaine war der einzige Mensch, dem sich der Müller offenbart hatte; seiner Frau hatte er die spukhafte Erscheinung verschwiegen. MacLaine hat das Schicksal seines armen Freundes nie vergessen.

78. Eppie

Vor ungefähr fünzig Jahren lebte in einer abgelegenen Gemeinde von Sutherlandshire Eppie Baxter, eine Frau von tiefer, schlichter Frömmigkeit; sie wohnte mit ihrer Enkelin zusammen in zwei Zimmern. Eines Tages, ungefähr eine Woche vor ihrem Tode, saß Eppie auf dem Hügel vor ihrem Häuschen, da hörte sie Schritte und Stimmengeräusch; es schien, als zöge unter ihr, am Fuße des Hügels, eine Menge Menschen vorbei. Sie stand auf, um zu sehen, wer da vorüberkäme, aber zu ihrer Überraschung war da nichts – weit und breit war keine lebende Seele zu entdekken. Und dann hörte sie ganz deutlich den Ruf »Wechsel!« Das ist das Wort, das bei Hochlandsbegräbnissen die Bahrträger gebrauchen, wenn sie abgelöst werden wollen. Es schien, als stocke der Zug für ein paar Augenblicke und bewege sich dann weiter; Schweigen legte sich wieder über den Hügel, während Eppie zitternd auf ihren Platz zurücksank. Sie wußte, was sie gehört hatte, kündete Tod an; der Gedanke, daß vielleicht ihr eigenes Begräbnis da seinen Schatten vorausgeworfen habe, kam ihr dabei nicht. Sie raffte sich auf und ging ins Haus; ihrer Enkeltochter Merran sagte sie nichts von dem Erlebnis.

In der Nacht erwachte sie plötzlich und setzte sich im Bett auf, um wie gewöhnlich in ihre Schnupftabakdose zu langen. Und wie sie so saß, nahm sie zu ihrem Erstaunen am andern Ende des Hauses ein strahlend helles Licht wahr. Sie sah es deutlich durch die offene Tür zwischen den beiden Räumen; es leuchtete direkt über einem Tisch, der dicht an der Wand stand. Sie wunderte sich und dachte: ›Warum hat das Mädel wohl die Kerze brennen lassen?‹ Aber als sie aufstand und nach dem Rechten sehen wollte, da hatte sie kaum die Verbindungstür zwischen den beiden Räumen erreicht, als das Licht verschwand: Sie ging zum Bett zurück – und wieder sah sie es an derselben Stelle. Da weckte sie Merran und fragte sie, ob sie das Licht am Hausende sehen könne. Das Mädchen vermochte nichts zu entdecken und sagte der Großmutter lachend, sie müsse träumen.

Aber Eppie wußte, daß es kein Traum war, und am Morgen sagte sie zu ihrer Enkelin: »Meine kleine Merran, ich muß dir sagen, daß ich bald sterben werde. Sehr bald«, fuhr sie fort, »denn in der letzten Nacht hab ich mein Totenlicht gesehen! Ich hätte es schon gestern wissen können, denn ich hab die Schritte der Männer unten am Hügel gehört, die meinen Sarg trugen. Kind, ich bin schon lange bereit zu sterben, aber ich danke dem Allmächtigen dafür, daß er mir den Tag voraussagt. Und, Merran, paß auf, so wahr ich heute lebe, wird mein Sarg auf dem Tisch im guten Zimmer stehen, bevor eine Woche um ist. Du mußt dich nicht fürchten, mein Mädel, denn ich spreche die Wahrheit. Gottes Zeichen darf man nicht geringschätzen.«

Ehe noch eine Woche vergangen war, erfüllten sich Eppies Worte. Ihr Leichnam wurde auf ebenden Tisch gelegt, über welchem das Licht erschienen war, und die Männer trugen ihren Sarg den Hügel hinunter; und die Bahrträger wechselten an ebendem Fleck ihre Plätze, wo die alte Frau eine Woche zuvor die rätselhaften Schritte gehört hatte. Diese Geschichte ist vollkommen wahr.

79. Totenlichter auf See

Am Südufer der Bucht von Cromarty, zwei Meilen westlich der Stadt, stand vor ungefähr neunzig Jahren eine Mühle und das Müllerhaus. Damals lebten darin der Müller John Williamson oder, wie er meist genannt wurde, Uferjohnnie, und seine Schwester Margaret, zwei der besten und wunderlichsten Leute. John war ein Dichter und ein strenger Christ, von allen ernsthaften und gescheiten Menschen in Cromarty hochgeschätzt, während seine Schwester Margaret in ihrem kleinen Bekanntenkreis hohes Ansehen genoß: Berühmt war ihr scharfes Urteil in heiklen theologischen Fragen.

Margaret überlebte ihren Bruder um viele Jahre und starb uralt im Jahre 1785.

Sie lebte in einem leichtgläubigen Zeitalter und war selber eine von den Leichtgläubigen. Wie die meisten ihrer Bekannten hörte sie zuzeiten im Wogenprall und im Heulen des Winds Stimmen und sah die Erscheinungen solcher, denen der Tod nahe bevorstand, und Totenlichter; aber sie besaß von Natur aus Mut und hatte ein starkes Vertrauen in die Vorsehung. Sie fürchtete sich trotz ihres Glaubens an übernatürliche Dinge nicht davor, allein zu leben, sondern sagte: »Ich hab Gott zum Nachbarn.«

An einem stürmischen Winterabend suchten zwei junge Mädchen auf dem Weg vom Land in die Stadt Zuflucht in ihrem Häuschen, denn ein wildes Schneetreiben war ausgebrochen. Sie empfing die beiden mit ihrer gewohnten Freundlichkeit und setzte ihnen vor, was ihre Speisekammer bieten konnte, einen halben Laib Brot und einen Krug Wasser. Sie hörten, wie die Wellen ans Ufer donnerten und wie der Wind im Wald heulte, aber an Meggies Herd fühlten sie sich in Frieden und Sicherheit. Gegen Mitternacht ließ der Sturm nach, und sie konnten seltsame Laute vernehmen wie Notschreie von Menschen, gemischt mit dem Brüllen der See. »Hebt den Vorhang hoch«, sagte Meggie, »und blickt hinaus.« Die erschrockenen Mädchen hoben den Vorhang beiseite. »Könnt ihr was erkennen?« forschte sie.

»Da ist ein helles Licht!« sagten die Mädchen, »mitten in der Bucht von Udoll. Es schwebt über dem Wasser, ungefähr so hoch wie ein Mast ist, und drunter können wir was erkennen wie ein Boot, das vor Anker liegt, und rundherum schäumt das Meer.«

»Nun laßt den Vorhang wieder fallen«, erwiderte Meggie. »Mir ist es nichts Ungewohntes, meine Mädchen, solche Dinge zu sehen und zu hören – Dinge aus einer andern Welt; aber ich habe erfahren, daß mir Gott näher ist, als irgendein anderer Geist sein kann, und deshalb habe ich gelernt, mich nicht zu fürchten.«

Ein paar Tage später versank eine Jacht aus Cromarty in der Bucht von Udoll, und alle an Bord kamen um.

80. Das Totenlicht vor dem Gutshaus

Der Herr des Gutes B. auf Mull war verstorben; der Besitz fiel an einen Neffen, der eben im Ausland war. Es dauerte einige Zeit, bis er nach Mull kommen und sein Erbe übernehmen konnte. Inzwischen lebte eine ältere Verwandte mit der Dienerschaft auf dem Gut und sah nach dem Rechten.

Als ein paar Monate vergangen waren und die Ankunft des neuen Gutsherrn bald bevorstand, sagte sie eines Abends zur Haushälterin:

»Schließen Sie morgen die Räume unten auf, Murchinson; Liz und Betty sollen gründlich saubermachen und die Schutzbezüge von den Möbeln nehmen! Von Montag an können wir den Herrn erwarten.«

»Das ist eine große Freude für uns alle, Madam!« erwiderte die Frau, »wenn ich mir die Bemerkung gestatten darf: Dann kommt doch wieder Leben ins Haus.« Und sie besprachen miteinander, was in den nächsten Tagen getan werden mußte; dann verabschiedete sich Mrs. Murchinson mit einem respektvollen »Ich wünsche eine gute Nacht, Madam«, und das alte Fräulein blieb allein zurück.

Sie saß noch eine Stunde am offenen Fenster und blickte

in die Sommernacht hinaus und dachte zurück an die Zeit, in der sie mit Vetter David zusammen gespielt und später getanzt hatte. Das war lange her, jetzt hatte er selber große Söhne, nur sie besaß weder ein eigenes Heim noch eine eigene Familie. Aber nun, mit ihm und seiner heiteren Frau und den Kindern, würde das Leben fröhlicher sein als mit dem mürrischen und eigensinnigen uralten Onkel. Und es waren freundliche Gedanken, mit denen sie getrost in ihrem Himmelbett einschlummerte.

Aber sie hatte kaum eine Stunde geschlafen, da fuhr sie verstört auf. Was war das? Klopfte jemand an ihre Tür? Sie vermochte nicht gleich, sich zurechtzufinden. Träumte sie am Ende noch? Was hatte sie eben für einen sonderbaren Traum gehabt? Sonderbar und beängstigend.

Aber das Klopfen war kein Traum, sie hörte Liz draußen: »Madam, bitte, Madam!« Das Fräulein schlüpfte unter der Decke hervor, tastete beim kümmerlichen Schein des Nachtlichts nach den Pantoffeln, ging zur Tür und öffnete. Draußen stand mit großen entsetzten Augen die junge Magd. »Madam verzeihen – aber ich dachte, ich muß Madam sagen –«, und dann schossen ihr die Tränen in die Augen, sie schluchzte: »Ach, Madam, ich hab ein Totenlicht gesehen, gerade vor dem Haus! Ach Madam, das ist bestimmt der Herr, es ist ihm unterwegs was zugestoßen, er ist tot!« – »Unsinn, Liz!« sagte die Dame tonlos, und dann, sich fassend, kräftiger: »Beruhige dich, Mädel! Du hast geträumt!« – »Ich hab nicht geträumt, Madam!« weinte Liz, »ich hab in der Kammer das Fenster aufgemacht, weils so warm war, und da hab ich es draußen gesehen, auf dem Weg, grad vor der Treppe ... Ganz langsam ist es den Weg hinuntergeschwebt, ich hab gestanden und gestarrt, bis es verschwunden ist – das war ein Totenlicht! Ach, der Herr –«

Das alte Fräulein trat ins Zimmer zurück und nahm das Nachtlicht von dem Tischchen vor dem Bett; die Kerze schwankte in ihrer Hand. »Komm jetzt, Liz!« sagte die Dame leise, »du gehst jetzt in deine Kammer, ich bringe dich bis zur Tür, und du legst dich brav wieder zu Bett.

Morgen hast du alles vergessen.« Aber das Mädchen beharrte: »Ich weiß doch, ich habs doch gesehn!«

Als die Dame langsam durch den dunklen Korridor zu ihrem Zimmer zurückschritt, fiel ihr der eigne Traum wieder ein. Dicht neben dem Haus, wo es doch in Wirklichkeit kein Wasser gab, war ein breiter Strom vorübergeflossen, und drüben am andern Ufer hatte David gestanden. Wieder in ihrem Zimmer, blieb sie lange mit gefalteten Händen auf der Bettkante sitzen. Sie wußte, der trennende Fluß, das bedeutete Tod; der neue Herr war gestorben, noch ehe er sein Haus in Besitz genommen hatte.

Aber die Unglücksnachricht, die kurz darauf eintraf, galt nicht dem Hausherrn selber. Einer seiner Söhne war gestorben, und wie sich herausstellte, zu ebender Zeit, in der die Magd Liz das Totenlicht erblickt und das alte Fräulein den unglückskündenden Traum gehabt hatte.

81. Das Licht unter der Brücke

Es ist noch nicht allzulange her, da wohnte in der Nähe von Fort William eine Familie; ihr Haus stand ziemlich dicht am Fluß.

Eines Abends kehrten der Vater und einer der Söhne aus der Stadt nach Hause zurück, und als sie an den Fluß kamen, sagte der Bursche: »Sieh doch das Licht!« – »Licht?« fragte der Vater, »wo?« Aber im selben Augenblick entdeckte er es auch; es schwamm unter der Brücke auf dem Wasser, und als sie die Brücke erreichten und darüberschritten, schwamm es auf den strudelnden Wellen flußabwärts weiter. Die beiden standen am Geländer und blickten hinterher, bis es in einiger Entfernung ganz plötzlich verschwand. Sie schauten noch ein paar Augenblicke an die Stelle, wo sie es zuletzt wahrgenommen hatten, dann wandten sie sich zum Weitergehen; sie schwiegen beide.

Als sie zu Hause angelangt waren und mit den andern zusammen am Tisch saßen und die Mutter den Haferbrei austeilte, klopfte es an die Tür, laut und deutlich, sie hörten es alle. Der jüngste Sohn stand auf, ging hin und öffnete, aber da war keiner draußen. Der Junge spähte nach rechts und links in die Dämmerung, dann kehrte er an den Tisch zurück. »Wie gestern und vorgestern«, sagte er, und das achtjährige Schwesterchen versetzte altklug: »Ach, gestern und vorgestern! Das war doch schon die ganze Zeit!« – »Sei still!« sagte die Mutter mit einem Blick auf die älteste Tochter; die hatte den Teller von sich geschoben und saß mit ineinandergepreßten Händen da. Ihr Bräutigam war auf See, und das Mädchen stand furchtbare Angst um ihn aus; es quälte sie der Gedanke, das Klopfen sei ein böses Zeichen und er werde mit dem Boot untergehen.

»Wir brauchen Farne«, fiel der ältere Bursche ein, der mit dem Vater in der Stadt gewesen war. »Sollen wir morgen in den Wald gehen und welche holen? Besser, wir warten nicht erst den nächsten Guß ab.« Sie mußten das Dach neu decken; seit dem starken Regen vor einigen Tagen war eine Stelle undicht.

»Gut«, stimmte der Vater zu. »Wir beide ziehen morgen los, Jack kann mitkommen.« Das war der Junge, der vor die Tür geschaut hatte.

Am Morgen brachen sie auf; aber als sie über die Brücke kamen, entdeckte der ältere Bruder, daß die Haselsträucher am Ufer dicke Büschel von reifen Nüssen trugen; er dachte, von der Brücke aus müsse er sie erreichen können, und während der Vater und Jack schon drüben auf dem Weg weitergingen, reckte sich der Bursche immer weiter über das Geländer. Da vor ihm, keine Fingerlänge von seiner Hand entfernt, hingen sie so dicht – er beugte sich noch ein wenig mehr vor, verlor das Gleichgewicht und stürzte in den strudelnden, vom Regen geschwollenen Fluß. Vater und Bruder hörten seinen Schrei und rannten zurück; aber der Bursche war schon vom Wasser mitgerissen worden, und ehe sie noch von der Brücke fort und am Ufer hinlaufen konnten, verschwand er in der Tiefe an dem Fleck, wo er und sein Vater das Licht hatten verschwinden sehen.

82. Das Große Feuer

Auf Benbecula lebte ein Pächter, der mit Spitznamen, denn er war kein Geistlicher, ›Pastor‹ Callum genannt wurde. Er gehörte zum Clan der MacCarmach; ich hab einen seiner Enkelsöhne gut gekannt, aber ich habe trotzdem nie rauskriegen können, was es mit dem ›Pastor‹ auf sich hatte. Callums Frau war eine Hexe, die Nachbarn sagten ihr nach, daß sie den Leuten Böses anwünsche, wenn sie ihren Zorn erregten, und haßten sie deswegen so, daß sie ein Lied auf sie machten. Und dies Paar nun hatte auch eine Tochter, ein munteres Ding, aber sie hatte auch ihren Kopf für sich. Im übrigen war sie fleißig, spann und webte, daß es eine Lust war, machte weit und breit den feinsten Tweed und setzte ihren Ehrgeiz drein, ihn so schön zu machen wie keine andere.

Nun färbten die Leute ihr Tuch und ihren Tweed mit den Wurzeln von Labkraut, das wächst am Strand und hält den Sandboden dort zusammen, daß der Wind ihn nicht wegbläst und die Flut ihn nicht so leicht fortspült. Deswegen darf man nicht soviel davon wegholen, und der Gutsverwalter des Grundherrn hatte es kurzerhand verboten, daß überhaupt Pflanzen ausgegraben würden. Nun saßen die Frauen da und hatten nichts, womit sie ihr Tuch färben konnten.

Aber Pastor Callums Tochter ließ sich so leicht nicht einschüchtern; sie dachte: ›Gehts nicht am Tag, so gehts bei Nacht.‹ Und als sie wieder einmal ein besonders schönes Stück Tweed fertig gewebt hatte, so daß es nur noch gefärbt werden mußte, beschloß sie, sich nachts an den Strand zu stehlen und sich zu holen, was sie brauchte. Am Freitagabend hatte das Mädchen den Stoff vom Webstuhl genommen, den ganzen Samstag und den Sonntag über wartete es ungeduldig, daß endlich der Sabbat vorüberginge und man wieder arbeiten durfte. Aber Nacht mußte es ja sein, wenn Callums Tochter sich fortschlich, und um Mitternacht war der Sonntag vorbei; also beschloß sie, gleich nach zwölf Uhr loszuziehen. Gesagt, getan. Um Mitternacht erhob sie sich leise von ihrem Bett – das stand dicht neben dem der Eltern –, fuhr in die Kleider, huschte zur Tür und schlug die behutsam zurück. Aber sosehr sich Callums Tochter in acht nahm, die Tür knarrte ein wenig, und das genügte: Die Mutter fuhr aus dem Schlaf. Sofort saß sie kerzengerade im Bett und fragte scharf: »Was ist los? Mädel, bist du das? Was hast du vor?«

»Sei doch still«, gab die Tochter leise zurück, »es ist nichts! Ich will nur zum Strand, Färberröte holen.« – »Färberröte!« fauchte die Mutter, »soll dein Vater Strafe zahlen? Sofort legst du dich wieder hin! Färberröte – und noch dazu am Sonntag!« – »Der Sonntag ist vorbei«, sagte das Mädchen trotzig, »und die Wurzeln brauch ich jetzt unbedingt. Und wenn du Ruhe hältst, merkt es nicht mal der Vater.« Und sie stieß die Tür ein Stück weiter auf.

Die Mutter geriet außer sich vor Zorn; sie schrie: »Du! Wenn du gehst, kommt mein Fluch über dich! Dann wünsch ich, der Tag wär da, an dem ich deine Fußsohlen seh!« Aber das Mädchen hatte einen ebenso harten Kopf wie die Mutter; ohne ein Wort ließ es die Tür hinter sich zufallen und rannte zitternd fort zum Strand.

Was dort geschehen ist, hat nie jemand erfahren. So viel ist gewiß, daß niemand Paster Callums Tochter je wieder zu sehen bekommen hat. Nur ihre Fußabdrücke entdeckten die Leute, dort, wo sie die Färberröte gesammelt hatte – das Pflanzenbündel lag an der Stelle. Und die Abdrücke zeigten, daß Callums Tochter gezwungen worden war, Schritt für Schritt rückwärts ins Meer hinauszugehen.

Danach hörte man lange nichts mehr von ihr, bis eines Tages auf Harris ihre Leiche ohne Kopf gefunden wurde. Aber zur selben Zeit zeigte sich zum erstenmal das Licht, das die Leute ›das Große Feuer‹ nennen, das hier und dort umherirrt und von dem sie meinen, es sei der verwandelte Kopf der Callumtochter.

Der es zum erstenmal erblickte, war aber derselbe Mann, der das Färberrötesammeln verboten hatte, und ihm erging es so:

Der Gutsverwalter war auswärts gewesen und ritt nun

spät abends wieder nach Hause; und wie er so den Strand entlangtrabte, da tauchte auf einmal vor ihm das ›Große Feuer‹ auf, so plötzlich, daß sein Pferd einen jähen Seitensprung machte und der Verwalter sich nur eben noch im Sattel hielt. Er hatte alle Hände voll zu tun, um das schnaubende Tier zu bändigen, so daß er zuerst selber gar nicht richtig sah, wovor es so scheute, daß es sich immerfort um sich selber drehte; erst nach und nach erkannte er es deutlicher, es sah aus wie ein Feuer in einem Korb mit Flügeln; wenn die Erscheinung die Flügel ausbreitete, konnte der Verwalter jede einzelne Rippe erkennen, aber wenn sie die Flügel senkte, dann schien sie ihm wie der flammende Umriß einer Frau. Der Verwalter suchte sein Pferd an ihr vorbei zu treiben, aber vergebens: Wohin er sich immer wandte, sie blieb vor ihm. Da spornte er sein Pferd zu einem wilden Sprung auf das Wesen zu an, das wich blitzschnell zurück, und bei dem rasenden Galopp über den Strand hin heimwärts, in den das Pferd nun ausbrach, blieb es immerfort vor Reiter und Tier. Dem Verwalter standen die Haare dermaßen zu Berge, daß ihm die Mütze vom Kopf fiel; er duckte sich über den Pferdehals und ließ das Tier laufen. Als sie bei seinem Haus anlangten, das gespenstische große Licht noch immer vor ihnen, fiel der Mann mehr aus dem Sattel, als daß er sprang; mit ein paar Sätzen flüchtete sich das verstörte Pferd hinters Haus, und der Verwalter rannte zur Tür – ja, aber eh er sie öffnen und sich nach drinnen retten konnte, war wieder der Flammenkorb vor ihm, und als er sich zum Fenster wandte, um dort hineinzuspringen, da war auch am Fenster das Licht vor ihm. Und so rannte er zwischen Tür und Fenster hin und her, atemlos und halb betäubt, bis endlich der Hahn krähte; da verschwand das Feuer sofort. Die Leute sagen, niemand hätte den Verwalter von da an noch dazu gebracht, bei später Nacht das Haus zu verlassen.

Von nun an erblickten noch viele das Licht, und sie glaubten alle, es müsse Paster Callums Tochter sein. Die es gesehen hatten, erzählten, daß es wie in einem Korb brenne, und deswegen nahmen die meisten an, das Feuer brenne in des Mädchens Brust, aber manche sagen auch, es müsse der Kopf von Callums Tochter sein, und das Mädchen sei dazu verdammt, bis ans Jüngste Gericht als Flamme auf Erden umzugehen, einmal, weil sie selber so halsstarrig gewesen sei, zum andern, weil die Mutter sie verflucht habe.

83. James Gray und das Geisterpaar

Die alten Hochlandgeister waren nicht wie die heutigen schwächliche, grüne, wurmzerfressene Abbilder, die um unsere Behausungen spuken und wie das Chamäleon von der Luft leben: Sie waren eine Bande stämmiger, rüstiger, geselliger Geister ›groß wie eine Föhre und breit wie ein Haus‹. Das Gespenst von damals kam fröhlich ins Haus, schwatzte ausführlich über die Neuigkeiten des Tages, bis endlich das langersehnte Abendessen bereitet war: Dann lud sich dies Musterbild von Offenheit und Umgänglichkeit selber zu Tische und wußte einen Napf Hochland-Milchsuppe mit Fleisch genauso zu würdigen wie seine irdischen Zeitgenossen. Tatsächlich, sollten all die Geschichten wahr sein, so sind noch nicht viele Jahrhunderte verstrichen, seitdem diese geselligen Gewohnheiten der Geister von ehedem mit ihrem ungeheuren Appetit zur verheerenden Plage ärmlicher Dörfchen wurde. Außer ihrem Charme wiesen sie aber wenig beneidenswerte Eigenschaften auf, denn abgesehen von ihren ständigen Übergriffen auf Nahrungsmittel und Vieh der benachbarten Dörfer waren sie bösartig und grausam und kümmerten sich nicht einen Pfifferling um Frau und Kind. Das bezeugt trefflich die Geschichte von zwei berühmten Geistern, die dereinst in der Einöde von Craig-Aulnaic lebten oder besser gesagt existierten – an einem romantischen Fleck im Bezirk von Strathdown, Banffshire. Der eine war ein Mann, der andre eine Frau. Der Mann wurde Fhua Mhoir Bein-Baynac genannt, nach einem der Berge von Glen Avon, wo er einmal gehaust hatte, und die Frau hieß Clashnichd Aulnaic, weil sie im Craig-Aulnaic wohnte. Aber obwohl der Geist von Bein-Baynac nach allen Gesetzen von Natur und Ehre dazu verpflichtet war, seine schwächere Gefährtin zu schützen und zu hegen, behandelte er Clashnichd Aulnaic oft auf die grausamste und fühlloseste Art. Mitten in der Nacht, wenn die Weiler rundum in tiefem Schlaf lagen und wenn niemand sonst die feierliche Stille störte, dann (sagt unser Erzähler) prallten plötzlich die Schreie der armen Clashnichd den Schläfern in die Ohren und erweckten sie zu Betrachtungen, die alles Mögliche waren, nur nicht angenehm.

Von allen aber, die durch die lärmenden und unzeitigen Streitereien der beiden Geister geplagt wurden, litt am meisten James Gray, der Pächter vom Balbig-Hof in Delnabo. Sein Haus lag ihrem Wohnplatz am nächsten, und so hatten er und seine Familie Nacht für Nacht das Unglück, Clashnichds Schreie und Klagen mit anzuhören, was sie durchaus nicht als angenehme Unterhaltung betrachteten.

Eines Tages machte James Gray seine Runde, um nach den Schafen zu sehen, da stieß er zufällig auf Clashnichd, die Geisterfrau von Aulnaic, und kam mit ihr ins Gespräch. Das benutzte er nach einer Weile, um ihr vorzuhalten, wie peinlich sie ihn und die Seinen durch ihr wildes, grausiges Geschrei belästige – Schreie, sagte er, an welchen in den düsteren Morgenstunden nur wenige Sterbliche Geschmack finden könnten. Die arme Clashnichd suchte sich für ihr Betragen zu entschuldigen und stattete James Gray einen traurigen Bericht davon ab, wie Bein-Baynac mit ihr umsprang; dabei schilderte sie ausführlich eine Reihe von Mißhandlungen. Ihrer Darstellung nach hauste Clashnichd durchaus nicht aus freien Stücken mit dem bösen Gefährten zusammen, im Gegenteil. Offenbar hatte sie lange Zeit sehr behaglich im Zölibat gelebt und in einer gemütlichen Wohnung – wir erwähnten schon, die lag in der Einöde des Craig-Aulnaic. Doch unglücklicherweise war Bein-Baynac darauf verfallen, ihr einen Besuch abzustatten, und dabei faßte er Neigung, nicht zu ihr, wohl aber zu ihrer Wohnung. Die nahm er aus eigener Machtvollkommenheit augenblicklich in Besitz; bald darauf vertrieb er die arme Clashnichd mit vielen Hieben aus ihrem angestammten Erbe. Und nicht zufrieden damit, sich so eingedrängt und sie ihrer Rechte beraubt zu haben, verfolgte er sie noch ständig an ihren Zufluchtsort, nicht etwa, um ihr Zärtlichkeiten anzutragen, sondern um ihr jede erniedrigende Pein zuzufügen, die sein Gehirn ersinnen konnte.

Ein so rührender Bericht mußte James Grays edelmütiges Herz bewegen. Von diesem Augenblick an war er entschlossen, Leben und heile Glieder zu wagen, um die arme Clashnichd, die Geisterfrau von Craig-Aulnaic, zu rächen und das Unrecht zu strafen, das sie litt. Deswegen fragte er seine neue Schutzbefohlene sorgfältig und genau aus, wie die Konstitution ihres Unterdrückers beschaffen sei, ob er nämlich zur Spezies der tötbaren Geister gehöre, die man mit einem silbernen Sixpencestück erschießen konnte, oder ob es vielleicht irgendeine andere Waffe gab, mit der sich seine Vernichtung bewerkstelligen ließ. Clashnichd teilte ihm mit, sie habe zufällig erfahren, daß Bein-Baynac sämtlichen menschlichen Waffen gegenüber völlig unempfindlich sei, mit Ausnahme eines großen Mals auf der linken Brust. Dort konnten Silber oder Stahl bestimmt eindringen. Aber nach den Proben, die sie von seiner Körperkraft erfahren habe, sei es für einen Menschen aussichtslos, sich im Kampf mit Bein-Baynac, dem großen Geist, zu messen. James Gray aber galt für den zielsichersten Bogenschützen seiner Tage und vertraute auf diese seine Geschicklichkeit. Er sagte Clashnichd, Bein-Baynac könne so stark sein, wie er wolle, er fürchte ihn nicht, er sei der Mann für ihn, und von Clashnichd verlangte er, wenn Bein-Baynac wieder die Lust zu seinen Unhöflichkeiten ihr gegenüber anwandle, dann solle sie sich an ihn, John Gray, um Abhilfe wenden.

Nicht lange, und es bot sich ihm die Gelegenheit, sein Versprechen zu erfüllen. Als sich Bein-Baynac eines Nachts in Ermanglung beßrer Zerstreuungen damit unterhalten hatte, Clashnichd eine unmenschliche Tracht Prügel zu verabreichen, verlor sie keine Zeit: Sie suchte James Gray auf und lieferte ihm eine genaue und ausführliche

Schilderung. Sie traf ihn an, wie er grade sein Pfeifchen schmauchte und sich die Kleider aufknöpfte, um sich fürs Bett auszuziehen; doch so ungelegen die Stunde war, es brauchte nicht viel Überredung: James war sogleich bereit, Clashnichd zu begleiten und eine vertrauliche Besprechung mit ihrem Freund Bein-Baynac, dem großen Geist, zu führen. Clashnichd war ein handfestes, stämmiges Mädchen, sie verstand sich auf Fußwanderungen besser als unsre Frauen von heute. Sie äußerte den Wunsch, James Gray möge der Eile halber auf ihren geräumigen Schultern Platz nehmen, eine Beförderungsart, zu der Gray sich verstand, und ein paar Minuten später befanden sich beide vor Bein-Baynacs Wohnsitz. Als sie seine Behausung betraten, kam er ihnen mit Blicken und Gesten entgegen, die nicht im geringsten auf ein herzliches Willkommen hindeuteten. Es war eine schöne Mondnacht, und sie konnten seine Bewegungen leicht beobachten. Die arme Clashnichd ängstigte sich sehr vor dem großen Geist. Sie fürchtete von seiner Wut die sofortige Vernichtung und rief James Gray zu, sie beide würden tote Leute sein, und zwar sofort, falls er mit seinem Pfeil nicht das Mal treffen könne, das Bein-Baynacs Herz bedeckte. Das war keine so schwierige Aufgabe, wie James bisher angenommen hatte. Das Mal war so groß wie eine gewöhnliche Mütze, dabei aber Bein-Baynacs übrigen Proportionen keineswegs unangemessen, denn er war wirklich ein großer und mächtiger Geist. Bein-Baynac schrie dem James Gray zu, er wolle bald Adlerfutter aus ihm machen – und es besteht kein Zweifel, die Absicht hatte er. Aber James hielt ihn von der Ausführung ab. Als er bis auf ein paar Schritte an Bein-Baynac herangekommen war, hob er seinen Bogen ans Auge und zielte sorgfältig, der Pfeil schnellte ab, er traf – ein Aufschrei Bein-Baynacs verkündete die verheerende Wirkung. Abscheulich gellte das Geheul von den umliegenden Bergen wider, als stöhnten Tausende von Geistern, und wie der Rauch eines Schusses in der Luft vergeht, so löste sich Bein-Baynac in Luft auf.

Nun war Clashnichd, die Geisterfrau von Aulnaic, durch

James Grays unerschütterlichen Mut aus der niedrigsten Sklaverei erlöst und der Freiheit wiedergegeben. Von Dankbarkeit überwältigt, fiel sie ihm zu Füßen und schwur, künftig all ihre Zeit und ihre Gaben seinem Dienst zu widmen. Vorläufig freilich lag ihr sehr am Herzen, ihre Möbel und sonstigen verbliebenen Besitztümer wieder in ihre angestammte Behausung zu bringen, aus der Bein-Baynac, der große Geist, sie so schändlich vertrieben hatte. So bat sie ihren neuen Herrn, für den Umzug seine Pferde gebrauchen zu dürfen. James bemerkte auf einem nahen Hügel ein Rudel Rotwild, und da er die Klugheit oder Erfahrung seiner neuen Magd prüfen wollte, sagte er ihr, das da seien seine Pferde – sie dürfe sie gern benutzen, wenn sie aber fertig mit ihnen sei, solle sie sie in seinem Stall einschließen. Clashnichd ging unverzüglich daran, sich der Pferde zu bedienen, und James Gray kehrte wieder heim, um sich der Nachtruhe hinzugeben.

Kaum saß er aber in seinem Armsessel, lehnte die Wange in die Hand und überdachte das kühne Abenteuer dieser Nacht, da trat schon wieder Clashnichd ins Zimmer, völlig außer Atem und voll bitterer Klagen über die Unbändigkeit seiner Pferde: Sie hatten ihr die Hälfte der Möbel zerbrochen, und sie einzustallen hatte mehr Mühe bereitet, als die Hilfe der Tiere wert gewesen war. »Ach!« fragte James, »also sind sie im Stall?« Clashnichd bejahte. »Sehr schön!« versetzte James. »Morgen werden sie zahm genug sein.«

Aus dieser Probe von Clashnichd, der Geisterfrau von Craig-Aulnaic, wird man entnehmen, welch wertvolle Errungenschaft ihr Dienstwille für James Gray und seine Familie darstellte. Sie wurden ihrer jedoch durch ein unseliges Ereignis nur allzubald wieder beraubt. Die arme Clashnichd war dem Hang zur Gefräßigkeit, der dazumal ihr Geschlecht den Nachbarn vom Menschengeschlecht so verhaßt machte, nur allzusehr unterworfen. Beständig besuchte sie ihre Freunde, viel häufiger, als sie eingeladen wurde, und wenn sie im Verlauf dieser Besuche irgend etwas Eßbares entdeckte, dann bediente sie sich ohne Bedenken.

Als sie eines Tages wieder einmal auf der Suche nach etwas Kau- oder Schluckbarem die Gegend durchstreifte, betrat sie zufällig auch die Mühle von Delnabo, die dazumal von der Müllersfamilie bewohnt wurde. Sie fand die Müllersfrau, wie sie eben auf dem Rost eine große Portion schöner, leckerer Fische briet – vielleicht hatte der Duft die Geisterfrau herbeigelockt. Mit den üblichen Erkundigungen nach des Müllers und seiner Familie Gesundheit schickte sich Clashnichd ganz selbstverständlich und gutgelaunt an, sichs auf Kosten der Familie wohlsein zu lassen. Aber die Müllersfrau war wütend über den Verlust ihrer Fische und schätzte eine so ungebetene Zutraulichkeit ganz und gar nicht – und sie bestrafte die unglückliche Clashnichd für ihre Dreistigkeit reichlich hart. Zufällig hing gerade ein großer Kessel kochend heißes Wasser über dem Feuer, und den kippte die Müllersfrau Clashnichd in den Busen. So verbrannt, daß an Heilung nicht zu denken war, floh sie in die Einöde des Craig-Aulnaic und stieß dabei die jämmerlichsten Klagen aus. Und bis zum heutigen Tag hat man nie wieder etwas von ihr gehört.

84. Wie mein Großonkel mit dem Geist kämpfte

Mein Großonkel Lachlan Dhu MacPherson war seinerzeit weit und breit als der beste Geiger bekannt. Eines Abends kehrte er spät von einem Ball heim, wo er aufgespielt hatte. Und da mußte er durch das Bog of Torrans, wo es spukte. Es war nämlich so: Damals hauste in diesem Moor ein großer Popanz oder Geist von der allerboshaftesten Art; ihm machte es besonderen Spaß, jeden Wanderer zu mißhandeln, der dort zwischen Abenddämmerung und morgendlichem Hahnenschrei vorbei mußte. Meinem Großonkel schwante schon, daß er wohl sein Teil abkriegen würde. Deshalb nahm er sich, wie er so dahinschritt, vor, er wolle dem Geist jede Freundlichkeit, die er ihm erwiese, kräftig erwidern. So langte er an der Stelle an. Da merkte er, daß seine Befürchtungen nur zu guten Grund hatten; denn wen anders erblickte er als den Geist vom Bog of Torrans, der augenscheinlich auf ihn wartete und sich, nach seinem scheußlichen Grinsen zu urteilen, nicht wenig über die Begegnung freute.

Der Geist marschierte geradenwegs auf meinen Großonkel zu, drückte ihm eine gewaltige Keule in die Hand, packte selber eine ebensogroße, spuckte sich in die Hand und eröffnete den Kampf mit einem wohlgezielten Schlag. Mein Großonkel erwiderte den Willkomm mit gleichem Feuer, und so tüchtig handhabten beide Parteien ihre Knüttel, daß der Ausgang der Sache eine Zeitlang äußerst zweifelhaft war. Schließlich jedoch entdeckte mein Großonkel, der Geiger, daß die Kraft seines Gegners im Schwinden war. Folglich faßte er neuen Mut, und nach hartnäckigem Widerstand schien es dem Geist vom Bog of Torrans klüger, für diese Nacht aufzugeben.

Kein Zweifel, er ärgerte sich furchtbar über diese Niederlage. Nach einiger Zeit beschloß er offenbar, meinen Großonkel noch einmal und unter günstigeren Umständen in einen Kampf zu verwickeln. Es dauerte auch nicht lange, da kam mein Großonkel wieder ganz allein von einem Ball über die Berge zurück, und er war eben in der Senke von Auldichoish angelangt, die auch nicht geheuer ist, siehe da! Wer zeigte sich auf der Höhe vor ihm, wer anders als sein alter Freund vom Bog of Torrans? Hausgiebelhoch schritt er auf ihn zu und nahm dabei die bösartigst drohende Kampfhaltung ein.

Der Geiger bedachte, wie gefährlich der Boden war, auf dem sie standen, und spürte keinerlei Sehnsucht nach einem zweiten Treffen mit einem so gewichtigen Gegner unter so ungünstigen Umständen; er hätte die Regelung der Meinungsverschiedenheiten mit Freuden vertagt. Also nahm er die ergebenste Miene von der Welt an und versuchte, in Frieden an seinem Feind vorbeizugelangen. Vergebens. Ohne Zweifel brannte der Geist darauf, die Schande seiner Niederlage wieder wettzumachen; er packte den Geiger sofort und versuchte mit aller Macht ihn in den

Abgrund hinunterzuzerren mit der teuflischen Absicht, ihn unten im Avon zu ertränken. Glücklicherweise hinderten den Geist an der Ausführung dieses liebevollen Vorsatzes ein paar Bäume, die im Abgrund wuchsen und an die sich mein Großonkel mit der verzweifelten Kraft eines Ertrinkenden klammerte. Als der wütende Geist merkte, daß er ihn nicht von den freundlichen Bäumen loszureißen vermochte, verfiel er in seinem Rachedurst darauf, den Geiger mit Händen und Füßen aufs unmenschlichste zu malträtieren.

An solche groben Kränkungen war mein würdiger Großonkel nicht gewöhnt, und maßlos aufgebracht über die Freiheiten, die der Bog of Torrans sich herausnahm, entschloß er sich, alles einzusetzen, ganz gleich, ob Leben oder Tod daraus folgte. Er hatte keine andere Waffe zur Verteidigung als seinen Dolch. Erwog er die Natur seines Gegners, so stand zu fürchten, er werde ihm nicht viel nützen. Aber er hatte nichts anderes. Also stieß er dem Geist sein Messer dreimal in den Bauch. Und was geschah? Wahrhaftig, zum größten Staunen meines mutigen Großonkels fiel ihm der Geist tot und kalt vor die Füße, und keiner hat je wieder etwas von ihm gesehen oder gehört.

85. Der Bòchdan

Das Wort Bòchdan ist ein Sammelname für übernatürliche, furchterregende Wesen, die sich bei Nacht blicken lassen, und umfaßt alle Spielarten von Schreckgespenstern, Geistererscheinungen, Kobolden und dergleichen.

Der Bòchdan erregt manchmal Entsetzen durch sein bloßes Auftauchen, manchmal durch die Geräusche, die er macht, und manchmal durch sein Schweigen. Gewöhnlich zeigt er sich als Mann oder Frau, gleitet still vorüber und redet nicht, außer man spricht ihn an – zuweilen nicht einmal dann. Aber er hat sich auch schon als schwarzer Hund dem Wanderer entgegengestellt und ist in der Dunkelheit ein Stück neben ihm hergetrottet; manche sind auch einem kopflosen Körper begegnet – in der Gestalt ist der Bòchdan besonders gefährlich – oder einem gespenstischen Ziegenbock oder einfach einem dunklen Ding, das sich neben ihnen bewegte.

Dann kommt es vor, daß er zum Schrecken dessen, der ihn trifft, mit Geklirr eine Kette hinter sich herschleift; oder aber er pfeift so gellend, wie das ein natürliches Geschöpf gar nicht kann, oder er stößt grauenvolle Schreie aus, so daß einem das Blut in den Adern gefriert, und Laute, als werde einer erdrosselt. Manchmal tut er aber seine Anwesenheit auch nur durch schwache, kaum vernehmbare Laute kund.

Meist nimmt man an, daß der Bòchdan dort, wo er sich sehen oder hören läßt, einen jähen oder unnatürlichen Tod ankündigt. Wenn der sich dann ereignet hat, besinnt man sich drauf, daß sich an der Stelle nachts ein rätselhaftes Licht gezeigt hat oder daß ein Pferd dort scheu wurde und sich von seinem Reiter nicht an der Stelle vorbeitreiben ließ, oder daß man sonst irgend etwas Ungewöhnliches dort wahrgenommen hat. Aber der Bòchdan kann auch der Geist eines Toten sein, der die Erde wieder aufsucht, um sich eines drückenden Geheimnisses zu entledigen und so Ruhe zu finden. Und es kann auch sein, daß der Bòchdan ein böser Geist ist, der in der Finsternis mit irgendeinem Auftrag unterwegs ist. Und manchmal ist es auch nur ein Laut oder ein undeutlich erkennbares Ding, das den Wanderer erschreckt, ohne daß er es klar beschreiben kann.

Man darf sagen, daß jedes Hochlanddorf in der Nähe einen Platz hat, wo ein Bòchdan sich blicken läßt oder ließ. Besonders gern halten sich diese unheimlichen Besucher an Flußfurten auf – meist hat man in neuerer Zeit dort Brücken gebaut – oder bei Friedhöfen oder auf dunklen Heidestrichen, in engen Tälern oder aber oben auf dem Hang, der aus dem Tal herausführt und den die Landstraße überquert.

Auf dem ›Schwarzen Gestade‹, wie es genannt wird, das heißt, am Strand unterhalb der Linie oder Rolle von Tang, den die Flut an Land geworfen hat, ist man nach dem

Hochlandglauben vor allen Arten übernatürlicher Wesen gefeit, die bei Nacht umgehen, Elfen, Tote, böse Geister. Keins von ihnen kann unter die Flutgrenze gelangen. Die dorthin flüchten, bauen darauf, daß ihnen aus dem Meer keine solche Gefahr droht. Ein Sprichwort lautet: Das Böse kommt nicht aus dem Meer. Wiedergänger – solche, die aus dem Grab wieder auf die Erde zurückkommen – und Höllengeister sind nicht imstande, ein fließendes Wasser zu überqueren: ein Glaube, der vor den Tagen der Brücken entsprang.

Ist die Begegnung mit dem Bòchdan zu erwarten, sollte man den Dolch ein Stück aus der Scheide ziehen, denn wenn man das erst dann versucht, wenn der Bòchdan schon da ist, so wird man merken, man bekommt die Waffe nicht heraus. Und sollte der böse Geist nach ihrem Namen fragen, dann darf man nicht den richtigen, Dolch, sagen, sondern etwa: ›Meines Vaters Schwester‹ oder was dergleichen Titel mehr sind. Das verhindert den Bòchdan daran, die Waffe so zu verzaubern, daß sie wirkungslos bleibt. Geschieht nämlich dies, dann macht der Dolch dem Geist nicht den Garaus, sondern macht nur ein klingelndes Geräusch, wenn er ihn berührt. – Böse Geister können die Berührung des Stahls nicht ertragen. Eisen oder besser Stahl in jeder Form ist ein Schutz gegen die Elfen, aber böse Geister werden nur dann durch Eisen gebändigt, wenn es zu tödlichen Waffen geformt ist.

Am besten schützt man sich, indem man um sich auf dem Boden mit einem Schößling oder einem Dolch einen Kreis zieht und dabei sagt: »Christi Kreuz sei über uns.« Alle Geister, die die Nacht unsicher machen, mögen wütend gegen den Kreis anstürmen, aber sie können ihn sowenig durchdringen wie die drohenden Meereswogen die Felsen.

Viele in Kintyre glauben, wenn ein Kind vor der Taufe sterbe, werde es weder in den Himmel aufgenommen, noch zur Hölle verdammt, sondern verbleibe auf Erden und gebe einen ›Friedhofskreischer‹ ab. Man glaubt auch, daß die schwachen Kinderstimmen Ungetaufter sich in Wäldern und an einsamen Orten jammernd hören ließen.

86. Das Geisterpaar am Bart-Tor

Auf Islay gibt es ein kleines enges Tal, durch das die Landstraße läuft, und auf dem Talgrund sperrte eine Schranke die Straße, die den Namen Bart-Tor trug. An dieser Stelle begegneten einem nach Einbruch der Dunkelheit unheimliche Dinge. Ein Mann sah eines Nachts, wie ein undeutliches Etwas auf ihn zukam. Er konnte nichts darüber sagen, als daß es den Rachen weit aufgesperrt habe, wie um ihn zu verschlingen, und daß er durch diesen weitsperrenden Schlund die Kehle hinab bis auf die Lungen geblickt habe. Glücklicherweise war er von einem großen Neufundländer begleitet; der stürzte sich auf das ›Ding‹, und ein fürchterlicher Kampf entspann sich. Der Mann rannte nach Hause und ließ Spuk samt Hund hinter sich.

Am Morgen kam das Tier angeschlichen. Es hatte kein einziges Haar mehr am Leibe und starb bald nach seiner Heimkehr.

Um die Februarmitte kam ein Trupp Männer vom Markt heim, der in Ballygrant auf dem Level Ridge abgehalten wurde. Bevor sie sich trennten, traten sie noch ins Wirtshaus am Straßenrand. Nun mußte einer von ihnen, Ewen M'Corkindale, nachher durchs Bart-Tor und das Spuktälchen gehen. Seine Kumpels foppten ihn und erkundigten sich, ob er gar keine Angst vor dem Bodach hätte, dem Kerl oder alten Mann, der im Tälchen spuke. Närrisch wie er war, sagte Ewen: »Trinken wir aufs Wohl des Bodach, des alten Mannes, aber die Cailleach, die alte Frau, soll auf den Hund kommen!«

Als Ewen aber an dem Spukort anlangte, traten ihm zwei Geister entgegen, ein alter Mann und eine alte Frau. Die alte Frau suchte ihn anzugreifen, aber der alte Mann hielt sie ihm vom Leibe, und das wiederholte sich von nun an jedesmal, wenn Ewen dorthin kam: Immer griff ihn die Alte an, und der Alte verteidigte ihn. Und einmal empfahl ihm der Bodach: »Hör, fahr nach Irland, dort und dorthin in die Schmiede« – andere erzählen, er habe gesagt: »Nach Kintyre zu den und den beiden Brüdern« –, »und laß dir da einen Dolch machen. Solang du den dann bei dir trägst, wagt die Alte dich nicht anzugreifen.«

Ewen trat den Weg an, fand die Schmiede, gab seinen Dolch in Auftrag. Der Dolch krümmte sich dreimal, während er entstand; und Ewen wurde nun nach ihm ›Ewen mit dem Dolch‹ genannt.

Eines Abends während der Ernte arbeitete er bei Mondlicht auf dem Feld, da ließ er seinen Dolch zusammen mit seiner Weste auf einem Garbenhaufen liegen. Die Alte aber stellte sich zwischen ihn und den Dolch, schlang die Arme um Ewen und quetschte ihn dermaßen zusammen, daß er drei Mundvoll Blut ausspie. Der alte Mann kam herbeigerannt, um ihn zu retten, doch zu spät. Er sagte ihm zwar, wenn er nur bis zum Hahnenschrei durchhalten könne, dann habe er wenigstens noch fünf Jahre zu leben. Ewen kam dann und wann zum Bewußtsein und erkundigte sich, ob denn der Hahn schon geschrien habe, aber als der Hahn endlich krähte, war es mit Ewen schon vorbei. Den Dolch hat sein Sohn sorgfältig aufbewahrt.

87. Wegespuk

Es ist kaum länger als dreißig Jahre her, daß ein Fischer aus Cromarty, ein gesetzter, ernsthafter Mann, einen Freund im oberen Teil des Kirchspiels besuchte und nach Einbruch der Dunkelheit auf der Invernesser Straße heimkehrte. Die Nacht war still und ruhig, und ein dichter Schleier düstergelblicher Wolken verdunkelte das Licht des Vollmonds so, daß hinter den Hecken am Straßenrand alle Dinge ohne Farbe und Umriß miteinander verschmolzen schienen. Der Fischer schritt in glücklichster Stimmung dahin, da wurde die Stille jäh zerrissen, und zwar durch so mißtönende Laute, wie er sie kaum je gehört hatte. Zuerst nahm er an, in dem Feld neben ihm hätte eine Koppel Jagdhunde lauthals zu kläffen begonnen; aber die Töne verstummten so schnell, wie sie sich erhoben hatten, und nun vermutete er, die Tiere müßten wohl das

Moor auf der andern Bergseite durchstreifen. Aber bald brach der Lärm von neuem los; es war, als belle ihn das ganze Rudel durch die Hecke an. Da langte er in die Tasche und holte eine Handvoll zerkrümeltes Brot hervor, die Reste seines letzten Bootsvorrats; doch als er sie den vermeintlichen Hunden hinhielt, sah er statt offener Rachen und funkelnder Augen drüben nichts als die Erscheinung eines Mannes, und die Laute verstummten. ›Aha‹, dachte er, ›das ist der Wärter der Koppel, da bin ich in Sicherheit.‹ Er setzte sich wieder in Bewegung; die Gestalt drüben hielt Schritt mit ihm, bis sie ein Heckenloch erreichten; da merkte er, daß der andere im Begriff stand, zu ihm auf die Straße herüberzukommen. Er hielt an, um ihn zu erwarten. Aber wie packten ihn Staunen und Entsetzen, als er sah, daß der Fremde, während er sich der Lücke näherte, größer und immer größer vor ihm aufwuchs und dann, auf alle viere niederfallend, die Gestalt eines Pferdes annahm. Der Fischer setzte sich in Trab und rannte, das Pferd trabte mit. Der Fischer blieb stehen, das Pferd hielt ebenfalls an. Der Fischer setzte den Weg mit seinem gewöhnlichen Schritt fort, das Pferd nahm seine Gangart auf und tat Tritt für Tritt mit ihm, ohne ihn zu überholen oder zurückzubleiben, ein häßliches, ungestaltes Tier mit gesträubtem, zottigem schwarzem Fell und auf einem Bein lahm. Es begleitete ihn, bis er die Pforte des Friedhofs erreichte, der etwa zweihundert Meter vor der Stadt liegt; dort zuckte plötzlich ein greller Blitz vor dem Mann durch die Luft und blendete ihn so, daß er sekundenlang nichts erkennen konnte. Als ihm die Augen wieder gehorchten, fand er sich allein.

88. Die unheimliche Begleiterin

In Gorton auf der Insel Coll erzählen sich die Leute: Einmal wanderte Colin MacDonald spät am Abend heim, und als er am Henkersberg vorbei war und nun in den Fasach kam, da tauchte plötzlich aus der Dunkelheit eine Frau auf und trat dicht neben ihn und hielt mit ihm Schritt. Dabei sprach sie kein Wort. Colin ahnte, daß sie keine richtige Frau war, sondern ein Geist, und hütete sich, sie anzureden; so gingen sie stumm Seite an Seite weiter, bis Colin nicht mehr wußte, ob ihm heiß oder kalt war. Endlich erblickte er vor sich ein Haus, da atmete er auf und dachte: ›Ich geh zu denen hinein, bis ich wieder rauskomme, ist sie bestimmt fort.‹ Also klopfte er an die Tür und trat ein, begrüßte Hausvater und Hausfrau und Kinder und setzte sich zu ihnen ans Feuer; er sagte aber nicht, weshalb er bei ihnen bleiben wollte, sondern redete vom Wetter und den Kartoffeln. Und als eine gute Stunde vergangen war, stand er auf, bedankte sich und ging wieder hinaus. Doch kaum hatte er die Tür hinter sich geschlossen und zwei Schritte getan, da tauchte sie wieder aus der Dunkelheit auf, trat neben ihn und ging wie zuvor stumm an seiner Seite. In Colin wuchs neben der Furcht ein großer Zorn, aber er ließ sich nichts anmerken; er dachte auch: ›Gleich kommt der Bach, über fließendes Wasser können solche nicht weg.‹ Aber als sie am Bach waren und Colin zum Sprung ansetzte, tat sie einen Satz und war noch vor ihm drüben, und sowie er die Füße auf dem andern Ufer hatte, packte sie ihn und hielt ihn mit aller Gewalt umklammert. Sie waren jetzt jedoch ganz nahe an Colins Haus, und während Colin mit ihr rang, stieß er einen Pfiff aus; den hörten die Hunde. Sie kamen herangesprungen und stürzten sich mit Gebell auf die spukhafte Frau; da ließ sie Colin los, und er lief heim. Im Hause angelangt, pfiff er wieder nach den Hunden, aber sie kamen nicht, und Colin legte sich zu Bett. Am nächsten Morgen war er eben aufgestanden und saß auf einem Stuhl, da kam einer der Hunde herein; er hatte kaum noch ein einziges Haar am Leibe. Er ging dreimal um den Stuhl herum, auf dem sein Herr saß, dann fiel er um und starb; der andere wurde nie wieder gesehen.

89. Schloßspuk

Das Schloß der Urquharts wurde mehrere Jahre vor seiner Zerstörung nur von einer betagten Dienerin und einem kleinen Mädchen bewohnt; das Kind hatte sie angestellt, damit es bei ihr schliefe. Als ich das ehemalige Mädelchen kennenlernte, war es eine alte Frau von mehr als siebzig. Sie erzählte mir, der Küchenkamin sei so ungeheuer groß gewesen, daß darin zwei Drescher hätten ihre Flegel schwingen können, und in der Halle, einem riesigen, dunklen, eichengetäfelten Raum, hätte sich einmal eine Gesellschaft von hundert Mann mit der Pike geübt. Sie war nie so verwegen gewesen, die unteren Räume zu durchstöbern; »sie waren so finster und unheimlich«, sagte sie, »und in den Rissen, die in den Wänden klafften, wuchs langes, üppiges Gras.« Ein paar von ihren Schloßgeschichten paßten gut zu der phantastischen Architektur des Baus und zu den Zeiten voll Gewalt und Aberglauben, die darüber hingegangen waren. Vor ihrer alten Bekannten hatte eine andere Dienerin darin gewohnt und törichterweise allein geschlafen; die war eines Nachts bis zum Irrsinn erschreckt worden. Sie erholte sich nie wieder so weit, daß sie erzählen konnte, was eigentlich geschehen war. Zuzeiten dröhnte es durch die oberen Räume, so als schritte ein sehr schwerer Mann über die Dielen und – »oh«, sagte meine Berichterstatterin, »wenn Sie bloß die Schreie gehört hätten, das Stöhnen und das langgezogene Pfeifen, das an stürmischen Winterabenden aus den Kaminen und von den Türen klang! Ich hab oft, wenn ich im Bett lag, darauf gelauscht und mir die Decken übers Gesicht gezogen.«

Ihre Gefährtin saß eines Tages in einer kleinen Kammer am Fuß der großen Treppe, da hörte sie ein Klopfen auf den Stufen. Sie öffnete die Tür. Das Licht war schwach – es herrschte immer Dämmerung im Schloß –, aber sie sah so deutlich, wie sie nur irgend etwas je gesehen hatte, ein kleines weißes Tier, wie ein Kaninchen, Hals über Kopf von Stufe zu Stufe rollen, und als es über die letzte sprang, löste es sich in eine Rauchwolke auf.

Ein andermal ging der Schuster aus Cromarty an einem Sommermorgen an der Front eines Gebäudes entlang, da erschreckte ihn die Erscheinung eines winzigen, grauköpfigen und graubärtigen alten Mannes mit einem welken, mageren Gesicht, das kaum größer als eine Faust war; das Ding schien an einem der Fenster zu sitzen. Als der Schuster ungefähr eine Stunde später auf demselben Weg zurückkam, gerade, als sich die Sonne über den Firth erhob, sah er das nämliche Wesen im benachbarten Dickicht; da rang es die Hände über einem kleinen Steinhügel. Aber dem Schuster fehlte der Mut, hinzugehen und es anzusprechen.

90. Der Wächtergeist

Stunden verbrachte ich in den Ruinen von Craighouse – einem grauen, von der Zeit zerfressenen phantastischen Bau, der aus vier schwerfällig gewölbten Stockwerken bestand, eins über dem andern, und noch ein Steindach samt seinen reich verzierten Türmchen obenauf trug.

Damals hieß es, daß ein Geist darin spuke – ein jämmerlich aussehender, grauköpfiger, graubärtiger kleiner alter Mann, den man ab und an spät abends oder frühmorgens sehen konnte, wie er durch irgendeine Schießscharte nach den Vorübergehenden herausspähte. Ich erinnere mich, daß ich die ganze Geschichte von dem Spuk an diesem Tag von einem sonnenverbrannten Hirtenjungen erzählt bekam, den ich im Schatten einer Schloßmauer bei seinen Kühen fand. Ich fragte ihn: »Was denkst du, wer ist das wohl, der dort immer noch umgeht, jetzt noch, wo schon niemand mehr weiß, wie der letzte hier geheißen hat?«

»Ach«, gab er zurück, »das soll der Geist von dem sein, den sie auf dem Grundstein getötet haben, gleich nachdem der gelegt worden ist, und den sie dann in die Wand gemauert haben, damit er das Schloß bewahren sollte, wenn er als Geist wiederkam. Die Leute sagen, alle die ganz alten

Häuser im Land haben solche umgebrachten Männer in den Mauern, und in jedem geht ein Gespenst um.«

Ich erkannte in des Jungen Bericht eine weitverbreitete alte Überlieferung wieder, die – wie immer sie entsprungen sein mag – die Seeräuber des siebzehnten Jahrhunderts offenbar so weit beeinflußt hat, daß sie sie für sich in die Tat umsetzten. »Wenn die Seeräuber«, sagt Sir Walter Scott, »nicht genügend Zeit hatten, ihren Raub mit ihren gewöhnlichen Ausschweifungen zu vergeuden, dann pflegten sie ihn unter vielen abergläubischen Zeremonien auf den öden Inseln und Felsenriffen zu verstecken, die sie aufsuchten und wo noch mancher Schatz verborgen liegen soll. Die grausamsten Menschen sind oft die abergläubischsten, und von jenen Piraten heißt es, daß sie ihre Zuflucht zu einem grausigen Ritual nahmen, um ihren Schätzen einen unirdischen Wächter zu sichern. Sie töteten einen Neger oder Spanier und begruben ihn beim Schatz, denn sie waren überzeugt, daß sein Geist an der Stelle spuken und alle Eindringlinge verscheuchen werde.«

91. Die beiden Hirten

Zwischen Lochaber und Baideanoch lebten zwei Hirten als Nachbarn, und der eine ging gern mal zu dem andern hinüber. Der eine hatte seinen Platz auf der Westseite des Flusses und der andere auf der Ostseite. Der von der Westseite kam zu einem abendlichen Besuch ins Haus dessen auf der Ostseite. Er blieb, bis es schon recht spät war, und dann schickte er sich an aufzubrechen. »Es wird höchste Zeit«, sagte er, »ich zieh los.« – »Hör mal«, sagte der andere, »tu das lieber nicht. Bleib lieber da, so spät wies schon ist.« – »Kommt überhaupt nicht in Frage.« – »Na schön, dann komm ich also mit.«

Der Sohn des Hausvaters rief den Hund, der ihm am Tag beim Schafehüten half, und das Tier ging mit. Als er den Gast auf seine Flußseite hinübergebracht hatte, sagte der zu ihm: »Kehr nun um. Ich bin sehr in deiner Schuld.«

Als der Begleiter auf dem Heimweg wieder an den Fluß kam, überlegte er, ob er nun die Trittsteine benutzen oder aber die Schuhe ausziehen und waten sollte. Die Trittsteine waren ihm zu unsicher, also streifte er Schuhe und Strümpfe ab und stieg ins Wasser. Aber als er mitten im Fluß war, sprang ihm der Hund, der mitgelaufen war, auf den Kopf. Er warf ihn hinunter, das Tier sprang zum zweiten Mal, er warf es wieder ab. Als er auf der andern Flußseite angelangt war, faßte er sich an den Kopf, und siehe, seine Mütze war weg. Da sagte er: »Kehr ich um und suche sie, oder geh ich ohne heim? Ohne heimgehn ist verdrießlich. Ich geh noch einmal an die Stelle zurück, wo ich Schuh und Strümpfe ausgezogen habe, kann sein, sie liegt dort.« Also watete er noch einmal an die andere Flußseite hinüber. Da sah er dort, wo er gehockt hatte, einen gewaltig großen Mann sitzen, der hielt doch wahrhaftig seine Mütze in der Hand. Schnell griff er danach und entriß sie ihm. »Was hast du damit zu schaffen? Die gehört mir, du hast kein Recht, sie mir wegzunehmen.« Und er wandte sich wieder zum Fluß.

Der andere stand auf und folgte ihm. Nun wateten sie zusammen hinüber, beide wortlos und wütend, aber als sie mitten im Fluß waren, legte der große Mann dem jungen Hirten die Hand unter den Arm und fing an, ihn zu einer Flußtiefe zu zerren, die dort in der Nähe war. Der Hirte widerstrebte aus allen Kräften, so standen sie einander gegenüber. Der Hirte war ein starker Kerl, aber trotzdem war der große Mann drauf und dran zu gewinnen. Der Hirtenbursche umklammerte mit der andern Hand den Ast eines Eichbaums, der übers Wasser ragte; der Große zerrte und zerrte, und der Baum bog und drehte sich, und schließlich gaben seine Wurzeln nach und lösten sich aus der Erde, alle bis auf eine einzige. Und in ebendem Augenblick, da auch die letzte Wurzel den Halt im Boden verlor, krähten die Hähne. Der Hirtenbursche begriff, daß es Tag wurde, und der große Mann sagte: »Du hast dich gut gehalten, und das war dein Glück, sonst wär dir deine Mütze teuer zu stehen gekommen.«

Damit verschwand der große Mann. Später haben sie nie wieder etwas Ungewöhnliches beim Fluß wahrgenommen.

92. Ewen und die alte Frau

Eins der gebräuchlichsten gälischen Sprichwörter heißt: ›Ob er wollte oder nicht, er kam dazu wie Ewen zu der alten Frau.‹ Und häufig wird noch hinzugefügt: ›einer Frau so groß wie seine Mutter.‹ Es gibt verschiedene Versionen über den Ursprung dieser Worte.

Den berühmten Ewen Cameron von Locheil hat MacAulay in seiner Geschichte Englands als den Ulysses der Hochlande bezeichnet, als einen gütigen Gebieter, einen treuen Bundesgenossen und als einen schrecklichen Feind. Ewen also, so geht die Sage, wanderte einmal von Aberdeen nach Inverness; er war dazumal noch ein junger Mann. Als er am Abend vor dem Aufbruch in Aberdeen in sein Gasthaus trat – er hatte eine Weile dort gewohnt –, fand er dort eine alte Frau sitzen, die er nie zuvor gesehen hatte. Er setzte sich zu ihr an den Tisch. Als sie Ewen erblickte, rümpfte sie die Nase, warf den Kopf zurück und sagte: »Hi!« Da Ewen Sinn für Spaß hatte, antwortete er ihr, indem er gleichfalls die Nase rümpfte, den Kopf zurückwarf und »Ho« sagte. Als er aber am nächsten Morgen aufbrach, stand die alte Hexe vor der Tür und wartete auf ihn; sie sagte: »Na los, Ewen, um die Wette, wer besser läuft!«

Er sagte nichts, aber er ging weiter. Den ganzen Tag schritt die Alte neben ihm her, und immer, wenn er nachließ und seine Schritte langsamer wurden, wiederholte sie ihre Herausforderung: »Na los, Ewen, um die Wette, wer besser läuft!«

Ewen schämte sich furchtbar, daß eine alte Hexe besser zu Fuß sein sollte als er, und er war behend wie eine Wildkatze, also hielt er weiter mit ihr Schritt in dem mörderischen Tempo, und noch ehe der Abend anbrach, hatte das Paar hundertacht Meilen zurückgelegt und war in Inverness. Wie man sich leicht vorstellen kann, war Ewen todmüde, als sie in der Stadt anlangten, und ihm bangte nun doch, wie das weitergehen sollte. Er kannte aber in Inverness einen alten Mann, der mehr wußte als andere, zu dem schleppte er sich in der Nacht noch hin und fragte ihn um Rat. Der weise Mann sagte: »Du mußt ihr auch mit Worten entgegnen, wenn sie dich herausfordert, dann kann dir der Marsch nichts anhaben.«

Am andern Morgen wartete die Hexe wieder vor der Tür auf ihn und sagte wieder: »Na los, Ewen, um die Wette, wer besser läuft!« Da antwortete er: »Machst du einen Schritt, mach ich zwei, altes Weib!«

An dem Tag wanderten sie bis zum Patrickson Sound, wie die Fährstelle am Loch Leven bei Ballachulish genannt wird – das waren fünfundsiebzig Meilen. Ewen sprang als erster ins Fährboot und stieß schleunigst vom Ufer ab. Als die Hexe sah, daß er ihr entkam, brüllte sie ihm nach: »Nimm meine aufrichtigen Wünsche mit, Ewen!« Er antwortete: »Deine aufrichtigen Wünsche sollen dich selber treffen und den grauen Stein dort drüben, altes Weib!«

Die Alte blickte den grauen Stein an, da barst er in zwei Stücke, und jeder, der dort vorbeikommt, kann sie noch sehen.

Eine andere und wahrscheinlich ältere Geschichte aber erklärt den Ursprung des Sprichworts schauerlicher.

Ewen, so heißt es, ein munterer Bursch, war zu einer Hochzeit geladen. Er hielt eine Rute in der Hand, und als nun das Paar in der Kirche getraut wurde, tippte er damit einen Schädel an, der im Kirchenfenster lag, und wiederholte dabei jedes Wort, das der Geistliche zu den Brautleuten gesagt hatte. Als er aber in der Nacht zu Bett gegangen war, überfiel ihn plötzlich eine solche Kälte, daß er zitterte, und gleich darauf stand ein altes Weib vor ihm, streckte zärtlich die Arme nach ihm aus und sagte: »Da bin ich, mein lieber Mann!« – »Was willst du von mir?« stieß Ewen entsetzt hervor, »geh weg!« – »Ei, ei«, erwiderte die schauerliche Alte vorwurfsvoll, »wie redest du mit deiner angetrauten Frau? Hast du nicht Wort für Wort dem Pfarrer nachgesprochen, zu mir hin? Wir sind beide so gewiß miteinander getraut worden wie das Paar vor dem Altar!«

Nun kam sie Nacht für Nacht, und Ewen, für den sich ein gedankenloser Spaß so fürchterlich in Ernst verwandelt hatte, war nicht imstande, sie zu verscheuchen, er konnte tun, was er wollte. Schließlich ging er zu einem alten Mann und bat ihn um Rat. Der Alte erwiderte: »Viel Hoffnung ist nicht, daß du sie zu Lebzeiten loswirst. Aber es wäre das Beste, du würdest Michael Scott fragen.«

Also machte sich Ewen zu Michael Scott auf den Weg und bat den um Hilfe. Michael sagte: »Ich will dich von ihr scheiden, aber es kann sein, daß du danach nicht mehr lange lebst. Hier ist ein Buch, das nimm mit zu Bett, und wenn sie fortgeht, dann schlag es auf und geh ihr nach, ganz gleich wohin. Solange das Buch offen ist, kann sie dir nicht fortlaufen. Eh du zurückkommst, wirst du das Bett sehen, das für mich bereitet ist. Du kannst mir dann erzählen, wie es aussieht.«

In der Nacht kam sie wieder, und als sie sich endlich zum Gehen wandte, schlug Ewen Michael Scotts Buch auf und folgte ihr. Die Alte ging geradenwegs zur Hölle, und Ewen mit. Er klopfte ans Tor, da kamen ein paar Unterteufel und fragten, was er wolle; Ewen aber verlangte den Höllenfürsten selbst zu sprechen. Und als darauf wirklich der Teufel selber in der Tür erschien, ersuchte er ihn darum, die Alte mit Ketten zu binden und sie so für dauernd an ihrem höllischen Wohnsitz festzuhalten. Das geschah, aber als Ewen sich anschickte zu gehen, folgte sie ihm. Da setzten die Teufel sie auf ein Bett von Schwefel und stülpten einen großen Kessel über sie, und dort ist sie noch. Der Teufel aber gab Ewen zu verstehen, daß das Bett für Michael Scott vorbereitet sei. Und dann trat Ewen den Heimweg an.

Er erzählte Michael Scott, daß das Bett für ihn schon gemacht sei. Er hat aber wirklich nach diesem furchtbaren Abenteuer nicht mehr lange gelebt.

93. Der kühne Schneider und das Gespenst von Saddell

Einmal war bei dem großen MacDonald in seinem Schloß in Saddell ein munterer Schneider dazu angestellt, dem Gutsherrn ein Paar Triubhas zu nähen – das sind Hosen, so wie man sie in den alten Zeiten trug: Damals waren Wams und Hosen ein Ganzes und mit Fransen geschmückt. Sie saßen sehr bequem, beim Laufen so gut wie beim Tanzen. Die MacDonalds aber, das waren die Gebieter von Kintyre und die Herren der Inseln; sie maßten sich königliche Gewalt an und hielten Parlamente ab. Und MacDonald also hatte zum Schneider gesagt, wenn er die Triubhas bei Nacht in der Kirche nähen würde, dann sollte er eine hübsche Belohnung extra kriegen. Es war zu der Zeit, als die Kirche schon verfallen war; die singenden Mönche schliefen schon lange den Totenschlaf und hatten das Kloster den vernichtenden Stürmen der Zeit überlassen, so daß nun die Überirdischen dort hausten und ihren wunderlichen Launen die Zügel schießen ließen. Die Leute sagten, daß es in der alten verfallenen Kirche spuke und daß man bei Nacht dort furchtbare übernatürliche Dinge zu sehen bekäme.

Das alles wußte der Schneider sehr wohl; aber er war ein kecker Bursche, und als der Gutsherr ihn dazu herausforderte, die Triubhas bei Nacht in der Kirche zu nähen, ließ er sich nicht einschüchtern, sondern unternahm es, den Preis zu erlangen. So wanderte er, als es Abend geworden war, vom Schloß fort und ungefähr eine halbe Meile das Tal hinauf, bis er die alte Kirche erreichte. Drinnen suchte er sich einen hübschen Grabstein als Sitz aus, zündete seine Kerze an, steckte sich den Fingerhut auf und machte sich daran, die Triubhas zu nähen. Eifrig und geschickt handhabte er seine Nadel und dachte dabei an den Lohn, den ihm der Gutsherr würde zahlen müssen.

Eine Zeitlang kam er recht gut voran. Aber dann fühlte er plötzlich, wie der Boden unter seinen Füßen erbebte. Schnell schaute er um sich, wobei er aber keinen Augenblick zu nähen aufhörte –: Da sah er, wie sich ein großer menschlicher Kopf durch das Steinpflaster der Kirche emporhob. Und als sich der Kopf über den Boden erhoben hatte, kam eine Stimme von ihm her wie der Donner der mächtigen Wogen, die wider die schroffen Felsen schlagen. Und die Stimme sagte: »Siehst du diesen meinen großen Kopf?« – »Freilich kann ich ihn sehen, aber dies will ich nähen!« erwiderte der kühne Schneider und stichelte weiter an den Triubhas.

Da stieg der Kopf ein Stück höher aus dem Boden auf, bis auch der Hals hervorsah. Und als der Hals heraus war, erscholl die Donnerstimme abermals; der Geist schrie: »Siehst du diesen meinen großen Hals?« – »Freilich kann ich ihn sehen, aber dies will ich nähen!« sagte der kühne Schneider und stichelte an seinen Triubhas fort.

Darauf rückten Kopf und Hals noch höher, bis die riesigen Schultern und die gewaltige Brust des Gespenstes über den Boden ragten. Und wieder donnerte die mächtige Stimme: »Siehst du diese meine große Brust?« Und wieder gab der wagemutige Schneider zurück: »Freilich kann ich sie sehen, aber dies will ich nähen!« Und er stichelte fort an den Triubhas.

Und der Geist stieg weiter durch das Pflaster auf, bis er ein Paar grauer Arme vor des Schneiders Gesicht schüttelte und dazu brüllte: »Siehst du diese meine großen Arme?« – »Freilich kann ich sie sehen, aber dies will ich nähen!« versetzte der Schneider und stichelte mit aller Macht an seinen Triubhas, denn jetzt, das wußte er, war keine Zeit mehr zu verlieren.

Der kühne Schneider nähte mit langen Stichen drauflos; dabei sah er, wie die Erscheinung allmählich mehr und mehr aufwuchs, bis sie ein riesiges Bein aus dem Boden hob und mit dem Fuß das Pflaster stampfte und dazu brüllte: »Siehst du dieses mein großes Bein?« – »Ja, ja, freilich kann ichs sehn, aber dies will ich nähen!« rief der Schneider, und seine Finger mit der Nadel flogen nur so, und er machte so lange Stiche, daß er gerade in dem Augenblick mit der letzten Naht zu Ende kam, als das Gespenst das andere Bein herauszog. Doch bevor das Ungeheuer es ganz aus dem Pflaster zerren konnte, war der kühne Schneider mit den Triubhas fertig; er blies die Kerze aus, sprang vom Grabstein herunter, duckte sich und rannte mit den Triubhas unter dem Arm aus der Kirche. Da stieß der Geist ein lautes Gebrüll aus und stampfte mit beiden Füßen das Pflaster, bis die singenden Mönche und Nonnen in ihren Gräbern ihn hätten hören können, und dann sprang er mit einem Satz aus der Kirche und jagte dem kühnen Schneider hinterher.

Sie stürzten das Tal hinunter, schneller als im Frühjahr der reißende Strom im Bachbett; aber der Schneider hatte einen Vorsprung und ein Paar behende Beine, und er dachte gar nicht daran, sich um den Lohn bringen zu lassen. Zwar brüllte ihm der Geist nach, er solle sofort stehenbleiben, aber der wagemutige Schneider sah keinen Anlaß zu Höflichkeiten. Er drückte seine Triubhas fest an sich und rannte, daß die Funken stoben, bis er das Schloß erreicht hatte. Kaum war er durchs Tor geschlüpft und hatte es hinter sich zugeworfen und verriegelt, da langte auch der Geist schon an. Voller Wut darüber, daß ihm seine Beute entwischt war, schlug er seine Pranke an die Mauer über dem Tor und ließ dort den Abdruck seiner fünf großen Finger zurück. Ihr könnt ihn bis zum heutigen Tage deutlich erkennen, wenn ihr nur dicht genug herangeht und richtig hinseht.

Der kühne Schneider aber kriegte seine Belohnung, denn MacDonald bezahlte ihm für die Triubhas und gab ihm dazu ein stattliches Draufgeld; und der Gutsherr entdeckte auch nie, daß ein paar von den Stichen reichlich lang geraten waren.

94. Der Gast

In der guten alten Zeit wurde das Neujahrsfest ganze elf Tage lang gefeiert. Vor langen Jahren traf es sich so, daß in Dornoch am Neujahrstag jemand begraben wurde; und die

Leute benutzten die Gelegenheit, wo fast alle beieinander waren, und besprachen gleich auf dem Friedhof, wer wen besuchen solle. Der Zufall wollte es, daß sich auf diese Weise alle anwesenden Männer verabredet hatten – bis auf einen. Der blieb zurück, als alle andern abzogen, und stand allein und niedergeschlagen zwischen den grünen Gräbern seiner Vorfahren. Da erregte ein schwärzlicher Schädel seine Aufmerksamkeit, der dort, wo man die Fremden begrub, bloßlag. Er ging hin, tippte ihn mit dem Stock an und sagte zu ihm: »Na, du bist wohl genauso verlassen wie ich, um dich kümmert sich auch niemand. Mich hat keiner gewollt, und ich hab keinen zu mir gebeten; also lad ich eben dich ein.« Und dann wanderte der arme Mann heim.

Er kam an, als gerade die lange Mittwinternacht anbrach und seine Frau nach ihm und etwaigen Gästen Ausschau hielt. Sie ließen sich am Tisch nieder, aber sie saßen noch nicht lange beim Abendbrot, da klopfte es an die Tür, sie öffnete sich, und stumm trat ein ehrwürdiger Alter in grauen Kleidern herein. Schweigend nahm er am Tisch Platz, griff zu und bediente sich von den Speisen, mit denen die Tafel überladen war – sie war wirklich reich mit den Essen der guten alten Zeit besetzt: Hammelfleisch und Wildbret, Räucherlachs und die Haferkuchen, die auf einer rotglühenden Steinplatte gebacken worden waren, mit Eiern und Kümmel und Gerstenmalz drin. Nach dem Mahl erhob sich der Alte und ging wortlos davon.

Aber ebenso wortlos kam er am nächsten Tag wieder und am Tag darauf auch, und so ging es noch sechs Abende lang. Aber schließlich wurde es dem Hausherrn immer unheimlicher zumute. Tatsächlich war er von Anfang an überzeugt gewesen, daß der Fremde der andern Welt angehörte. Also suchte er den Priester auf und fragte ihn um Rat. »Was soll ich nur machen?« sagte er. »Wie werd ich den Kerl wieder los?«

Der ehrwürdige Vater gebot ihm, er solle, wenn er die Haferkuchen für das Abendbrot des siebenten Tages in den Korb lege, den letztgebackenen umkehren. »Sei gewiß«, sagte er, »das bringt deinen unwillkommnen Gast zum Reden.«

Als der alte graue Mann sich am Abend wieder einstellte, nahm er schon im Eintreten wahr, was der Hausherr getan hatte. Er ließ sich nicht nieder wie sonst, sondern sprach: »Freund, ich sehe, du bist meiner überdrüssig, noch ehe das Ende des Neujahrsfestes da ist. Nun aber lade ich dich ein, den Rest mit mir auf dem Kirchhof zu verbringen. Ich geh voraus und warte, daß du kommst. Wag es nicht wegzubleiben! Oder es geht dir böse.«

Da lief der Hausherr abermals zum Priester und flehte ihn um guten Rat an; der Pfarrer empfahl ihm, dem Alten zu folgen. Das tat der arme Mann mit unsicheren Schritten, wobei ihm aus jeder Pore kalter Schweiß brach. Als er auf dem Friedhof anlangte, erblickte er ein großes Haus mit vielen hell erleuchteten Fenstern und hörte Tanzmusik und fröhliche Rufe. Aus der Küche strömten würzige Düfte und erinnerten ihn daran, daß er an diesem Tage kein Abendbrot gegessen hatte; seine Ängste schwanden, und er merkte, daß er hungrig war.

Der alte graue Mann empfing ihn an der Tür und führte ihn in einen großen, geschmückten Raum, wo eine zahlreiche Gesellschaft versammelt war. Dann verschwand der Alte und überließ es ihm, sich den Abend über zu unterhalten. Das tat er. Er aß und trank, rauchte Pfeife und tanzte. Nach einer Weile trat der graue Herr des Hauses wieder herein und sprach zu ihm:

»Das Gastmahl ist vorüber, Freund. Nun sieh zu, daß du schleunigst wieder nach Hause kommst.« – »Was? Jetzt schon?« gab der Mann entrüstet zurück. »Ich bin ja kaum ein paar Stunden hier, und dich hab ich tagelang bewirtet!« Der andere antwortete: »Lauf heim, oder deine Frau wird mit einem andern getraut; und nimm zum Abschied diesen Rat von mir: Sei niemals so vorwitzig, den Überresten der Toten mit Wort oder Tat respektlos zu begegnen.« Und sowie der graue Alte zu Ende gesprochen hatte, verschwand er, verschwanden die Gäste und das Haus samt allem, was darin gewesen war, und unser Held blieb allein zurück und stand im Kirchhofsgras und war so müde, daß er sich mit Mühe und Not im Mondschein heimschleppte.

Als er sich dem eigenen Haus näherte, hörte er wieder lustige Tanzmusik; und als er die Tür aufriß, war das erste, was er sah, seine Frau im Brautkleid. Sie fiel sofort in Ohnmacht. Der Pfeifer warf seinen Dudelsack weg und entsprang durchs Fenster. Der vermeintliche Bräutigam kletterte durch den Rauchfang hinaus, die Hochzeitsgäste stürzten auf die Tür zu oder flüchteten sich unters Bett, und Mann und Frau – diese aus ihrer Ohnmacht wieder zu sich gebracht – blieben allein, um sich gegenseitig Erklärungen abzugeben. Die Sache war so, daß er ein Jahr und einen Tag fortgewesen war, und das ist die Zeit, in der die Witwen keine zweite Ehe schließen dürfen.

Es dauerte eine Weile, bis sich der Mann von der Erschöpfung eines durchtanzten Jahres erholte und die Frau ihren Schreck völlig überwand, aber ich bin sicher, von da an lebten sie glücklich. Sie haben ihre Urenkel noch gesehen, und ihre Nachkommen sind bis zu diesem Tag über das ganze Land verstreut.

95. Brühe aus einem Schädel

In Camp-del-more in Strathavon lebte einmal eine Frau, deren Vieh von irgendeiner Seuche gepackt worden war, die damals in der Gegend wütete und der täglich viele Tiere zum Opfer fielen. Und alle Notfeuer und heiligen Wasser verfehlten ihre gewohnte Wirkung. Die Frau fragte viele weise Leute um Rat, und schließlich sagten ihr die, es müsse sich um irgendein Teufelswerk handeln, dem nicht anders beizukommen sei als durch ein unfehlbares Mittel: Brühe von einem Totenkopf vom Kirchhof. Natürlich lasse sich dies Arkanum nur sehr schwer beschaffen, zumal das Haupt unbedingt zur mitternächtlichen Stunde dem Grab entnommen werden müsse.

Nun war die Frau beherzt und glaubensstark, und weniger die Furcht hielt sie eine Zeitlang ab, zu dem verzweifelten Mittel Zuflucht zu nehmen, als das angeborene Gefühl der Ehrfurcht vor der geheiligten Ruhestatt der Toten. Aber schließlich sah die Hausfrau von Camp-del-more, daß ihr Viehbestand durch die Wut der Seuche bald vollends vernichtet sein würde, und entschloß sich, den Versuch zu wagen, was immer dabei herauskommen mochte. Mit Mühe beredete sie eine Nachbarsfrau, sie bei dieser riskanten Unternehmung zu begleiten. Gegen Mitternacht brachen sie also miteinander zum Gemeindekirchhof auf, der etwa anderthalb Meilen von ihren Häusern entfernt lag und wo sie ihren Entschluß in die Tat umsetzen wollten.

Als sie auf dem Kirchhof angelangt waren, verlor die Gefährtin angesichts des düsteren Schauplatzes ihr bißchen Mut und weigerte sich, zwischen die Heimstätten der Toten zu treten. Jedoch willigte sie ein, wenigstens an der Pforte zu warten, bis die Freundin ihr Unternehmen vollbracht hätte.

Unsere Heldin ließ sich von der anderen in ihrem Entschluß nicht wankend machen. Mit der größten Kaltblütigkeit und Unerschrockenheit schritt sie auf ein, wie sie meinte, altes Grab zu, setzte den Spaten an und begann zu graben. Nachdem sie sich eine gute Weile abgeplagt hatte, stieß sie auf das Ziel ihrer Anstrengung. Sie hob den ersten Kopf oder vielmehr Schädel, den sie entdeckte, auf und war im Begriff, von ihm Besitz zu ergreifen, siehe! Da ertönte eine hohle, wilde, grabesdumpfe Stimme: »Das ist mein Kopf! Laß ihn in Ruh!«

Da es sie nicht danach verlangte, des Klägers Rechte an diesem Kopf abzustreiten, und in der Hoffnung, sie werde sich anderweit versehen können, legte die Frau den Schädel gutwillig wieder hin und hob einen andern auf.

»Das ist meines Vaters Kopf!« brüllte die nämliche Stimme. Die Hausfrau von Camp-del-more wünschte dringend, wo möglich Streitigkeiten zu vermeiden, also nahm sie wiederum einen andern Schädel auf; doch sofort erhob derselbe Sprecher auch auf diesen Anspruch als auf den Kopf seines Großvaters.

»Schön«, sagte die Frau enttäuscht und gereizt, »und

wenns der deiner Großmutter wäre, du kriegst ihn nicht, bevor ich damit fertig bin!« – »Was sagst du da, du Vettel?« sagte der Geist und erhob sich jählings vor ihr in seiner ungeordneten Gewandung, »was sagst du da, du Vettel?« wiederholte er wütend. »Ich schwöre dir, du tust besser dran, meines Großvaters Haupt in Ruhe zu lassen.«

Wie die Dinge lagen, hielt es die schlaue Hausfrau von Camp-del-more für angebracht einzulenken. Sie erklärte dem Kläger in allen Einzelheiten, in welcher Not sie sich befand, und versprach hoch und heilig, wenn seine Ehren ihr nur erlauben wollten, den Schädel oder Kopf seines Großvaters in Frieden mitzunehmen, dann wolle sie ihn gewiß wiederbringen, sowie sie damit fertig sei. Und nun kamen sie nach einigem Hin und Her zu einer Verständigung. Er erlaubte ihr, den Kopf mitzunehmen unter der Bedingung, daß sie ihn vor dem Hahnenschrei zurückerstatte, andernfalls drohten ihr die schwersten Strafen.

Als sie aus dem Kirchhof trat und sich nach ihrer Gefährtin umsah, fand sie sie zu ihrem Verdruß ohnmächtig auf dem Boden liegend. Sie hatte den Disput zwischen ihrer Freundin und dem Grabwächter mit angehört und nicht gezweifelt, daß sie die gräßlichen Strafen werde teilen müssen, die der Freundin drohten; und schon eine bloße genaue Schilderung hatte ihr das Bewußtsein geraubt. Und nun war es nicht so einfach, sie wieder zu sich zu bringen. Für die Frau von Camp-del-more bedeutete das einen argen Klotz am Bein; denn ihr standen ja nicht mehr als zwei Stunden zur Verfügung, dann mußte sie ihrem Vertrag nach bereits wieder auf dem Friedhof sein! Sie nahm also die Freundin auf den Rücken und schleppte sie einen steilen Hang hinauf bis zum nächsten Haus, wo sie sie für die Nacht ließ; dann rannte sie heim, was die Beine hergeben wollten, kochte Totenbrühe aus dem Totenkopf und war noch vor Ablauf der Frist wieder mit dem Schädel auf dem Friedhof zur Stelle, übergab ihn seinem Wächter und schaufelte das Grab wieder zu. Es muß kaum erst gesagt werden, daß ihr beispielhafter Mut belohnt wurde: Die Brühe wirkte, das Vieh erholte sich schnell, und solange noch etwas von dem Mittel übrig war, hielt sich auf dem Hof keine Krankheit lange.

96. Das unheimliche Pfeifen

Es ist ungefähr siebzig Jahre her, da ging ein Bursche aus dem Dorf Cornaig auf Tiree abends nach einem andern Dorf, Cruaish-ghortain, das ungefähr zwei Meilen entfernt liegt. Dort angekommen, legte er sich auf ein Bett, und weil er müde war, schlief er fest ein. Nach einer Weile fuhr er aus dem Schlummer hoch. Der Vollmond schien, die Nacht war fast taghell, und der Bursche meinte, der Morgen sei schon angebrochen; er sprang auf und lief eilends heimwärts. Der Weg führte ihn über eine Bergheide, die der Gelbe Kamm genannt wurde. Als er etwa in der Mitte war, hörte er hinter sich ein lautes Pfeifen, aber nicht aus der Richtung, aus der er gekommen war; es mochte ungefähr eine Meile weit herkommen, schien ihm. Das Pfeifen war so unheimlich laut – er meinte, jeder Mensch auf der Insel müsse es gehört haben. Er hastete weiter, und als er gegenüber vom Spitzen Fels angelangt war, hörte er das Pfeifen wieder; es schien von dort zu kommen, wo er selber vorhin, als ers zum erstenmal gehört hatte, gewesen war. Der Ton war so klar und laut, daß es ihn bis ins Mark hinein schauderte. Er lief noch schneller, das Herz schlug ihm nun bis zum Hals; und als er am Dorf angelangt war, da hörte er das Pfeifen vom Spitzen Felsen her. Da rannte er von der Straße weg und erreichte glücklich den Hof, bevor er eingeholt wurde. Er stürzte in die Scheune, wo er gewöhnlich schlief, warf noch einen Blick zur Tür zurück auf seinen Verfolger und verkroch sich dann unter einem Stapel Garben. Sein Bruder lag in derselben Scheune in einem Bett und schlief; der Vater aber war im Haus, und er hörte dreimal – und zwischen den Rufen kam jedesmal eine Pause –, er hörte dreimal vor der Tür eine Stimme: »Schläfst du? Willst du nicht gehn und nach deinem Sohn sehn? Er ist in Lebensgefahr! Sein Leben hängt an einem

Haar!« Die Stimme klang von Ruf zu Ruf dringlicher, und schließlich stand der alte Mann auf und ging zur Scheune hinüber. Er suchte seinen Sohn und fand ihn nahezu tot unter den Garben. Die einzige Erklärung, die der junge Mann geben konnte, war: An der Tür, beim Zurückblikken, habe er den Himmel zwischen den Beinen seines Verfolgers sehen können; und er sei ihm bis an die Tür nachgekommen und habe gesagt: »Gut für dich, daß du das Dach erreicht hast! Ich bin einer von denen, die drüben auf dem Vogelfeld umgekommen sind.«

97. Die Schlacht von Gaura

Bei Gaura in Irland wurde die Schlacht geschlagen, bei der Cairbre und Oscar, der Sohn Oisean, fielen. Sie fand ungefähr im fünften Jahrhundert statt, und von dem Gedicht oder der Ballade her, worin Oisean die Schlacht und die Umstände von seines Sohnes Tod beschreibt und die noch im Volk lebt, ist sie immer die berühmteste der keltischen Schlachten gewesen.

Eines Abends ging ein kleiner Mann namens Campbell mit Pflugschar und Pflugmesser auf der Schulter von der Schmiede heimwärts, und in einem engen Tal traf er eine riesige Gestalt, die stand mit je einem Fuß auf je einer Bergwand. Der Gewaltige fragte ihn: »Wie heißt du?« Er antwortete kühn, wie es einem aus dem Clan zukam: »Campbell.« Da fragte der andere: »Bist du in der Schlacht von Gaura gewesen?« – »Ja«, sagte Campbell. »Dann zeig mir deine Hand, daß ich sehe, ob du in der Schlacht von Gaura gewesen bist.«

Statt seiner Hand hielt im Campbell die Pflugschar und das Pflugmesser hin, und der Riese umfaßte sie mit so gewaltigem Druck, daß sie zusammengeschweißt wurden und Campbell sie wieder in die Schmiede zurücktragen mußte.

»Ich sehe«, sagte die Erscheinung, »du bist wirklich in der Schlacht von Gaura gewesen, denn deine Hand ist ganz hübsch hart.«

Zwei Männer waren bei Nacht unterwegs – es heißt, sie hätten Schafe stehlen wollen. Einer verkürzte sich und dem Kumpan den Marsch, indem er ihm von der Schlacht von Gaura erzählte. Da tauchten zwei riesige Gestalten auf, je einer auf zwei Bergen in der Gegend. Die beiden unterhielten sich miteinander, und der eine sagte: »Hörst du die Männer dort unten? Ich war der zweitbeste Held der Schlacht, und der Kerl dort unten weiß besser über das Ganze Bescheid als ich!«

98. Der tote König

Als ich ein kleines Mädchen war, wohnten wir in A. – das ist in der Gegend von Ledaig. Einmal wanderten meine Schwester und ich zum Schuhmacher Cowan, der sollte uns die Stiefel flicken. Es ging schon zum Frühlingsende zu, die Tage fingen an, lang zu werden, und als wir wieder zurückmarschierten, war es noch nicht spät. Als wir nun dort anlangten, wo der Weg über den Bach führt, war das Wasser übergetreten, ein Tümpel hatte sich auf dem Moos am Straßenrand gebildet. Wir schauten hin, da stand auf einmal ein ganz großes Pferd – riesengroß war es, und trank, und daneben stand ein riesiger Herr mit einem Hut von gewaltigem Umfang. Ich staunte ihn an, wie fein er sich herausgeputzt hatte, so prächtig; und sein Pferd, glaub ich, das war kastanienbraun. An der Größe merkte ich, das war kein gewöhnlicher Mann und war kein gewöhnliches Pferd. Meine Schwester, die beiden sehen und losrennen, war eins; mich ließ sie einfach im Stich. Ich blickte eine Viertelsekunde nach ihr hin und dann wieder zurück zu dem Mann und dem Pferd; aber da war er nirgends mehr zu sehen und war so schnell und rätselhaft verschwunden, daß ich nun auch heimrannte, so schnell ich konnte. Als wir zu Haus angelangt waren, erzählten wir dem Vater, was wir gesehen hatten, und er sagte: »Ach, das war sicher nur einer von den Königen, der ist zu den Druiden auf dem Carn Bhan hinübergegangen und hat sie besucht.« Wissen

Sie, der Carn Bhan ist ein Steinhügel, nur ein kleines Stück weiter, er liegt dicht bei der Straße, wo wir den Mann gesehen hatten. Und auf dem Berg hinter dem Haus, in dem wir damals wohnten, da ist ein kleiner Friedhof mit sieben großen Steinen darauf, dort liegen sieben Könige begraben. Die Leute erzählten alle, daß sie oft zum Carn Bhan hinübergingen, um die Druiden zu besuchen. Und ich denke, an dem Abend, als wir vom Schuster zurückkamen, war der Geist von einem gerade unterwegs; zumindest haben wir es damals gedacht. Auf dem Carn Bhan schien auch oft ein großes Licht, ich glaube, es ist noch gar nicht lange her, daß jemand es dort gesehen hat. Ich hab es oft selber gesehn, es war so groß wie das Licht der Lampe hier.

99. Die Toten verteidigen ein Grab

In Crossapol liegt der Friedhof der Insel Coll, und gleich daneben wohnte ein Mann, der das Zweite Gesicht hatte, ein Seher.

Eines Tages war er im Hafen von Arnagour gewesen, der etwa sechs Meilen entfernt ist; als er wieder heimwanderte, stieß ihm unterwegs ein Mißgeschick nach dem andern zu; wiederholt stürzte er. Als er aber zu Hause anlangte, fand er sein einziges Kind, einen zwölfjährigen Jungen, tot auf dem Friedhof liegen, wohin er zum Spielen gegangen und wo er eingeschlafen war. Das Kind war ermordet, und seine Eingeweide quollen hervor. Da schlug der Seher, vor Verzweiflung rasend, mit seinem Stock auf die Gräber rundum ein und schrie: »Ihr da drinnen, ihr, ihr Elenden! Ihr, meine eigenen Leute! So kümmert ihr euch um euer Blut?« Er brüllte: »Das habt ihr geschehen lassen? Das habt ihr mit meinem Kind machen lassen?«

Aber als er in der Nacht lag – endlich in Erschöpfungsschlaf verfallen –, da vernahm er eine Stimme, die durch seine Betäubung hindurchdrang; sie sagte: »Zürne uns nicht. Wir waren gestern fort. Wir waren auf Islay, damit sich der Fremde nicht in Lachlan Mors Grab eindrängen konnte. Deshalb sind wir nicht dagewesen und haben das Kind nicht retten können.«

Nun war dieser Lachlan Mor ein hochgewachsener, kraftvoller Mann gewesen, der Häuptling der MacLaines von Dowart und verwandt mit den MacLaines von Coll. Lachlan Mor war in der blutigen Clansschlacht am Gruinard Beach auf Islay getötet worden und lag auf dem Friedhof von Kilchoman begraben. Als der Gutsherr von Coll erfuhr, was der Vater des toten Kindes, der Seher, nachts hatte sagen hören, schickte er ein Boot nach Islay, und da stellte sich heraus: Am nämlichen Tag, da das Kind ermordet worden war, hatte die Flut einen ertrunkenen Matrosen in der Nähe an Land gespült, und die Leute hatten versucht, den Grabstein des Häuptlings zu heben und den Matrosen mit in des Häuptlings Grab zu legen. Aber sie hatten es nicht geschafft und den Stein nur verrücken können. So war er liegengeblieben. Die Toten hatten sich mit ihrem ganzen Gewicht auf ihn geworfen, um den Fremden aus Lachlan Mors Grab herauszuhalten.

100. Ruhelose Tote

Es gab kaum ein Herrenhaus im Land, in dem nicht ein Spukzimmer war. In einem Raum war eine Dame ermordet und ihr Leichnam in einem Gewölbe darunter vermauert worden. Ihr Geist konnte keine Ruhe finden, bis sie ihren Mörder verraten und gezeigt hatte, wo ihr Leichnam lag. In einem andern Gemach hatte ein gedungener Mörder den kleinen Erben erstickt, angestiftet von dem, der nach dem Kind die Erbfolge antrat. Er bekam das Gut, doch die Tat verfolgte den Schurken über das Grab hinaus, und sein Geist fand keine Ruhe. Nacht für Nacht mußte er zur mitternächtlichen Stunde in das Zimmer zurückkehren, in dem der Mord geschehen war, und unter Qualen dort bleiben, bis in der Frühe der Hahnenschrei alles Übernatürliche vertrieb.

Anderswo hatte ein unredlicher Verwandter die Eigentumsurkunden in der Wand verborgen, damit der Besitz ihm zufiele. Doch in der andern Welt fand er keine Ruhe, bis die Urkunden zurückerstattet waren und das Gut dem rechtmäßigen Erben gehörte. Er mußte in das Zimmer kommen, in dessen Wand die Dokumente verborgen lagen.

Generation auf Generation mußten diese ruhelosen Geister an den Schauplatz ihres Lebens zurückkehren und warten, bis sich einer fand, der kühn genug war, um über Nacht in dem Spukgemach auszuharren und den Geist zu fragen, was er verlangte.

Dann und wann fand sich wirklich jemand, der den Mut dazu aufbrachte. Das Spukzimmer wurde bereitgemacht. Er, der die kühne Tat vollbringen wollte, betrat mit der Dämmerung den Raum und brachte sich einen Tisch, einen Stuhl, eine Kerze, einen Zirkel, falls einer aufzutreiben war, auch ein Kruzifix und eine Bibel mit. Mit dem Zirkel zeichnete er mitten auf dem Fußboden einen Kreis, der groß genug war, daß Tisch und Stuhl hineinpaßten. Er stellte Tisch und Stuhl in den Kreis, stellte auf den Tisch eine Kerze, brannte sie an und legte Bibel und Kruzifix daneben. Hatte er kein Kruzifix, dann zeichnete er auf den Fußboden innerhalb des Kreises ein Kreuz. War all dies geschehen, so setzte er sich auf den Stuhl, schlug die Bibel auf und wartete, daß der Geist erschien.

Schlag Mitternacht kam er. Manchmal öffnete sich langsam die Tür, und eine in weißes Linnen gehüllte Dame mit leiderfülltem Antlitz glitt herein; der Mann fragte sie im Namen Gottes nach ihrem Begehr, und sie erzählte ihm ihre Geschichte. Am nächsten Morgen wurde ihr Verlangen erfüllt, und von nun an hatte der Geist Ruhe. Manchmal stieg der Geist auch aus dem Fußboden auf, manchmal kam er aus der Mauer zutage. Einen gab es, der brach mit einem mächtigen Sprung in den Raum, tanzte wild um den Kreis herum und schwang dem Mann eine lange Peitsche um den Kopf, doch wagte er dabei kein einziges Mal, den Kreis zu betreten. Während er eine Pause in seinem tollen Tanz machte, fragte der Mann im Namen Gottes, was er wolle; er ließ ab von seinen Sprüngen und antwortete. Man richtete sich nach seinen Wünschen, und er bekam Frieden.

Unmäßiger Kummer um einen verstorbenen Freund ohne Ergebung in den Willen der Vorsehung nahm dem Geist die Ruhe in der andern Welt. Nur dann erlangte er Ruhe, wenn er zurückkehrte und den Trauernden durch die Versicherung tröstete, daß er sich im Zustand der Seligkeit befinde. Doch auch die Sorge für Lebende konnte den Toten auf die Erde zurücktreiben: Tote Mütter, so glaubte man, kümmerten sich um ihre Kinder. Und Ermordete oder Selbstmörder, die ihren Lebensplan nicht erfüllt, die nicht die ihnen eigentlich zugemessene Zahl von Jahren erreicht hatten, waren dazu verurteilt, sie ›auszuleben‹, das heißt, so lange wiederzugehen, bis die ihnen ursprünglich bestimmte Todesstunde da war.

Nicht nur Häuser, sondern auch bestimmte Plätze draußen, Wälder, Straßen, Brücken hatten ihren Geisterspuk. An einer Stelle brannten Nacht für Nacht Kerzen. Über ein Straßenstück marschierte in dichter Schlachtordnung ein Trupp Soldaten. In der Nähe eines Waldes erschien jede Nacht ein Geist im Leichentuch. Auf einem Friedhof hörte man mitternachts laut, den Sturm übertönend, die Kirchenglocke. Wer solche Spukorte kannte, schlug nach Einbruch der Dämmerung einen großen Bogen um sie.

101. Hugh mit dem kleinen Kopf

Mehrere Familien der schottischen Hochlande bekannten sich vordem voller Stolz dazu, daß ein Geist ihnen treulich anhing und das Amt der irischen Banshi ausübte. Doch bei den so ausgezeichneten Hochlandsfamilien beschränkte sich die Funktion dieser Schutzgenien nicht darauf, daß sie denen das Ende anzeigten, deren Tage gezählt waren. Die Hochländer brachten es fertig, noch andere nützliche Dienste von ihnen zu erlangen: Manchmal zum Beispiel wandten sie in Schlachten die Gefahren von ihren Schutzbefohlenen ab; oder sie hüteten den kleinen Erben vor allem Schlimmen und brachten ihn heil durch die Gefahren der Kindheit; und ab und zu ließen sie sich sogar dazu herab, sich in des Häuptlings Vergnügungen einzumischen und ihm zu zeigen, was beim Schachspiel der günstigste Zug war und welche Karte er ausspielen mußte. Dabei wichen Gestalt und Aussehen der Geister in den einzelnen Fällen voneinander ab.

Unter den Geistern, die geruht haben, in neuerer Zeit ihre Existenz zu bezeugen, indem sie erschienen, ist der eines Ahnherrn aus der Familie MacLaines von Lochbuy. Immer dann, wenn einem aus dem Geschlecht der Tod bevorsteht, galoppiert der spukende Häuptling nahe beim Schloß am Ufer entlang und verkündet das Ereignis durch Schreie und Klagen. Man sagt, das Gespenst habe noch vor wenigen Jahren seine Runden geritten und seine Todesschreie ausgestoßen, so daß die Familie und der Clan zwar erschüttert, aber mitnichten überrascht waren, als sie kurz darauf die Nachricht erhielten, daß ihr tapferer Häuptling in Lissabon, wo er unter Lord Wellington gedient, den Tod gefunden hatte.

Hugh mit dem kleinen Kopf war der bekannteste und meistgefürchtete Spukgeist in den westlichen Hochlanden: Die Erscheinung eines kopflosen Reiters, der sich immer dann blicken ließ, wenn einer von den MacLaines von Lochbuy auf Mull seinem Ende nahe war. Der gespenstische Reiter sitzt auf einem kleinen schwarzen Roß mit einer Blesse auf der Stirn; seine Hufspuren sind nicht wie die anderer Pferde, sondern rund, sie sehen aus, als habe das Tier Holzbeine. Immer, wenn einer aus Hughs Stamm auf dem Totenbett liegt, reitet er am Haus vorbei, und manchmal zeigt er sich sogar an der Tür. Er sitzt nicht gerade auf dem Pferderücken, sondern etwas auf die eine Seite gewandt, und der fast kopflose Leib nimmt sich beinahe so aus wie ein aufs Pferd gebundener Wassereimer. Die Geschichte des Mannes, der dazu verdammt ist, beim Tode eines jeden aus seinem Clan zugegen zu sein, ist sonderbar. Die Überlieferungen stimmen nicht alle miteinander überein, aber sie enthalten sämtlich das, was wir im folgenden erzählen.

Hector der Eigensinnige war Herr auf Lochbuy und Bruder Lachlans des Listigen, des ersten Herrn auf Dowart; beide lebten im vierzehnten Jahrhundert. Hugh war der einzige Sohn Hectors. Er bekam den Namen ›Hugh mit dem kleinen Kopf‹ zu Lebzeiten, und nach seinen Handlungen zu urteilen, liefert er einen glänzenden Beweis für das Sprichwort: ›Ein großer Kopf bei einem weisen Mann und ein Hennenkopf bei einem Narren‹. Seine Aussprüche, soweit sie überliefert sind, zeigen die sonderbare Schlauheit, die sich zuweilen mit einem beschränkten Verstand verbindet. So meinte er, als seine Mutter zu Grabe getragen wurde, die Bahrträger höben den Leichnam zu hoch, und er verwies es ihnen mit dem Bemerken: »Sonst macht sie am Ende noch eine Gewohnheit draus.« Das Wort hat sich erhalten: ›Eine Gewohnheit draus machen wie die Mutter von Hugh mit dem kleinen Kopf.‹

Hugh war mit einer Tochter aus dem Hause der MacDougall von Lorn verheiratet, und sie erwies sich als höchst gleichgültige Ehefrau. Die Überlieferung belegt sie mit mehreren alles andere als schmeichelhaften Spitznamen: Der Reiher mit dem schwarzen Untergestell; Geizhals; der böse schwarze Reiher; die MacDougall-Reiherin. Hugh war ein furchtloser Soldat und alles in allem der rechte Mann dazu, nach seinem Tode als Spukgeist umzugehen.

Grund und Boden von Lochbuy hatten zuerst den MacFadyens gehört; aber der Herr der Inseln – wir erinnern uns: Die Herren der Inseln, so nannten sich die MacDonalds, die Gebieter von Kintyre, die mit königlicher Macht herrschten –, der Herr der Inseln also hatte MacFadyens Gut dem MacLaine zugesprochen; wie und warum wissen wir nicht. MacLaine jedenfalls nahm die List zu Hilfe, um Lochbuy an sich zu bringen. Er bat MacFadyen arglistig um Gelände für ein Schafpferch. MacFadyen wies ihm einen Berg an; da begann er, auf dem Berg statt eines Pferchs ein Schloß zu bauen, und als das Schloß soweit fertig und genügend befestigt war, um einem Angriff standzuhalten, zielte er von seinem Berg aus auf MacFadyen, der eben beim Essen saß und Knochen abnagte, und schoß einen Pfeil auf ihn ab. Offenbar ging MacLaine mit dem Bogen nicht sehr geschickt um, oder aber er wünschte MacFadyen nicht zu töten, sondern ihn nur zu vertreiben. Jedenfalls wiederholte er seine Schreckschüsse so lange, bis MacFadyen aufgab: Der ursprüngliche Herr auf Lochbuy verließ sein Land und zog nach Carmony; er hielt sich dadurch über Wasser, daß er im Beinn an Aoinidh auf Mull Gold sammelte und es münzte; deswegen waren noch seine Kindeskinder als ›die Nachkommen des Goldschmieds‹ bekannt.

Nun war MacLaine unbestritten Herr auf Lochbuy, und die beiden Brüder – Hector der Eigensinnige und Lachlan der Listige – waren Nachbarn: ihre Besitztümer stießen aneinander. Das heißt, dazwischen lag noch ein Feld, um das stritten sich die beiden. Anscheinend nahmen beide Freunde an dem Streit tatkräftig Anteil, denn Folgendes geschah: Lochbuy schickte einen seiner Männer zum Pflügen auf den Acker; ein Freund Dowarts streifte gerade jagend durch die Gegend, sah den Pflüger und erschoß ihn. Der ermordete Pflüger aber war ein Verwandter von Lochbuys Frau gewesen.

Eine Weile darauf waren die beiden jungen Dowarts auf Lochbuy zu Besuch: und als sie wieder heimgingen, begleitete die Frau ihres Oheims die beiden ein Stück. Als sie an die Quelle kamen, die seither ›Kopfquelle‹ heißt, nahm sie Rache für ihren ermordeten Verwandten, den Pflüger, schlug den Kindern die Köpfe ab und warf sie ins Wasser; die Leiber ließ sie am Hang liegen.

Daß diese Untat zu einer tödlichen Fehde zwischen den Brüdern und ihrem Anhang führte, versteht sich von selbst. Nur Hughs Frau kümmerte sich nicht darum. Sie war eine Ziehschwester von Lachlans, ihres angeheirateten Oheims, Frau und stellte sich nicht auf die Seite ihrer mörderischen Schwiegermutter. Es gab solchen Streit in der Familie, daß aus Lochbuy jede Ruhe wich. Deshalb wies der alte Hausherr seinem Sohn Hugh einen eigenen

Wohnsitz an und trat ihm die Ländereien von Morinish ab, und Hugh baute sich auf einem Inselchen im Loch Sguabain, einem kleinen See zwischen Lochbuy und Dowart, ein Schloß.

Aber damit war seine habgierige Frau, die Reiherin, durchaus nicht zufrieden. Sie drang in ihren Mann: Er solle gehn und sich die Besitzurkunden der Lochbuyländereien von seinem Vater holen, und als sie ihn lange genug bearbeitet hatte, ging er schließlich. Sein Vater erklärte ihm, nach seinem Tode werde Hugh der ganze Besitz zufallen, damit war Hugh beruhigt, und zog wieder heim. Nicht beruhigt, sondern wütend war die Reiherin. »Wo hast du dein bißchen Verstand?« sagte sie. »Und wenn dein Oheim Lachlan einfach zu deinem Vater hinzieht und ihm alles, was er hat, abnimmt? Das ist für ihn eine Kleinigkeit, jetzt, wo dein Vater alt und schwach geworden ist!«

Wieder zog Hugh zu seinem Vater. Diesmal entspann sich ein Streit, und Hugh versetzte seinem greisen Vater in der Hitze der Wut eine Ohrfeige.

Wie auch immer Vater und Sohn bei ruhigerer Besinnung mit dieser neuen Ungeheuerlichkeit innerlich zu Randekamen: Einer jedenfalls jubelte darüber, als er davon erfuhr. Lachlan der Listige hätte sich nichts Besseres wünschen können; denn jetzt hatte er einen Grund, um den rechtmäßigen Erben umzubringen, sich selber zum Herrn von Lochbuy zu machen und seinen Rachedurst zu stillen. Er rief seine Mannen zusammen und rückte aus mit der Absicht, Hugh gefangenzunehmen und zu töten, mindestens aber irgendwo einzusperren. Und Hugh schlug gleichfalls Alarm, sammelte seine Leute und bereitete sich auf die Schlacht vor.

Früh am Morgen des Kampftages – andere sagen, am Abend zuvor – streifte er draußen herum, und am Grenzbach erblickte er eine Elfenfrau, die spülte Wäsche und sang das Lied der MacLaines. Wie das bei Frauen aus dem Elfenvolk so ist (wenigstens auf Mull erzählt man sich das), hingen ihre langen Brüste herab und hinderten sie bei der

Arbeit; sie warf sie dann und wann über die Schulter, damit sie ihr nicht im Wege waren. Hugh schlich sich lautlos hinter sie, haschte eine der Brüste, wie das in solchen Fällen ratsam ist, nahm die Brustwarze in den Mund und sagte: »Du und ich, wir sind Zeugen, daß du meine beste Ziehmutter bist!«

Sie antwortete: »Die Hand deines Vaters und Großvaters komme über dich! Das hast du auch nötig.« Darauf fragte er sie: »Was machst du da?« Sie antwortete: »Ich wasche die Hemden deiner zu Tode verwundeten Männer. Ich wasche die Kleider derer, die morgen zu Pferde steigen und nicht wieder zurückkehren.« Er fragte sie: »Werde ich den Kampf gewinnen?« – »Wenn ihr«, antwortete sie, »du und deine Leute, zum Frühstück Butter erhaltet, ohne daß ihr erst danach verlangen müßt, dann wirst du siegen; andernfalls aber verlierst du.« – »Und werde ich selber lebend aus der Schlacht zurückkehren?« erkundigte er sich. Darauf schwieg sie; aber dann sagte sie: »Eins hinterlasse ich dir als Abschiedsgabe: Du wirst allen deines Geschlechts ihren nahen Tod anzeigen.« Er ließ sie los, und sofort war sie verschwunden.

Wieder daheim, legte er ein neues Gewand an; als er eben damit fertig war, trat eine Magd herein, lobte es und sagte: »Möget Ihr es lange mit Freuden tragen.« Nun gilt es aber als unglückbringend, wenn eine Frau das als erste sagt, und Hugh erwiderte, zornig über das böse Vorzeichen: »Mögest du dich nicht lange deiner Gesundheit erfreun.«

Als Hugh mit seinen Männern an der Frühstückstafel saß, schickte Geizhals, die schwarze Reiherin, Quark und Milch in flachen Schüsseln herein. Sie gab nicht einmal Löffel dazu heraus, sondern schrie Hugh und seinen Leuten zu: »Laßt euch Hühnerschnäbel wachsen, los, pickt!«

Hugh wartete lange, ob wohl noch Butter gebracht würde, und rieb dabei ungeduldig mit den Schuhen aneinander, während er ab und zu sagte: »Es wird Zeit zu gehen!« Und er gab seiner Frau jeden nur möglichen Wink, sie solle Butter bringen lassen, doch vergebens, und schließlich schleuderte er seinen Schuh quer durchs Haus und schrie: »Weder Schuhe noch Reden bringen eine schlechte Hausfrau dazu, daß sie sich rührt! Schick die Butter herein, morgen kannst du sie selber essen!« Sie gab zurück: »Wer alte Schuhe durchs Zimmer schießt, hat nichts zum Vermachen auf der Hand als seine Schwielen!«

Die Butter wurde gebracht, aber Hugh war schon aufgesprungen, er brüllte: »Quark und Käse! Soll meinen Männern der weiße Brei durch die Rippen kommen?« Mit einem Tritt stieß er die Tür zur Milchkammer auf und jagte seine Hunde hinein; dann ging er fort und ließ das Frühstück unangerührt stehen.

Der Kampf fand bei Onoc nan Sgolb hinter Innsri statt, nicht weit von Torness in der Glenmore. Wie man von Leuten mit leerem Magen nicht anders erwarten kann, verloren Hugh und die Seinen die Schlacht. Ein Schlag mit dem Breitschwert nahm ihm den Oberkopf. Statt daß er tot zu Boden fiel, sprang er auf sein Pferd, ein kleines, schwarzes Roß mit einem weißen Fleck auf der Stirn; und von da an geht er um und zeigt denen seines Geschlechts an, wann sie sterben müssen.

Lachlan der Listige, Herr von Dowart, aber nahm, nachdem er gesiegt hatte, seinen Bruder, Hector von Lochbuy, gefangen und schickte ihn nach Kerneburg, einer Feste auf einer der Treshinish-Inseln nahe Staffa, westlich von Mull, die von den Dowarts verwaltet wurde. Als Betreuerin sandte er ihm die ›schwarze Sarah Macphie‹ von Suidhe im Ross of Mull – die plumpste Frau, die er auftreiben konnte. Sie war so häßlich, daß sie den Spitznamen ›der Packsattel‹ erhalten hatte. Nichtsdestoweniger wurde die schwarze Sarah die Mutter von Murcha Gearr, der sich schließlich zum Herrn seines väterlichen Landes machte.

102. Jock Barfuß

Schloß Finhaven, der Sitz der Grafen von Crawford in den Tagen ihrer mittelalterlichen Herrlichkeit, ist jetzt eine Ruine, aber massiv und hoch. Mit welchen Gefühlen das Volk die alte Feste dereinst betrachtete, als sie noch in ihrer ursprünglichen Mächtigkeit dastand, verrät die Prophezeiung, die angeblich von Thomas dem Reimer stammt:

›Wenn Finhaven Castle zu Sand zerfällt,
dann ist nahe das Ende der Welt.‹

Es gab in Finhaven bis zur Mitte des achtzehnten Jahrhunderts eine uralte spanische Kastanie, die man den Finhavener Verschwörungs- oder Gesellschaftsbaum nennt, deswegen nämlich, weil der Herr des Hauses unter ihm seine Besucher empfing und verabschiedete. Nun verfiel unglücklicherweise einmal ein Bote aus dem nahen Cariston darauf, sich von des Grafen Lieblingsbaum einen Wanderstab zu schneiden; dafür ließ ihn ›Earl Beardie‹, ›Graf Bärtchen‹, auf der Stelle daran aufhängen.

Aber der Geist des Armen wandert noch immer auf der Straße von Finhaven nach Cariston hin und her, und wird dort ein Reisender von der Nacht überrascht, dann kann er sicher sein, daß Jock Barfuß neben ihm auftaucht und ihn begleitet. Ein paar haben ihn als Burschen von etwa sechzehn Jahren beschrieben, der weder Mütze noch Schuhe trägt. Er hat wunderliche Launen und Einfälle, doch tut er nichts Böses, und wenn die Straße einen bestimmten Bach erreicht, verschwindet er in einer Feuerwolke. Von Graf Bärtchen aber heißt es, daß er noch heute am Leben ist und in einer Geheimkammer von Schloß Glamis haust. Er ist dazu verdammt, dort zu sitzen und Karten zu spielen bis zum Jüngsten Tag. Ein alter prophetischer Spruch scheint das zu bestätigen, denn er lautet:

›Earl Beardie kann nicht sterben und Jock muß gehn,
solang noch Kastanien im Lande stehn.‹

103. Der Mann im Verlies

Eins der berühmtesten Gespenster spukt, so glaubt man, im Spedlins-Schloß bei Lochmaben, dem alten Herrensitz der Jardiners von Applegirth. Es heißt, daß einer der alten

Gutsherren in Ausübung seiner örtlichen Gerichtsbarkeit einen Mann namens Posteous im Schloßverlies eingesperrt hatte. Nun wurde der Herr aber plötzlich nach Edinburgh berufen, und als er durch das Westtor einritt, merkte er plötzlich, daß er den Verliesschlüssel mitgenommen hatte. Das Entsetzen packte ihn, er schickte eilends seinen Diener zurück, um den Gefangenen freizusetzen, aber es war zu spät. Man fand den Unglücklichen verhungert auf den Stufen liegen, die von der Tür ins Kellergewölbe herabführten. Er hatte sich in seiner Hungerqual vom einen Arm das Fleisch abgenagt.

Es war die natürliche Folge einer solchen Tragödie, daß sein Geist im Schloß spukte. Tatsächlich wurden seine Besuche derart häufig, daß ein Geistlicher von Rang berufen wurde, um ihn zu bannen. Vierundzwanzig Stunden lang stritt der gelehrte Mann mit dem Geist, dann besiegte er ihn soweit, daß er das Gespenst ins Schloßverlies verwies; dort hörte man noch immer seine Schreie gellen. Mindestens ein Teil des Bannzaubers hängt von der Bewahrung einer alten Bibel mit Frakturschrift ab, die der Exorzist benutzt hat. Vor einigen Jahren hielt man es für nötig, sie neu binden zu lassen; aber sowie sie aus dem Schloß fortgebracht worden war, begann der Geist seine nächtlichen Orgien aufs neue und mit zehnfachem Gelärm; und die Leute glauben steif und fest, daß er aus seiner Haft ausgebrochen wäre, hätte man nicht den geheiligten Band schleunigst wieder an seinen vorigen Ort gebracht.

104. Der letzte Geisterbanner

Mass John Scott, Pfarrer von Peebles, soll der letzte berühmte Exorzist gewesen sein; man erzählt, er habe sein Leben im Kampf mit einem widerspenstigen Geist eingebüßt. Und daran war die dünkelhafte Tollkühnheit eines jungen Geistlichen schuld, der mit der Bannzeremonie begann, bevor Pfarrer Scott eingetroffen war. Anscheinend haben es die Geister ohne Körper so gut wie die mit Körper an sich, daß sie an Stärke und Anmaßung immer mehr zunehmen, wenn sie dem Gegner Boden abgewinnen. Der junge Geistliche verlor den Mut, und die Schrecknisse wuchsen ins Maßlose: Als John sich dem Haus näherte, in dem die Auseinandersetzung stattfand, nahm er wahr, daß die Schieferplatten und Ziegel vom Dach flogen, als fege ein Wirbelwind sie herab. Er stürzte hinein, da erkannte er, daß alle Wachskerzen – die unentbehrlichsten Hilfsmittel bei der Beschwörung – verloschen waren, alle bis auf eine, und die brannte schon blau in der Leuchtertülle. Das Erscheinen des erfahrenen Weisen veränderte die Szene mit einem Schlag. Er brachte den Geist zur Räson; aber unglücklicherweise ließ er – während er selber sich mit Rat oder Tadel seinem voreiligen Bruder zuwandte – dem Geist das letzte Wort. Das aber ist in allen so gearteten Unterredungen strikt zu vermeiden. Der Kunstfehler Johns wirkte sich verhängnisvoll aus: Er verfiel in eine schleichende Krankheit, von der er nicht wieder genas.

105. Der tote Schmuggler

Auf der Nordseite des Friedhofs in Cromarty steht ein niedriger Stein, sorgfältig behauen wie die meisten andern, doch durch irgendein Vorkommnis in drei Stücke zerbrochen. Ein paar dürftige Ginsterbüsche breiten ihre winzigen Zweige und helle Blüten über die Zeichen; obendrein werden sie durch Büschel üppig wuchernden Mooses und durch Flechten verdeckt. Aber trotzdem bleibt von der Inschrift noch genug leserlich; sie sagt uns, daß wir am Grab eines gewissen John MacLeod stehen. Er war Kaufmann in Cromarty; nebenher führte er ein Gasthaus, das größte am Ort. Sein einziger Sohn war ein großer und sehr kräftiger Mann; wie der Vater in seiner Jugend selber betrieb er Freihandel und bot schon jahrelang den Zöllnern Trotz. Irgendwann in den letzten Regierungsjahren der Königin Anne war es ihm gelungen, eine Schiffsfracht zum Teil zwischen den Felsen der Cromartyer Steilklippe an Land zu bringen und in einer Höhle zu bergen; dann hatte er ein paar Nächte dazu gebraucht, um von dort alles weiter in ein Gewölbe zu schaffen, das im Haus des Vaters an den Keller stieß. Nun war der Zugang wieder verdeckt, und er hatte sich eben zu dem alten Mann ans Küchenfenster gesetzt, da traten zwei Zöllner in den Raum, nahmen an einem Tisch Platz und forderten Branntwein. MacLeod zog hastig die Mütze in die Stirn, und während er sich von der kleinen eisernen Lampe wegschob, die die Küche beleuchtete, wickelte er sich in seinen weiten, faltigen Wettermantel. Sein Vater versorgte die Zöllner. »Wo ist Euer Sohn Walter?« erkundigte sich der Bessergekleidete von beiden, ein langer, dünner Mann, der mit einem dreieckigen Hut und einem blauen, goldspitzenverbrämten Rock ausgestattet war, »ich hoffe, er steuert nicht mehr die ›Swacker‹.« – »Kann sein, er tuts nicht«, sagte der Alte trocken. »Ich hab nämlich gerade die Nachricht bekommen«, fuhr der Zöllner fort, »daß sie diesen Morgen von Kapitän Manton aufgebracht worden ist, nachdem sie auf die Flagge ihrer Majestät gefeuert hat; und das kann ich Euch sagen, ein paar von der Mannschaft wirds übel gehn.« Jetzt kam ein dritter Zöllner in die Küche; er trat an den Tisch und flüsterte den beiden andern etwas zu. »Bitte, Mr. MacLeod«, sagte der zum Wirt, der zuerst gesprochen hatte, »bringt uns eine Lampe und Euern Kellerschlüssel.« – »Und warum?« fragte der Alte, »zeigt mir Eure Vollmacht. Was wollt Ihr mit dem Schlüssel?« – »Keine Possen, Herr! Ihr habt letzte Nacht drei Fuhren Gin hierher gebracht und in einem Gewölbe unterm Keller eingelagert; den Schlüssel und ein Licht!« Der Alte regte sich nicht. »Los!« Er wandte sich an den zuletzt gekommenen Zöllner. »Eine Kerze und einen Schmiedehammer her!« Der andre war im Begriff, den Raum zu verlassen, da sprang der junge MacLeod von seinem Sitz auf und trat zwischen ihn und die Tür. »Hört her, ihr Herren«, sagte er unheilverkündend ruhig, »ich nehme es auf mich, die Sache zu regeln; ihr und ich, wir haben schon miteinander zu tun gehabt und kennen uns ein wenig. Der Mann, der sich als erster in Richtung Keller hier rausrührt, rührt sich nie wieder irgendwohin!« Er faßte sich im Sprechen unter den weitfaltigen Mantel, offenbar zog er eine Waffe aus dem Gürtel. »Auf ihn, Jungs!« schrie der große Zöllner, »Und wenns der Teufel wär, er ist bloß einer! Die übrigen sind allesamt gefangen!« Im Augenblick hatten sich zwei der Zöllner auf ihn geworfen, der dritte packte den Vater. Ein fürchterlicher Kampf entbrannte; die Lampe stürzte um und erlosch. Mit einer ungeheuren Anstrengung schüttelte der Schmuggler seine beiden Angreifer ab, und als sie sich abermals auf ihn stürzten, versetzte er dem ersten einen solchen Schlag, daß er betäubt, bewußtlos über den Estrich rollte. Im selben Moment hatte sich der alte MacLeod, zäh und rüstig, wie er war, losgerissen; im ungewissen Schein des Küchenfeuers nahm er seinen Sohn für einen der Zöllner und den zu Boden gefallenen Zöllner für seinen Sohn; er packte den Schürhaken, und genau als der Tapfere seines zweiten Gegners Herr geworden war, hieb er ihm von hinten das Eisen über den Kopf und schlug ihn augenblicklich nieder. Keine halbe Stunde, und er war tot. Der unglückselige alte Mann überlebte ihn nicht lange; er stand einige Tage die grauenvolle Mischung von Gram und Reue aus, dann führte seine Seelenqual zum Irrsinn, und er starb im Verlauf des Monats.

Danach stand das Haus, das er bewohnt hatte, eine Zeitlang leer; unter den Stadtleuten lief das Gerede um, daß es darin spuke. Ein gewisser David Hood, ortsansässiger Schneider, wurde vor Schreck fast um den Verstand gebracht: Er ging in einer rauhen Winternacht dort vorbei; die andern Häuser auf beiden Straßenseiten lagen dunkel ohne Kerzenlicht oder Feuerschein, er sah, in der ganzen Stadt wachte niemand außer ihm selber. Und er hörte einen fürchterlichen Lärm: der schien aus einem der unteren Räume zu dringen; es klang, als ob Männer verzweifelt miteinander rängen; er konnte hören, wie Möbelstücke krachend umstürzten, und er hörte die Schläge fallen; und nachdem sich ein dumpfer, hohler Laut zweimal wiederholt hatte, vernahm er einen entsetzlichen, langgedehnten Schrei und die jammervolle Stimme des toten Ladenbesitzers: »Ich hab meinen Sohn ermordet! Ich hab meinen Sohn ermordet!«

Dennoch zogen Jahre danach Mieter ein; aber sie genossen wenig Behagen. Oft wurden sie mitternachts wach; es heißt, daß Geräusche sie weckten, so, als werde jedes Möbelstück in die Zimmermitte gestoßen und geworfen – am Morgen freilich stand jeder Stuhl und jeder Tisch an seinem rechten Platz. Zuzeiten schien es auch, als laufe jemand in schweren Stiefeln im Oberstock durch die Räume; und ein paar von den Bewohnern haben, während sie im Bett lagen, vor den Fenstern drohend nach ihnen geschwungene Fäuste erblickt und durch halboffene Türen blasse, böse Gesichter gesehen. Eine Geschichte gibt es, die ich für glaubwürdiger halten würde als alle andern, ja auch als die meisten ihrer Art – nur ein einziger Umstand widerspricht dem. Sie wurde mir von einem vernünftigen und ehrlichen Mann mitgeteilt und einem, der obendrein über eine gute Allgemeinbildung verfügt. Er sah, so berichtete er, was er allen Ernstes für den Geist des jungen MacLeod hielt. Doch da er zu der Zeit erst ein Junge von sechs Jahren war, wird man sein Zeugnis billigerweise vielleicht eher als merkwürdigen Beleg für die Einbildungskraft der frühen Jugend als für einen gültigen Wirklichkeitsbeweis solcher Erscheinungen nehmen.

Er hatte eine Schwester, die ein paar Jahre älter als er war; sie wartete die Kinder der Familie, die vor ungefähr sechzig Jahren im einstigen Haus des Ladenbesitzers wohnte. An einem Sonntagvormittag nun, als alle außer dem Mädchen und ihren Schützlingen zur Kirche gegangen waren, stahl sich der Bruder herein, um sie zu besuchen, und dann unterhielt er sich damit, daß er von Zimmer zu Zimmer wanderte und Möbel und Bilder bestaunte. Schließlich langte er in einer Dachkammer an und durchstöberte einen Haufen alter Magazine auf der Suche nach Kupferstichen, da merkte er, wie etwas die Tür verdunkelte. Er schaute auf und sah sich einem sehr großen, breitschultrigen Mann mit blassem, geisterhaftem Antlitz gegenüber, der sich in einen braunen Wettermantel gewickelt hatte. Recht überrascht, aber durchaus nicht erschreckt, ging der Junge treppab – der Gedanke an etwas Übernatürliches kam ihm gar nicht; er erzählte seiner Schwester, da oben im Haus sei ein ganz großer Mann. Sie rief sofort Nachbarn herbei, die waren bei Tageslicht kühn und durchsuchten jede Kammer und jeden Verschlag vom Keller bis zum Boden, doch sie erblickten weder den großen Mann noch den braunen Wettermantel.

106. Ausleben

Ich erinnere mich noch an eine andere Geistergeschichte, fuhr mein Begleiter fort. Wenn wir nach Tarbat kommen, zeig ich dir, wo sie spielt. Da liegt im oberen Teil der Gemeinde ein kleiner, schlammiger See; im Sommer trocknet er fast aus; und am Rand, am äußersten Ende, können wir noch die Reste eines alten Bauernhauses finden. Vor reichlich hundert Jahren verschwand plötzlich ein junger Mann, der als Hausierer durchs Land gezogen war; keiner wußte wie. Aber Jahre danach fand man in einem trockenen Sommer, in dem der See auf die Hälfte zusammenschrumpfte, am Grunde im Schlamm, zwischen den Binsen, ein menschliches Gerippe.

Aber lange vor dieser Entdeckung spukte in dem Haus am Ufer ein ruheloser, boshafter Geist in einem grauen Plaid. Wie die meisten ermordeten Leute dazumal ging der Hausierer um, wobei er sich aber streng in den Grenzen des Hauses hielt. Schließlich zogen die Leute drin aus, das Gebäude verfiel und stand über fünfzig Jahre ohne Dach als grasbedeckte Ruine da. Die alten Bewohner waren in äußerster Dürftigkeit elend gestorben, und sie wie der Hausierer waren schon fast vergessen, da benutzte ein junger Mann den Platz und die noch übrigen Mauerteile und baute das Haus vor seiner Hochzeit wieder auf; dann zog er mit seiner jungen Frau hinein. Er war weder mit den einstigen Besitzern noch mit dem Hausierer verwandt.

Am dritten Abend, als alle Hochzeitsgäste wieder in die

eignen Wohnungen zurückgekehrt waren, schrak das junge Paar hoch: Im Nachbarzimmer wurden seltsame Geräusche laut, und gleich darauf sprang die Tür nach drüben auf, und eine Gestalt, in einen grauen Plaid gehüllt, trat ein.

»Wer seid Ihr?« rief der Mann; er sprang aus dem Bett und streckte die Arme aus, um die Gestalt zu packen.

»Der unglückselige Hausierer«, erwiderte der Geist, indem er zurücktrat, »der vor sechzig Jahren in ebendiesem Zimmer ermordet worden ist und dessen Leichnam sie unten in den See geworfen haben. Aber dich werd ich nicht mehr stören. Der Mörder ist da, wo er hingehört, und in zwei kurzen Stunden ist die Zeit verstrichen, in der mir erlaubt war, auf Erden umzugehen; denn wäre ich dem grausamen Messer entkommen, dann wäre ich heute abend als grauköpfiger alter Mann in meinem Bett gestorben.«

Während er noch sprach, verschwand er, und von dieser Nacht an haben die Hausbewohner ihn nie wieder gesehen oder gehört.

107. Der balbierende Geist

Es war einmal ein gewisser Fuhrmann, der landauf, landab, Güter von einem Ort in Kintyre zum andern verfrachtete; und da er ehrlich, sparsam und fleißig war, verdiente er mit seinem Pferd und Wagen gut und legte eine hübsche Summe für sein Alter zurück.

Aber der Fuhrmann lebte nicht lange genug, um das Geld selber zu genießen; so erbte es sein Sohn, und der pachtete sich damit einen Hof und nahm ein braves Mädchen zur Frau und hoffte, mit ihr glücklich zu werden. Jedoch ihr Vieh starb an einer Seuche, die Ernte verdarb ihnen: bald standen sie vor dem Ruin. Eine Weile kämpften sie noch weiter, doch sie kamen gegen ihre Nöte nicht an, und schließlich mußten sie alles, was ihnen noch geblieben war, versteigern lassen. Und als sie mit dem Erlös ihre Schulden bezahlt hatten, entdeckten sie, daß sie nun keinen Shilling mehr besaßen. Da berieten sie nun traurig.

»Hätt ich das Geld für Pferd und Wagen«, sagte der Mann, »wollt ich versuchen, Fuhrmann zu werden wie mein Vater.« Sie sagte: »Ich geh zu meinen Leuten und seh, daß ichs zusammenkriege.« So kaufte der Mann ein starkes Pferd und einen soliden Frachtwagen und ließ bekanntmachen, daß er nun seines Vaters Beruf aufnehme und Aufträge erwarte. Er erhielt eine Ladung und trat seine Reise an.

Am Ende des ersten Tages kam er an ein Gasthaus, in dem sein Vater immer gern übernachtet hatte; aber inzwischen war der alte Wirt verstorben, und der Sohn führte die Wirtschaft. Von ihm erbat unser Freund ein Nachtlager. Der junge Wirt antwortete grob: »Ihr könnt Euer Pferd in den Stall stellen und Euch daneben legen, wenn Ihr Lust habt; im Haus kann ich Euch nicht beherbergen. Es steht zwar noch eine kleine dunkle Kammer frei – aber darin zu schlafen, habt Ihr ja doch nicht den Mut.« – »Warum nicht?« fragte der Fuhrmann. »Na, weils dort spukt!« lachte der Wirt. »Und Ihr seht nicht grad aus wie Geisterbanner.« – »Zeigt mir den Raum«, sagte der Fuhrmann, »und überlaßt den Geist ruhig mir.« Und er schüttelte seinen Eichenstock, denn er vermutete stark, der Wirt gedenke ihm einen Streich zu spielen.

Also fütterte er sein Pferd, verzehrte selber sein Abendbrot und ging in die Kammer hinauf. Er dachte aber: ›Ist wirklich ein Geist im Spiel, kommt er um Mitternacht; da bleib ich eben so lange wach.‹ Und da er ein frommer Mensch war und allabendlich in der Bibel las, trug er die bei sich. Er las in dieser Nacht länger als sonst und blieb beim Kerzenschein am Tisch sitzen, bis die Uhr zwölf schlug.

Als der Klang des zwölften Schlages erstarb, kam es dem Fuhrmann vor, als höre er leichte Schritte; er blickte von seinem Buch auf und sah zu seinen Füßen eine winzige Gestalt. Sie glich einem kleinen, welken Mann in Kniehosen und einer altmodischen Weste, darüber hatte er eine kurze Schürze umgebunden. Er war in Hemdsärmeln und hielt ein kleines Messingbecken in der Hand, worin, wie der

Fuhrmann sah, ein Rasierpinsel im Seifenschaum lag. Das kleine Geschöpf hatte ein sauberes Handtuch über den Arm gehängt, und in seiner Schürzentasche steckten zwei Rasiermesser. Der Fuhrmann hatte schon oft von Gespenstern erzählen hören und lebte in der Vorstellung, sie machten einem vor Grausen das Blut erstarren. Aber er bemerkte an dem kleinen Herrn nichts, was ihn erschreckt hätte; so glaubte er keinen Moment, daß er es mit einem richtigen Gespenst zu tun hätte, und war nur einigermaßen erstaunt über die Erscheinung.

Der kleine Herr trat bis dicht an des Fuhrmanns Knie heran und sagte sehr sanft und höflich: »Möchtet Ihr gern rasiert werden?« – Der Fuhrmann strich sich nachdenklich übers Kinn. »Nun, da Ihr es jetzt sagt – ich denke schon, es könnte nichts schaden.« – »Habt Ihr was dagegen, daß ich Euch rasiere?« – »Aber ganz und gar nicht, wenn Ihr damit zu Rande kommt«, sagte der Fuhrmann; er dachte an den Größenunterschied und das trübe Kerzenlicht. »Das überlaßt nur mir!« sagte der kleine Herr. In der nächsten Sekunde stand er auf des Fuhrmanns Schoß, hatte ihm das Handtuch säuberlich um den Hals geschlungen und war dabei, ihm das Kinn einzuseifen. Dabei sagte er jedoch – anders als sonst die Barbiere – kein Wort. Offenbar hinderte ihn das trübe, flackernde Licht nicht bei der Arbeit, und er handhabte das Messer so sicher und geschickt, daß er dem Fuhrmann nicht den winzigsten Schnitt beibrachte.

Ein oder zwei Minuten, und er war fertig. Er klappte das Messer zusammen und steckte es wieder in die Tasche, nahm dem Fuhrmann das Handtuch vom Hals und wischte ihm sorgfältig Kinn und Wangen ab. Dabei schloß der Fuhrmann sekundenlang die Augen. Doch als er sie wieder aufschlug, war zu seiner großen Überraschung der kleine Herr nicht mehr da.

Höchst erstaunt nahm der Fuhrmann die Kerze und durchsuchte alle Ecken des Raums, doch entdeckte er keine Spur von dem winzigen Barbier. Das verstörte den Braven einigermaßen, und er setzte sich auf die Bettkante und versuchte, der Sache auf den Grund zu kommen. Aber er fand, daß die Aufgabe zu schwer für ihn war und beschloß mit einem Seufzer, bis morgen nicht mehr daran zu denken. Er hatte eben begonnen sich auszukleiden, da erblickte er plötzlich den kleinen Herrn; er stand mit Schürze und Rasierbecken vor ihm.

»Möchtet Ihr gern rasiert werden?« sagte er, ganz, als habe er die Frage noch nie gestellt und noch nie des Fuhrmanns Kinn bearbeitet.

Der Fuhrmann zögerte; dann schien es ihm das klügste, auf den Vorschlag einzugehen; er sagte: »Aber gewiß.« Der kleine Herr winkte ihm, Platz zu nehmen, seifte ihm das Kinn ein, als sei es noch immer stoppelig, und rasierte ihn dann ebenso sauber und flink wie beim vorigen Mal. Jetzt war unser Freund entschlossen, die Augen offenzuhalten, aber der kleine Herr fuhr ihm mit dem Handtuch über das Gesicht, und als der Verwirrte wieder sehen konnte, war er fort wie zuvor. Der brave Mann überlegte, ob er den Wirt rufen und eine Erklärung fordern sollte; doch entschloß er sich, bis zum Morgen zu warten. Und wieder fing er an, sich bettfertig zu machen.

Er hatte sich gerade umgedreht, da stand vor ihm wieder der kleine Herr mit Schürze und Rasiermessern und Bekken und sagte in ganz dem gleichen Ton, in dem er ihm die Frage schon zweimal gestellt hatte: »Möchtet Ihr gern rasiert werden?«

Allmählich begann der Fuhrmann zu fürchten, die Sache werde so die ganze Nacht über weitergehen; deswegen antwortete er dem kleinen Herrn mißlauniger, als sonst seine Gewohnheit war: »Du hast mich schon zweimal rasiert, nach einem dritten Mal hab ich keinen Bedarf. Warum störst du mich um diese Zeit, wer bist du überhaupt?« – »Ich habe gewünscht, daß du mich anreden solltest!« erwiderte das Gespenst, »denn nur so darf ich selbst zu dir sprechen. Viele Male bin ich in dieser Kammer anderen erschienen, aber keiner von ihnen hat gewagt, sich rasieren zu lassen, und nicht ein einziger hat soviel Mut besessen, daß er mich ansprach. Sie haben alle bloß gebrüllt und sich die Decke über den Kopf gezogen. Aber ich fürchtete schon, mein Besuch bei dir bliebe ebenso fruchtlos wie bei den andern und ich müsse weiter in dieser Kammer spuken, statt meine blutige Geschichte zu erzählen.« – »Eine blutige Geschichte!« rief der Fuhrmann.

»Du bist ein kühner Mann und ein frommer dazu«, sagte der Geist. »Schwöre mir bei dem Buch dort auf dem Tisch, daß du nicht ruhen wirst, bis du Vergeltung über die Schuldigen gebracht hast.« – »Ich schwöre es!« sagte der Fuhrmann feierlich.

»Gut«, sagte das Gespenst, »dann sollst du alles erfahren. Obwohl ich in dieser Gestalt und mit den Gerätschaften eines Barbiers zu dir gekommen bin, so bin ich doch der Geist dessen, der vor ein paar Jahren noch der Wirt dieses Gasthofs war, deines Vaters Freund. Ihn habe ich hier viele Male willkommen geheißen.

Ich hatte nur ein einziges Kind – einen Sohn, den, der jetzt dies Haus führt. Ach! Er hat sich zu mir immer rüde betragen, meinen Rat verachtet und mich offen verlacht. Schließlich forderte er, ich solle ihm den Gasthof ganz übergeben. Aber ich fürchtete, er würde Haus und Hof verkaufen und das Geld vertrinken und verspielen, und ich würde auf meine alten Tage ohne Dach über dem Kopf dastehen. Da ging er mit Drohungen hinaus. Am selben Abend kam ich in der Scheune dazu, wie er und Sandy MacPhail die Köpfe zusammensteckten, Sandy, der mich jeden Morgen rasierte. Sie schienen bestürzt, als sie mich plötzlich sahen, dann gingen sie ihrer Wege. Ich dachte nicht mehr daran, bis Sandy am nächsten Morgen erschien – ich hab immer gern nett und ordentlich aussehn wollen für meine Gäste –, und Sandys Hand zitterte so, und er blickte so verstört drein, daß ich lachte und zu ihm sagte: »Aber Sandy, Mann! Du mußt heute schlecht geträumt haben!« Da riß Sandy mir schon den Kopf in den Nacken und zog mir das Rasiermesser über die Kehle.« – »Er hat Euch die Kehle abgeschnitten?« stieß der Fuhrmann hervor. Der Geist hob das Kinn und zog mit den Fingern die Spur des Messers nach. »Ich fiel tot um, bevor ich die Zeit hatte zu schreien. Hier ist das Messer, mit dem er es tat.« Er hielt dem Fuhrmann das zweite Rasiermesser aus seiner Schürzentasche hin. Unser Freund nahm es und entdeckte Blut- und Rostflecke daran.

»Du findest Sandys Namen auf dem Griff«, sagte der Geist. Und wirklich konnte der Fuhrmann, als er das Messer dicht an die Kerze hielt, deutlich die eingeritzten Buchstaben erkennen.

»Sieh hier«, sagte der Geist, indem er ein blutgetränktes Handtuch vorwies. Der Fuhrmann nahm es, drehte es um und entdeckte, daß es gezeichnet war: ›S. McP., 5.‹. – »Sieht ganz nach Beweisen aus«, sagte er. »Aber hört, was hat der Schurke mit seinem Messer und dem Handtuch angefangen? Doch sicher nicht bei der Leiche gelassen?« – »Doch«, erwiderte das Gespenst. »Kaum hatte er nämlich die Untat vollbracht, da überwältigte ihn die Furcht, und er stürzte aus dem Zimmer. Aber mein unseliger Sohn wartete an der Tür, er kam augenblicklich herein, beseitigte alle Mordspuren und verbarg Messer und Handtuch unter ebendem Ziegelstein, auf dem ich jetzt stehe. Wenn du ihn aufhebst, leg ich sie wieder darunter.«

Der Fuhrmann tat wie geheißen. »Und was haben sie mit Euch gemacht?« fragte er. »Mein Sohn scharrte ein Loch, gerade unter der Steinplatte, auf der du stehst«, sagte der Geist. Der Fuhrmann trat unbehaglich von dem Stein beiseite. »Und dort liegt Ihr noch?« fragte er. »Dort liegt mein Leichnam«, gab der Geist zurück, »und du sollst das enthüllen. Mein Sohn hat bei den Nachbarn erzählt, ich sei nach Glasgow gereist, um Whisky zu verkaufen. Und dann hat er vorgetäuscht, er habe einen Brief empfangen, ich sei tödlich erkrankt. Er reiste nach Glasgow und erzählte bei der Rückkehr, er habe seinem armen alten Vater ein würdiges Begräbnis bereitet. Und nun halte dein Wort: Du darfst nicht ruhen, bevor du meinen verderbten Sohn und seinen Spießgesellen vor den Richter gebracht hast.« – »Meinen Schwur halte ich«, sagte der Fuhrmann.

»Es soll dein Schade nicht sein«, sagte der Geist. »Sieh, dort habe ich« – er wies auf einen Stein unter dem Bett –

»an jenem letzten Tag, als er mir drohte, mein Geld vergraben. Er fand die Kassette leer, er hat mich umsonst umbringen lassen. Das Geld soll dir gehören: Nimm es und geh gescheit damit um.«

Der Fuhrmann dankte dem Geist, hob den Stein an und fand darunter einen prallen Lederbeutel voll Gold und Silber, den er freudig in die eigne Tasche steckte. »Lebewohl«, sagte der Geist und verschwand.

Der Fuhrmann rieb sich die Augen – aber es war kein Traum. Hatte er noch einen Beweis gebraucht – er spürte ihn schwer in der Tasche.

Er mochte nicht länger in dem Raum sein und verließ leise die Kammer, um sich in den Stall zu schleichen. Während er sich zur Hintertür stahl, hörte er aus einem Vorderzimmer laute Stimmen und lugte durch den Türspalt. Da sah er den Wirt mit vier oder fünf Freunden beim Kartenspiel. Sie saßen um den Tisch, zwischen sich ein Häufchen Silbermünzen, das blinkte im Schein zweier Kerzen. Volle Whiskyflaschen standen auf –, leere neben dem Tisch.

»Offenbar hat sich der Fuhrmann vom Geist nicht stören lassen!« rief der eine Gast. »Aber er sah hasenherzig genug aus!« sagte ein zweiter, und der Wirt lachte.

›Euch werd ich helfen!‹ dachte der Fuhrmann. Er schlich sich zurück, raffte das Laken vom Bett und vermummte sich darein, dann trat er, sein eigenes Rasiermesser und ein Becken in der Hand, still ins Zimmer zu den Lärmenden. Sie bemerkten ihn erst, als er unmittelbar vor dem Tisch stand; da verstummten sie jäh und starrten ihn entsetzt an.

Der Wirt war der erste, der sich wieder rührte. Kreischend stürzte er davon, gefolgt von den andern, das Geld blieb auf dem Tisch. ›Dies ist eine glückliche Nacht‹, dachte der Fuhrmann, steckte das Silber ein, blies die Kerzen aus und ging unbemerkt in die Kammer zurück. Und bald schlief er nun doch tief und friedlich.

Er wachte erst wieder auf, als die Sonne schon am Himmel stand; da sprang er hastig aus dem Bett. Er spannte sein Pferd ein und machte sich unverzüglich auf den Weg zum Polizeirichter in der Stadt, dem er sein nächtliches

Abenteuer mit soviel nachdrücklichem Ernst vortrug, daß der Richter sich bereit erklärte, die Kammer untersuchen zu lassen. Alles fand sich so, wie der Geist gesagt hatte, der böse Sohn des alten Wirtes und sein Spießgeselle wurden festgenommen, der Prozeß wurde ihnen gemacht, und sie gestanden.

Und der Fuhrmann kehrte mit soviel Geld heim zu seiner Frau, daß sie bis an das Ende ihrer Tage behaglich leben konnten.

108. Der ermordete Sergeant

Es wäre nicht erbaulich und wenig amüsant, plumpe Betrügereien abzuhandeln, bei denen die Grobschlächtigkeit des Täuschungsversuchs sich selber enthüllt. Aber gelegentlich kommen Fälle vor wie der folgende, bei denen es – um James Boswells Wendung zu gebrauchen – schwieriger ist, ›zu wissen, was man denken soll‹.

Am 10. Juni 1754 untersuchte das Edinburgher Gericht den Fall der beiden Hochländer Duncan Terig, alias Clark, und Alexander Bain MacDonald, die des Mordes an Arthur Davis, Sergeant in Guises Regiment, angeklagt waren, begangen am 28. September 1749. Das Ereignis trug sich nicht lange nach dem Bürgerkrieg zu, unter dessen Asche es noch immer glimmte; demzufolge gab es nur allzuviele Gründe dafür, daß ein versprengter englischer Soldat, weitab von aller Hilfe, von den Bewohnern dieser Wildnis heimlich um die Ecke gebracht wurde. Offenbar war Sergeant Davis vermißt, ohne daß über sein Schicksal Gewißheit herrschte. Schließlich ging aus dem Zeugnis eines gewissen Alexander MacPherson ein Bericht über den Mord hervor. MacPherson, ein Hochländer, der außer des Gälischen keiner Sprache mächtig war und durch einen Übersetzer vereidigt, gab die folgende außerordentliche Erklärung darüber, wie er zu seiner Kenntnis gekommen sei:

Er habe, sagte er, in seiner Hütte im Bett gelegen, da sei eine Erscheinung an sein Bett getreten und habe ihm befohlen aufzustehen und ihr hinaus zu folgen. Er habe angenommen, der Besucher sei sein Nachbar und Freund Farquharson, deshalb habe er, der Zeuge, getan, wie geheißen, und draußen vor der Hütte habe die Erscheinung ihm dann gesagt, er sei der Geist des Sergeanten Davis, und habe von ihm verlangt, er solle hingehen und seine sterblichen Überreste begraben; die lägen dort und dort versteckt – er habe den Platz genau angegeben, den sogenannten Christiehügel in der Heide. Er wünschte weiterhin, daß er, der Zeuge, als Helfer Farquharson mitnehme. Am andern Tag sei er dann an den bezeichneten Platz gegangen und habe da die Knochen eines stark verwesten menschlichen Körpers gefunden. Er habe jedoch die gefundenen Knochen noch nicht gleich beerdigt, und infolge dieser Unterlassung sei ihm der Geist des Sergeanten abermals erschienen und habe ihm das gebrochene Versprechen bitter vorgeworfen. Bei dieser Gelegenheit habe der Zeuge den Geist nach den Mördern gefragt und zur Anwort erhalten, er sei von den beiden Gefangenen, die jetzt hier vor Gericht stünden, erschlagen worden. Nach diesem zweiten Besuch des Geistes habe er Farquharson zu Hilfe geholt und mit ihm den Leichnam begraben.

Farquharson wurde als Zeuge zugezogen, um zu bestätigen, daß der vorangegangene Zeuge, MacPherson, ihn zur Beerdigung der Knochen gerufen und ihm dieselbe Geschichte wie nun vor Gericht erzählt hatte. Ferner erklärte Isabel MacHardie, eine Frau, die mit in MacPhersons Hütte schlief – in den Hochlandhütten reihten sich gewöhnlich rings an den Wänden entlang Betten –, Isabel MacHardie erklärte, in einer gewissen Nacht habe sie gesehen, wie ein nackter Mann ins Haus getreten und zu MacPhersons Bett hingegangen sei; das sei aber ebendie Nacht gewesen, in welcher MacPherson den Geist erblickt habe.

Doch obgleich das übernatürliche Ereignis somit bestätigt war und obwohl anderes stark gegen die Angeklagten sprach, so warf doch die Geschichte von dem Geist für die Anklagevertreter einen Schein des Lächerlichen über das ganze Zeugnis. Der Verteidiger nutzte das geschickt, indem er MacPherson im Kreuzverhör fragte: »In welcher Sprache redete der Geist?«

Der Zeuge, selbst des Englischen unkundig, antwortete: »In so gutem Gälisch, wie ich es nur je in Lochaber gehört habe.« – »Allerhand für den Geist eines englischen Sergeanten«, gab der Verteidiger zurück.

Der Rückschluß war eher schlau und einleuchtend als gültig; denn wenn wir die Erscheinung des Geistes einmal als denkbar annehmen wollen – wir wissen zuwenig von der andern Welt, um zu beurteilen, ob nicht vielleicht denen da drüben alle Sprachen gleichermaßen vertraut sind. Nichtsdestoweniger beeindruckte das Argument die Geschworenen; sie sprachen die Angeklagten als nicht schuldig frei, obwohl deren Anwalt und die meisten Gerichtspersonen davon überzeugt waren, daß sie den Mord begangen hatten. In diesem Fall scheint der Geist durch seine Einmischung die Vergeltung eher verhindert zu haben, die zu erlangen zweifellos des ermordeten Sergeanten Wunsch war.

109. Der alte Steinsarg – oder das Grab der spanischen Prinzessin

Im Jahre 1588 wurde das gute Schiff ›Florida‹, eins aus der spanischen Armada, von dem Sturm, der die stolze Flotte zerstreute, in den Hafen von Tobermory auf Mull getrieben. Der Häuptling der MacLaines von Duart besuchte das Schiff. Zu der Zeit hatte der Clan MacLaine eine Fehde mit dem Clan MacIan von Ardnamurchan – unmittelbar gegenüber vom Hafen Tobermory –, und der Häuptling MacLaine von Duart bewog eine Gruppe spanischer Soldaten, ihn beim Angriff auf seinen Rivalen zu unterstützen. Nachdem er sich mit der unerwarteten Hilfe der mächtigen Spanier gerächt hatte, versäumte er, seinen Vertrag mit ihnen zu erfüllen, und bald darauf – es steht nicht fest, ob durch Verrat oder nicht – flog die ›Florida‹ in die Luft. Die Leiche einer Frau wurde ans Ufer geschwemmt und auf dem Friedhof der Gemeinde in einem steinernen Sarg beerdigt. Seither ist sie immer die spanische Prinzessin genannt worden.

Dann wieder schickte Oliver Cromwell ein Schiff in die Hochlande unter dem Kommando eines gewissen Captain Forrest; es sollte die rebellischen katholischen Hochlandhäuptlinge bezwingen. Das Schiff lief auf einen Felsen gegenüber von Duart auf und ging zugrunde.

Soweit die tatsächliche Geschichte; und nun die Hochlandsage, die sich darauf gründet; sie ist die wörtliche Übersetzung dessen, was eine alte Frau erzählte:
Die Tochter des spanischen Königs träumte von einem Helden, der sie mit Liebe erfüllte, so sehr, daß sie sich ein großes Schiff mit drei Masten ausrüsten ließ, um ihn überall in der Welt zu suchen. Sie fuhr von Hafen zu Hafen zwischen Spanien und Norwegen, ließ überall die Edlen zu sich laden und bewirten, bis sie auf Mull landete und der Lord von Duart vor ihr erschien. In ihm erkannte sie den, von dem sie geträumt hatte. Duart, von ihrer Schönheit bezaubert, vergaß seine junge Frau zu Hause. Die bewog einen ergebenen Gefolgsmann, das Schiff in die Luft zu sprengen, nachdem er den Herrn irgendwie dazu gebracht hatte, allein an Land zu gehen. Die Prinzessin und alle andern an Bord kamen um. Und nun folgen wir der Erzählung wörtlich:

Die Lady von Duart frohlockte. Ihr Gemahl wünschte nicht Kummer zu zeigen, noch wollte er in Erinnerung behalten, wie seine Liebe zu einer Fremden abgeirrt war. Zwar schickte er seine Männer aus, daß sie die Überreste der schönen Tochter des Königs von Spanien sammelten und in geweihter Erde begruben; zwar legten sie ihre Gebeine auf dem Kirchhof des heiligen Columba auf Morven nieder, doch sie wurde dem Staub ohne Priester und ohne Gebet übergeben, ohne Fürbitte und ohne Totenpsalm, stumm und verstohlen in der schwarzen Mitternacht.

Danach trug es sich zu, daß zwei junge Männer auf Morven, die einander in naher Freundschaft verbunden waren und zwischen sich kein Geheimnis kannten, mit Staunen von den vielen großen Rätseln zu reden begannen, die jenseits des Grabes liegen. Sie sprachen und sprachen von dem, was die Geister an ihrem Aufenthaltsort hinter jenem dichten Schleier treiben mochten, der die Abgeschiedenen vor den Freunden verbirgt, die sich so bitter um sie grämen. Die beiden vermochten keinen Lichtstrahl zu sehen, sie konnten nichts entdecken. Und am Ende versprachen sie einander, daß der erste von ihnen, der abberufen würde, dem Überlebenden alles berichten wolle, was er ihm hinsichtlich der Wohnung der Verstorbenen enthüllen könne – und zwar solle er das dann tun, wenn er noch mit der gefürchteten Aufgabe der Faire'Chlaidh, der Friedhofswache, beschäftigt sei. Und so verblieben sie.

Mit der Kirchhofswache aber verhält es sich so: An vielen Orten der Hochlande glaubt man bis zu diesem Tag, daß der letzte Mensch, der auf einem Friedhof begraben worden ist, dort Wächterpflicht ausüben muß und Hüter der schon früher Bestatteten ist. Diesen Posten hat er so lange inne, bis er durch einen neu hinzukommenden Toten abgelöst wird.

Nicht lange danach geschah es, daß einer von beiden, so jung und kräftig, wie er war, der Gewalt des Todes erlag. Und nachdem die Nachbarn seinen Leichnam mit dem Sonnenlauf um das steinerne Kreuz von Collumcille oder Columba auf Morven herumgetragen und ihn einmal am Fuße des Kreuzes abgesetzt hatten, betteten sie ihn inmitten seiner zu Staub gewordenen Anverwandten zur Ruhe. Sein überlebender Kamerad, Evan von der Schlucht, trauerte sehr um den verlorenen Freund; und als er sich des Versprechens entsann, überkamen ihn heilige Scheu und Furcht; denn nun neigte sich der Herbstabend seinem Ende zu und verblaßte und verging so schnell, wie ein Stein den Hügel hinunterrollt. Die Stunde rückte heran, und Evan war entschlossen, die Verabredung einzuhalten, denn er nahm das Versprechen dem gegenüber, der sich nun in der Welt der Geister aufhielt, heilig, und außerdem wollte er sich nicht als Feigling fühlen. Mit vorsichtigen, jedoch festen Schritten näherte er sich dem Friedhof und hielt Ausschau nach dem toten Freund, damit der ihm von den Geheimnissen des Geisterreiches berichte. Und so hastig ihm das Herz schlug beim Gedanken daran, daß er den Geist des Freundes treffen sollte – sehr bald schon erblickte er, was ihm das Herz wie Espenlaub zittern machte: Er sah den grauen Schatten dessen, der vordem sein Freund und treuer Kamerad gewesen war; doch zugleich sah er hinter ihm all die Toten des großen Friedhofs in langem, traurigem Zug; so näherten sie sich Evan in ihren Leichentüchern und schritten an ihm vorüber, rund um den weiten, dunklen Platz, und der tote Freund schien die furchtbare, nebelhafte Schar anzuführen. Aber bald wurde Evans Aufmerksamkeit von einem noch jammervolleren Anblick angezogen: Abseits von den andern schleppte sich eine weiße Gestalt mit unsäglicher Qual dahin. Er vergaß, was ihn hergebracht hatte, und trat näher an das unselige Wesen heran, da hörte er einen leisen, klagenden Gesang, worin die Singende ihn, dessen Schiff das Meer noch trug, um Hilfe anflehte, worin sie ihr Elend in einem fremden Land beweinte, wo sie, fern vom Vater und von ihren Freunden, ohne die heiligen Riten ins Grab gelegt worden war, und wimmerte:

»Wurm und Käfer, sie pfeifen
durch mein Hirn, durch mein Hirn;
Geister der Finsternis kreischen
durch mein Geripp.«

Evan, der ein warmes Herz für alle Unglücklichen hatte, fragte sie nach ihrem Kummer und ob er ihr helfen könne. Sie segnete ihn dafür, daß er, einer aus dem Lande der Lebenden, sie, eine aus dem Lande der Toten, angesprochen habe, denn nun, sagte sie, könne sie erlöst werden, und ihre Seele könne Ruhe finden.

Sie erzählte ihm, daß sie Clara Viola sei, die Tochter des Königs von Spanien. Sie erzählte ihm von ihrem strahlenden Traumgesicht und wie sie ihm über viele Meere, viele Länder gefolgt sei, bis es vor ihr wie eine Sternschnuppe plötzlich in Dunkelheit verloschen sei – oder vielmehr wie der Blitz jäh in Donner und Vernichtung geendet habe. Sie zeigte ihm das Grab, in das man sie ohne die heiligen Riten geworfen hatte. Sie flehte ihn an, er möge ihre Gebeine aufsammeln und in der heiligen Quelle von St. Moluag auf Lismore waschen, danach aber ins Königreich Spanien überführen, und sie beschrieb ihm den Ort, wo er eine Truhe voller Gold und eine Truhe voller Silber erhalten werde.

Voller Furcht, doch gleichzeitig mit dem Mut eines Helden vollbrachte er, worum ihn die Prinzessin gebeten hatte. Er wusch ihre Gebeine in dem heiligen Quell von St. Moluag auf Lismore, und der Born heißt nun nach der armen Königstochter Clara Viola: Tobar Clàr Mheolain. Dann brach er nach dem Königreich Spanien auf, und obwohl es ein weiter Weg war, so brauchte er doch nicht lange für die Fahrt. Sogleich begab er sich in den Palast des Königs, und das war ein Schloß mit vielen Fenstern und vielen Türen, Türen, die nie verschlossen werden, das große Haus der Festmähler und königlichen Gastfreiheit. Er wurde mit Ehren empfangen. Er erhielt die Truhe voll Gold und die Truhe voll Silber und noch reichlich Belohnung dazu. Aber als der König von Spanien vernahm, wie seine schöne Tochter in Schottland behandelt worden war, schwoll ihm das Herz vor Zorn, und sein Gesicht glühte von Wut. Er befahl, daß seine drei stärksten und gefährlichsten Kriegsschiffe sofort bereitgemacht würden, den Hafen zu verlassen.

110. Die offenen Gräber

Auf Uist wachten ein paar Männer nachts bei einem Viehpferch, das dicht am Friedhof lag. Sie saßen rund ums Feuer; einer war aufgestanden, um sich die Beine zu vertreten. Er stapfte hin und her und marschierte schließlich bis zur Friedhofspforte hinüber. Unwillkürlich blieb er stehen und warf einen Blick über die Gräberreihen; da merkte er zu seinem Staunen und Schrecken, daß alle Gräber offen lagen. Er rannte zu seinen Gefährten zurück und rief ihnen zu, was er gesehen hatte; sie sprangen auf und liefen mit ihm zum Friedhof. An der Pforte stellten sie sich auf und warteten, bis die Morgendämmerung kam. Da stürzten von allen Seiten Trüppchen von Leuten herbei, verteilten sich über den Kirchhof und sprangen in die Gräber, jeder in seins, und sowie einer hineingesprungen war, schloß es sich wieder über ihm. Lange nach den andern kam noch eine Frau herangekeucht, der vertraten die Männer den Weg und fragten sie, weswegen sie erst so spät komme.

»Ach«, sagte die Tote traurig, »ich bin zu Lebzeiten Weberin gewesen. Seht meine Füße!«

Die Männer blickten hin, da entdeckten sie, daß die Beine der Frau mit einem dichten Gewirr von Fäden umwickelt waren, so daß sie kaum Fuß vor Fuß setzen konnte.

»Das ist das Garn«, sagte die Tote, »das ich den Nachbarn abgezwackt habe, wenn ich für sie arbeitete.«

Die Leute erzählen sich auch, der Tote, der zuletzt begraben worden sei, müsse auf dem Friedhof für alle andern Wache halten. In Ballachulish berichten sie an der Fähre, drüben auf Munda, wo die Camerons und die MacDonalds von Glencoe ihre Toten bestatteten, könne man stets ein Licht erkennen, das halte immer der zuletzt Begrabene, bis der nächste komme und ihn ablöse. Auf Gigha hieß es, daß man oft vor einem Begräbnis auf dem Kirchhof Klänge hörte und Lichter wahrnahm. Und die dort lebten, waren daran so gewöhnt, daß sie es als eine ganz natürliche Sache betrachteten. Mehr als einmal kam es vor, daß einer, der vom Tod eines Nachbarn erfuhr, nicht Überraschung und Schrecken zeigte, sondern nur vor sich hin nickte und sagte: »O ja, ich hab das Licht auf dem Kirchhof gesehen.«

III. Des Toten Kleider

Auf dem Inselchen Fladdachuain östlich von Skye wohnte einmal ein Mann von Mull mit seiner Frau. Es gibt dort einen Friedhof, der den Namen ›Mönchsbegräbnis‹ trägt und der noch zur Unheimlichkeit eines so abgelegenen

Orts beiträgt – einer kleinen, einsamen Insel, meilenweit vom Festland entfernt im unruhigen Meer.

Einmal wurde ein Leichnam dort angespült, und die Eheleute begruben ihn, doch erst streiften sie ihm Kleider und Schuhe ab. Aber in der Mitternacht darauf kam der Tote in die Hütte. Der Mann und die Frau ließen das Feuer immer die ganze Nacht über auf dem Fußboden brennen. Der Tote beugte sich darüber, hielt Hände und Füße an die Flammen und sagte: »Ich will mich sacht wärmen, ich will mich sacht wärmen.« Und dann fügte er hinzu:

»Frau, die mir die Hosen nahm
und mir meine hübschen, schwarzen Schuhe
abzog
und das Hemd, das mir meine Schwester
geschenkt hat –
ans Feuer, ihr meine kalten Füße!
Manches Meer habt ihr überquert.«

Und so blieb er bis zur Zeit des Hahnenschreis und kam Mitternacht für Mitternacht wieder.

Das Paar zog bald von Fladdachuain fort.

112. Die Leichenwache

Vor ungefähr zehn Jahren begleitete ich einen älteren Verwandten auf einer Wanderung durch die Gemeinden Nigg, Fearn und Tarbat. Er war ein gewitzter Mann mit klarem Kopf und warmem Herzen, der sich trotz der schwer erworbenen Erfahrung eines Fünfundfünfzigjährigen noch begeistern konnte wie ein Jüngling. Ein herrlicherer Kamerad ließ sich nicht denken, auch nicht für einen Jungen. Ich habe nie jemanden gekannt, der in den Überlieferungen des Landes so gut zu Hause war. Jedes Dörfchen, an dem wir vorbeikamen, fast jeder grüne Hügel hatte seine Geschichte.

Dort drüben, sagte er, während wir an der stattlichen Höhe vorübergingen, das ist der Berg von Nigg, berühmt als Jagdplatz der Fionns, das weißt du. Wenn wir auf der andern Seite wären, wo er ins Meer hinausragt, könnte ich dir die Überreste einer Hütte zeigen, mit der eine alte Geistergeschichte zusammenhängt – ich glaube, sie stammt aus der Jugend deiner Großmutter. Da gab es zwei junge Mädchen, sie waren zusammen aufgewachsen und hingen sehr aneinander. Einmal gingen sie zu einer Leichenwache bei einer Bekannten, einer armen Waise, da fanden sie ein paar Frauen dabei, die Tote herzurichten. Aber dabei betrugen sie sich so gleichgültig, ja vergnügt, daß die beiden Freundinnen entsetzt waren; und ehe sie sich trennten, versprachen sie einander feierlich: Sollte eine von ihnen die andere überleben, dann sollte die Überlebende und niemand sonst den Leichnam der anderen aufbahren.

Doch die Stimmung verging mit ihrem Anlaß, und die beiden dachten nicht mehr an das Versprechen. Jahre verstrichen; die eine war inzwischen Herrin auf einem abgelegenen Hof auf dem Berg von Nigg geworden, die andere hatte einen Bauern in der Nachbargemeinde Fearn geheiratet. Da aber hörte die Frau vom Nigg-Hof eines Morgens von einem, der zufällig vorbeikam, daß ihre alte Gefährtin in der vergangenen Nacht im Kindbett gestorben war. Sie besann sich sogleich auf ihr Versprechen; aber im selben Augenblick dachte sie auch, daß sie es unmöglich erfüllen könne. Sie mußte ihr Kind versorgen und hatte niemanden, dem sie es anvertrauen konnte. Die Magd war vor einer knappen Stunde zum Markt fortgegangen, der in der Nachbarschaft stattfand; ihr Mann und der Knecht waren auch dort. Die Frau verbrachte den Tag voll Unruhe, und als sie den Abend allmählich dunkeln sah und an ihr Versprechen und die tote Freundin dachte, fühlte sie sich bang wie sonst nie. Sie ging nach draußen; von einem kleinen Hügel neben dem Haus konnte sie das Moor überblicken, über das Mann und Knecht und Magd vom Markt heimkommen mußten, und sie spähte ungeduldig nach ihnen aus. Schließlich konnte sie durch die immer tiefere Dämmerung eine weißgekleidete Frau das Moor entlangkommen sehen; sie dachte, das müsse die Magd sein, und weil sie nicht zeigen wollte, wie ungeduldig sie auf sie wartete, ging sie wieder ins Haus. Der äußere Raum wurde, wie es damals üblich war, als Kuhstall benutzt; einige der Tiere waren in ihren Ständen, und weil sie anfingen zu schnauben und zu stampfen, so als störe sie ein Vorübergehender, wandte sich die Frau halb zur Tür. Wie erstaunte sie, als sie da statt ihrer Magd eine große, von Kopf bis Fuß in ein Grabtuch gehüllte Gestalt sah! Die glitt um sie herum auf die gegenüberliegende Seite des Feuers, wo ein Stuhl für den Bauern stand; auf den setzte sie sich, hob die dünnen, kreideweißen Arme und entblößte ihr Antlitz. Die Züge, wie die Flammen sie zeigten, waren die der toten Frau, und die toten, glasigen Augen starrten die alte Gefährtin mit dem Ausdruck des Zorns an, der ihren Anblick noch furchtbarer machte. Die Frau vom Niggberghof zitterte vor Entsetzen; alles Empfinden und alle Kraft in ihr schienen ausgelöscht außer der angstvollen Sorge der Mutter. Sie preßte ihr Kind an die Brust und starrte wie behext auf die gräßliche Erscheinung. Sie konnte jede Falte des Lakens erkennen; die schwarzen Haare hingen wirr in die Stirn; die bläulichen starren Lippen klafften, als habe keine freundliche Hand sie nach der letzten Qual geschlossen, und in den Augen flackerte der Widerschein der Flammen. Als das Feuer zu erlöschen begann, erlangte die Frau genug Fassung zurück, um hinter sich zu greifen und von Zeit zu Zeit eine Handvoll Stroh aus der Wiege zu ziehen; das warf sie auf die Glut. Aber sie hatte allen Sinn für die Zeit verloren und konnte die Dauer der Heimsuchung nur daraus erraten, daß endlich das Stroh fast aufgebraucht war. Nun sah sie mit noch tieferem Grauen dem Augenblick entgegen, der sie mit dem Geist zusammen im Dunkeln lassen würde. Doch da wurden draußen im Hof Stimmen laut. Die Erscheinung glitt nach der Türe; das Vieh begann zu schnauben und zu stampfen wie bei ihrem Eintritt, und eins der Tiere schlug nach ihr aus, als sie vorüberkam; da stieß sie einen schwachen Schrei aus und verschwand. Einen Augenblick später trat der Bauer ins Haus, eben rechtzeitig, um seine Frau ohnmächtig zu Boden fallen zu sehen und das Kind aufzufangen.

Die Sage erzählt, daß die Frau am nächsten Morgen die Leichenwache übernahm, um ihre Verpflichtung wenigstens soweit zu erfüllen, wie es nun noch möglich war; und als sie den Leichnam untersuchte, entdeckte sie auf der linken Seite der Toten, durch eine seltsame geheime Kraft deutlich ausgeprägt, die Spur eines Kuhhufs.

113. Der Spuk von Arran

Vor ungefähr hundert Jahren lebte in Arran in Kintyre eine Frau namens Marie Nic Junraidh oder Mary Henderson, die war ungewöhnlich klein, aber gleichzeitig besonders mutig und gescheit. Einmal kehrte sie spät abends in einer dunklen Nacht heim und mußte dabei über eine Brücke gehen, von der es hieß, daß dort irgendein schrecklicher Spuk sein Wesen trieb; kühne, starke Männer waren dort furchtbar erschrocken worden. Aber obwohl es so spät und finster war, zögerte die tapfere kleine Frau nicht, über die Brücke zu gehen. Als sie hinkam, sah sie ein schreckliches weißes Wesen davor stehen. Sie hatte aber keine Lust umzukehren, so sprach sie es an, und es antwortete, und dann nahm das Ding menschliche Gestalt an, und die alte Mary erkannte sofort, wer es war, und fragte: »Du bist doch wohl Finlay?« – »Ja«, sagte die Erscheinung. »Ich hab dich erkannt«, sagte Mary, »aber du bist doch vor ein paar Jahren gestorben.« – »Ganz recht«, sagte der Geist. »Der bin ich.«

»Dann möchte ich nur wissen«, sagte sie, »weswegen du vor einer gebrechlichen kleinen Frau hier auftauchst und mich zu erschrecken versuchst? Warum zeigst du dich nicht lieber starken Männern, wenn du was auf dem Herzen hast, das du loswerden möchtest?« – »Ich bin mehr als einmal einem starken Mann erschienen!« sagte der Geist, »aber die haben sich jedesmal so gefürchtet, daß sie weggerannt sind, ohne mich anzureden. Du hast gut daran getan, zu bleiben und mich anzureden, denn nun kann ich mein Gewissen erleichtern. Als ich noch Fleisch und Blut hatte, habe ich ein paar Pflugschare gestohlen, und nun kann ich nicht Ruhe finden, bevor sie ihrem rechtmäßigen Besitzer zurückerstattet sind. Du mußt morgen unbedingt dorthin gehen«, und er beschrieb ihr die Stelle – »da wirst du die Pflugschare finden; nimm sie und leg sie an den Straßenrand, dann bekomme ich endlich Ruhe und werde nie wieder jemanden erschrecken, weder dich noch einen andern.«

Die kleine Frau faßte Mut und stellte dem Geist noch viele Fragen, auf die er bereitwillig Antwort gab. Er sagte ihr, wie lange sie und ihr Mann und andere aus ihrer Familie noch leben würden. Er berichtete ihr auch über ihre toten Freunde und Nachbarn und wie es ihnen in der andern Welt erginge und befahl ihr, einen bestimmten Nachbarn zu mahnen, daß er aufhöre, Böses zu tun, denn er sei in großer Gefahr. Sie versprach, alles zu tun, was er verlangte; da verschwand er und hinderte sie nicht mehr, über die Brücke zu gehen, und sie langte heil und unbeschadet daheim an. Am nächsten Morgen ging sie zu der beschriebenen Stelle und fand die Pflugeisen, nahm sie und legte sie an den Wegrand, wo ihr ursprünglicher Besitzer sie wiederfand; aber er lebte nicht mehr lange, nachdem er sie aufgehoben hatte. Sie richtete dem Nachbarn die Warnung aus, und er nahm sie sich zu Herzen und bereute sein Unrecht; und sie und ihr Mann starben zu der vorausgesagten Zeit. An der Brücke aber zeigte sich nie wieder ein Spuk.

Diese Sage bekam ich als Kind vor sechzig Jahren von einer frommen alten Frau erzählt, die aus Arran stammte und die kleine Frau und ihren Mann gut gekannt hatte.

114. Der Geist von Choimhlig

Peter Brown in Dun Crosg im Glen Lochy versteckte ein Pflugschar, ohne zu sagen wo, und starb. Folglich spukte sein Geist lange Zeit bei einem Wasserfall in der Gegend, aber kein Mensch besaß den Mut, ihn anzureden und so den Grund seiner Ruhelosigkeit zu erfahren. In jeder festen Gemeinschaft hat die Pflugschar größeren Wert als das Schwert oder irgendeine andere Waffe, obwohl ihr nicht soviel Ehre zugemessen ist, und in den Hochlanden verband man mit dem Verbergen eines so nützlichen Instruments dieselben Schrecknisse, die man sich später, in einer mehr auf Handel gestellten Gesellschaftsordnung, für den dachte, der Gold versteckte. Der Unglückliche, der das tat und starb, ohne sein Geheimnis zu enthüllen, fand im Grab keine Ruhe.

Den Geist des Peter Brown erblickte man gewöhnlich in Gestalt eines Rehbocks, der bei Dunkelheit denen folgte, die an der Bergschlucht vorüberwanderten. Aber man sah ihn auch als Pferd, als Hund, als Mann, und er verschwand erst vor ungefähr vierzig Jahren.

Da hatte nämlich ein Weber Mut gefaßt, ihn angesprochen und eine lange Unterredung mit ihm geführt. Der Geist weissagte ihm, was sich in seiner Familie zutragen würde und daß die Weberstochter, von deren bevorstehender Hochzeit gerade alles sprach, nie heiraten würde. Als der Weber wieder nach Hause kam, legte er sich zu Bett und stand nicht wieder auf.

Da, wo einmal die Furt gewesen ist, gibt es jetzt eine Brücke. Der Geist aber hat sich auf dem Ufer oberhalb der Furt blicken lassen. Einmal hat er dort mit einem starken Mann gekämpft, und der Erdboden und die Bäume ringsum haben noch lange die Spuren dieses Kampfes gezeigt.

115. Der Poltergeist in Strathspey

Es ist noch nicht lange her, da lebte in Strathspey ein armer Mann, der wurde von einer jähen und schweren Krankheit ergriffen, und zum großen Kummer seiner Familie starb er daran. So plötzlich war der brave Mann abberufen worden, daß er keine Zeit hatte, seine Angelegenheiten in Ordnung zu bringen, und offenbar, sehr begreiflich, verursachte ihm dies in der Welt der Ewigkeit große Unruhe. Insbesondere wünschte er, daß ein Freund von ihm Axt und Whiskyfaß zurückbekam; beides hatte der Tote sich ausgeborgt. Man muß nämlich wissen: Eisen ist in solchen Fällen sehr schlimm. Um also diese Sache zu bereinigen, sandte der tote Mann seine Geist zu einem bestimmten Bekannten; dem sollte er das Nötige mitteilen. Der Tote zweifelte nicht daran, daß der Benachrichtigte dann alles nach bestem Vermögen regeln werde. Der getreue Geist verlor keine Zeit, um den Zweck seiner Mission zu erreichen. Aber es stellte sich heraus, daß das ein recht schwieriges Unterfangen war, denn es gelang dem Geist auf keine Weise, bei dem Geschäftsfreund zu einer Konferenz vorgelassen zu werden. Sowie der nämlich auch nur einen Schimmer von dem Geist erblickte, dann vermochte er plötzlich zu springen wie ein flüchtiges Reh; und alle Geschicklichkeit des Geistes brachte die Sache nicht zum Erfolg. Schließlich nahm der listige Abgesandte, erbittert über eine lange Nachtwache und die nutzlose Reise, Zuflucht zu einem Mittel, das nun doch seinen Zweck erreichte. Der Geist eröffnete nämlich allabendlich, sowie die Sonne untergegangen war, eine Kanonade mit Ziegeln und Steinen auf den unglückseligen Freund und die übrigen Hausbewohner und ließ damit nicht ab, bis morgens der Hahn schrie. Und ein so fähiger Schütze war dieser pfiffige Geist, daß er sein Ziel kaum jemals verfehlte, dabei hätte jeder Aufprall einen Ochsen töten können. Der Freund und seine Familie litten schwer unter den Folgen dieser unangebrachten Züchtigung und erhoben ein wildes Jammergeschrei über ihr unerklärliches Mißgeschick. Das brachte ein paar Nachbarn dazu, sich nächtlicherweile zusammenzurotten, um die Bedauernswerten gegen den allnächtlichen Angriff zu schützen. Aber der verschmitzte Geist dachte gar nicht daran, seine kriegerischen Handlungen deswegen einzustellen. Im Gegenteil: Er setzte sie mit noch mehr Energie fort und nahm bei seinem Ansturm weder aufs Geschlecht, noch aufs Alter Rücksicht. Alle Arten von Wurfgeschossen prallten den Schützern wie den Beschützten an die Schulter, und ihr solides Gewicht sowie die rätselhafte Art, auf die sie in Bewegung gesetzt wurden, überzeugte die Leidenden, daß keine sterbliche Hand sie durchs Zimmer schleuderte. Deshalb drangen sämtliche Bekannten in den Freund, er möge den unsichtbaren Dämon, der ihn mitternachts so wild heimsuche, zur Rede stellen, damit er Gelegenheit bekomme, sich zu erklären: Was hatte er hier zu schaffen? Was war der Grund seiner grausamen und unchristlichen Aufführung? Aber der Freund des Toten war geneigt, diesen Rat als allerletzten Ausweg zu betrachten, den man sich überdies erst sehr gründlich überlegen müsse. Doch schließlich brach unter einer Serie unerhörter Drangsalierungen sein Widerstand zusammen – ach, der gute Mann war längst dünn geworden wie ein silbernes Sixpencestück; kurz, er entschloß sich in seiner Verzweiflung nun doch, den Geist bei der nächsten Gelegenheit anzurufen und für seine niederträchtigen und feigen Angriffe auf ihn und seine arme Familie zur Rechenschaft zu ziehen. So geschah es. In der nächsten Nacht flog ihm eine Pastetenform an die Wange, daß er Ohrenschmerzen davon bekam; wunderbarerweise flößte ihm das Mut ein. Der Hausherr trat in einer Mischung von Wut und Angst ein paar Schritte vor und redete den erbarmungslosen Geist mit versagender Stimme an: »Waaas hahahast du in meinem Hau-au-ause und mit meimeiner Fafamilie zu schaf-f-fen?«

Augenblicklich erschien der Geist sichtbar vor ihm, nur zu gern bereit, die Frage zu beantworten; doch ehe er das tun konnte, mußte, das war unabdinglich, eine Zeremonie eingehalten werden, die ebenso sonderbar wie unerfreulich für die Beteiligten ist. Sie besteht nämlich darin, daß der Sterbliche den Geist umarmen und dabei anheben muß, so daß seine Füße sich vom Grund lösen und der Wind zwischen den Geisterfüßen und dem Boden durchfahren kann: Das setzt dann den Geist, dem sonst die Zunge gebunden ist, instand, ganze Bände zu reden. Ja, was war nun in diesem speziellen Fall zu tun? Der Hausvater, ermutigt durch Zurufe und beredte Ermahnungen, die ihm seine verängstigte Familie aus allen Spalten und Nischen des

Hauses zusandte, versuchte abermals, den furchtbaren Boten in die Arme zu schließen, der sich durch eine Art mechanischer Reaktion ihm jedesmal wieder entzog; und er konnte sich nur schwer dazu überwinden, den boshaften Geist liebevoll ans Herz zu drücken. Schließlich jedoch tat er es; er packte ihn, wie er einen Dornbusch gepackt haben würde. Und nun setzten sich die Kinnbacken des Geistes, die so lange regungslosen, in Bewegung; in grabesdumpfem Tone sprach er, so daß nun alle, die ihn hörten, von Entsetzen gelähmt wurden. Der Freund des Toten versprach, alle Befehle des Geistes strikt zu befolgen, daraufhin verschwand der in einer Flammenlohe und ließ den armen Mann in einer solchen Verfassung zurück, daß er kaum noch imstande war, zu seinem Lehnstuhl hinzutapern. Jedoch er befolgte alle Anordnungen peinlich genau, so daß, tröstlich für den Freund, kein zweiter Besuch des Geistes nötig war.

116. Der Ertrunkene

Vor ungefähr vierzig oder fünfzig Jahren ertrank ein Mann aus Strathdown. Unglücklicherweise war es bei ihm wie bei andern Leuten auch: Sein Leben war nicht so gewesen, daß er beruhigt hätte sterben können. Der Unfall trug sich folgendermaßen zu: Während er dabei war, in einer steilwandigen Schlucht, auf deren Grund der Avon fließt, einen Baum zu fällen, glitt er aus und stürzte kopfüber in den Abgrund unter ihm und tauchte nicht wieder auf. Sein beklagenswertes Geschick wurde schnell entdeckt; man begrub seinen Leichnam und ordnete seine Angelegenheiten so gut wie möglich. Bald löschte die Zeit, die Mutter des Vergessens, seinen Namen bei den Lebenden aus, keiner sprach mehr von ihm. Doch da erschien der Tote an einem bestimmten Tag um die Mittagsstunde in der Gestalt, die er als lebender Mensch innegehabt hatte, am Fenster einer Freundin. Als die Frau Überraschung und Schrecken über sein Erscheinen verriet, rief ihr der Ertrunkene zu: »Hab keine Angst! Komm heraus und sprich mit mir!« Offenbar war er ohne die ›Totenhebung‹ zum Reden imstande.

Die brave Frau fürchtete ohne Zweifel, falls sie nicht zu ihm hinausgehe, werde er das seine tun, um zu ihr hereinzugelangen; also befolgte sie seine Aufforderung, und im Lauf einer längeren Unterredung, die sie ihm gewährte, enthüllte er ihr mehrere unschöne Dinge, die er sich gegenüber einem alten Meister und ein paar anderen Leuten hatte zuschulden kommen lassen und die ihm jetzt die Ruhe störten. Ohne Zweifel verlangte es die alte Freundin, ihn so bald wie möglich loszuwerden. Sie versprach, ihr Bestes zu versuchen, um an seiner Statt alles wieder gutzumachen; freilich stellte sie ihrerseits die Bedingung, daß er von ihr weiche und seinen Besuch nie mehr wiederhole. Sie hielt ihr Versprechen, und der tote Freund behelligte sie kein zweites Mal.

117. Die Frau in Banffshire

Dem Besitzer eines kleinen Gutes in Banffshire war vor ungefähr sechs Monaten die Frau gestorben, da kehrte einer seiner Knechte in der Dämmerung eines Herbstabends zu Pferd von der Schmiede zurück. Am Ufer eines kleinen Flusses trat eine fremde Dame zu ihm, groß und schlank und ganz in Grün gekleidet, das Gesicht in der Kapuze ihres Mantels verborgen, und verlangte, daß er sie hinter sich auf das Pferd nähme und über das Wasser brächte. Es war etwas im Ton ihrer Stimme, das ihm Mark und Bein durchfuhr und wie eine kalte Flüssigkeit zwischen Schädel und Kopfdecke zu dringen schien. Auch wirkte die Bitte seltsam, denn das Flüßchen war schmal und flach und konne selbst für den zaghaftesten Reisenden kein ernstliches Hindernis bilden. Aber dem Mann widerstrebte es, eine Dame durch Unhöflichkeit zu kränken, er wandte sein Pferd zum Ufer, und sie sprang leicht hinter ihm auf. Doch irgendwie war sie besser anzusehen als anzufühlen; der Knecht sagte: er habe sie in seinem Rücken gespürt wie einen schlechtgefüllten Sack Wolle. Und als sie am andern Ufer des Rinnsals so leicht herabsprang, wie sie aufgesessen war, und als er sich furchtsam umdrehte, um einen zweiten Blick auf sie werfen zu können, da war er überzeugt, sie sei ein Geschöpf, das in seiner Beschaffenheit weit weniger irdisch als er selber wäre. Sie schob die verhüllende Kapuze mit zwei blassen, dünnen Armen zurück und zeigte ein gleichermaßen bleiches und spitzes Angesicht, das desungeachtet den spitzbübischen, halb humoristischen Ausdruck eines zu tragen schien, dem eben ein guter Spaß gelungen ist. »Meine tote Herrin!« rief der Knecht aus. »Ja, John, deine Herrin«, erwiderte der Geist. »Aber reite heim, mein Guter, es wird spät; du und ich werden demnächst besser miteinander bekannt werden.« So ritt John nach Hause und erzählte seine Geschichte.

Am nächsten Abend, ziemlich um dieselbe Stunde, waren zwei von den Mägden des Gutsherrn in einem Nebengebäude beim Waschen, klopfte es leicht gegen die Tür. »Nur zu!« sagte eins der Mädchen, und herein kam die Dame, wie am vorangegangenen Abend in Grün gekleidet. Sie schritt leicht an ihnen vorüber in den inneren Teil des Waschhauses, setzte sich dort auf eine niedrige Bank – von dort aus hatte sie vor ihrem Tod gelegentlich ihrem Tun zugeschaut – und begann sie über den Fortgang ihrer Arbeit zu befragen, ganz, als sei sie noch in ihrem Fleisch und Blut. Die Mädchen waren viel zu entsetzt, um zu antworten. Darauf besuchte sie eine alte Frau, die den Herrn aufgezogen hatte und der sie im Leben weit mehr Freundlichkeit erwiesen hatte als der Mann selber. Nun schien sie soviel Teilnahme für ihr Wohlergehen zu haben wie je. Sie fragte, ob der Herr gut zu ihr sei; dann schaute sie sich in ihrer kleinen, verräucherten Hütte um und bedauerte, daß sie so lieblos untergebracht und daß ihr Speiseschrank nicht reichlicher versehen war. Und nun verging fast zwölf Monate lang kaum ein Tag, an dem der oder jener von der Dienerschaft sie nicht gesehen hätte, doch außer einem Mal geschah das nie, nachdem die Sonne auf- oder bevor sie untergegangen war. Die Mägde konnten sie bei Morgengrauen wie einen Schatten um ihre Betten gleiten sehen; oder sie lugte abends durch die dunklen Fensterscheiben herein und starrte sie an, oder sie stand plötzlich in einer halboffenen Tür. Abends pflegte sie in die Küche oder eins der Nebengebäude zu huschen und die Mägde zu fragen, was sie den Tag über getan hätten; oft freilich bekam sie keine Antwort, jetzt aus einem andern Grund als zuerst. Sie achteten fast gar nicht mehr auf ihre Anwesenheit und betrachteten sie einfach als eine lästige Herrin, die nun nicht mehr erwarten konnte, daß man auf sie merkte. Wenn sie eintrat und die Mädchen ihr Geschwätz unterbrachen, weil sie einen Besucher aus Fleisch und Blut vermuteten, dann nahmen sie es wieder auf, sobald sie fanden, daß nur die Grüne Dame kam. Obwohl sie stets leichenblaß und elend ausschaute, schien sie von fröhlicher Sinnesart, man hörte sie oft lachen, selbst dann, wenn sie unsichtbar war. Einmal warf sie einem Mädchen, das sie durch sein absichtliches Schweigen gereizt hatte, ein Pfühl an den Kopf; das Mädchen fing es auf und schleuderte es zurück. Ein andermal bot sie ihrem ersten Bekannten, dem Knecht, etwas, das eine Handvoll Silbermünzen schien; er steckte es in die Tasche, aber als er sie unmittelbar, nachdem sie verschwunden war, lachen hörte, holte er das Geschenk wieder heraus und fand, daß es Schieferstücke waren. Und wieder ein andermal ritt der Mann durch ein Waldende, da wurde er wiederholt von kleinen Torfkugeln getroffen, die hinter den Bäumen hervorflogen. Als er aber in das Dickicht ritt, merkte er, daß sein Angreifer die Grüne Dame war. Ihrem Gemahl erschien sie nie; doch hörte er ihre Stimme und das blasse Geläut ihres kalten, unnatürlichen Lachens häufig aus den unteren Räumen widerhallen.

Eines Mittags, ein Jahr nach ihrem ersten Erscheinen, überraschte sie die alte Amme, indem sie ihre Hütte betrat. Sonst hatte sie all ihre Besuche früh am Morgen oder spät abends abgestattet, nun aber war es Tag, wenn auch ein düsterer; eben war ein Unwetter von Sturm und Regen ausgebrochen. »Mammie«, sagte sie, »ich kann das Herz des

Herrn nicht rühren, und selber habe ich nichts, um es dir zu geben, aber ich denke, ich kann jetzt etwas für dich tun. Geh geradenwegs zum Weißen Haus (das eines benachbarten Gutsbesitzers) und sag den Leuten, sie sollen sich schleunigst aufmachen, so schnell die Pferde laufen können, zu dem schwarzen Felsen am Fuß der Klippen, oder sie werden es bis an ihr Ende bitter bereuen. Ihre Kinder, die dummen Dinger, sind zu dem Felsen hinausgegangen, und die Flut hat sie überrascht; wenn nicht bald Hilfe kommt, werden sie wie Tang am Ufer verstreut, bevor die Ebbe eintritt. Aber wenn du gehst und deine Geschichte im Weißen Haus erzählst, Mammie, werden die Kinder eine Stunde lang sicher sein; Zeit genug, sie zu erreichen. Ihre Mutter wird dir die Nachricht lohnen.« Die Frau ging, wie ihr geheißen, und erzählte ihre Geschichte, und der Vater der Kinder brach in wilder Hast zu Pferde nach der Klippe auf – einer niedrigen Schäre, die an einem einsamen Teil des Ufers lag, weit unterhalb der Flutgrenze und durch einen Wall steiler Felsen vom Blick des bewohnten Landes abgeschirmt; bei jeder Flut war sie von mehreren Fuß Wasser bedeckt. Als er den Klippenrand erreichte, sah er den schwarzen Stein, wie die Frau es beschrieben hatte, von der See umspült: die Kinder klammerten sich an der Felsenspitze fest. Die Wogen stiegen rasch; aber seine Versuche, durch die Brandung zu den armen kleinen Geschöpfen hinauszureiten, wurden durch ihre Schreie vereitelt: die erschreckten sein Pferd so, daß es nicht zu bändigen war. Ihm blieb nichts übrig, als um ein Boot ins nächste Fischerdorf zu galoppieren. Der Zeitverlust ließ sich nicht vermeiden. Nun war fast der ganze Strand vom Meer bedeckt; die Brandung hatte begonnen, den Fuß der dahinterliegenden Felswand zu peitschen; doch bis das Boot erschien, flutete nicht eine einzige Woge über den schwarzen Stein. Sowie aber das letzte der Kinder gerettet war, hob sich eine ungeheure, gischtige Welle, doppelt so hoch wie ein Mann, und fegte über seine oberste Zacke.

Als die alte Amme in ihre Hütte zurückkehrte, fand sie die Grüne Dame vor dem Feuer sitzen. »Mammie«, sagte sie, »heut hast du Freunde gewonnen, die dir liebevoller begegnen werden als dein Pflegesohn. Ich muß nun fort: meine Zeit ist um, und du wirst dir jetzt ganz selbst überlassen bleiben; ich habe dann viele Jahre lang keine Muße zu kommen. Vor zehn Jahren brach zur Erntezeit ein wandernder Hausierer in unsern Garten ein, und ich schickte unsern alten Knecht, der jetzt in Irland ist, hin, um ihn wegzujagen. Es war ein Sonntag, alle andern waren in der Kirche. Der Mann wehrte sich und kämpfte; da wurde er getötet. Zuerst wollte ich den Fall vor den Herrn bringen; aber dann sah ich den Packen des toten Hausierers, die Seide und den Samt und« – sie schüttelte ihr Gewand – »dies unselige Stück grünen Satins; mein törichtes Herz verleitete mich, und ich befahl dem Knecht, die Leiche des Mannes unter der Esche in der Gartenecke zu begraben, und wir teilten sein Geld und Gut zwischen uns. Du mußt den Herrn bitten, daß er seine Gebeine ausgräbt und auf den Kirchhof bringt, und das Gold, das du in dem eingebauten Schränkchen unter dem Wandteppich in meinem Zimmer finden wirst, muß an eine arme alte Witwe geschickt werden, die Mutter des Hausierers; sie lebt am Strand von Leith. Ich muß nun fort nach Irland zu dem Knecht, und ihm werde ich noch weniger willkommen sein, Mammie, als selbst dem Herrn, aber das hungrige Blut schreit laut wider uns beide, ihn und mich, und wir müssen miteinander leiden. Hüte dich, daß du mir nicht nachschaust, bis ich am Hügel vorbei bin.« Sie glitt, während sie sprach, in einem Lichtstrahl fort; und als die alte Frau die Hand von den Augen sinken ließ, die sie vor der plötzlichen Helle beschirmt hatte, sah sie nur einen großen schwarzen Windhund übers Moor laufen. Hernach ward die Grüne Dame nie wieder in Schottland gesehen. Aber der kleine Schatz von Goldstücken, der sich in einer verborgenen Nische ihres ehemaligen Zimmers fand, und die modernden Überreste des Hausierers unter dem Eschenbaum zeugten für die Wahrheit ihrer Erzählung.

118. Der fürsorgliche Nachbar

Die Regelung ungeordneter Angelegenheiten nach dem Tode ist nicht das einzige Anliegen des Geistes, auch zu andern wesentlichen Gesandtschaftsdiensten ist er stets bereit, willig und geschickt beschwichtigt er den fruchtlosen Kummer klagender Verwandter, und man kann wohl sagen, daß die Zartheit, mit der er sich zuweilen solcher Aufträge entledigt, darauf hinweist, daß er sich tot weit freundlicher und umgänglicher beträgt als lebend. Manchmal, doch sehr selten, verläßt er seine Behausung, um einem alten Freund oder Bekannten zu nützen. Wir liefern die besonderen Umstände einer solchen Gunst, die – gewiß vor langer Zeit – einem Einwohner von Strathspey zuteil wurde und die einen bessern Lohn verdient hätte, als der Geist ihn zuerst erfuhr.

Ein gewisser Pächter, der in der Gemeinde Abernethy wohnte, war eines Abends noch beim Aufräumen auf dem Hofe, da sah er zu seinem großen Erstaunen einen alten Bekannten, der schon vor etlicher Zeit aus dem Leben geschieden war, ganz gelassen zur Haustür hineingehen. Statt nun dem alten Bekannten ins Haus zu folgen und sich das sonderbare Vorkommnis erklären zu lassen, gehorchte er seiner Neugier: Die führte ihn auf den nahen Kirchhof, wo sein Freund begraben lag; er wollte nachsehen, ob der andere tatsächlich von den Toten auferstanden war. Als er anlangte, fand er nicht nur das Grab, sondern auch den Sarg weit offen. Nun zweifelte er nicht mehr, daß er recht gesehen hatte. Er schlug über dem Sarg ein Kreuz und kehrte dann wieder nach Hause zurück, ohne sich weiter Gedanken zu machen, ob er seinen Freund dort noch vorfände oder nicht. Der andere ließ sich nicht mehr blicken. Aber wenig später stand er auf einmal erzürnt vor dem Pächter und warf ihm vor, daß er sich ungehörig mit seinem Grab zu schaffen gemacht habe, und erklärte ihm gleichzeitig den Grund seines Kommens. Es hatte sich nämlich eine ungebärdige junge Kuh, die freßgierig ums Haus zu strolchen pflegte, in Abwesenheit der Familie diebisch hereingeschlichen, und da sie nichts Besseres fand, hatte sie sich übers Wiegenstroh hergemacht. Auf dem schlief des Pächters einziges Kind, die Wiege aber stand am Feuer. Die Kuh zerrte am Stroh, die Wiege war drauf und dran, mitsamt dem Kind in die Flammen zu kippen – da hatte der edelmütige Geist eingegriffen.

Der Pächter sprach seine dankbare Anerkennung für einen so außerordentlichen Beweis von Freundlichkeit aus und lief sofort zum Grabe zurück. Dort machte er ein Gegenzeichen zu dem zuvor geschlagenen Kreuz, so daß der gutherzige Geist seine düstere Behausung wieder aufsuchen konnte.

119. Die Mutter als Vogel

In Woodend auf Skye starb einem Mann die Frau, und er heiratete zum zweitenmal. Aus der ersten Ehe hatte er nur ein einziges Kind, ein zartes kleines Mädchen. Die Stiefmutter behandelte es alles andere als liebevoll; sie gab ihm Arbeiten auf, die weit über seine Kräfte gingen, und gönnte ihm weder Ruhe noch Frieden. Eines Tages befahl sie der armen Kleinen, Korn zu worfeln, stellte sich in der Scheune neben sie und paßte auf, wie sie sich dabei mit der schweren breiten Schaufel abquälte. Das Kind konnte sie kaum heben, wenn sie leer war; aber voll brachte es sie gar nicht in die Höhe, geschweige denn, daß es die Schippevoll durchs Kornsieb hätte schleudern können. Und die Frau stand dabei und keifte.

Aber da war plötzlich ein kleiner Vogel in der Scheune und flatterte um die beiden herum; bald saß er auf der Schaufel, bald schwirrte er dem kleinen Mädchen um Schultern und Kopf, bald flog er der Frau ins Haar. Es half nicht, daß sie schrie und nach ihm schlug; er entkam ihr mit einer leichten Wendung und war sofort wieder da, umkreiste das Kind und setzte sich wieder auf die Schippe, bis die Frau widerwillig befahl: »Stell sie hin.« Der Vogel war ihr unheimlich, und an diesem Tag ließ sie das Kind in Ruhe.

In der Nacht hatte die Stiefmutter ein schreckliches Erlebnis. Sie wachte auf, da stand vor ihr eine geisterhafte Frauengestalt. Die Erscheinung sagte ihr, sie sei des Kindes tote Mutter, und warnte sie: Wenn sie sich von nun an nicht besser gegen das kleine Mädchen betrüge, dann würde es für sie furchtbare Folgen haben. Und dann fügte sie hinzu: »Der kleine Vogel in der Scheune heute, das bin ich gewesen. Hüte dich!«

Die Frau nahm sich die Lehre zu Herzen, aber es war zu spät, um das Leben des Kindes zu retten; das starb bald darauf.

120. Die tote Mutter

Wir waren nun in der Gemeinde Fearn angelangt.

Und hier, erzählte mein Gefährte weiter, ist der Schauplatz einer andern Geistergeschichte. In dem Haus dort oben – dem mit dem zerstörten Dach und der alten Ulme daneben – wohnte vor ungefähr sechzig Jahren ein Pächter aus der Gemeinde mit seiner mürrischen, einäugigen Frau. Er hatte aus der zweiten Ehe einen Sohn und eine Tochter, und denen war die Frau eine rechte Stiefmutter. Der Junge war erst fünf und das Mädchen erst sieben Jahre; und doch war das letzte gewitzt genug zu der Bemerkung, daß die zweite Mutter mit ihrem einen Auge besser sehen könne als die tote mit ihren beiden – das stellte das Kind fest, als die Frau es schlug, weil es ein bißchen Sauerteig aus dem Backtrog genommen und in den Mund gesteckt hatte.

Die Tote, eine fleißige Haushälterin, hatte einen großen Vorrat von Wolldecken und leinenem Bettzeug hinterlassen; aber im Sommer und im Herbst nach ihres Vaters Heirat war das Lager der beiden Kinder nur mit ein paar fadenscheinigen Lumpen bedeckt, und als der Winter einsetzte, mußten sich die armen Dinger, zitternd vor Kälte, Nacht für Nacht erst lange eins in den Armen des andern wärmen. Doch dann fand man sie eine ganze Woche hindurch jeden Morgen fest in ihrer Mutter beste Decken eingewickelt. Die Stiefmutter tobte und drohte und warf die Decken in die große Vorratstruhe zurück, die durch Schloß und Riegel gesichert war; aber umsonst – die Decken lagen jeden Morgen wieder auf dem Kinderbett; und die armen Dinger konnten nichts anderes sagen, wie sehr man ihnen auch drohte und sie schlug, als daß sie beim Einschlafen sehr gefroren hatten, aber warm und behaglich aufgewacht waren. Schließlich aber vermochte das Mädchen die Sache auf eine Art zu erklären, welche der Stiefmutter die Grausamkeit für den Rest ihres Lebens austrieb. Der Bruder sei eingeschlafen, sagte die Kleine, aber sie selber habe sich gefürchtet und auch sehr gefroren und fast bis zur Mitte der Nacht wachgelegen. Da habe sich die Tür geöffnet, und eine Dame sei hereingekommen, ganz weiß gekleidet. Das Feuer habe hell geleuchtet, und sie habe so deutlich wie bei Tage in der Ecke die große Truhe stehen sehen. Aber als die Dame zu der verschlossenen Lade hingegangen, sei der Riegel von selber aufgesprungen und sie habe die Decken herausgenommen und den Bruder und sie sorgfältig darein eingewickelt. Dann habe die Dame den Bruder geküßt und sich auch zu ihr herabgebeugt, daß sie beim Aufschauen ihr Gesicht sah, da habe sie erkannt, daß es ihre erste Mutter war. Und dann sei sie wieder fortgegangen, ohne die Tür aufzumachen.

121. Der Tote beim Pferch

Auf der Ostseite von Skye starb vor ungefähr dreißig Jahren ein Mann plötzlich. Ein paar Wochen darauf war die Erntezeit da, und die Witwe blieb nachts bei den Kühen draußen, damit sie nicht das Gehege verließen, in das sie am Abend getrieben wurden, und in die Felder gingen. Aber eines Abends mußte sie die Tiere alleinlassen, denn sie war genötigt, zwei Meilen über Land in eine Werkstatt zu gehen. Sie war unruhig, denn bevor sie sich auf den Weg machte, hatte sie eine Lücke im Zaun entdeckt; sie hätte die Stelle vor dem Fortgehen unbedingt noch ausbessern müssen, aber dazu hatte ihr die Zeit gefehlt.

Als sie zurückgekehrt war, ging sie als erstes zum Gehege. Da fand sie ihren verstorbenen Mann; er sagte: »Erschrick nicht! Und mach dir keine Sorge um das Vieh. Ich halte für dich Wache.«

Von da an konnte jeder ihn erblicken, der den Mut hatte, zum Pferch zu gehen und nachzusehen. Eine Weile später kam er sogar zu den Spinnstubenabenden ins Haus, wenn sich die Nachbarn versammelten, um sich mit Geschichten und Geschwätz und Klatsch die Zeit zu vertreiben, und setzte sich still zum Zuhören in eine Ecke.

Aber die Frau konnte es nicht ertragen, immerfort ihren toten Mann um sich zu haben. Sie beschloß, ihren gesamten Besitz zu verkaufen und nach Amerika auszuwandern. Aber an dem Tag, da der Handel abgeschlossen werden sollte, war es unmöglich, das Vieh zusammenzutreiben; die Tiere schienen von einer unerklärlichen Panik besessen, sie waren durch nichts zu beruhigen. Schließlich zog der Mann, der die Tiere und alle übrige Habe hatte kaufen wollen, unverrichteterdinge wieder davon – und damit war der Auswanderplan zunichte.

Aber der enttäuschte Käufer war gar nicht lange fort, da wurden die tobenden Tiere auf einmal still, und ein kleiner Vogel, der die ganze Zeit über ihnen hin- und hergeflattert war, flog weg. Die Frau blickte ihm nach – und auf einmal begriff sie, wer der Vogel gewesen war, der die Tiere so wild gemacht hatte.

Von diesem Tag an ließ sich der tote Mann nie wieder sehen.

122. Captain Ross

Als es mit dem König Charles und mit der Bischofsverfassung vorbei war, gefiel es gar manchem Herrn nicht mehr im Lande. Viele zogen fort und suchten anderswo ihr Glück. Unter ihnen war auch Captain William Ross aus

Invercarron: Er schloß sich Sir Randal und all den andern guten Soldaten an, die hofften, in dem langen deutschen Krieg Gut und Ehre zu gewinnen.

Er war der Gutsherr von Invercarron, ein großer, gewaltig starker Mann; die Leute in Strathcarron berichteten Wunderdinge über seine Kraft und seinen Mut. Aber am Ende rettete ihn alles beides nicht, er wurde in einem Gefecht verwundet und starb auf fremdem Boden. Als die daheim es erfuhren, fanden sie es jammerschade, daß ein so hübscher Bursche wie ihr Gutsherr in der Fremde sein Blut vergossen hatte, und sie hörten nicht auf, von ihm zu erzählen, noch Generationen lang.

So kam es, daß viele Jahre später ein anderer junger Mr. Ross von Invercarron großen Neid auf seinen Vorfahren verspürte. Er konnte es allmählich kaum noch aushalten, daß er überall vom Captain Ross und seiner Riesengröße und Stärke und Schönheit hörte, überall, wohin er kam – denn er wünschte sich brennend, daß die Leute ihn selber für den größten, hübschesten und stärksten Mann seiner Familie erklärten. Aber im Tal lebten alte Männer und Frauen, die sagten, daran sei überhaupt nicht zu denken. »Dem Captain, der auf dem deutschen Schlachtfeld gefallen ist«, sagten sie, »reichst du nicht mal bis zur Schulter.« Und der junge Mann gab hitzig zurück: »Das bleibt zu beweisen.« – »Das kannst du nie beweisen«, erwiderten die Alten, und so lange ging das, bis der Prahlhans beschloß, sich, koste es, was es wolle, selber seiner Überlegenheit zu vergewissern.

In Langwell am Oikel lebte ein Hexer, und an ihn wandte sich der junge Mr. Ross um Hilfe. Ob er seinen Vorfahren sehen könne? Ob es möglich sei, daß er sich mit ihm messe? Der weise Mann unternahm es, den toten Soldaten seinem Nachkommen vor die wißbegierigen Augen zu führen. »Aber eins müßt Ihr mir versprechen!« sagte er: »Ihr gehorcht mir in allem aufs Wort – und hinterher haltet Ihr reinen Mund.« Der junge Mann versprach alles, was der Hexer wollte.

Also gingen die beiden, als die Nacht eingebrochen war,

hinaus und auf eine flache Wiese am Oikel hinüber. Dort zog der Zauberer auf dem Rasen einen großen Kreis und gebot: »Da stellt Ihr Euch hinein, genau in die Mitte neben den weißen Stein, und rührt Euch nicht vom Fleck, ganz gleich, was geschieht! Und greift nichts an, was Ihr etwa seht, verstanden? Sonst könnte es gut Euer Ende werden!« Der junge Mann beteuerte, keinen Zoll vom Stein zu weichen und nichts anzurühren. »Es sind viele«, sprach sein Führer, »die in dieser Nacht an Euch vorüberziehen müssen. Bei jedem Haufen, der vor Euern Augen vorüberzieht, fragt nur: ›Ist Captain William Ross hier?‹ «

Damit ging der Hexer fort, zurück in seine Hütte; und der junge Mann fing an, seine Unüberlegtheit zu bereuen. Es war Herbst und eine Vollmondnacht, und gewiß hat das milde Mondlicht nie ein seltsameres Bild beschienen als das, welches sich ihm nun bot. Um Mitternacht tauchte rechts aus dem Dunkel der erste Trupp einer großen, geisterhaften Armee auf und bewegte sich stumm auf das Oikelbett zu. Kompanie auf Kompanie, Regiment auf Regiment marschierten sie in unabsehbarer Schar wie zur Parade an ihm vorüber, und dabei alles totenstill, denn der Tritt dieser bewaffneten Männer fiel geräuschlos auf den Rasen. Die ganze gespenstische Armee dehnte sich vor ihm aus, und jede Kompanie fragte er heiser flüsternd: »Ist Captain Ross hier?« Doch stumm schüttelten sie die Köpfe, bis endlich ein Offizier an der Spitze einer der Kompanien antwortete: »Nein, aber er kommt.« Stunden schienen vergangen, und noch immer folgten einander diese fremden Legionen in unbekannten Uniformen, immer neue Farben, mit seltsamen Adlern. Da rückten Männer von wildem Aussehen heran, Horden von Tilly und Mérode, erschöpft und abgerissen, doch alle schweigend, und jede Brigade verschwand wie ihre Vorgänger. Es schien, daß die Oikelwellen sie verschlangen, die sanft an Wäldern und Hügeln vorbei zur Nordsee glitten – sie und die ungeschlachten Feldgeschütze, die sie langsam am Rand des magischen Kreises vorbeigezogen hatten. Noch immer wiederholte der junge Mr. Ross seine Frage und empfing in Abständen dieselbe Antwort. Ganz am Schluß erschien eine Kompanie, bei der weithin sichtbar ein Offizier schritt; in seiner Riesenlänge ragte er wie Saul zwischen dem Volk empor. Kopf und Schultern noch über dem stämmigen Korporal. »Ist Captain Ross hier?« fragte unser Held tonlos. »Ja!« antwortete der Korporal und salutierte.

In diesem Augenblick trat der große Offizier, dem der prahlerische junge Herr von Invercarron kaum bis an die Schulter reichte, aus der Reihe und war mit zwei Schritten im Kreis. »Grüß dich, mein Junge!« sagte er. »Freut mich, mal wieder einen von der Familie zu sehn! Laß dir die Hand schütteln.« Und er streckte dem jungen Verwandten die eigne, respekteinflößende hin. Aber unser Held hatte sich die Warnung des Hexers zu gut eingeprägt, um seines Ahnherrn Aufforderung zu folgen; er legte schnell beide Hände auf den Rücken und stammelte: »Auf Ehre, tut mir riesig leid, Sir, aber das ist mir verboten.« – »Na«, sagte der tote Soldat, »dann eben nicht. Aber komm, du kannst wenigstens ein kleines Stück mitmarschieren, damit wir noch ein bißchen miteinander reden können. Steht das alte Haus noch?« – »Es steht, Sir«, sagte der junge Ross und mühte sich um eine feste Stimme, »aber mitkommen, Sir, darf ich auch nicht, so gern ich es auch täte.« – »Ja«, versetzte Captain Ross, »dann hilft das nichts, ich muß jetzt weiter. Ich wünsch dir noch einen guten Abend, Junge.« Und der riesige Offizier trat mit einem langen Schritt über den Rand des Kreises hinaus, reihte sich wieder in seine Kompanie ein und verschwand mit ihr, der letzten des Heeres, zusammen im schnell dahinrinnenden Fluß. Der niedergeschlagene junge Prahlhans aber mußte auf seinem verzauberten Posten ausharren, bis die Sonne in den Himmel aufstieg – bis die Kühe in den Wiesen zu blöken begannen und von den fernen Dörfern her schwach die Hahnenschreie drangen. Er war so ärgerlich, daß er drohte, den Hexer für seine unheiligen Übungen verbrennen zu lassen; aber da sich die Geschichte gegen ihn selber gewandt hätte, besann er sich eines Besseren. Wäre das Ergebnis dieses

Mondscheinunternehmens bei den Leuten bekannt geworden, sie hätten auf seine Kosten schallend gelacht, also hütete sich der junge Ross, seine Drohung gegen den weisen Mann wahr zu machen. Und was die Hauptsache war: Nie mehr brüstete er sich vor den Beaux und Belles von Ross-shire mit seiner Kraft oder seiner Statur.

KOBOLDE

123. Der Brownie

Obwohl dieser geheimnisvolle und höchst nützliche Sachwalter in den Hochlandbergen jetzt nur noch sehr selten vorkommt, gehörte er offenbar vorzeiten hier in jeder Familie von Stande selbstverständlich zum Haushalt. Daher sind seine Geschichte und sein Charakter wohlbekannt, und die Erinnerung an ihn ist für die Leute höchst bedeutsam.

Was seinen Ursprung betrifft, herrscht im wesentlichen Dunkelheit. Es gehörte stets zu seinen Eigenschaften, daß er seinen irdischen Freunden keinerlei Information über sein Privatleben vergönnte. Einiges am Brownie erinnert an den Elfen, von seinen Gewohnheiten ließe sich das auch sagen, und demzufolge haben Urteilsfähige schlau vermutet, daß der Brownie entweder regelrecht zum Elfenvolk gehören oder aber mindestens eine Art Bastard sein müsse. Doch der schlaue Brownie selber tat seinen Mund darüber nicht auf, sondern überließ es den Leuten, die Angelegenheit nach Gutdünken zu erörtern.

Äußerlich war der Hochlandbrownie eine ungemein interessante Erscheinung: Von Gestalt nicht ganz so groß wie der Elf, aber hübsch und gefällig gebaut; seiner eigenartig braunen Hautfarbe verdankt er den Namen Brownie.

In seiner Verhaltensweise und seinen Gewohnheiten unterschied er sich himmelweit von all den übernatürlichen Geschöpfen seiner Zeit, denn er war arbeitsam und dem Interesse seines Herrn treu ergeben – willig arbeitete er Tag und Nacht für keinen anderen Lohn als eine karge Verpflegung und ab und an einen abgelegten Anzug. Daher war es im höchsten Grade wünschenswert, einen so billigen und nützlichen Helfer zu bekommen. Aber er ließ sich weder durch Geld noch durch Vorteile gewinnen. Wenn er sich einmal dem Begründer einer alten Familie angeschlossen hatte, dann hielt er so lange zu ihm und seinen Nachkommen, wie es eine gerade Linie von Erben gab. Daher kommt es, daß sich der Brownie nur auf den Stammsitzen alter, ehrenwerter Familien fand.

Beispiellos in seiner Treue, wachte er unermüdlich über das Wohl seines einmal angenommenen Herrn und sorgte für seine Interessen, und da er die Gabe der Voraussicht und des höheren Wissens besaß, waren seine Dienste tatsächlich unschätzbar. Er führte zuverlässig scharfe Aufsicht über die Dienerschaft, immer bereit, getreulich über ihre gute oder schlechte Aufführung Bericht zu erstatten; und daraus folgte, daß er selten auf gutem Fuß mit ihr stand. Wäre es ihr überlassen geblieben, ihn zu versorgen, dann wäre den Brownie seine Treue aller Wahrscheinlichkeit nach teuer zu stehen gekommen. Falls aber dem Herrn auch nur im geringsten an seinem eigenen Interesse lag, dann kümmerte er sich genau darum, daß der Brownie sein Essen und Trinken pünktlich vorgesetzt bekam – Brownie lohnte es.

124. Klumpenbrownie und seine Frau

Die letzten beiden Brownies, von denen man in der Gegend von Strathspey weiß, gehörten lange zum Haushalt der alten Familie von Tullochgorm. Sie waren ein Männchen und ein Weibchen, und nach allem, was wir hören, können sie sehr wohl ein Ehepaar gewesen sein. Das Männchen war ausgesprochen spaßhaft und humorvoll veranlagt und gestattete sich oft kleine Scherze auf Kosten des übrigen Gesindes. Insbesondere liebte er es sehr, Vorübergehende mit Erdklumpen zu bewerfen, und deswegen nannte man ihn Klumpenbrownie. Aber trotz seines Humors war er doch wiederum recht naiv und ließ sich seinerseits von denen übertölpeln, die er zu foppen liebte. Ein hervorragendes Beispiel dafür ist der Vertrag, den er törichterweise mit den Knechten von Tullochgorm einging, und in dem er sich feierlich dazu verpflichtete, soviel Getreide zu dreschen, wie zwei Männer den ganzen Winter über dreschen könnten, und das alles für eine alte Jacke und eine Kilmarnockmütze – Kleidungsstücke, für die er offenbar besondere Vorliebe besaß. Während sich nun die Knechte bequem auf dem Stroh ausstreckten, drosch der arme Brownie ohne Unterlaß und vollbrachte solche Herkulestaten, wie keine menschliche Konstitution sie auch nur eine Woche lang ausgehalten hätte. Einige Zeit, bevor der Vertrag abgelaufen war, ließen die Burschen rein aus Dankbarkeit und Mitleid Jacke und Mütze auf einem Kornhaufen in der Scheune liegen. Sowie er sie hatte, hörte er zu arbeiten auf, jubelnd bei dem Gedanken, seine Bekannten hereinzulegen, und sagte ihnen höhnisch: Wenn sie so blöd wären, ihm Jacke und Mütze schon jetzt, vor Ende der Arbeit, zu geben, dann fiele es ihm nicht ein, noch eine einzige Garbe zu dreschen!

Das Weibchen war pfiffiger in ihrer Art, und statt sich zum Gelächter der Mägde, mit denen sie zusammenarbeitete, zu machen, war sie eine Art Herrin über sie. Selten stand sie gut mit ihnen, denn sie berichtete dem Hausherrn oder der Hausfrau getreulich, wie und wann sie ihre Pflicht vernachlässigt hatten. Sie besaß eine Überfülle von Haaren, deswegen nannte man sie ›Maug Vuluchd‹ oder ›Haarige Mag‹. Mag war nicht nur eine ehrliche, sondern auch eine hervorragend tüchtige Häushälterin; gewöhnlich übertrug man ihr die Bedienung bei Tisch, die sie ausgezeichnet versah. Die Geschicklichkeit und Sorgfalt, mit der sie, immer unsichtbar, die Tafel deckte, war für Fremde ebenso belustigend wie für den Gastgeber praktisch. Wonach man auch rief, es schwebte durch die Luft heran und landete auf dem Tisch mit der äußersten Leichtigkeit und Schnelligkeit, und was Sauberkeit und Umsicht angeht, so hatte sie in diesem Land nicht ihresgleichen.

125. Wie der Brownie die Hebamme holte

Die Brownies bildeten eine Klasse von Geschöpfen, die sich in Lebensweise und Anlage von den unberechenbaren, mutwilligen Elfen scharf abhob. Bei Tag hielt sich der Brownie in abgelegenen Winkeln der alten Häuser versteckt, die er gern bewohnte, und nachts war er dann emsig am Werk und erledigte irgendwelche mühseligen Arbeiten, von denen er annahm, sie wären der Familie angenehm, der er seine Dienste gewidmet hatte.

Bei einer Grenzlandfamilie, die jetzt ausgestorben ist, hauste ein Brownie. Nun geschah es, daß die Dame des Hauses unerwartet früh in die Wehen fiel. Ein Diener erhielt den Befehl, eilends nach Jedburgh zu reiten und die weise Frau zu holen; aber der Mann ließ sich Zeit mit dem Aufbruch. Da schlüpfte der Hausgeist in den Mantel des säumigen Bedienten, sattelte sich im Stall des Gutsherrn bestes Pferd, führte es nach draußen, sprang auf und ritt in sausendem Galopp in die Stadt. Er mußte dazu den Tweed überqueren; und als er auf dem Rückweg, die Hebamme hinter sich auf dem Pferd, wieder an die Furt zurückkam, war der Fluß während seiner kurzen Abwesenheit gefährlich angeschwollen. Der Brownie ließ sich dadurch nicht abschrecken. Er gab dem Pferd die Sporen und stürzte sich mit der verängstigten alten Dame in die Flut, erreichte glücklich das andere Ufer mit ihr und galoppierte weiter mit derselben rasenden Geschwindigkeit wie Lenores gespenstischer Liebhaber. Bald war das Schloß erreicht, und er setzte die Halbbetäubte im Hof ab, wo die herbeilaufenden Mägde sie auffingen und alsbald dorthin führten, wo ihre Dienste gebraucht wurden. Brownie aber brachte zuerst das Pferd zurück in den Stall – später fanden die Knechte es dort in jämmerlicher Verfassung –, und dann machte er sich auf den Weg in die Kammer jenes Bedienten, dessen Pflicht er übernommen hatte. Er fand den Kerl eben dabei, wie er sich die Stiefel anzog, und verabreichte ihm mit seiner eigenen Reitpeitsche eine unbarmherzige Tracht Prügel.

Der Gutsherr war dem Brownie herzlich dankbar für den wichtigen Dienst. Irgendwie war ihm zu Ohren gekommen, der Brownie habe einmal den Wunsch nach einer grünen Jacke ausgesprochen. Also befahl er dem Schneider, eine anzufertigen, und legte sie dorthin, wo sich der Brownie, wie man wußte, tagsüber aufhielt. Aber von da an bekam ihn niemand mehr zu sehen. Vielleicht hat er die Plackerei im Haus satt gehabt und ist in seiner neuen Livree fortgegangen, um sich den Elfen anzuschließen.

126. Der ausgelohnte Brownie

Der Brownie war ein nützlicher und freundlicher Hausgeist; in alten Zeiten hatte beinah jeder Bauernhof im schottischen Süden einen. Es hieß, er sei eine einigermaßen groteske Gestalt von zwergenhafter Statur, dabei aber mit großer Körperkraft begabt. Bei Tage, oder solange die Leute im Haus auf den Beinen waren, ließ er sich nicht blicken und blieb müßig; er strengte sich selber nur an, während alle andern schliefen. Es war üblich, daß ihm die Hausherrin Arbeit liegenließ – etwa schmutziges Geschirr zum Spülen oder das mit Rahm gefüllte Butterfaß –, und er enttäuschte sie nie: Am Morgen war alles erledigt. Dabei schuftete er sich ganz unentgeltlich ab; er war ein gänzlich uneigennütziger Geist. Hätte man ihm Lohn geboten oder auch nur ab und an mal ein kleines Geschenk, so wäre er sehr zornig geworden, und möglicherweise hätte er sich sogar ganz aus dem Hauswesen verzogen. Man erzählt viele Geschichten, die von solchen Fällen handeln. Zum Beispiel legte auf einem Hof in der Gemeinde Glendevon der Hausvater eines Abends draußen ein paar Kleidungsstücke für den Brownie hin. Aber in der Nacht hörten alle, wie der Brownie abzog, wobei er tiefbeleidigt sagte:

»Rock und Hemd – immer her!
Brownie hilft dir nimmermehr!«

Der Brownie vom Pachthof Bodsbeck in Moffatdale verließ seinen Dienst vor ungefähr hundert Jahren aus ähnlichem

Grund. Er hatte sich so sehr mit Bauernarbeit, sowohl drinnen wie draußen, angestrengt, daß in Bodsbeck alles besser gedieh als in der ganzen Gegend. Der Brownie nahm sich sein Essen immer selber, wie er Lust hatte, gewöhnlich das Bescheidenste und in winzigen Portionen. Da dachte sich der Hausherr einmal, als auf dem Hof gerade besonders schwer gearbeitet wurde – vielleicht brachten sie die Ernte ein –, jetzt wäre doch eine etwas reichlichere Nahrung angezeigt; schließlich bekam das ganze Gesinde mehr und besser zu essen als sonst, sollte es der nützliche Brownie schlechter haben? Der Hausvater erlaubte sich also, draußen einen Napf Milch und Brot für ihn hinzusetzen. Aber er merkte leider, daß er fehlgegriffen hatte, denn das Ergebnis war, daß der Brownie das Haus für immer verließ; er rief:

»Brownie zieht, Brownie zieht!
Aber Bodsbecks Glück zieht
nach Leithenhall mit!«

Und so kam es. Mit dem Brownie wich das Glück aus Bodsbeck und ließ sich im benachbarten Pachthof Leithenhall nieder, auf den nun der Hausgeist seine Freundschaft und seine Dienste übertrug.

Ein hervorstechender Charakterzug des Brownies war seine Besorgnis um die moralische Führung in dem Haushalt, dem er angehörte. Sobald er merkte, daß seine Dienstkollegen sich auch nur das Geringste zuschulden kommen ließen, paßte er auf wie ein Luchs. Die kleinste Verfehlung in Scheune, Kuhstall oder Speisekammer berichtete er unweigerlich seinem Herrn, dessen Interesse er offenbar über alle Dinge dieser Welt stellte; kein Geschenk konnte ihn dazu bestechen, daß er reinen Mund hielt. Darum betrachteten ihn die Knechte und Mägde des Hauses gewöhnlich mit einer Mischung aus Furcht, Haß und Respekt. Ein possierliches Beispiel für seinen Wächtereifer erzählt man sich in Peeblesshire. Zwei Milchmägde, die von einer allzu sparsamen Herrin mit dem Essen knappgehalten wurden, ließen sich eines Tages vom Hunger zu einer ungehörigen Hilfsmaßnahme treiben: Sie stahlen einen Krug Milch und einen Haferkuchen und machten sich nun dran, beides zu vertilgen, heimlich, wie sie dachten. Sie setzten sich auf eine Bank und ließen zwischen sich Platz für den Krug und den Fladen; so bissen und tranken sie abwechselnd, indem jede den Krug einen Augenblick auf den Sitz stellte, wenn sie einen Zug genommen hatte; dann hob die andre ihn auf, um sich ihrerseits zu delektieren. Sie hatten aber ihr Mahl kaum begonnen, als der Kobold unsichtbar zwischen sie trat und sich jedesmal, wenn der Krug auf dem Sitz landete, gleichfalls einen Trunk genehmigte, und da er allein soviel schluckte wie die beiden zusammen, war die Milch sehr bald alle. Die ausgehungerten Mädchen staunten nicht schlecht über den leeren Krug und begannen einander scharf darüber zu befragen, denn eine glaubte sich von der andern betrogen. Da klärte der Brownie sie auf, indem er mit boshafter Freude rief:

»Hi, hi, hi!
Das hat der Brownie gekriegt!«

127. Der Brownie auf Càra

Auf dem Inselchen Càra im Westen von Kintyre war das alte Haus, das einst den MacDonalds gehörte, Revier eines Brownies. Der trank Milch, schrie gräßlich auf, wenn man ihm weh tat, und haßte das Geschlecht der Campbells. Im alten Schloß Largie an der gegenüberliegenden Küste von Kintyre, das denselben MacDonalds gehörte, gab es ebenfalls einen Brownie – vermutlich war es derselbe wie auf Càra. Seit man aber ein modernes Haus erbaut hat, ist von dem Brownie nichts mehr zu sehen und zu hören gewesen. Auf Càra läßt er sich gelegentlich noch hören. Man weiß nicht genau, wie er aussieht, denn keiner hat mehr als einen ganz flüchtigen Schimmer von ihm erhascht. Er bringt das Haus in Ordnung, bevor Besuch kommt. Nicht ausstehen kann er es, wenn man über Nacht etwas Schmutziges im Haus liegen läßt. Schmutziges Bettzeug pflegte er vor dem Morgen hinauszubefördern. Die Hunde mußte man nachts hinaussperren, denn die im Haus blieben, hat er oft getötet. Er neigte sehr dazu, denen im Dunkel Ohrfeigen zu versetzen, die das Haus schmutzig machten, und noch sind ein paar Leute am Leben, die solche Ohrfeigenspuren vorweisen können: Das Gesicht färbte sich an der getroffenen Stelle schwarz. Wassereimer, die über Nacht gefüllt stehengeblieben waren, warf er um. Einen Mann hob er aus dem Bett; der fand sich beim Erwachen splitternackt vor dem Feuer. Eine Frau, die spät abends ging, um nach ihren Kühen zu sehen, stellte fest, daß der Brownie schon vor ihr dagewesen war und die Kühe in der Scheune sorgsam angebunden hatte.

In einem der Schlösser von Argyllshire kam der Brownie zur Magd, die sich für die Nacht schlafen gelegt hatte, ans Bett, zog ihr die Decke zurecht, stopfte sie sorgfältig um sie herum fest und sagte: »Na, nun schlaf, du armes Ding!« Und damit ging er wieder hinaus.

Der Brownie war von harmlosem Charakter; aber wenn nicht über Nacht alles offengelassen wurde, stellte er Unfug an. Er wurde von der Milchmagd mit warmer Milch verköstigt.

Ein Mann von den Shetlandinseln schrieb mir, in seinem Ort sei der Brownie wohlbekannt gewesen. Er habe in der Scheune gearbeitet und nachts mit der Handmühle Korn für diejenigen gemahlen, denen er anhing. Pro Nacht schaffte er ein oder zwei Sack. Einst lohnte ihm jemand seine Mühen, indem er ihm Mantel und Mütze bei der Mühle hinlegte. Morgens waren die Kleidungsstücke verschwunden, und der Brownie kam nie wieder. Daher das Sprichwort:

›Der ist wie ein Brownie:
Kriegte Mantel, kriegte Mütze
und ist nun zu nichts mehr nütze.‹

Dieselbe Geschichte erzählt man von Brownies im schottischen Tiefland und von einem in Strathspey, aber auch von einem auf Tiree.

128. Gunna

In alten Zeiten wurde auf Tiree der Boden gemeinsam bestellt; auf dem ganzen Gelände des Pachthofs wurde hier und dort Korn gebaut, und folglich war das Viehhüten äußerst schwierig. In Baugh oder auf sonst irgendeinem Pachthof im Westen der Insel – die Überlieferungen sind sich da nicht einig – wurden die Kühe nachts auf die Weide gelassen, und ein unsichtbarer Hirte hielt sie davon ab, ins Korn zu laufen. Kein Mensch sah ihn je oder wußte, woher er kam oder wohin er dann wieder ging. Einmal blieb ein Mann, der das Zweite Gesicht besaß, also die Gabe des Geistersehens hatte – er blieb nachts auf und wollte sehen, wer das Vieh hütete. Da erblickte er einen Mann ohne Kleider, der den Tieren folgte, faßte Mitleid mit ihm und fertigte ihm Hosen an – solche, die am Bein eng anliegen und in die Schuhe gesteckt werden, und ein Paar Schuhe dazu. Als der geisterhafte Hirte in die Hosen schlüpfte, sagte er – und nun erfuhren die Leute erst seinen Namen:

»Hosen an Gunna,
weil der hütet gut!
Soll Gunna keine Freude
an seinen Hosen haben,
wenn ers wieder tut!«

Und als er ausgesprochen hatte, ging er fort, und man hat nie wieder etwas von ihm gehört.

129. Der Urisk

Der Urisk war ein großes, plumpes übernatürliches Wesen von einzelgängerischen Gewohnheiten und harmlosem Charakter, der abgelegene Plätze in den Bergen aufsuchte. Manche meinen, er sei auch ein Brownie, aber er unterscheidet sich von der Brownie-Bruderschaft darin, daß er seine Wohnung nicht in den Häusern der Menschen nimmt, oder dort, wo sie sich aufhalten, sondern in einsamen, unzugänglichen Gegenden. Es gab männliche und weibliche Urisks, und es heißt, das Geschlecht sei aus der Verbindung von Sterblichen mit Elfen entsprungen.

Gewöhnlich sah man den Urisk am Abend groß und grau oben auf einem Felsen sitzen und auf die herabgukken, die in seine Einsamkeit eindrangen. Der Wanderer, dessen Pfad am zerklüfteten Berghang vorbei oder am öden Hochmoor entlangführte und der seine Schritte beeilte, weil die Dämmerung schnell nahte, sah den Urisk reglos auf einem Felsengipfel sitzen und zu ihm herunterstarren oder sah, wie er sich langsam fortbewegte. Manche Leute redete er an, und es heißt sogar, er habe sie verdroschen, aber gewöhnlich belästigte er die Vorübergehenden nicht. Im Gegenteil. Zuweilen geleitete er von der Nacht Überraschte sicher heim.

In den Hochlanden von Breadalbane hieß es, der Urisk bleibe im Sommer in den fernsten Schluchten und hoch oben auf bestimmten Bergen. Im Winter kam er dann ins Tal hinunter und betrat nachts bestimmte Häuser, um sich aufzuwärmen. Und es war in dieser Zeit, daß er für den Bauern arbeitete, Korn mahlte, drosch und überhaupt tat, wozu man ihn gebrauchen konnte. Seine Anwesenheit war ein Zeichen für gutes Gedeihen; man sagte, er lasse Wohlstand zurück. Wie der Brownie liebte er Milch und gutes Essen, und schenkte man ihm Kleider, so vertrieb man ihn.

130. Callum Mhors Helfer

In der Nähe von Loch Traig in Lochaber hatte Callum Mhor MacIntosh einen kleinen Hof inne. Es gab Gerüchte, daß er mit einem geheimnisvollen Wesen, das man einen Bòchdan nannte, Umgang hätte, aber es gab keine beglaubigten Berichte darüber, wie er zuerst mit dem Bòchdan bekannt geworden war. Soviel ist jedoch gewiß: Bei bestimmten Gelegenheiten bekam er übernatürliche Hilfe von ihm, wogegen er zu anderen Zeiten, wenn er irgendwie seinen Ärger erregt hatte, auf alle Art in seinen Plänen behindert wurde. Ja, mehrmals geschah es, daß die beiden ins Handgemenge kamen, wobei Callum allerdings nie arg beschädigt wurde. Einmal kehrte er vom Markt in Fort-William zurück, da traf er dicht beim Haus seinen Freund, den Bòchdan, und es entspann sich eine ihrer Rangeleien. Callum verlor dabei sein Taschentuch, das einen besonderen Zauber besaß, denn der Pfarrer hatte es ihm geschenkt und vorher einen Segen darüber gesprochen. Sowie der Kampf beendet war, rannte Callum heim; da merkte er zu seinem Ärger, daß das segenträchtige Taschentuch weg war. Seine Frau und er suchten vergebens danach – er mußte es verloren haben. Callum war überzeugt, daß er dies Mißgeschick dem Bòchdan verdankte, und rannte zurück dorthin, wo sie miteinander gerauft hatten. Das erste, was er sah, war der Bòchdan, der eifrig damit beschäftigt war, mit ebendiesem Tuch einen flachen Stein zu reiben. Als der Callum erblickte, rief er: »Ach, da bist du ja wieder! Dein Glück! Hätt ich ein Loch hier reingerieben, bevor du zurück warst, dann wärst du ein toter Mann gewesen. Kein Doktor auf der ganzen Welt und keine Macht hätten dich retten können. Aber du kriegst das Tuch erst zurück, wenn dus in einem ehrlichen Kampf gewonnen hast.« – »In Ordnung«, sagte Callum, und wieder ging es los, und er erlangte sein Taschentuch zurück.

Torf war dazumal so gut wie unbekannt, und als das Wetter kalt wurde, nahm Callum seine Axt und fällte in der Nähe eine große Birke. Die Äste lieferten ein paar Tage hindurch Brennholz, und Callum machte sich nicht erst die Mühe, unmittelbar am Haus einen Holzstoß aufzustapeln. Aber siehe, da kam ein Schneesturm auf und sperrte sie ein, so daß er von seinem Vorrat abgeschnitten war; er konnte auf keine Art an den Baum gelangen, und so sorgsam seine Frau auch mit dem Brennholz umging, bald war der letzte Ast fast verbrannt, und das Feuer sank zusammen. Callum fuhr auf: »Ach Frau!« rief er, »wenn wir doch bloß den Baum hier hätten, den ich im Wald gefällt habe! Dann hätten wirs heute nacht schön warm.«

Kaum hatte er ausgeredet, da erbebte das Haus, die Tür

klapperte in den Angeln: Dicht davor war ein schweres Ding zu Boden gefallen. Callum stürzte hin und riß sie auf, um zu sehen, was da los war – siehe, da lag der herbeigewünschte Baum, und der Bòchdan stand grinsend daneben. Die Frau sagte: »Und wenn der Pfarrer platzt, aber der Bòchdan ist immer noch gut zu uns!«

Ein andermal geschah es, daß Callum seinen Hof verließ und zu einem benachbarten zog, den er übernommen hatte; er hatte seine Frau bei sich und all seinen Hausrat. Am Abend wandte er sich zu seiner Frau und sagte: »Ja, wir haben alles richtig mit, bloß eins haben wir vergessen: das große Faß, in dem die Häute gegerbt werden.« – »Macht nichts«, sagte die Frau, »vorläufig zieht niemand anders ein, wir haben Zeit genug, es zu holen.«

Und dabei blieb es. Aber als Callum am nächsten Morgen ums Haus ging, was sah er? Sein Faß samt den Häuten. Es war fünf Meilen weit über unwegsames, steiniges Gelände transportiert worden. Kein Geschöpf außer einer Geiß hätte in der Zeit die Tour bewältigen können, aber der Bòchdan hatte es fertiggebracht und Callum eine äußerst lästige Fahrt erspart. Wenn du dir die Strecke anschauen willst – es sieht dort immer noch genauso aus wie an dem Tag. Ich wüßte gern, wie du den Weg schaffen würdest – von dem Faß will ich gar nicht reden!

Der arme Callum war jedoch mit vielen von seinen Nachbarn zusammen gezwungen, von Lochaber fortzugehen; tatsächlich war er einer der ersten, die sich in Arisaig nach New York einschifften. Die Überfahrt dauerte lange, aber schließlich war sie überstanden. Besondere Abenteuer hatte sie nicht gebracht, doch bei der Ankunft mußten sie viele Tage lang eine Quarantäne über sich ergehen lassen. Als sie endlich den Gesundheitspaß bekommen hatten, war Callum im ersten Boot, das anlegte, und da er zufällig im Bug untergekommen war, sprang er bei der Landung als erster ans Ufer. Sowie aber seine Füße den Boden berührten, wen sah er da in Gestalt einer großen Ziege? Den Bòchdan. »Ha, Malcolm, ich bin schon vor dir da!«

Hier endet die Geschichte, aber das Gerücht besagt, daß

Callum mit Hilfe des Bòchdans sein Siedlungsland rodete und daß der Bòchdan erst wieder anfing, den armen Callum zu foppen und herauszufordern, als er das Gröbste hinter sich hatte und anfing, zu Wohlstand zu kommen.

131. Gilpin Horner

Es ging die Rede von einem Wesen, das man Gilpin Horner nannte, das sich bei einem Pächtershaus zwischen den Grenzbergen aufhielt und zuweilen erschien.

Die einzige sichere, wenigstens wahrscheinliche Erwähnung, die ich je von Gilpin Horner hörte, kam aus dem Munde eines alten Mannes namens Anderson, der, aus Todshawhill in Eskedale-muir gebürtig, stets dort an der Stelle gelebt hatte, wo Gilpin erschien und sich einige Zeit aufhielt. Er sagt, einmal wären dort zwei Männer bei Einbruch der Nacht dabei gewesen, die Pferde festzumachen, das heißt, sie banden ihnen die Vorderbeine zusammen, damit sie in der Nacht nicht herumwandern konnten – da hörten sie in der Entfernung jemanden schreien: »Verloren! Verloren!« Einer der Männer namens Moffat fragte: »Was zum Teufel hast du verloren?« Augenblicklich erschien etwas, einem menschlichen Wesen Ähnliches. Es war wunderbar klein, mit verzerrten Zügen und unförmigen Gliedern. Sobald die Männer dies Wesen genau erkannten, rannten sie in großer Furcht davon; sie bildeten sich ein, einen Kobold gesehen zu haben. Im Laufen fiel Moffat hin, der Kobold lief über ihn weg und war früher in der Männer Wohnung als diese selbst und hielt sich da, ich weiß nicht wie lange, auf. Das Ding war wirklich Fleisch und Blut, aß und trank, liebte Sahne und verzehrte, wo es sie nur erwischte, eine gehörige Portion. Es schien ein sehr bösartiges Wesen, und wo es ein Kind überwältigen konnte, schlug und kratzte es dasselbe unbarmherzig. Als es einst ein Kind desselben Moffat mißhandelt hatte und dieser im Zorn ihm einen heftigen Schlag über den Kopf gab, daß es zu Boden fiel, richtete es sich, gar nicht betroffen, gleich wieder auf und sagte: »Na he, Will Moffat, du haust aber zu!«

Außer der ständigen Wiederholung des »Verloren, verloren!« hörte man das Geschöpf oft rufen: »Peter Bertram!«

Nachdem er sich lange dort aufgehalten, hörten die Weiber, in deren Nähe es mit den Kindern spielte, eines Abends beim Melken plötzlich eine gellend laute Stimme dreimal rufen: »Gilpin Horner!« Das Wesen erschrak und rief aus: »Das bin ich, ich muß fort!« Augenblicks verschwand es, und nie wieder hörte man etwas von ihm. Die Leute aber meinten, der mit der gellenden Stimme, der Gilpin Horner zu sich gerufen, sei ebenjener Bertram gewesen, und sie hielten ihn für den Teufel, welcher den kleinen Abkömmling verloren gehabt.

Der alte Anderson sagte, er habe oft gehört, wie sein Vater und einige andere alte Männer am Ort von dem Geschöpf sprachen; sie hatten es noch erlebt. Ich selbst habe es in meiner Jugend oft erwähnen hören und bin nie jemandem begegnet, der die Geschichte auch nur im mindesten bezweifelte.

132. Die Glaistig

Die Glaistig wird manchmal mit der Banshi gleichgesetzt. In Wahrheit ist sie aber eine in eine Elfin verzauberte Menschenfrau, in grünem Kleid, doch mit grauem, fahlem Gesicht. Sie spukte in Schlössern und auf Kuhkoppeln und verrichtete Magdarbeit. Man ließ jeden Abend eine Portion Milch für sie zurück, die goß man in die Höhlung irgendeines geeigneten Steins. Ließ man das bleiben, dann war bestimmt am andern Morgen in der Milchkammer etwas nicht in Ordnung.

Sie ließ sich selten blicken, meist dann, wenn dem Haus, dem sie anhing, irgend etwas bevorstand. Dann sah man sie wohl, wie sie abends den Hang hinauf zum Vieh schritt und die Herde auf den Weiden hütete, wie sie sich auf dem Gipfel eines fernen Felsens sonnte oder bei Dämmerung ins Pferch kam, um sich ihre Milchration zu holen. Oft hörte man ihre Schreie und den Lärm, den sie machte, indem sie Möbel rückte, nach dem Vieh brüllte oder bevorstehenden Schmerz und nahe Freude lauthals beklagte oder bejubelte.

Sie besaß gewaltige Kraft, viel größere als sonst ein Elf, und ein Schrei von ihr genügte, um das Echo ferner Berge zu wecken. Man erzählt, starke Männer hätten sie überwältigt, doch gewöhnliche Leute fürchteten sich davor, ihr zu begegnen. Dabei sind von allen Geschöpfen der unsichtbaren Welt die Glaistig und ihr naher Verwandter, der Brownie, unter den harmlosesten.

Die Haus- oder Schloßglaistig war auch unter dem Namen ›Kammermädchen‹ oder ›Langhaarige‹ bekannt; sie hing nicht an der Familie, sondern am Ort. Sollte das Haus niedergerissen werden – auch wenn die Familie auf dem Grundstück blieb und auf einer andern Stelle ein neues baute –, so stieß die Glaistig einen lauten Jubelschrei aus und zog auf immer fort.

Gewöhnlich beschäftigte sie sich damit, ›die Sachen in Ordnung zu bringen‹. Sie fegte nachts den Fußboden, rückte Möbel zurecht, schob Tische und Stühle von einem Platz auf den andern. Sie verrichtete Arbeit, die man für sie liegenließ, so wie Wäschewaschen, und spann gern. Waren die Dienstboten faul oder sprachen von ihr selber respektlos, so spielte sie ihnen Streiche, stieß Wassereimer um, brachte das Bettzeug durcheinander, warf ihnen Staub ins Essen, teilte im Dunkeln Ohrfeigen aus.

Hauptsächlich aber meinte man mit ›Glaistig‹ die auf den Weiden, im Pferch, die über das Vieh wachte. Von ihr hieß es, daß sie nie ein Haus betrete, sondern in irgendeiner Bergschlucht wohnte. Hunde haßte sie, und schenkte man ihr Schuhe oder Kleider, zog sie fort. In einigen Geschichten heißt es, sie nehme auch Pferdegestalt an und komme als alte graue Stute. Zuweilen ist von ihrem Sohn die Rede.

133. Die Glaistig von Strathglass

Die Glaistig, die das Haus des Mac'ic Alasdair – so lautet der Vatersname der Häuptlinge von Glengarry – in Strathglass bewohnte, ließ sich nie blicken, aber man hörte regelmäßig, wie sie nachts die Schüsseln ordnete. Wie viele ihresgleichen in den alten gastfreundlichen Hochlandstagen hatte sie ihr diebisches Vergnügen daran, Fremde im Haus in die Irre zu führen.

So ungefähr 1860 kam ein Schafhirte von Movern in die Gegend, und die Glaistig setzte es sich in den Kopf, bei ihm zu bleiben. Sie behelligte ihn arg, doch fügte sie ihm keinen wirklichen Schaden zu. Wenn er seine Jacke zum Trocknen über den Zaun hängte, dann war sie sicher weg, wenn er wieder danach sehen wollte; aber guckte er zum nächsten Mal nach, hing sie ganz ordentlich wieder da. Zeitweise verschwand der Käse aus dem Schrank. Nachts fühlte der Hirt, wie ihm die Decke weggezogen wurde, und hörte die Glaistig laut kichern.

Aber er konnte seine beiden Kühe die ganze Nacht mit ihren Kälbern zusammenlassen; die Glaistig hielt sie vom Saugen ab. Bevor sich der Hirt an sie gewöhnt, sich mit ihrer Anwesenheit abgefunden hatte, versuchte er sie zu verscheuchen, indem er das Neue Testament über die Tür und an den Wänden hinlegte, aber damit hatte er keinen Erfolg.

Eines Abends kam ein Trüppchen junger Männer, um die geheimnisvollen Geräusche zu hören. Sie sahen und vernahmen nicht das Geringste. Aber als sie im Begriff waren zu gehen, da hob sich plötzlich der Topf vom Feuer, ohne daß man erkennen konnte wodurch, und landete auf dem Fußboden. Und im nächsten Augenblick wurden sie an der Tür mit zähen Soden von Marschgras bombardiert, so daß ihnen Hören und Sehen verging.

134. Die Glaistig von Garlios auf Morvern

Der einsame und zerklüftete Bergzug, der als Garlios bekannt ist, dehnt sich auf Movern an der Küste entlang vom Sound of Mull nach Kingairloch, eine Strecke von etwa sieben Meilen. Einst hauste hier eine Glaistig, die sich damit abgab, die Schaf- und Viehherden zu hüten, die in dieser Einöde weidend herumstreiften. Die Sage berichtet, sie sei eine kleine, aber sehr starke Frau gewesen und habe nachts in einem ganz bestimmten Eibenbaum – den zeigte man noch – vor den Raubtieren Zuflucht gesucht. Am selben Ort wohnte in einer Höhle auch ein Mann, der als der Gelbe Dougall aus der Höhle bekannt war: Der erhielt seine Frau und sich dadurch, daß er sich dann, wenn ers brauchte, einfach ein Schaf oder eine Ziege aus den benachbarten Herden nahm. Man sagte, wenn er ein Schaf haben wolle, treibe er eine ganze Herde durch eine bestimmte Felsenlücke, während seine Frau auf der andern Seite davorstand, bereit, das Tier, das er ihr bezeichnete, festzuhalten. Einmal soll sie wider seine Anordnung ein Schaf vorbeigelassen haben, und der Gelbe Dougall erkundigte sich: »Was soll das heißen?« – »Wie kann ich denn das Schaf von meinem eigenen Paten nehmen?« gab sie zurück. Da versetzte Dougall: »Kann ja sein, der Mann ist dein Pate, aber das Schaf doch nicht!«

Nun: Eines Tages war der Gelbe Dougall im Begriff, in seinem weidengeflochtenen und mit Leder überzogenen Boot zur gegenüberliegenden Insel Lismore überzusetzen, da kam eine Frau und bat: »Nimmst du mich mit?« Sie übernahm das Bugruder, und nicht lange, so rief sie aus: »Immer tüchtig! Leg dich in die Riemen, Dougall!« – »Leg dich selber rein, gute Frau!« rief Dougall.

Ab und zu wiederholte sie ihren Ruf, und Dougall antwortete mit seinem. Er hielt sich für einen guten Ruderer und schämte sich sehr, daß eine Frau ihn übertreffen sollte: Nie in seinem Leben hatte er sich beim Rudern so angestrengt! Als das Boot in Lismore auf Grund stieß, drehte er zum erstenmal den Kopf um, und da war keine Frau hinter ihm zu sehen – nicht hinter ihm und nirgends sonst.

Eine, die so stark war und rätselhaft verschwand, mußte die Glaistig gewesen sein.

135. Die Glaistig von Baugh auf Tiree

Die Pächter dieses Hofs genossen einstmals sieben Jahre lang den Vorteil, daß ihr Vieh von einer Glaistig beaufsichtigt wurde. Es gibt beim Hof einen Platz, der noch Glaistigbett heißt: Dort starb sie, als sie in ein Loch im Damm fiel. Man sah sie selten, hörte sie aber oft. Wenn sie die Pferde auf die Weide trieb, rief sie dabei: »Los doch, vorwärts, du Sohn einer Stute! Scher dich dorthin, zu dem weißen Hügel!« Und wenn der Hütejunge beim Essen war, hörte man, wie sie dem Vieh zubrüllte: »Horo va ho wish! Hat schon je einer von Kühen ohne Hirten gehört? Eurer ist weg!«

Sie bereitete sich ihre Mahlzeit, indem sie ein Bündel Aale – die gibt es im Überfluß in den kleinen Tümpeln des Pachtguts – durch den Kamin einer Darre zog, wo das Korn vor dem Mahlen in der Handmühle getrocknet wurde. Als sie eines Nachts zusammen mit ihrem Sohn Gocan – das bedeutet etwa ›kleiner Naseweis‹ – bei dieser Arbeit war, trat jemand hinter sie und gab ihr mit einem Stock einen Schlag auf den Kopf. Sie und der Sohn flüchteten, und während sie fortrannten, hörte man, wie Gocan zu seiner Mutter sagte: »Jetzt hast du eins über deinen alten grauen Schädel gekriegt, hoffentlich hast du wenigstens die Aale mit.«

Von dieser Glaistig heißt es, sie sei ein blasses kleines Ding mit gelben Ringellocken bis zu den Fersen hinunter gewesen. Sie hatte kurze Beine und sah einem Zwerg nicht unähnlich.

136. Die Glaistig von Strontian

Ein ähnlicher Vorfall wie die Sache mit den Aalen wird von einer Glaistig erzählt, die nachts in die Schmiede von Strontian kam und dort arbeitete. Der Schmied ärgerte sich sehr über die nächtlichen Geräusche in seiner Werkstatt und darüber, daß er am Morgen die Werkzeuge am falschen Platz und alles in Unordnung fand. Da beschloß er, aufzubleiben und herauszufinden, wer ihm dauernd solche Streiche spielte. Er stellte sich im Dunkeln hinter die Tür, den Hammer über der Schulter, bereit zuzuschlagen, gleichviel, was immer da hereinkäme. Die Glaistig kam, und ihr Söhnchen oder Isein, das heißt Küken, mit. Das Küken meinte, ein Geräusch zu hören, und sagte: »Da rührt sich was, kleine Frau.« – »Halt den Schnabel, du Nichtsnutz!« sagte sie, »das sind bloß die Mäuse.«

In dem Augenblick zog ihr der Schmied eins mit dem Hammer über den Kopf und packte den Kleinen. Da rief Isein der Mutter vorwurfsvoll zu: »Da hast du einen Puff an deinen alten grauen Schädel gekriegt, nun sieh zu, ob es bloß die Mäuse sind!«

Der Schmied hielt seinen Gefangenen fest und ließ ihn erst wieder los, als die Glaistig ihm versprochen hatte, daß in seiner Schmiede der Sohn auf den Vater folgen sollte bis zur dritten Generation. Das ging in Erfüllung, und der letzte Enkel war in Strontian gegen 1850 Schmied.

137. Die Glaistig auf Mull

Wenn der Hirte vom Ross of Mull nachts das Vieh weitertrieb, dann hörte er immer eine Stimme; jemand rief ihm nach: »Sohn des großen schwarzen John, hinter dir ist eine Kuh!« Dann brüllte er zurück: »Na wenn schon, vor mir sind hundert!«

Neil, der in Saor-bheinn wohnte, ging zum Angeln auf die Klippen. Als er eines Abends bei Dämmerung heimging, hörte er neben sich eine Stimme: Jemand bat ihn um einen Fisch. »Neil, gib mir einen Köhler!«

Das passierte nun jeden Abend, und wenn er der Glaistig einen Fisch gab, wurde die immer zudringlicher, und um sie nur loszuwerden, gab er ihr einen nach dem andern, den letzten unmittelbar vor seiner Tür. Auf die Art kam Neil oft mit leeren Händen vom Fischfang nach Haus.

Hector, der Sohn des Ferchar, wohnte in einer Hütte am Nebelkrähenhügel. Wie es in alten Zeiten üblich war, hatte er eine Haustür aus zusammengebundenen Heidekrautbündeln, zwischen die zum Abdichten Stroh gestopft war. In einer frostkalten Nacht hörte er, wie etwas an der Tür kratzte, als ob ein Tier versuchte, das Stroh herauszuziehen. Er kroch aus dem Bett und ging hinaus; da stand draußen ein altes weißes Pferd und nagte am Stroh. Er jagte es weg. Nach einer Weile hörte er es wieder draußen rupfen; wütend warf er zum zweitenmal die Decke von sich, sprang auf, griff sich einen dicken Stock, riß die Tür auf und holte zum Schlag aus; die alte weiße Stute machte kehrt und trabte fort; er rannte ihr hinterher. Als er sie fast eingeholt hatte, verwandelte sich die Stute auf einmal in eine Frau, die lachte laut und rief: »Na, da hab ich dir einen Streich gespielt, Hector, Sohn Ferchars!«

138. MacIain Ghiarr

MacIain Ghiarr ist der sprichwörtlich gewordene Meisterdieb der Hochlande. Er war einer von den MacIains von Ardnamurchan, einem vielgeplagten Geschlecht. Für seine Diebszüge besaß er ein Boot, das auf einer Seite schwarz und auf der andern weiß gestrichen war, so daß es bei der Hinfahrt anders aussah als bei der Rückfahrt: Keiner erkannte es wieder. Daher das Sprichwort: ›Eine Seite schwarz und eine grau wie MacIain Ghiarrs Boot.‹ Von seiner Diebsgeschicklichkeit erzählt man sich viele Geschichten. Es heißt, eine Glaistig habe ihm die Gabe verliehen.

MacIain Ghiarr – mit dem Taufnamen Archibald – war

mit seinem Bruder Ronald auf die Jagd gezogen. Sie schossen ein Reh und trugen es zur Jagdhütte. Dort häuteten und zerlegten sie das Tier und brieten es. Archibald warf sich auf ein Lager aus Heidekraut, und Ronald saß am Feuer, spießte Fleischstücke auf seinen Dolch und hielt sie an die Flammen. Da trat eine Frau in die Hütte und versuchte immer wieder, was von dem Gebratenen zu erwischen. Ronald drohte: »Wenn du die Pfoten nicht von meinem Braten läßt, schneid ich sie dir ab!« Da wandte sie sich an Archibald: »Ho, Archibald! Läßt du das zu?« – »Klar laß ich das nicht zu, armes Ding!« sagte er. Und zu Ronald: »Hör mal, du kannst der armen Frau ruhig was gönnen. Langt das vielleicht nicht gut und gerne für uns drei? Wer weiß, was die für Hunger hat!«

Die Glaistig aß; und als sie wieder ging, winkte sie Archibald: »Du, komm mit zur Tür.« Und da, so sagt man, verlieh sie ihm seine wunderbare Diebesgabe.

Archibald baute sich einen großen Kuhstall, bevor er noch eine einzige Kuh besaß; aber nicht lange, und der Stall war voll. Da stellte er die Glaistig als Hirtin an. Nun hörte man sie nachts von den Klippen herab rufen: »Ho ho, ho ho!« So hielt sie das Vieh davon ab, daß es zu nahe an den Uferrand kam. Archibalds Hund haßte sie und jagte sie, wann immer sie sich in seine Nähe wagte. Dann hörte man sie schreien: »Ho, Archibald! Willst du nicht deinen Hund rufen?«

So treu sie Archibald auch diente, eines Tages wurden er und sein Bruder ihrer unaufhörlichen Schreie überdrüssig und beschlossen, sich ihr zu entziehen: Sie wollten auf die Outer Hebriden umsiedeln. Doch kaum waren sie im neuen Haus angelangt und eben dabei, Feuer zu machen, da rief die Glaistig durch den Schornstein herab: »He, ihr zwei! Ihr habt die alte Egge vergessen, aber ich, ich habe sie mitgebracht!«

Also kehrten sie wieder ins alte Haus zurück; und die Glaistig sorgte weiter dafür, daß in der Herde alles seine Ordnung hatte, und ihr »Ho ho! Ho ho!« schallte weiter von den Klippen. Mit der Zeit gewöhnten sich die Brüder und alle im Haus so daran, daß sie es gar nicht mehr hörten. Und Archibalds Kühe gediehen und gaben eine Menge Milch.

Da fiel dem Archibald ein, daß die Glaistig auf den harten Felsen immer barfuß herumstieg, und er fertigte ihr ein Paar Mokassins aus ungegerbtem Leder an und legte sie ihr vor den Kuhstall. Am Morgen waren sie verschwunden und die Glaistig mit. Aber sie verzog sich nicht so spurlos und endgültig, wie man das sonst in solchen Fällen kennt: Zwar ging sie von Archibalds Kühen fort, doch ab und zu zeigte sie sich ihm unterwegs: Sie durchstreifte Ardnamurchan von der Spitze bis zum Loch Sunart. Und sie tauchte bei Archibald immer dann auf, ganz gleich, wie weit sie weggewesen sein mochte, wenn er seine Fahne hißte.

Als ihr ehemaliger Herr starb, stieß sie einen Schrei aus, der vom Ben Resipol widerschallte. In derselben Nacht sah man sie auf Skye in den Coolin-Bergen. Aber danach ließ sie sich nie wieder blicken.

139. Die Glaistig von Lianachan

In Lianachan in Lochaber wohnte ein starker Mann namens Kennedy oder MacCuaric – beide Namen bedeuten dasselbe, sie sind nämlich von einer besonderen Art Kopfbedeckung abgeleitet, die von dem Clan getragen wird. Eines Abends hatte er im Fluß ein Lachsnetz ausgelegt und ging nun wieder nach Hause; da begegnete er auf der Böschung einer Glaistig. Sofort sprang er auf sie zu, schlang die Arme um sie und hielt sie fest.

»Was soll das heißen, großer Bursche?« schrie sie und wand sich vergebens. »Ich nehme dich jetzt mit mir nach Hause«, versetzte er. »Und was soll ich da?« fragte sie. »Ich lasse dich aus meinem Griff nicht wieder frei«, sagte er, »bevor ich dich den Männern gezeigt habe.« – »Laß mich gehn«, sagte sie, »und ich geb dir ein Pferch gescheckten Viehs mit weißen Bäuchen, schwarz, weiße Köpfe, Erfolg auf dem Berg und bei deinesgleichen für dich und deine

Sprosse.« – »Das alles habe ich auch ohne dich«, sagte er. »Das langt nicht dazu, daß du freikommst.« –»Laß mich gehn«, sagte sie, »und ich will dein Land verlassen, fortziehen aus meiner Hügelwohnung, und ich bau dir noch heute nacht auf dem Feld dort drüben ein großes, starkes Haus, das fest gegen Feuer ist, fest gegen Wasser und Pfeil und Eisen, das dich trocken und in Behagen hält, ohne Furcht und Schrecken, und zauberfest auch gegen Gift und Elfen.«

»Das mach wahr«, sagte er, »und sei sicher: Da laß ich dich los.«

Sie stieß einen jammernden Schrei aus, der drang über sieben Berge; er war wie ein Gellen aus Fionns Horn. Jede Elfenwohnung und jede vorspringende Klippe erwachte und gab Echo, und die ›Leute‹ strömten zusammen, standen ringsum auf der Wiese und warteten auf ihren Befehl.

Sie hieß sie, sofort an die Arbeit zu gehen, und nun schleppten sie von den Ufern des Glianaiger Wasserfalls Fußbodenplatten und Mauersteine herbei und gaben sie von Hand zu Hand weiter; auf dem Hügel der Shore Islet fällten sie Bäume zu Tragbalken und Sparren und Stützbalken, lange und dicke holten sie im Ebereschenwald, während die Glaistig unablässig wiederholte: »Ein Stein über zweie, zwei Steine auf einen, holt Pfähle, Rasen, Pflöcke fürs Dachstroh, jede Holzart im Wald außer Maulbeer; wehe dem, der nicht kriegt, was er säte, und säte nicht, was er kriegt!«

Und als der Tag dämmerte, war das Dach mit Raser deckt, und drinnen im Herd brannte ein Feuer.

Kennedy hielt die Pflugschar in die Flammen, um zu schützen, denn er kannte die Streiche der Elfen.

Als nun das Haus fertig war, ließ er die Glaistig frei. Si ging vorn am Fenster vorbei; da hielt sie ihm ihre gekrümmte Hand hin, scheinbar um ihm Lebewohl zu bieten, in Wahrheit aber, um ihn zu den Elfen mitzunehmen. Kennedy aber streckte ihr nicht seine Rechte hin, sondern die glühende Pflugschar, und als sie die berührte, blieb ihre Haut daran haften. Da schrie sie gellend auf und sprang zurück, auf einen grauen Stein, der auf dem Feld lag, und verkündete ihm sein Schicksal und sprach einen Fluch über ihn aus: »Alle, die nach dir kommen«, sagte sie, »sollen wachsen wie die Binsen, doch welken wie die Farne!«

Und das wurde wahr. Die Kinder und Enkel des Mannes wuchsen groß und gerade und hübsch auf, aber wenn sie ihre volle Größe und Stärke erreicht hatten, dann starben sie vorzeitig dahin.

140. Des Katzenkönigs Begräbnis

Vor vielen Jahren, lange, bevor es wie heute Mode wurde, in Schottland auf die Jagd zu gehen, verbrachten zwei junge Männer den Herbst weit oben im Norden und lebten in einer Hütte weitab von den andern Häusern mit einer alten Frau, die für sie kochte. Deren Katze und ihre eigenen Hunde bildeten den Rest des Haushalts.

Eines Nachmittags sagte der ältere der jungen Männer, er wolle heute nicht hinausgehen, und der jüngere wanderte allein den Jagdweg vom vorigen Tage noch einmal und suchte nach Vögeln, die sie nicht gefunden hatten; vor Sonnenuntergang wollte er wieder daheim sein. Das war er aber nicht, und der ältere wurde sehr unruhig, während er so vergebens horchte und wartete, lange über ihre gewöhnliche Abendbrotzeit hinaus. Schließlich kehrte der junge Mann zurück, naß und erschöpft, aber er sagte nichts über seine ungewöhnliche Verspätung, bis sie nach dem Essen mit ihren Pfeifen am Feuer saßen, während die Hunde zu ihren Füßen lagen und die schwarze Katze der alten Frau ernsthaft mit halbgeschlossenen Augen zwischen ihnen auf der Kaminplatte hockte. Da begann der junge Mann wie folgt:

»Du fragst dich bestimmt, warum ich so spät gekommen bin. Ich habe heute ein sonderbares Abenteuer gehabt; ich weiß kaum, was ich von der Sache halten soll. Ich hatte dir gesagt, ich wollte unsern Weg von gestern noch einmal gehen. Das hab ich auch getan; und als ich eben umkehren wollte, stieg ein Bergnebel auf; ich verlor die Richtung. Eine ganze Zeit irrte ich herum, ohne eine Ahnung, wo ich eigentlich war, bis ich endlich ein Licht sah. Natürlich hoffte ich nun auf Hilfe und ging darauf zu. Aber als ich in die Nähe kam, verschwand es plötzlich, und ich fand mich dicht bei einem großen, alten Eichenbaum. Ich kletterte ein Stück hinauf ins Geäst, um besser nach dem Licht ausschauen zu können, und siehe da! Es schimmerte unter mir, im hohlen Stamm des Baumes. Es war gerade so, als sähe ich in eine Kirche hinein, wo ein Begräbnis vor sich ging. Ich hörte singen, sah einen Sarg, von Fackeln umringt, und alle getragen von – aber ich weiß, wenn ich dir das erzähle, wirst du mirs nicht glauben!«

Sein Freund bat ihn ungeduldig fortzufahren und legte die Pfeife hin, so begierig lauschte er. Die Hunde schliefen ruhig, aber die Katze richtete sich auf und hörte offenbar ebenso gespannt hin wie der Mann. Unwillkürlich wandten beide Jünglinge ihr den Blick zu.

»Ja«, erzählte der Fortgewesene weiter, »es ist völlig vollkommen wahr. Sowohl der Sarg als auch die Fackeln wurden von Katzen getragen, und auf den Sarg waren Krone und Zepter gezeichnet!«

Weiter kam er nicht. Die Katze fuhr auf und schrie: »Alle Wetter! Der alte Peter ist tot! Und ich bin Katzenkönig!« Und sie raste den Schornstein hinauf und ward nie mehr gesehen.

141. Der gerächte Katzenkönig

Cameron von Doini oder Glenvis war auf der Jagd; dabei tötete er eine Wildkatze. Sterbend bat ihn das Tier: »Wenn du wieder zu Hause bist, dann erzähle, daß der Schlachtgewaltige, der gestreckte Gefleckte, daß der Katzenkönig tot ist.«

Cameron wanderte heim, und abends am Feuer erzählte er die Geschichte. Da sträubte das schwarze Kätzchen, das im Aschenloch saß, sein Fell und schwoll auf, bis es etwa so groß wie ein Hund war. Cameron sagte: »Du schwillst, Katze.«

Die Katze antwortete: »Meine Haare und ich, wir dehnen uns von der Hitze.« Und damit sprang sie dem Häuptling an die Kehle und biß ihn tot.

Die Abkömmlinge dieser Familie haben bis in die jüngste Zeit um keinen Preis eine Katze im Haus geduldet – dazu saß ihnen die Überlieferung allzufest im Gedächtnis.

142. Die Pockendame

Es gibt in diesem nördlichen Teil des Landes ein paar Überlieferungen – ein paar davon sind im Verlauf langer Zeit so verschlissen worden, daß sie nur noch als Bruchstücke existieren; sie tragen augenscheinlich den Stempel heidnischen oder halbheidnischen Ursprungs. Ich habe unvollständig erhaltene Geschichten von einer grüngekleideten Dame gehört, die ihr Koboldkind in den Armen trug und bei Nacht, wenn alles schlief, von Hütte zu Hütte wanderte. Dann hob sie die Klinke, heißt es, setzte sich ans Feuer, fachte die Glut zu Flammen an und wusch am Ende ihr Kind im Blut des Jüngsten im Hause; den fand man am Morgen tot.

Und es gab um die gleiche Zeit noch eine andere herumschweifende grüne Dame, erlesen und schön und von majestätischer Haltung, die betrachteten die Leute als Pockendämon. Stand dem Kranken der Tod nahe bevor, so sah man sie in der grauen Morgendämmerung oder dann, wenn der Abend in die Nacht überging, am Bett ihres Opfers sitzen. Ich habe auch phantastische Geschichten von einem unheimlichen, garstig aussehenden weibartigen Geschöpf gehört, das bei Tag in die Bauernhäuser kam, wenn die Bewohner alle auf dem Feld arbeiteten und niemand da war außer vielleicht einer einsamen Frau. Vor über hundert Jahren soll das Wesen zur Erntezeit bei einem Pächter in Navity eingetreten sein, dem ein paar Wochen zuvor fast sein gesamtes Vieh an einer Seuche krepiert war. Es befand sich niemand im Haus als die Pächtersfrau, die stand am Feuer und kochte das Essen für die Schnitter. Der Kobold kauerte sich neben ihr hin und hob fröstelnd das dunkle, schmutzige Kleid von den Knien.

»Du ekelhaftes Ding!« sagte die Frau, »warum hast du uns unser Vieh umgebracht?« – »Und warum«, versetzte der Kobold, »hat es der Mann zu segnen vergessen, als ers das letztemal auftrieb?«

143. Die Cholera

Im Jahre 1817 brach eine neue und furchtbare Seuche in einer dichtbesiedelten Gegend in Hindostan aus. Während der folgenden zwölf Jahre wanderte sie in dem riesigen Landstrich zwischen Britisch Indien und dem europäischen Rußland hin und her, auf und ab. Sie strich von Provinz zu Provinz, von Stadt zu Stadt. Zahllose Menschen erwarteten in Angst und Entsetzen ihr Nahen; ein paar einsame Trauernde blickten ihr nach. Sie reiste über die Landstraßen und besäte sie mit Leichen. Sie jagte die Flüsse entlang, und die Leute erblickten Schiffe voller Toter, die mit der Strömung dahintrieben. Sie holte in der Wüste die Karawanen ein, und der Kaufmann sank von seinem Kamel. Sie folgte Armeen aufs Schlachtfeld, schlug ihre Standarten nieder und zerbrach die Gefechtsordnung. Sie erkletterte die große chinesische Mauer, durchwatete Tigris und Euphrat, wand sich mit dem Bergsteiger durch die Pässe des vereisten Kaukasus und durchquerte mit dem Seemann den weiten Indischen Ozean. Vergebens die Versuche, sie mit den Riten jedweder Religion zu verbannen. Sie fegte bei ihrem mörderischen Vormarsch hundert Millionen Menschen fort.

Im Frühling 1831 drang die Seuche nach Rußland ein, verwüstete das Binnenland und tobte nach ein paar Monaten an den Ostseeufern weiter. Wie immer im Sommer drängten sich in den Häfen Schiffe aus jedem britischen Hafen, und die Infektion verbreitete sich unter den Seeleuten.

Um die Einschleppung in dies Land zu verhüten, wurde von der Regierung ein strenges Quarantänesystem errichtet, und die Bucht von Cromarty war einer der Plätze, wo die Schiffe das Verstreichen ihrer Isolierungsfrist abwarten mußten. Die gesamte britische Ostküste konnte keinen bessern Standort bieten, denn die weite, geschützte Bucht vermochte ganze Flotten zuverlässig vor Stürmen zu behüten, und zwar gut zwei Meilen vom Ufer entfernt.

An einem ruhigen, schönen Juliabend im Jahre 1831 sichteten die Einwohner von Cromarty auf der offenen See eine kleine Flotte mit Rahen getakelter Schiffe, die sich langsam auf die Bucht zubewegte. Die Flut trug sie voran, die sich ungestüm durch die schmale Öffnung drängte, und als sie unter dem nördlichen Sutorvorgebirge dahinfuhren und sich scharf gegen die düsteren Klippen abhoben, sahen die am Land, daß vom Masttopp jedes Schiffes eine blaßgelbe Flagge herabhing. Als sie weiterglitten, begann die Flut zurückzuweichen. Das vorderste wurde von seinen Booten zum allgemeinen Ankergrund abgeschleppt, und der Refrain eines dänischen Liedes, in den alle Ruderer einstimmten, klang so melancholisch über die Wellen, daß die Leute in der Stadt meinten, eine Totenklage zu hören. Die andern Schiffe warfen der Stadt gegenüber ihre Anker aus; gruppenweise, mit angstverdunkelten Gesichtern, schlenderten die Einwohner von Cromarty am Strand entlang, und die Kinder rannten herum und schrien aus Leibeskräften, daß die Seuchenschiffe bis zur Fähre gelangt seien. Als der Abend einbrach, blinkten auf den Masttopps, von denen vor kurzem die gelben Flaggen herabgehangen hatten, kleine glimmende Lichter wie Sterne dritter Größe, und kein Astrolog hat je beim Anblick der beiden Seuchenbote, des feurigen und des blassen Kometen, größeres Entsetzen verspürt als jetzt die Leute von Cromarty vor diesen Lichtern.

Tag für Tag segelten die Schiffe aus der Ostsee herüber in die Bucht, und allmählich verschliß die Angst der Menschen unter der ständigen Anspannung. Doch sie hatten ihr erstes Entsetzen den Nachbargemeinden mitgeteilt, und von da hatte es sich auf die ferneren übertragen, und so wanderte es weiter mit einem Gefolge vagabundierender Geschichten. Das ganze Land sprach von nichts anderem als von der Cholera und dem Quarantänehafen. Diejenigen Kaufleute von Cromarty, bei denen die Landfrauen sonst gern Milch und Butter und Käse und Eier gegen die kleinen Genüsse aus Übersee eintauschten, bekamen es am Rückgang ihres Handels deutlich zu spüren. Ab und zu schlich sich wohl noch eine beherzte Hausfrau vorsichtig durch die Gassen; langte sie aber bei der Straße an, die um die Bucht herumführt, und wehte der Wind gerade von den Quarantäneschiffen herüber, dann bog sie bestimmt zum Hügel herum ab und nahm an Feldern und Hütten entlang den Umweg zum entgegengesetzten Stadtende. Ein Laufbursche merkte bei seinen Gängen in die Nachbarschaft: Nur wenige Leute waren dort so auf Geschäfte erpicht, daß sie es riskierten, seine Botschaften zu empfangen; selbst die weniger Vorsichtigen hielten ihn sich weit vom Leibe, so daß er ernsthaft erwog, sich mit einem Sprachrohr zu versehen. Und auch die armen Fischer aus Cromarty hatten wenig Glück in den kleinen Dörfern rings um den Fjord, wenn sie ihren Fang dort verkaufen wollten. Die Dörfler behaupteten steif und fest, jeden Tag würden die Leichen über Bord der Quarantäneschiffe geworfen, und man könne sie, aufgetrieben vom Wasser, gelb gefärbt von der Seuche, auf der Oberfläche dahintreiben sehen. Wer konnte unter solchen Umständen Fisch essen?

Die Fischer selber trugen durch ihre tollen Geschichten zum allgemeinen Entsetzen bei. Sie seien, so erzählten sie, eines Morgens in dem grauen ungewissen Licht vor Sonnenaufgang am nördlichen Sutor entlang heimwärts gerudert, und als sie gerade um eine der felsigen Landzungen gebogen seien, die unter den Bergschroffen ins Meer vorspringen, da hätten sie eine riesige, weißgekleidete Gestalt erblickt, die langsam am Ufer dahinschritt, viel größer als ein Mensch. So glitt sie am Fuß der unzugänglichen Klippen entlang und blieb alle paar Augenblicke stehen, um, wie es schien, traurig aufs Meer hinauszublicken. Und keiner zweifelte, daß die Erscheinung der Vorbote einer furchtbaren, das Land verheerenden Pestilenz sei.

144. Das Pestwölkchen

In einem Mittelteil des Kirchhofs von Nigg steht ein roher, unbehauener Stein, in dessen Nähe der Totengräber nie ein Grab zu öffnen wagt. Eine schauerliche und zweifelhafte Überlieferung verbindet die Errichtung dieses Steins mit der Quarantänezeit. Es heißt, daß die Seuche von einem der Schiffe eingeschleppt worden war und nun in Gestalt einer kleinen, gelben Wolke langsam über dem Erdboden dahinschwebte. Das ganze Land war in Aufruhr, auf jeder Anhöhe standen die Leute in Gruppen zusammen und beobachteten mit Furcht und Grauen den Weg der kleinen Wolke. Doch ein erfinderischer Mann aus Nigg befreite sie von ihren Ängsten und von der Seuche. Er verschaffte sich einen riesigen Leinenbeutel, der in der Form etwa dem Netz eines Vogelstellers glich, näherte sich damit vorsichtig der gelben Wolke und brachte geschickt fertig, was er ja gewiß nie zuvor hatte üben können: Er schloß sie ganz in den Sack ein. Dann verwahrte er sie, indem er den Beutel vorsichtig, Falte auf Falte, zusammenlegte und die Falten mit vielen Nadeln feststeckte. Allmählich verwandelte sich das Weiß des Leinens wie unter den Händen des Färbers in Gelb; da übergab er es dem Kirchhof, wo es seither ruht.

ANHANG

NACHWEIS DER IN DER EINLEITUNG ZITIERTEN LITERATUR

1 Miller, Articles, 390.
2 Carmichael, 322.
3 Boswell, 524.
4 ebd.
5 ebd., 509; vgl. 520, 530.
6 Miller, Essays, 412.
7 Carmichael, XXV.
8 Campbell, Tales I, XIV.
9 Waifs and Strays II, IX.
10 MacLeod, 35.
11 Carmichael, XXV ff.
12 ebd., XXXii.
13 ebd., XXIV, ff.
14 Waifs and Strays II, IX.
15 Scott, Minstrelsy I, C.
16 Carmichael, XXIII, leicht gekürzt.
17 MacLeod, 141.
18 Miller, Essays, 405–12.
19 ebd., 188ff., leicht gekürzt.
20 FL 10, 1899, 275.
21 Boswell, 536.
22 Miller, Cromarty, 363.
23 MacLeod, 140.
24 ebd. u. z. B. FL 10, 1899, 264.
25 ebd.
26 Chambers, 390.
27 Miller, Essays, 412.
28 ebd., 188.
29 Gregor, 28.
30 Miller, Essays, 188.
31 ebd.
32 Carmichael, 252.
33 Miller, Schools, 263.
34 ebd., 102ff.
35 MacLeod, 24.
36 ebd., 252 u. 258.
47 ebd., 21.
38 ebd., 13.
39 Carmichael, 258.
40 Chambers, 390.
41 Boswell, 257.

KOMMENTAR

AT: Antti Aarne: The Type of Folk-Tale. A Classification and Bibliography. Translated and Enlarged by Stith Thompson. Helsinki 1961, Nachdruck 1964, FFC 184.
TMI: Stith Thompson: Motif Index of Folkliterature. 6 Bände. Copenhagen 1955–58.

Zu den Helden der ossianischen Sagen:

Cumhal, der vom Fischer Arcan erschlagene König, erscheint nur als Fionns Vater.

Fionn, Häuptling der Fenier, nimmt im Gälischen den Rang eines Muster-Gentlemans ein. Er ist nicht der Stärkste, aber ein guter Freund, ein kluger Berater, gastlich gegen arm und reich, ein Schützer der Schwachen.

Als die Fians auf der Höhe ihrer Macht waren, bestand die Schar aus sieben Trupps. Fionn selbst gehörte zum Clann Baoisge, dessen Heerschar die wichtigste war. Häufig erwähnt wird der Clann Morna mit seinem Anführer Goll MacMorna. Er lag zu Cumhals Zeit mit den Fians in Streit, Fionn in seiner Weisheit machte sie zu Freunden. Fionn war vermählt mit Grainne, der Tochter des Königs von Ulster. Sie war aber nicht Mutter seines Sohnes Oisean, von der nie die Rede ist, außer in einer dunklen Geschichte auf Skye, nach der sie eine Hirschkuh gewesen sein soll (Campbell, Tales III, 777).

Oisean blieb als einziger Fenier nach dem Untergang seines Stammes übrig, lebte als alter blinder Mann in Armut und Elend und sang und erzählte vom Glanz seines Geschlechtes. Der Überlieferung nach berichtete er St. Patrick davon, als der 432 nach Irland kam. Oiseans Sohn ist Oscar.

Fionns Schwester ist die Mutter Diarmaids, der mit Fionns Frau Grainne davonlief.

Caoilte oder Dünnmann war der schnellste Läufer unter den Feniern. Zuerst hatte er den Namen Daorglas oder Gerglas, das bedeutet ›tiefgrau‹. Bei voller Geschwindigkeit, so heißt es, erschien er wie drei Leute.

Conan, offenbar alt und kahl, galt als reizbar und erst dann so stark wie jeder andere Mann, wenn er sich durch Selbstüberschätzung und Niederlage eine Beschämung eingehandelt hatte (Fians, 73).

Der Schauplatz der Sagen ist vage, er könnte überall in Schottland sein. Gewöhnlich denkt man sich ihn nahe bei Oban in Lorne; aber Bein Gulbein ist der Lieblingsaufenthalt der Fians. Den vermutet man in Sligo (Irland). Diarmaid wendet im Sterben sein Gesicht dem Ben Gulbein zu (Campbell, Tales III, 39ff.).

1. Wie das Königshaus begründet wurde. S. 33

Campbell, Tales III, 331ff. Von Angus MacDonald, Stoneybridge. – Geringfügige Änderungen: direkte Rede statt indirekter; Speisen und Getränke aus anderen Quellen konkretisiert. – Zum Weisheitszahn vgl. Kommentar zu Nr. 2. – Ungeheuer aus den in den See geworfenen Beinen: nicht in TMI verzeichnet, nur ›Schädel in Wasserungeheuer verwandelt‹, TMI: D 449.2.(Angola).

2. Wie Fionn MacCumhal geboren wurde und aufwuchs. S. 38

Fians, 16ff. Aus mehreren, im Original nebeneinander aufgereihten und zeitlich vor- und zurückgreifenden Varianten mit geringen erzählerischen Zusätzen montiert; direkte Rede statt indirekter. – Härten des fertigen Schwerts in Blut: Vgl. Text Nr. 3. – Schmiede verfügen oft über magische Künste (Campbell, Tales II, 85f.; FL 23, 1912, 213; 32, 1921, 112; 78, 1967, 300). So können sie z.B. Dieben ein Auge ausschmieden (Bartsch II, 322 u. Nr. 1606; Pröhle, DS, 79;

Wolf, DMS, 335). – Ossians Weisheitszahn, durch den verbrannten Finger entdeckt: Motiv des Fingerableckens: Vgl. die Sage von der Weißen Schlange; auch Sigurd verbrennt sich die Finger, als er Fafnirs Herz brät, er leckt am Finger und versteht die Sprache der Vögel (Edda und Volsungasaga). Hier entsteht aber das Wissen nicht aus dem Fetttropfen, sondern aus der Berührung des Zahns. TMI: D 1810,3. verzeichnet ›Magisches Wissen durch Berührung des Weisheitszahns mit dem Daumen‹, legt aber das Hauptgewicht auf den ›magischen Daumen‹, nicht auf den Zahn. – Johnson, 216 erwähnt eine historische Sage: Das erwartete Kind eines schottischen Herrn sollte am Leben bleiben, wenn es eine Tochter ist, aber getötet werden, wenn es ein Sohn ist. Der Burgherr, beauftragt, die schwangere Gemahlin des Gefangenen zu bewachen, hatte selbst eine schwangere Frau. Sie gebar eine Tochter, die Gefangene einen Sohn. Ein rettender Kindertausch fand statt und begründete ewige Freundschaft zwischen den Familien.

3. Wie Mac an Luin geschmiedet wurde. S. 45

Campbell, Tales III, 110 f., dazu Fians, 159 ff., ergänzt durch 64 und 211 f. Mit geringen erzählerischen Erweiterungen. In der zweiten Fassung ist der Elfenschmied ein einbeiniger, langer, dunkler Mann. Als einbeinig (TMI: F 517.0.1.) werden Unterirdische auf Rügen in einigen Sagen geschildert, vereinzelt kommen einbeinige Elben auch sonst in Mecklenburg, Schleswig-Holstein, Schwaben, Kärnten vor. Das Auge in Stirnmitte (TMI: F 531.1.1.1.) haben viele Spuktiere, vereinzelt auch Feuermann, Drak, Wiedergänger und Krankheitsdämon, wobei die Vorstellung im Süden, Westen, Norden des deutschsprachigen bzw. im vorigen Jahrhundert deutschsprachigen Gebiets auftaucht, nicht aber in Thüringen, Sachsen, Brandenburg. Vor allem jedoch haben Riesen ein Stirnauge, zumal menschenfresserische: Polyphem! Die Polyphemsage, auch im Gälischen angesiedelt, fand Wilhelm Grimm weitverbreitet in Osteuropa bis nach Estland (heute Estn. SSR) und Finnland, dazu in Norwegen und im deutschen Sprachraum. Hier gab es sie im Süden, vereinzelt im Osten, und in so starken Abweichungen, daß nur Stirnauge und Bedrohlichkeit blieben; so auch in den Niederlanden (fremde Soldaten!). Einäugige Riesen kommen in indischen Erzählungen und im Born Judas vor. – Einäugig sind nordische und russische Waldgeister, ist in einem Fall das Kasermanndl der Alpen und sind vereinzelt Zwerge in Malmedy (heute in Belgien). – Mit einem Schritt über die Schlucht, TMI: F 531.3.5., dort für Skandinavien belegt; auch im deutschen Sprachraum. – Der elbische Schmied kommt oft vor: Unterirdische, Zwerge, Wichtel, ›Heiden‹, Heimchen, Fées, schmieden in Höhlen, Hügeln, Bergen, Grabhügeln, Hünengräbern (TMI: F 271.3.; F 451.3.4.2.; F 455.3.1.); oft reparieren sie auf Bestellung Geräte gegen Lohn, bleiben aber meist unsichtbar, so in der Oberpfalz, in Schwaben, Niedersachsen, Rendsborg, Schleswig, Dithmarschen, Westfalen, im Rheinland, in Frankreich, Belgien (wallonisch), Schlesien (heute Śląsk, VR Polen, und Slezsko, ČSSR). Ein Elfenschmied als Wechselbalg: FL 7, 1896, 165f. (Leitrim). Einzelne Schmiede: Wayland (Berkshire) beschlägt gegen Geld Pferde, sobald sich der Besitzer entfernt; er lebt in einer Höhle (FL 78, 1967, 106f.). Der Name Wieland aus der Heldensage ›Wieland der Schmied‹ taucht auch in Westfalen auf, in Schleswig heißt er Meland; ferner heißt in den auffällig vielen westfälischen Belegen der elbische oder geisterhafte, unsichtbar bleibende Schmied Grinkenschmied. Berg-, Höhlenwohnung und Bestell- und Lohnsystem entsprechen den Schilderungen der Zwergsagen. Der einzelne Schmied kommt weiterhin im Rheinland vor, im Elsaß (heute Alsace, Frankreich), Teufels- und Teufelsbündnervorstellungen spielen in Westfalen vereinzelt in die Sagen hinein, auch in Estland (heute: Estnische SSR) und in der Schweiz (je ein Beleg). Wiedergänger sind ein schmiedender Gotteslästerer in Westfalen, ein lebendig Begrabener in Niedersachsen und ein ehemaliger Schloßbesitzer im Vogtland, der im Schloßkeller auf Bestellung über Nacht Kutschen fertigt.

4. Die Fians in kargen Zeiten. S. 47

Fians, 175.

5. Conall. S. 48

Campbell, Tales II, 137–155. Direkte Rede statt indirekter. Fionn kommt hier nur am Rande vor. Die Erzählung zeigt Parallelen zu Fionns Geschichte.

6. Diarmaid und Grainne. S. 63

Campbell, Tales III, 39ff., 1859 von Hector MacLean, der es von einem Mann auf Islay hatte – ergänzt durch Fians, 52ff. – Hier wurden aus verwirrend vielen, abweichenden Textparallelen die wesentlichen Sagenzüge chronologisch aufgereiht. Direkte Rede statt indirekter. – Diarmaid fürchtet, sie werde ihn durch einen Zauber abzehren machen: im Text ›umbringen‹, aber die Frage an Fionn, was besser sei, Schande oder Verfall, legt den Gedanken an den üblichen Zauber nahe: Man macht ein Ton- oder Wachsfigürchen als Abbild des Gemeinten, hängt es in einen Bach bzw. setzt es dem Feuer aus, daß es dahinschwindet, und während das geschieht, verfällt der Behexte, bis er stirbt. – ›Ich nehme dich nicht im Guten und nicht im Bösen‹: AT 875, dort ›Brautprüfung‹ genannt; Grimm, KHM, 94, ›Die kluge Bauerntochter‹. – Die Eberesche galt in Schottland bis tief ins 19. Jahrhundert als magischer Baum; vgl. Hexensagen in einem folgenden Band. – Gebrochenes Brot als Zeichen: Weder HwAbergl. noch TMI bringt Parallelen für ungebrochenes Brot als Unschulds- und gebrochenes als erotisches Vollzugszeichen. – Mal in der Sohle: Achillesferse, TMI: Z 311.: griechisch, walisisch, norwegisch, frankokanadisch, sibirisch, indisch, afrikanisch, indianisch.

7. Lauchlin, Dhumohr und die Hexe. S. 70

FLJ 6, 1888, 221 (The FL of Sutherlandshire).

8. Wie Bruch Farala verbrannte. S. 72

Fians, 77. Aus mehreren bruchstückhaften Abschnitten zusammengestellt und erzählerisch leicht erweitert; der erste

Abschnitt ist ein Zusatz, der letzte Zusammenfassung von Campbell, Tales III, 108. Eine weitere Erzählung von dem Brand bei Miller, Cromarty, 37f., wo das Geschehen in die Umgebung von Cromarty verlegt wird. – Das Kochen der Haselspitzen erinnert an das Bierbrauen der Pikten aus Heidekrautspitzen. Vgl. die Texte Nr. 14 und 15; ferner: Heidekrautspitzen sind Elfennahrung (Superstitions, 21).

9. Oisean, der Sänger unter den Fians. S. 76

Fians, 80ff. – Aus Erzählbruchstücken montiert. Zu Oisean und St. Patrick vgl. ›Zu den Helden der ossianischen Sagen‹, S. 6; hier ist Patrick zu Oiseans Schwiegersohn geworden. – Blinder Riese: TMI: F 531.1.1.3. – Land der Jugend: keltische Jenseitsvorstellung, vgl. Text und Kommentar zu Nr. 11.

10. Oisean nach dem Ende der Fians. S. 80

Campbell, Tales II, 102ff. Auch hier wurden mehrere, gering voneinander abweichende Versionen zum Ganzen montiert. Vgl. Kommentar zu Nr. 9. – In FLJ 6, 1888, 109f. (The FL of Sutherlandshire) die nämliche Geschichte von einem anderen Erzähler und mit der Bemerkung, sie sei auf den Hebriden bekannt.

11. Fionn auf der Insel. S. 83

Campbell, Tales IV, 161f. – Insel: Vgl. Kommentar zu Nr. 9., Land der Jugend. – TMI: A 692. und E 481.4.1.; dazu auch A 571.2. (Held lebt auf geheimnisvoller Insel weiter) Campbell bemerkt: Die mündliche Überlieferung spricht von Fionn nie als würdig und gealtert. Sein Tod wird, anders als der seiner Mannen, nie erwähnt. Es heißt, man sehe ihn gelegentlich auf der Insel der Jugend, auch Grüne Insel genannt. Hebridenbewohner glauben sie stets westlich der eigenen Insel (TMI: E 481.6.2.); einige behaupten, sie gesehen zu haben. – Es gehen noch viele andere Geschichten von der Insel der Jugend um, auf der Fionn mit seinen Kriegern wohnen soll. Wer dort landet, wird wieder so jung wie mit zwanzig, heißt es, frisch, blühend, ohne graue Haare, Runzeln und Leiden (Campbell, Tales IV, 161f.). Auch auf Man erzählt man von einer Zauberinsel, die man im Westen gesehen habe (ebd. I, liii). König Arthur soll nach der Schlacht von Camblan von seinem Sänger und Propheten Merlin zur Glücklichen Insel oder Insel der Äpfel gebracht worden sein und dort weiterleben (ebd. IV, 266; ähnlich bei Hardwick, 165). Der bedeutsamste Text, der sich mit den Inseln der Seligen befaßt, ist ›The Voyage of Bran‹ (übersetzt von Kuno Meyer, London 1895). Erzählungen von Geisterinseln sind in Irland häufig; die berühmteste, Brasil, ist auf frühen Landkarten eingezeichnet (FL 32, 1921, 122); manche Inseln tauchen alle sieben Jahre auf, wie es heißt (ebd., 121), können entzaubert werden (ebd.). Inishbofin soll einst eine Phantominsel gewesen und von Fischern entzaubert worden sein: Nachdem sie im Nebel an das Eiland herangekommen waren, ließen sie eine brennende Kohle darauf fallen (ebd., 122). In einem norwegischen Manuskript von etwa 1250 (Kongs Skuggsjo oder Speculum Regale) ist von einer schwimmenden Insel in einem irischen See die Rede, auf der jeder Kranke gesund wird, sowie er von ihrem Gras ißt (FL 5, 1894, 306). – Blendung: Das ›Augensalbenmotiv‹ (TMI: D 1821.4. und F 235.4.1.), gewöhnlich mit der Geschichte von der zu den Elfen geholten Hebamme verbunden: Sie berührt versehentlich ein Auge mit der Hand, mit der sie eben das neugeborene Elfenkind eingesalbt hat; darauf wird das Auge ›sichtig‹, und sie nimmt später unterwegs die sonst unsichtbaren Elfen wahr. Als sie das erkennen läßt, blenden diese ihr das sichtige Auge.

12. Der Schmiedsfelsen auf der Insel Skye. S. 84

Folk and Hero, MacDougal, 73. – Fians, 3f., ein anderer Bericht: ›Sie sollen in einem bootförmigen Hügel namens Ton-na-h-iubhraich liegen, der von der Stadt Inverness seit ein paar Jahren als Friedhof benutzt wird. Andere sagen, sie lägen in Glenorchy, Argyllshire; und es gibt eine Geschichte darüber, wie sie zum letztenmal gesehen wurden – von jemandem nämlich, der den Ort, wo sie liegen, zufällig betrat. Als er an eine Kette schlug, die am Dach aufgehängt war, erhoben sich die Fians auf die Ellenbogen, und ihre großen Hunde fingen an zu bellen. Der Eindringling war so erschreckt, daß er fortrannte. Während er durch die Tür eilte, hörte er eine Stimme rufen: ‚Schlechter und übelberatener Mann, der uns elender zurückläßt, als er uns fand.'‹ FLJ 6, 1888, 164 berichtet von einer Höhle mit schlafenden Riesen; auf einem Steintisch in ihrer Mitte lag ein Jagdhorn. Ein zufällig in die Höhle geratener Mann blies einmal hinein, da rührten sich alle; beim zweiten Hornstoß rieb sich ein Riese die Augen und sagte: »Tu das nicht wieder, oder du wirst uns aufwecken!« Der Eindringling floh. – Berg oder Fels öffnet und schließt sich: TMI: D 1552. – Zur Vorstellung der im Berg schlafenden Krieger bzw. eines Kaisers, Königs mit seinem Heer (TMI: D 1960, 2.; BP III, 460) vgl. die Sage vom Pferdehändler, den Tom der Reimer in den Berg mitnimmt. Das Motiv findet sich auch in Irland und England sowie fast im gesamten deutschsprachigen oder früher teilweise deutschsprachigen Raum: Schleswig-Holstein – Holger Danske; Niedersachsen; Westfalen – König Weking, Kaiser Friedrich; Elsaß (heute Alsace, Frankreich) – Prinz Karl, Barbarossa; Rheinland – Ludwig; Hessen – Karl, Karl-quintes; Thüringen – Barbarossa, Otto; Sachsen; Spreewald; Lausitz – Wendenfürst Ziszibor; Schlesien (heute Śląsk, VR Polen, und Slezsko, ČSSR) – die heilige Hedwig; Böhmen (heute ČSSR); Galizien (heute teils VR Polen, teils Ukrainische SSR) – Karl; Rügen; Posen (heute Poznań, VR Polen) – Königin Jadwiga; Schwaben; Baden; Württemberg; Oberpfalz – Prinz Karl, Kaiser Karl; Bayern – Karl, Friedrich; Kärnten – Friedrich; Tirol – Andreas Hofer; Niederösterreich – König Otten; Waldviertel – Kaiser Josef; Friaul – Matthias Corvinus; Schweiz – ›Die drei Telle‹. – In die Pfeife, ins Horn blasen: Vgl. die Sage von Tom dem Reimer und dem Pferdehändler, in der allerdings der Eingetretene zuerst hätte zum Schwert greifen sollen (Scott, Demonology, 136f.). – In den Schloßruinen in Yorkshire soll König Arthur mit seinen Rittern, durch Zauber gebunden, sitzen; statt ins Horn zu stoßen und ihn so zu erlösen, flüchtete der Eindringling und wurde gescholten (FLJ 1, 1883, 193 f.) – Hardwick, 167: König Arthur sitzt mit seinem Hof unterirdisch in einer Höhle oder Schloßhalle verzaubert; Erlösungsbedingung: Hornstoß und Schnitt mit dem Schwert durch ein dabeiliegendes Strumpfband. Der eingedrungene Hirt schneidet, aber bläst nicht, und der König schmäht ihn. Vgl. FL 69/70, 1958/59, 15. – Eine verzauberte Dame in der Schloßruine wäre vom rechten Ritter, wenn er in sein Horn bliese, zu erlösen (FL 36, 1925, 254). – In deutschen Sagen ist nicht vom Horn die Rede, sondern von einer weckenden Glocke.

13. Die Gräber der Fians. S. 86

Fians, 3 (erster Abschnitt) und Campbell, Tales IV, 240 f. – Sechs Fuß, zwei Zoll: 1,87 m – ›Vor sechzig Jahren‹ – also etwa 1800–1807.

14. Die Pikten. S. 88

Chambers, 80 f. Die Geschichte ist als mündliche Erzählung – wohl der Nurse Nanny – gegeben. – Von den Dänen in Irland ist eine Geschichte gleichen Inhalts überliefert (Choice Notes, 101, Irland). – Bei Chambers steht nicht picts, sondern pechs – beide Formen waren gebräuchlich. – Vgl. Kommentar zu Nr. 39 (Pikten-Bauwerke. FLR 2, 1879, 100, berichtet, bis zur damaligen Gegenwart sei in Schottland geglaubt worden, die picts oder pechs seien eine Zwergenart, die sich besonders in Klöstern und Kirchen aufhielten; sie hätten die High Church in Glasgow gebaut und von der Kirche nach Rutherglen unter dem Clyde einen unterirdischen Gang angelegt. Die gleiche Überlieferung knüpft sich an die Abtei Paisley. – Die Brochs (prähistorische Rundturmbauten auf den Orkney- und den Shetlandinseln und auf dem benachbarten Festland) nennt das Volk ›Piktenhäuser‹; man glaubt, sie seien von den Pikten erbaut (FL 16, 1905, 163 f.) – Bier aus Heidekraut: Vgl. Text Nr. 15. Außerdem: Die heidnischen oder schwarzen Dänen ritten auf achtbeinigen Pferden und machten Bier aus Heidekraut (FL 24, 1913, 365, Limerick); vgl. auch Kommentar zu Nr. 8. – Im deutschsprachigen Raum ist das Bierbrauen aus Heidekraut nicht belegt. – Der Händedruck, statt der Hand Eisenstange gereicht, vgl. Text Nr. 97 und Text Nr. 139, Pflugschar statt Hand hingehalten und zerdrückt: Bei AT unter 1060 A verzeichnet.

15. Der letzte Pikte. S. 90

Black-Thomas, 221. Vgl. Text und Kommentar zu Nr. 14.

16. Die beiden Brüder. S. 92

Clan Traditions, 86. – Im Nebel erreichte Insel mit riesigen Leuten: Vgl. Kommentar zu Nr. 11 (Insel).

17. Eine Überlieferung von Islay. S. 96

Clan Traditions, 91. – Sieben Söhne: Vgl. Text Nr. 23. – Mit sieben Söhnen leistet ein sächsischer Than (Gefolgsmann) Wilhelm dem Eroberer Widerstand (FL 73/74, 1962/63, 374). Sieben ist eine magische Zahl und kommt, wie im Märchen, so auch oft in Sagen vor: Sieben Sachsenkönige speisten auf einem flachen Stein (FLJ 5, 1887, 102); sieben Töchter auf einmal wurden an einer Wunderquelle geboren (FLJ 7, 1889, 38); sieben Brüder bauten sieben Burgen und töteten einander (FL 24, 1913, 377); ein Dorf hat stets sieben Hexen (FL 40, 1929, 126); sieben Hexenkatzen trinken Tee (FL 33, 1922, 212); sieben Kirchen hatte eine Stadt (FL 26, 1915, 161); im Aberglauben spielen siebente Söhne eine Rolle, haben die Macht zu gutartigem Zauber und zum Heilen (Heilkraft: FL 19, 1908, 316; FL 22, 1911, 57; FL 24, 1913, 384); siebenter Sohn eines siebenten Kindes: FL 27, 1916, 422; FL 65/66, 1954, 327; Zaubergabe: Siebenter Sohn eines siebenten Sohnes bzw. siebente Tochter einer siebenten Tochter: FLJ 5, 1887, 198. – Im deutschen Sprachraum spielt die Sieben eine ähnliche Rolle. Vgl. Text Nr. 34 und Kommentar dazu.

18. Wie die Frauen an der Tafel den Ehrenplatz bekamen. S. 97

Black-Thomas, 220. – Es gibt aus nahezu dem gesamten deutschen Sprachraum Sagen über kriegerische Tapferkeit und List von Frauen, die entweder ihren Männern gegen eingedrungene Feinde beistehen oder allein weiterkämpfen, wenn die Männer besiegt oder entmutigt sind. Die engste Parallele zum vorliegenden Text stammt aus England: Die dänischen Invasoren heiraten ortsansässige Frauen, die in der Nacht verabredetermaßen aufstehen und sie töten (FL 23, 1912, 339); bei einer Däneninvasion ziehen sich die Männer zurück, die Frauen bewillkommnen die Dänen, nehmen sie in ihre Betten und erdolchen sie in der Nacht (FL 75, 1964, 148). Vgl. die Sage von den Danaiden.

19. MacNeil von Barra und die Nordländer. S. 98

Clan Traditions, 42f. – Die gekennzeichneten Zusätze zur Erzählung, die im Urtext etwas sprunghaft ist, stammen von der Herausgeberin. – Blick durchs Rauchloch: Schottische Hütten waren vielfach fensterlos.

20. Die Browns von Tiree. S. 100

Clan Traditions, 12ff. – Unbedeutende erzählerische Erweiterung: Direkte Rede statt indirekter; erläuternder Zusatz über die MacDonalds, die ›Herren der Inseln‹, aus Notes and Queries, 2nd Series, Vol. 12, Dec. 21, 1861, eingefügt. Der Hauptsitz der Herren der Inseln befand sich auf Islay, wo stets auch die Einsetzungszeremonie unter Anwesenheit von mindestens einem Bischof stattfand. – Vgl. die Texte Nr. 23, 93, 101. – Bauplatzbestimmung: Abart von der sehr oft geschilderten Methode, dort zu bauen, wo die Pferde oder Ochsen, die den Wagen ziehen, von selber stehenbleiben, bzw. man ließ die Tiere als Weiser des Gottesurteils frei den Weg suchen (z. B. FL 20, 1909, 315; FL 48, 1937, 55; FL 73/74, 1962/63, 375: Kirchen; Begräbnisplatz von zwei Heiligen: FL 57, 1946, 378, und FL 36, 1925, 257).

21. Der Schmied und die beiden Herren. S. 105

Clan Traditions, 44ff. – Indirekte Rede des Originals wurde durch direkte Rede ersetzt. – Zur Pflegebruderschaft vgl. auch Text Nr. 26. Wir finden in den schottischen Sagen immer wieder den Begriff des Zieh-, Pflegevaters, -bruders (foster-father). Es war üblich, daß ein Vater seinen Sohn einem angesehenen Mann zur Erziehung anvertraute; so wurden enge Beziehungen geschaffen, die des öfteren fester hielten als die eigentlichen Familienbeziehungen. – Daneben umfaßt der Begriff auch noch die Milchbruderschaft bzw. -schwesternschaft über eine Amme.

22. Garlatha. S. 111

Clan Traditions, 80ff. Von Harris. – Erzählerisch etwas mehr ausgeführt als im Original. – Die Geschichte von der Braut in der Truhe ist weitverbreitet in England und bekannt in den USA (FL 75, 1964, 240: Historical Traditions in English Folk-Tales by K. M. Briggs).

23. Der große Dewar von Balemartin auf Tiree. S. 114

Clan Traditions, 51ff. – Erzählerisch leicht erweitert. – Sieben Söhne: Vgl. Text Nr. 17 und Kommentar dazu. – Herren der Insel: Vgl. Text Nr. 20 und Kommentar.

24. Die weise Frau von Duntulm und die Elfen. S. 117

Clan Traditions, 86ff. – Sehr geringe erzählerische Zusätze; direkte Rede statt indirekter. – Herren der Inseln: Vgl. Text Nr. 20 und Kommentar. – Die Elfen als Vorwand für Selbsthelfer: eine ungewöhnliche und hübsche List der Armen.

25. Rache. S. 121

Craignish, 41ff. – Ziehbruder: Vgl. Kommentar zu Nr. 21.

26. Der junge Ronald von Craignish. S. 124

Craignish, 24ff. – Pflegebrüder: Vgl. Text Nr. 21 und Kommentar. – Loch Craignish ist eine tief einschneidende Bucht.

27. Der Daumenberg. S. 126

Notes and Queries, 4th Series, Vol. 8, 1871, 500 (Cuthbert Bede, Traditionary Stories of Argyllshire).

28. Warum die MacMillans Browns genannt wurden. S. 127

ebd., 499.

29. Die Geschichte von Mac-an-Uidhir. S. 128

Clan Traditions, 18ff. – Pflegemutter: Vgl. Kommentar zu Nr. 21. – Ring in Becher, Erkennungszeichen in letzter Minute vor neuer Hochzeit: Vgl. Text Nr. 49. Häufig in deutschen Sagen, namentlich solchen von Pilgern: Grimm, DS, 523 (der edle Möringer); Wolf, DMS, 307, und Zaunert, Hessen, 149 (Ritter Gerhard von Manebach); Birlinger, Volksth. I, 344 (Graf Rudolf von Marstetten); Kohlrusch, Schweizer. Sagenb., 56 (Bernhard von Strattlingen); Grimm, DS, 520 (Heinrich der Löwe von Braunschweig, Abenteuerfahrt); ebd., 524 (Graf Hubertus von Calw, der seine Frau verließ, um als Kuhhirt die Armut kennenzulernen). – Bei AT 974 ist das Motiv des unmittelbar vor der Hochzeit mit einem andern heimkehrenden Ehemanns oder Liebsten ohne den Ring verzeichnet, in TMI: H 94. ff. findet sich die Identifizierung durch den Ring, doch ohne Becher. BP II, 348 gibt zu KHM, 101, ›Der Bärenhäuter‹, weitere Belege.

30. Die Weidenruten einweichen. S. 130

Clan Traditions, 24f.

31. Der Rabe von Glengarry. S. 131

Clan Traditions, 63ff. – Plaidraub des ›Raben‹ ausgeführt (im Urtext nur: ›Er verschaffte sich ein Plaid‹). Schwur auf das kalte Eisen: Schwören auf kaltes Eisen oder auf den Dolch ehedem bei den Hochländern üblich. In Form des Dolches war Eisen am ehesten bei der Hand, an dessen magische Macht gegen Elfen, Geister und alles Übernatürliche man glaubte. Feierlichster und verbindlichster Eid (Fians, 211).

32. Lachlan Gelbschopf, der Sohn Neils von Dervaig. S. 134

Clan Traditions, 70ff. – Traum vom Geliebten: Vgl. Text Nr. 109, die Sage von der spanischen Prinzessin. – Die künftige Geliebte im Traum gesehen: TMI: T 11.3. – Der große Dewar: Vgl. Text Nr. 23.

33. MacLarty von Aird. S. 138

Craignish, 33f. Erzählerisch ganz geringfügig erweitert (Vorbereitungen zum Mahl im Urtext nicht unter Personen aufgeteilt). – Prophezeien aus Hammelschulter (TMI: D 1821.3.8.): vielleicht in England, bestimmt aber, wie in Schottland, auch in Irland und Wales dereinst üblich. Das Hammelschulterblatt wurde durch Kochen, nicht durch Braten, nicht mit Messer oder Nägeln oder Zähnen, vom Fleisch entblößt, so daß der Knochen ganz unbeschädigt blieb und alle Linien, Schatten, durchsichtigen Stellen deutlich erkennen ließ. Kundige beiderlei Geschlechts wandten ihn nach Osten und lasen aus seinen Zeichen Krieg und Frieden, Blutvergießen und Feuersbrünste, eheliche Untreue heraus (Dalyell, 515, der für Wales im Jahre 1204 oder 1205 Giraldus Cambrensis zitiert). Man grenzte an dem Knochen die oberen und unteren Teile voneinander ab; bestimmte Zeichen wiesen auf eine Menge Leute hin, die bei einem Begräbnis, Kampf, einer Versteigerung etc. zusammenkommen würden. Das größte Loch oder die größte Vertiefung bedeutete das Grab des Hammelbesitzers, und aus seiner Lage wurde vorhergesagt, ob er im kommenden Jahr leben oder sterben würde (Superstitions, 262).

34. Soulis im Kessel. S. 142

Scott, Minstrelsy II, 331f. (der erste Abschnitt gekürzt, später z. T. geringfügig erweitert). Soulis' Kammer soll sich alle sieben Jahre einmal öffnen: Zu sieben vgl. Kommentar zu Nr. 17; ferner: Sieben Jahre ist Tom der Reimer bei den Elfen (Scott, Demonology, 132, und Minstrelsy II, 244), ist eine Frau im Elfenberg, bevor ihre Schwester sie entdeckt

(Superstitions, 84); sieben Jahre ist ein geraubtes Menschenkind schon bei den Elfen, nach weiteren sieben soll es entzaubert werden (FL 67/68, 1956/57, 279f., England); von den Elfen Entführte dürfen oft nach sieben Jahren wieder heim; sind dann abermals sieben Jahre vergangen, verschwinden sie wieder (Scott, Minstrelsy II, 219); die Elfen von Nant Conmy leben sieben Jahre auf der Erde, sieben Jahre in der Luft und sieben Jahre unter der Erde (Rhŷs I, 200); alle sieben Jahre fordert der Teufel Tribut von den Elfen (Gregor, 58ff.); alle sieben Jahre reitet der im Hügel schlafende Earl of Kildare um den Berg (FL 19, 1908, 321f.); alle sieben Jahre fragt Friedrich im Untersberg (Graber, Sagen u. Märchen, 193); die Formel ›Ich bin deiner siebenmal überdrüssig‹ bringt einen Elfenwechselbalg zum Reden (FL 11, 1900, 443); sieben Tage lang muß man ein mitternachts geborenes Kind vor dem Zugriff der Elfen bewachen (FLJ 2, 1884, 157, Irland); entsprechend im deutschen Sprachraum, z. B.: Alle sieben Jahre wimmert ein eingemauertes Bauopfer (Wucke, 378 = Bechstein, Rhön, 108, 111) und wachen in Bergen verzaubert Schlafende auf (Meier, Schw., 137; Lyncker, 6); nach sieben Jahren muß die Hexe den Wechselbalg zurücktauschen (Birlinger, Volksth. I, 501); sieben Jahre lang muß eine Frau den Wechselbalg behalten, bevor sie auf Rat des Pfarrers Eierschalen als Töpfchen auf den Herd setzt und so bewirkt, daß er sich verrät (Vonbun-Beitl, 178). – Für das Kochen im Kessel führt Scott (Minstrelsy II, 350) eine tatsächliche Parallele aus der schottischen Geschichte an: Den Baronets war der Sheriff der Mearns, Melville of Glenbervie, verhaßt; sie führten bei James I. Klage, der ungeduldig antwortete: »Zum Teufel, wär er doch gesotten und als Nachtmahl in Brühe verspeist!« Zufrieden verabschiedeten sich die Kläger, lockten Melville auf eine Jagdpartie und warfen ihn in einen Kessel mit kochendem Wasser. Die Strafe des Kochens war in England offenbar lange üblich; 1524 wird sie für eine giftmischerische Magd erwähnt.

35. Der Sheriff von Cromarty. S. 145

Miller, Cromarty, 83f.

36. Grenzziehung. S. 146

Miller, Schools, 251. Der ›Grenzlauf‹ (HwAbergl. III, 1139) erscheint in vielen Schweizer Sagen und in einer aus dem Harz.

37. Ettrick-Hall. S. 148

Chambers, 226 (nach einer Mitteilung von James Hogg im Jahre 1826). Scott (Minstrelsy III, 260) ergänzt die Geschichte: ›Im Ettrick Forest erzählt und glaubt man, ein Wüstling, der sechsundfünfzig bewohnte Häuser zerstörte, um das Häuslerland zu seinem Grundbesitz zu schlagen, und obendrein die Töchter verführte, habe seine illegitimen Kinder stets bald nach der Geburt bei einem Fuhrmann in der Nachbarschaft in Pflege gegeben. Ein Bote trug sie regelmäßig fort, aber nie hörte man wieder etwas von ihnen. Der verworfene Gutsherr vergeudete seine ungerecht und grausam erlangten Gewinste, und die Ruinen seines Hauses bezeugen die Wahrheit der versifizierten Prophezeiung, die bei den Landleuten noch lebendig ist. Er selbst starb vorzeitig; aber der Mittelsmann bei seinen Liebschaften und Verbrechen erreichte ein ungewöhnlich hohes Alter. Als er auf dem Totenbett lag, schien er schwer bedrückt und sandte nach einem Geistlichen; aber ehe noch der Bote zurückkehrte, kämpfte der Mann in den letzten Zügen, und die entsetzten Helfer waren aus seiner Hütte geflohen. Sie versicherten einmütig, hinter seinem Lager sei das Jammern ermordeter Kinder hervorgedrungen und habe sich mit dem Stöhnen des sterbenden Sünders gemischt.‹

38. Maxton von Cultoqueys Litanei. S. 149

Chambers, 319f. – Vor hundert Jahren: hundert Jahre vor 1825! – Chambers bemerkt dazu: Imitationen der Litanei und ironische Zusätze waren in früheren Zeiten gebräuchlich – und er zitiert Beispiele aus dem 17. Jahrhundert.

39. Christie's Will. S. 150

Scott, Minstrelsy III, 105. Vgl. Scott, Minstrelsy II, 391.

41. Der heilige Columba und seine Kirche. S. 154

FL 42, 1931, 55–56. – Ganz leicht verändert: Die Unterhaltung mit dem Ungeheuer steht ursprünglich in indirekter Rede. – Der heilige Columba christianisierte Schottland und Irland in der zweiten Hälfte des sechsten Jahrhunderts; Mittelpunkt der keltisch-christlichen Kirche war die Insel Iona (Icolmkill). Die Abteiruine ist noch vorhanden. – Zum Bauopfer siehe Text und Kommentar zu Nr. 39. Die Variante, daß sich ein Frommer freiwillig opfert, ist ungewöhnlich. Das tags Gebaute wird durch übernatürliche Wesen stets bei Nacht wieder eingerissen: TMI: D 2192., auch G 303.14.1. (Teufel). In der Sage sonst meist verbunden mit dem Motiv des von den zerstörenden überirdischen Wesen an einen andern, ihnen genehmen Platz transportierten Baumaterials.

40. Das Rote Schloß. S. 154

FL 42, 1931, 58f. – Bauopfer: Vgl. Text Nr. 41, ferner Text Nr. 90 und Scott, Minstrelsy III, 371: ›Besonders alte, große, feste Burgen schreibt das Volk den Pikten oder Pechs zu, die den Grundstein, so heißt es, mit Menschenblut zu benetzen pflegten.‹ – Bei TMI: S 261. – Im deutschen Sprachraum sind solche Sagen weit verbreitet; meist ist das Bauopfer auch für Deiche, ein kleines Kind, so in Schleswig-Holstein, Oldenburg, Braunschweig, Mecklenburg (Stargard, Rügen), im Vogtland, besonders zahlreich in Hessen und Thüringen; ferner in der Oberpfalz, in Bayern, Tirol, Schlesien (heute: Śląsk, VR Polen, und Slezsko, ČSSR), in der Schweiz. Ein Beleg spricht von einem zum Tode Verurteilten als Bauopfer (Thüringen), einer davon, daß der Teufel den Bauleuten schweres Leid zufüge, wenn man ihm nicht bei Kirchbauten zwei Menschen opfere (Mark Brandenburg). Zum ursprünglichen Sinn des Bauopfers HwAbergl. I, 962: Versöhnung der dämonischen Mächte, Erd- und Flußgötter, in deren Herrschaftsbereich der Mensch durch seine Bauten eingreift. So schließt sich in vielen Sagen ein Deichbruch erst durch ein Bauopfer. Dazu kommt aber auch die Vorstellung, daß eine Burg mit einem Bauopfer als Wächtergeist uneinnehmbar wird; vgl. Text Nr. 90.

42. Der Druidenstein von Birsay. S. 158

Black-Thomas, 3. – Vgl. Text Nr. 43; zu Druiden vgl. Text und Kommentar zu Nr. 98. Druidensteine, Opfersteine der keltischen Priester. Der Stein wandert mitternachts zum See, um zu trinken: FL 6, 1895, 24f. (die Rollrightsteine); der Verfasser der Abhandlung über die Rollrightsteine, A. J. Evans, führt keltische Parallelen aus der Bretagne an; auch in andern Teilen Frankreichs existieren solche Sagen, und eine fand er in Irland. – Ferner: FL 40, 1929, 78 (Oxfordshire); FL 75, 1964, 152f. (Gittisham, der Hexenstein, unter dem ein Schatz liegt); FL 23, 1912, 341 (der Bamburystein, unter dem ein Schatz liegt); FL 48, 1937, 255f.; FL 63/64, 1952/53, 486 (das kopflose Kreuz in Lewannick geht trinken, wenn die Glocken läuten). Speziell von der Neujahrsnacht ist in der einzigen mir sonst bekannten Parallele die Rede: Knoop, Prov. Posen, 282, Nr. 23. Überhaupt kommen wandernde Steine recht oft vor.

43. Druidenkreise. S. 159

Gregor, 115, ganz wenig erweitert. – Steine weigern sich, versetzt zu werden: TMI: D 1654.1. – Viele Sagen erzählen davon, daß ein Stein sich nicht versetzen läßt oder, wenn er versetzt wurde, wieder zurückwandert. – Numinoser Stein, vom Hof geschafft, bringt Unglück mit dem Vieh (NiSa III, 1614; Grässe I, 476, 567) und Tod (FL 61/62, 1950/51, 152), mindestens Krankheit (Grässe I, 476); schafft man ihn vom Acker, erblinden die Transportpferde (NiSa I, 100), werden getötet (FLR 2, 1879, 177), die Zugochsen fallen tot um (FLJ 5, 1887, 89), der Acker wird unfruchtbar (NiSa I, 97, 98; IV 2522; FLJ 5, 1887, 89: dem Bauern gedeiht nichts mehr); der Bauer wird krank (FLJ 5, 1889, 89), sein Sohn (FL 5, 1934, 147ff.) erkrankt, die den

Stein sprengenden Arbeiter werden stets böse verletzt (NiSa I, 441), werden blind, erkranken, verunglücken später (Grässe II, 709, deutscher Müller, der alten litauischen Opferstein zu Mühlsteinen verarbeiten lassen will). Numinoser Stein, als Baumaterial auf Hof verwendet, bringt Viehsterben (FL 45, 1934, 147ff.; NiSa III, 1613; Künzig, Schwarzwald, 212), Unglück (FLR 2, 1879, 177; Zaunert, Westf., 57; Kuhn-Schwartz, 195; Knoop, Prov. Posen, 281, Nr. 19), Tod (FL 45, 1934, 147; Grässe II, 709); es entsteht im Haus spukhafte Unruhe (FL 61/62, 1950/51, 152; Bartsch I, 39; NiSa I, 102), spukhafte Unruhe im Stall (NiSa I, 101, 102). Wird der Stein an den alten Platz zurückgebracht, tritt Ruhe ein, das Viehsterben endet, die Krankheit des Sohnes behebt sich, diejenigen erblindeten Transportpferde, die zum Rücktransport eingesetzt werden, gewinnen die Sehkraft wieder, die beiden andern nicht (NiSa I, 100). – Höllmannskuppe, Guidmahn's craft: Vgl. Napier, 140. Die Bauern in Westschottland pflegten einen Feldteil nicht abzuernten, der dem Teufel geweiht war und ›good man's croft‹ genannt wurde. So bis 1825; der letzte, bei dem Napier den Gebrauch beobachtete, hatte Angst vor dem Abernten, wußte aber nicht mehr warum. Das entspricht ›Wodes Teil‹, vgl. HwAbergl. IX, N. 46: In ganz Nord-, Mittel- und Süddeutschland und in Skandinavien ließen die Schnitter einige Ähren als Futter für Wodans Pferd stehen, die ›Wode‹, ›Wud‹ oder ›Fru Godens Deel‹.

44. Der beleidigte Quell. S. 160

Miller, Cromarty, 5ff. – Daß ein Quell, namentlich ein Heilquell, versiegt, wenn er mißächtlich behandelt wird, kommt in der Sage oft vor; daß er wandert, selten: FL 22, 1911, 212 (Clare, Irland, der heilige Quell von Oughtmāma); FL 25, 1914, 119 (County Waterford, Irland); Mackinlay, 21 (St. Fillans Quell in Comrie, Perthshire, und der Quell Toubir-in-knahar wanderten von Colonsay nach Islay hinüber); Pippart, Brombeermann, 97, Nr. 11 (Werratal); bei Wolf, Niederl., 570, wandert der Quell des Geizhalses, der ihn andern verwehrt, nicht von selber, sondern St. Amalberga trägt Wasser daraus in einem Sieb ein paar Schritte weiter auf anderes Land, wo er neu (und heilkräftig) entspringt.

45. Der Hahnenschrei. S. 162

Miller, Cromarty, 73f. – Allgemein heißt es in Sage und Märchen, daß der Teufel verschwindet, wenn der Hahn kräht: TMI: G 303.16.19.4.; vgl. HwAbergl. III, 1330: Der Hahn, besonders ein weißer, wehrt Unheil, Dämonen ab, schützt das Haus vor Zauber. Dämonenabwehrend soll auch der Hahn auf Kirchtürmen wirken (allerdings spielt beim Kirchturmhahn die Bedeutung des Hahns als Wettertier mit). – Wiederum ist ein schwarzer Hahn auch ein Teufelstier. – Ebd., 1333f.: Der Hahn war im Iran als dämonenabwehrendes Tier heilig, war Orakeltier und Wächter, ihn zu töten galt als Sünde. Das Huhn wurde von Südosten her, nicht über Griechen und Römer, in der Bronzezeit aus Asien nach Nordeuropa eingeführt. Schon in vorhistorischer Zeit wurde dementsprechend der Hahn, hier als Tagkünder, dämonenabwehrend angesehen, anders als bei den Griechen und Römern in der Antike. – Die in Schottland weitverbreitete Geschichte von Hahn und Meteor steht auch in FL 10, 1888, 263 (Hebriden) mit dem Hinweis auf Notes and Queries, 7th Series, Vol. XI, 95. – Nach dem Hahnenruf kann ein mörderisches Wasserpferd einer Frau nicht weiter folgen (Skye, FL 33, 1922, 307). Auf den Hebriden heißt es, der Hahn halte dem Haus böse Mächte fern (FL 10, 1899, 264). Man erzählt auf den Hebriden auch, der Hahn sehe Unglück und verkünde es: Als ein Mann im Schneesturm umkommt, flattert daheim der Hahn krähend von seiner Stange herab (ebd.). Der Hahn vermag auch Diebe zu erkennen: Unter einen Eisentopf gesetzt, kräht er, als nach den übrigen Nachbarn die Schuldige den Topf berührt (Hunt II, 225). – Vgl. die Texte Nr. 84, 86, 95, 111.

46. Die Heringe ziehen fort. S. 163

Miller, Cromarty, 256f. – Heringe werden durch Sonntagsfrevel, d.h. Entweihung des Sonntags durch Arbeit, vertrieben: Napier, 141f. (noch 1879 geglaubt); daß ein Selbstmörder in Sichtweite zum Meer begraben wurde, vertrieb die Heringe auf sieben Jahre (FL 14, 1903, 369, Ross-shire); sieben Jahre lang, bis zum Tod einer teufelsbündnerischen Gutsfrau, bleiben die Heringe fort (Miller, Cromarty, 168). – HwAbergl. III, 1776: Ausbleiben der Heringsschwärme an gewissen Küsten wurde vielfach als göttliche Strafe für Frevel angesehen.

47. Die Seele auf Wanderschaft. S. 165

Miller, Schools, 109. – Vgl. Text Nr.48. – Vgl. fragmentarische Geschichte bei Rhŷs II, 601f.: Kleiner schwarzer Mann oder Affe kommt aus dem offenen Mund eines Schlafenden, wandert zum Bach und zurück. – HwAbergl. bringt zur ›den Körper des Schlafenden in Bienengestalt verlassenden Seele‹ nur Hexensagen, überwiegend aus der Schweiz, eine aus Siebenbürgen (heute: Transsilvanien, SR Rumänien), bei TMI: G 229.1. und G 251.1. Allgemein zur Seele als Biene: ebd. E 715.3.1. und E 734.2.; Seele wandert so vom Körper fort: E 721. und 721.1.; Thompson führt skandinavische, deutsche, englische, irische, slavische, sibirische, chinesische, indische Belege an. – Bei AT 1645 ›Traum vom Schatz gekauft‹: In der Typgeschichte ist das Hauptmotiv (Seele verläßt als Fliege oder Biene durch den Mund den Leib und entdeckt Schatz) erweitert (der Mann, dessen Seele aus dem Leib geschlüpft war, verkauft seinen Traum einem andern, der nun den Schatz hebt). Von AT für Litauen (heute Litauische SSR), Persien, Japan, Spanisch-Amerika belegt.

48. Der Baum als Zeuge. S. 167

FLJ 6, 1888, 170f. – Der Schlußabsatz, den der Sammler, Rev. W. Forsyth, als Zitat in Anführungsstriche setzte, wurde wörtlich übernommen, alles andere, von Forsyth z. T. abstrahierend erzählt (bis auf einen naturpoetischen

Satz), ist leicht umgeformt: direkte Rede statt indirekter; und dort, wo Forsyth die Handlung zusammengerafft hat, wurde sie knapp ausgeführt. – Zum Seelenaustritt vgl. Text und Kommentar Nr. 47. Motiv des über den Bach gelegten Dolches als Brücke für die Seele als Biene (TMI: E 721.6. mit Hinweis auf Skandinavien). – Hier entspricht die Handlung AT 1645 mehr, nur daß die Übertragung des Schatzes nicht erkauft, sondern durch Mord erreicht wird. – Mit dem Mord ist das Motiv der Kraniche des Ibykus verbunden: AT 960 A; freilich ruft der Mann, der getötet wird, nicht die Vögel als Zeugen an, sondern den Baum. – Die als Zeugen angerufenen Vögel kommen in Böhmen (heute Teil der ČSSR), Schwaben, Bremen vor; dänische, französische, italienische, spanische, hebräische, arabische, persische, griechische Parallelen führt BP II, 115 an. Die Sonne, die alles an den Tag bringt, als Zeugin: KHM, 115; bei BP II, 115 Parallelen aus der Schweiz, Schwaben, Franken, Norddeutschland, Holland, Schweden, Serbokroatien (heute als Soz. Rep. Serbien und Soz. Rep. Kroatien zur SFR Jugoslawien gehörend), Pommern (heute Pomorze, VR Polen), Finnland. Pflanzen als Zeugen: Hessen (Disteln: Zaunert, Hessen, 304; Lyncker, 173); BP nennt skandinavische, serbische, russische Beispiele und ein französisches.

49. Mr. Alexander Frasers Pilgerfahrt. S. 169

FLJ 6, 1888, 178. – Erzählerisch leicht erweitert. – Ring als Erkennungszeichen: Vgl. Kommentar zu Nr. 29. Hier ist die Sage im Pilger-Zusammenhang geblieben, dafür gibt sich der Bußwanderer nicht der Frau, sondern der Schwester durch den Ring zu erkennen. Da Mr. Alexander Fraser ›den Frauen abgeschworen hat‹, muß die Sage noch aus der katholischen Zeit stammen.

50. Der Ring am Finger der Toten. S. 172

FL 43, 1932, 339. – Erzählerisch leicht erweitert. – AT 990; TMI: K 426.; die Entwicklungsgeschichte dieses Sagentyps ausführlich dargestellt bei Röhrich, SpätMA II, 86ff.: ›Die erweckte Scheintote«. Im deutschen bzw. ehemals deutschen Sprachbereich ist die bekannteste Geschichte dieser Art die Sage von der Kölnerin Richmodis von der Aducht, in der – bestimmend für einen großen Teil der weiteren deutschen Varianten – zu Totengräber, Ringdiebstahl, Wiedererwachen, Heimkehr – die Pferde in die Bodenkammer kommen. Der Ehemann, davon benachrichtigt, daß seine totgeglaubte Frau vor der Tür stehe, ruft ungläubig aus: »Das ist so unmöglich, wie daß meine beiden Pferde aus dem Bodenfenster sehen!« Im selben Augenblick hört er Getrappel auf der Treppe, und die Pferde stehen im Obergeschoß; so auch bei Grimm, DS, 340. Der Grundtyp der Sage findet sich mit zahllosen kleinen oder größeren Abweichungen, mit und ohne Pferde, in Dünkirchen, Glückstadt (Schleswig-Holstein), Hamburg, Lübeck, in mehreren niedersächsischen Dörfern sowie in Sammlungen aus Danzig und Thorn (heute Gdańsk und Toruń, VR Polen), in Köln, Trier, im Elsaß (heute Alsace, Frankreich), in Hessen, Freiburg i. Br., Augsburg, Nürnberg, Schweinfurt, Klagenfurt, Memmingen, in der Steiermark, dem Gebiet der ČSSR und in Sammlungen aus Oberschlesien (heute Górny Śląsk, VR Polen), in Preßburg (heute Bratislava, ČSSR), Preßnitz (heute Přisečrače, ČSSR), Budweis (heute Budéjovice, ČSSR), Wagstadt (heute Bilovec, ČSSR), Grottkau (heute Grodków, VR Polen), Leobschütz (heute Głubczyce, VR Polen) und Graupen (heute Krupka, ČSSR), in Dresden, Magdeburg, Altenburg; in Mecklenburg; in der Schweiz, in Frankreich, in Siebenbürgen (heute Transsilvanien, SR Rumänien) und Estland (heute Estnische SSR), in England und (sehr zahlreich) in Irland. Röhrich gibt überdies Varianten aus den USA. Die Varianten der Richmodis-von-der-Aducht-Sage unterscheiden sich nach vielen Gesichtspunkten. Die Heldin ist Schlossers-, Buchdruckers-, Schmieds-, Müllersfrau, Bäckerstochter, oft Bäuerin, Schulzen-, Fabrikanten-, Pferdehändlersfrau, die eines reichen, eines vornehmen Mannes, eines Syndikus, eines Unterpräfekten, eines Ritters, eines (adligen) Gutsherrn (so in den meisten mir bekannten englischen Belegen), ist eine adlige Dame. Ohne die Pferde-Zutat sind die französischen, englischen, irischen, eine schweizerische Erzählung und eine estnische, und auch in Deutschland haben bei weitem nicht alle Sagen die Pferde aufgenommen. Wiederum gibt es welche mit dem Pferdewunder (in einem Fall liegt der Gaul in der Wiege, statt auf dem Dachboden zu stehen), doch ohne den diebischen Totengräber als Erwecker; er kann durch diebische Dienstboten, durch Räuber ersetzt werden, letzteres Siebenbürgen (heute Transsilvanien, SR Rumänien) und Estland (heute Estnische SSR), und die Scheintote kann auch von selber erwachen, ohne Schnitt in den Finger. Zuweilen heißt es, sie habe nicht mehr lange gelebt; einmal soll sie am nächsten Tag gestorben sein. Oder sie lebt noch einige, noch drei, noch sieben Jahre, noch lange, noch vierzig Jahre. Sie bekommt noch Kinder – eins, drei, mehrere. In einem Fall (Bayern) war sie nur eine Wiedergängerin, die so lange kam, bis der untröstliche Mann sich beruhigt hatte; da sind von der eigentlichen Geschichte nur die Pferde geblieben. Als Wiedergängerin muß wohl auch die vor dem Haus rufende ungesehen bleibende Tote in Mecklenburg (mit Pferdewunder) verstanden werden. In nicht wenigen Erzählungen heißt es, sie habe nie wieder gelacht. Der Totengräber begeht Selbstmord, flieht, kommt bei der Flucht um oder gelangt nach Amerika. Aber seine Tat wird auch zuweilen von der Erweckten gedeckt, ja er wird reich belohnt; in einem steirischen Beleg setzt sich der Bauer für Straffreiheit ein und schenkt ihm sein schönstes Ochsenpaar. – Neben dem Richmodistyp der Scheintotensage gibt es den viel weniger verbreiteten, aus dem italienischen Spätmittelalter herrührenden Ginevratyp: Die mit einem Ungeliebten verheiratete Wiedererwachte wird von Mann und Eltern als Gespenst weggescheucht, doch vom Geliebten aufgenommen.

51. Der Fiddlersbrunn. S. 173

Miller, Cromarty, 339 ff. – Heilquell: TMI: D 1500.1.1. – Von Heilquell geträumt: TMI: D 1816.1.; Sachsen (Ziehnert, Sachsen, [4]1881, 469); Erzgebirge (Meiche, 755, 765); Österreich (Depiny, 319 [9], 329 [79], 330 [80]); Bayern (Eichhof, Steig, 91); ČSSR (Waldheimat 8, 1931, 175; Grohmann, 246; Peter, Österr. Schles. II, 86, spielt in Mähren [heute Teil der ČSSR] und Kühnau, Glatz IV, 28, spielt in Böhmen [heute Teil der ČSSR]); Schlesien (heute Śląsk, VR Polen, und Slezsko, ČSSR) (Grässe II, 281; Salzbrunn, Heimatkalender f. d. Kr. Oppeln 1929, 98; 1933, 81); Culm (Grässe II, 509). Oft mit Traumerscheinung von Maria, die den Quell weist, verbunden. – Biene: Vgl. bienenartiges Tier beim Seelenaustritt, Text Nr. 47 und Text Nr. 48 sowie die Kommentare dazu.

52. Die gestörten Schatzgräber. S. 175

Chambers, 241. Das Motiv vom störenden Scheinbrand heißt ›Heuchelberg brennt‹, so genannt nach einer schwäbischen Sage, in der allabendlich aus dem Heuchelberg zwei Unterirdische, weiße Fräulein, zum Spinnen in die Spinnstube kommen und für die Menschen arbeiten, bis einmal eine Stimme draußen laut wird: »Oh weh, oh weh, der Heuchelberg brennt!« – Mit dem Klageruf »Oh weh, oh weh, meine armen Kind!« verschwinden sie auf Nimmerwiedersehen (Meier, Schw. I, 11). Das Motiv erscheint in zwiefacher Gestalt: In der eben zitierten Form, da ein Unterirdischer, ein Elb von seinesgleichen abberufen oder auch durch einen trügerischen Brandruf von Menschen verscheucht wird (TMI: F 405.8.), gehört es zum Kreis der Sagen um den Tod des großen Pan, vgl. Text und Kommentar Nr. 140 und Nr. 141. In der anderen Form bildet es den Kern zahlloser Schatzsagen wie der Chambersschen (TMI: N 553.2.: Unglückliche Begegnung bringt Schatzheber zum Reden, so daß sie ihren Schatz verlieren). FL 25, 1914, 342 berichtet ähnliches aus Aberdeenshire und Nordostschottland: In einem Feld zwischen Kirktown und Oldyleiper soll in einem kleinen See oder Sumpf ein großer Kupferkessel mit Gold liegen, aber alle Hebungsversuche wurden durch unvorhergesehene Zwischenfälle vereitelt. Der letzte, der den Schatz zu erlangen suchte, hatte den

Kessel fast schon im Griff, als er laute Stimmen hörte: »Kirche und Pfarrhaus stehen in Flammen!« Er lief auf den Gipfel des nahen Hügels, fand sich genarrt, lief zurück – aber da konnte er den Platz, wo er so lange gesucht hatte, nicht wiedererkennen, alle Spuren waren verwischt. Das nämliche wird vom Corbie-Pot, einer Bachtiefe im Culter, Aberdeenshire, erzählt. – Im deutschen Sprachraum ist es in Sachsen, in der Lausitz, in Westfalen, im Rheinland, in Niedersachsen, in Schleswig, auf Rügen, besonders oft in Bayern und Österreich (Tirol, Kärnten, Steiermark) vertreten, ferner kommt es in der Schweiz vor und existierte in Ostpreußen (heute teils VR Polen, teils UdSSR), in Pommern (heute Pomorze, VR Polen) und in Wolhynien (heute Teil der Ukrain. SSR). Varianten: Hirtin findet Schatz, hört Stimme: »Hirtin, deine Kühe gehen ins Kraut!« (Sachsen); entsprechend in Schlesien (heute Śląsk, VR Polen, und Slezsko, ČSSR): »Mädel, deine Kühe gehen ins Korn!« Ähnlich in Westfalen, in Tirol; der kärntnische Hirtenjunge hört beim Schatzheben einen vorgetäuschten Ruf von zu Hause: »Heimtreiben!« Ein oberösterreichischer Mäher hört vermeintlich von daheim den Ruf zum Essen. Ein schlesischer Schatzheber hört seine Frau: »Ach komm doch zurück, der Junge stirbt!« Ganz abweichend – und ein interessantes Beispiel dafür, wie Sagenmotive sich wandeln können – eine Geschichte aus Ostpreußen (heute teils VR Polen, teils UdSSR): Dörfler wollen an einem Feiertag Heu einholen, statt die gelobte Wallfahrt zu unternehmen; Gott spiegelt ihnen zur Warnung einen Scheinbrand vor.

53. *Der irdene Topf. S. 176*

Chambers, 240; erzählerisch leicht erweitert. Vgl. Kommentar zu Nr. 55, irische Variante. – Schatz durch Traum entdeckt: AT 834. TMI: N 531.

54. *Die Goldmine in Largo Five. S. 178*

Chambers, 238. Schatzhütender Geist: TMI: E 291. – Anmerkung von Chambers: Im Jahre 1819 grub ein Mann

Sand auf dem Hügel, fand einen Steinsarg mit einem silbernen Schuppenpanzer nebst Schild, Schwertgriff und Degenscheide, alles aus Silber. – Hornblasen: Vgl. Kommentar zu Nr. 12; das Motiv ist wohl, leicht umgewandelt, aus den Sagen von den im Berg Schlafenden in die Schatzsage übergegangen. – Daß der Leichnam eines Frevlers nicht von der Stelle zu bringen ist (TMI: E 411.0.3.), begegnet in Sagen ab und zu, so bei lästerlichen Fluchern, die tot umfallen (z. B. FL 13, 1902, 419), oder bei dem Mann, der Gott erschießen wollte und vom Schlag getroffen wurde (u. a. in FL 20, 1909, 219). – Geist anreden: Vgl. Text Nr. 88 und Kommentar.

55. *Der Traum vom Schatz auf der Brücke. S. 179*
Chambers, 236. – AT 1945; TMI: N 531.1.; Aarne und Thompson fanden den Sagentyp im Deutschen, Holländischen, Dänischen, Schwedischen, Isländischen, Englischen, Schottischen, Irischen, Walisischen, Französischen, Spanischen, Tschechischen, Litauischen, Griechischen, Ungarischen, Türkischen, Japanischen. – Ausführliche Darstellung bei Röhrich, SpätMA II, 122 ff. samt Kommentar; hier ist die Unmenge von deutschen und außerdeutschen Sagenbelegen nach den darin genannten Brücken geordnet; Röhrich führt außer den bei AT gegebenen Fund-Ländern noch Italien, Polen, Estland (heute Estnische SSR) an. – Der Brücken-Schatztraum erscheint mäßig oft in Schleswig-Holstein, Mecklenburg, im Rheinland, in Sachsen, Thüringen, Baden; in Hessen und Bayern nimmt die Zahl der Belege zu, sehr groß ist sie in Österreich und in der Schweiz. In der ČSSR gibt es etliche Belege, je einer kommt aus Schlesien (heute Śląsk, VR Polen, und Slezsko, ČSSR), Ostpreußen (heute teils VR Polen, teils UdSSR) und Pommern (heute Pomorze, VR Polen). – Die Geschichte von den beiden Schatzträumern stammt, wie zuerst Johannes Bolte (Zs. f. Vk. 19, 1909, 289 ff.) darlegte, aus dem Orient und kam zur Zeit der Kreuzzüge nach Frankreich (wo sie übrigens wenig verzeichnet ist). Röhrich, a. a. O., zeigt, wie sie sich bei der Ansiedlung in

Europa verändert und die Brücke als Schauplatz der Begegnung aufgenommen hat. – Literarisch verarbeitet hat Musäus das Motiv (›Stumme Liebe‹). – Im Englischen ist die Brückenschatztraumsage nach dem Hausierer von Swaffam (Norfolk) benannt, der dreimal träumte, er werde auf der Londoner Brücke etwas Gutes hören. Er wanderte hin, stand drei Tage dort, bis ein Ladenbesitzer sich erkundigte, was er da mache. Auf seine Antwort lachte der Kaufmann: Er habe diese Nacht geträumt, er möge nach Swaffam in Norfolk gehen; wenn er dort im Obstgarten hinter dem Haus eines Hausierers unter der großen Eiche grabe, so werde er einen Schatz finden – aber er kenne den Ort nicht und werde doch nicht so blöd sein –! Der Hausierer fand den Schatz im eigenen Garten (Rhŷs II, 466ff., auch FL 19, 1908, 242f.; 60, 334: früheste Erwähnung der Hausierersage 1652). Die Sage von der Londoner Brücke ist auch in Upsall Castle in Yorkshire lokalisiert (Rhŷs II, 467). – Ein irisches Beispiel bietet die Verschmelzung des Brükkentraums mit unserer Sage Nr. 53: In Skaghvickencrow, Clare, wird erzählt, vor langer Zeit habe ein gewisser Flann MacDonnachaidh immer wieder geträumt, wenn er zur Balls-Brücke in der Stadt Limerick ginge, fände er Geld und mache sein Glück. Er ging hin und traf einen Schuhflicker, der ihn auslachte: Er selber habe geträumt, er fände an einem Ort namens Skaghvickencrow unter einem Strauch einen Schatz, aber er habe keine Zeit mit Suchen verschwendet. MacDonnachaidh wanderte heim, grub und fand eine Fliese mit einer Inschrift in einer unbekannten Sprache. Er ließ den Stein auf seinem Herd liegen und dachte nicht weiter daran. Jahre vergingen; eines Abends kam ein wandernder Schulmeister und bat um Unterkunft; er übersetzte die Inschrift mit ›Eine Seite ist glücklicher als die andere‹. Am nächsten Tag, als der Gast weitergezogen war, grub MacDonnachaidh und fand so viel Geld, daß er ein reicher Mann wurde (FL 23, 1912, 209).

56. Der Wetterschlag. S. 180

Chambers, 240.

57. Der Taucher. S. 181

Superstitions, 209f. – Zum Bergen eines Schatzes aus Wassertiefe vgl. HwAbergl. IX, N.789: Der Taucher kommt mit unterirdischen Wesen in Berührung, die Bergung ist gefährlich; drei Blutstropfen, die aus dem Wasser aufsteigen, zeigen den Tod des Tauchers an (Niedersachsen und Westfalen). – Herz und Lunge schwimmen auf dem Wasser: So auch in den schottischen Wasserpferdsagen, wo nicht Blutstropfen oder Rotfärbung des Wassers den Tod des Opfers anzeigen, sondern die Leber des Getöteten (Superstitions, 208; FL 36, 1925, 169), Eingeweide und Leber (Superstitions, 104ff.), die Lunge (Superstitions, 205; FL 36, 1925, 169), Haare und Eingeweide (FLJ 6, 1888, 246f.), die auf dem Wasser schwimmen.

58. Die Herkunft der Riesen. S. 183

Miller, Cromarty, 13. – Töchter des Danaos: Danaos, König von Argos, hatte fünfzig Töchter, die mit den fünfzig Söhnen des Ägyptus vermählt wurden. Ein Orakel veranlaßte Danaos, seine Töchter zur Ermordung ihrer Verlobten zu bewegen. Einer wurde verschont und tötete den Danaos; die mörderischen Bräute, die Danaiden, schöpfen seitdem der Sage nach in der Unterwelt Wasser in ein durchlöchertes Faß.

59. Spuren der Riesen. S. 184

Miller, Cromarty, 14. Riesensteinwurf allgemein: TMI: F 531.3.2. – Sagen vom Riesensteinwurf gibt es in ungeheuren Mengen und nahezu überall: in Großbritannien wie in Skandinavien, Estland (heute Estnische SSR), Frankreich; im deutschen Sprachraum: Norddeutschland, Harz, Rheinland, Hessen, Sachsen, Thüringen, Brandenburg, in Pommern (heute Pomorze, VR Polen), Franken, Bayern, Tirol, Schweiz. Vgl. die Vorstellung vom Teufelssteinwurf. Auch die angeblichen Fingerabdrücke im Stein kommen öfter vor. – Korb der Riesin beim Steintransport entzweigegangen: TMI: A 965.1.; Berge aus Steinen, die ein Riese beim Gehen (aus den Kleidern) verlor: Thompson nennt deutsche, französische, indonesische Beispiele. Die Korbvorstellung findet sich auch in FL 38, 1927, 248f.: Als sich die Cailleach Bheara, eine hexerische Riesin, vornahm, die schottischen Berge zu bauen, trug sie Felsen und Erde in einer großen Kiepe heran. Der Korb kippte aber seitwärts, die Felsen fielen heraus und bildeten Inseln; die werden nun ›die Bröckel aus dem Korb der großen alten Frau‹ genannt. Die Cailleach Bheara hatte acht untergebene Hexen, die ihr gleichfalls korbbeladen folgten. – Sonst handelt es sich gewöhnlich um eine Riesinnenschürze voller Steine, die zerreißt: Mackinlay, 152 (Elginshire); FL 26, 1915, 160 (Somerset); FL 73/74, 1962/63, 541 (Brecknock, Wales und Yorkshire); FL 76, 1965, 18 (Cornwall); Hunt, 18ff. (Cornwall); FL 38, 1927, 247 (Irland, von Grainne erzählt; hier reißt die Schürze nicht, sondern wird samt Steinen abgelegt); FLJ 5, 1887, 27, und FL 76, 1965, 18 (nicht Riesin, sondern böser Geist mit Schürze); Rhŷs I, 393 (Irland, die Cailleach Bheara, Irland). – Das Motiv findet sich in Norwegen, Dänemark, Estland (heute Estnische SSR), den Niederlanden, Ostflandern, der Bretagne, in Friaul; im deutschen bzw. ehemaligen deutschen Sprachraum: Niedersachsen, Friesland, Westfalen, Rheinland, Hessen, Baden, Brandenburg, Spreewald, Mecklenburg, Rügen, Pommern (heute Pomorze, VR Polen), Ostpreußen (heute teils VR Polen, teils UdSSR), Bayern, Niederösterreich, Schweiz, Siebenbürgen (heute Transsilvanien, SR Rumänien) und Böhmen (heute Teil der ČSSR). – Vom Arbeitsschemel der Riesen ist selten die Rede, oft dagegen vom Stein, auf dem der Riese beim Fußbad sitzt (TMI: F 531.3.9. mit dem Hinweis auf Frankreich, Norwegen und Schweiz und G 151.; außerdem: FL 26, 1915, 160, Somersetshire, und Niedersachsen, Thüringen). – Und eine Unmenge Sagen berichtet davon, daß zwei einander entfernt wohnende Riesen gemeinsam ein Werkzeug (Hammer, Beil, in Thüringen einen Wetzstein, in einem der vielen niedersächsischen Belege einen Teigschräpper) besitzen und zwischen sich hin und zurück werfen (TMI: F 531.3.2.3.): FL 8, 1902, 203 (London); Hunt I, 30; FL 63/64,

1952/53, 300, und FL 76, 1965, 16 (beide Cornwall). Das Motiv findet sich auch in Frankreich und Estland (heute Estnische SSR); im deutschen bzw. ehemals deutschen Sprachraum in Schleswig, sehr häufig in Niedersachsen, ebenso in Westfalen; sodann im Rheinland, in Hessen, Thüringen, Franken, Bayern, Tirol, Friaul und einmal in Ostpreußen (heute teils VR Polen, teils UdSSR). – Zum Hammerwurf-Gewittersymbol vgl. Grimm, DM I, 450f.

60. Saxie und Herman. S. 184

Black-Thomas, 260. – Riesen bewerfen sich gegenseitig mit Steinen: bei TMI nicht aufgeführt. – Vgl. Text Nr. 62. – Schottland: FL 38, 1927, 248; Cornwall: FL 76, 1965, 16; Stockport: Hardwick, 220; Irland: FLJ 2, 1884, 263 (zwei Erzählungen), und FLR 5, 1882, 171 (ebenso). – Das Motiv kommt auch in Frankreich vor. – Im deutschen bzw. ehedem deutschen Sprachraum: Niedersachsen (sehr oft), Westfalen, Brandenburg, Ostpreußen (heute teils VR Polen, teils UdSSR).

61. Der Siggerberg. S. 185

Black-Thomas, 261.

62. Der Riesensteinwurf. S. 186

Black-Thomas, 260. – Vgl. Kommentar zu Nr. 60. – Bubbierow: Sehr viele großbritannische Riesen führen Namen.

63. Der einsame Riese auf Barra. S. 186

FLJ 6, 1888, 162. – Erzählerisch leicht erweitert. – Vgl. Text Nr. 11 und Text Nr. 16: Barra hat, menschenverlassen und nur vom uralten Riesen in seinem Schloß bewohnt, der dann verschwunden ist, Züge von der ›Grünen Insel‹ angenommen, und der Riese, der mit Fionn in Morvern gewesen ist, wird also mit ihm in Zusammenhang gebracht. – Er könnte wieder König sein, wenn er noch einmal die Hand mit Hochlanderde füllen könnte: eine Abwandlung der Antaeus-Vorstellung. Antaios, Antaeus, ein libyscher Gigant, empfing durch die Berührung mit der Erde stets neue Kräfte, so daß er im Ringkampf unüberwindlich war

(TMI: K 12.3.: Riese durch Erdberührung unbesiegbar; vgl. D 1833.: magische Kraft durch Erdberührung, und G 221.2.: Hexenmacht durch Erdberührung). Herakles besiegte ihn, indem er ihn hochhob und erdrückte (Peuckert, Handwörterbuch der Sage, Göttingen 1961, Sp. 567). Dieses Erdberührungs-Erstarkungsmotiv erscheint sehr häufig in oberdeutschen, seltener in mitteldeutschen Sagen, meist solchen von Hexen und Schwarzkünstlern, die zauberstark werden, aus der Gefangenschaft fliehen können, sowie sie die Erde berühren, eine Handvoll, auch nur eine Krume Erde erwischen können. Riese wohnt in Schloß: TMI: F 531.6.3.1.

64. Der Drachenritter. S. 189

Chambers, 297 ff. – Drachenkampf: AT 300. – TMI: B 11.11.ff. (allgemein, ohne speziellen Bezug auf Ritter); Thompson nennt skandinavische, deutsche, englische, griechische, keltische, ägyptische, persische, arabische, indische, armenische, japanische, chinesische Drachenkampfgeschichten. Zur vorliegenden vgl. Scott, Minstrelsy II, 90 f.: kürzere Fassung derselben Geschichte. – Sagen von Drachen, die das Vieh und Menschen fressen, z. B. FLR 1, 140 (Sussex, 1614 in Wald bei Horsham monströse Schlange, die ihr Gift zwanzig Meter weit spritzt), FL 56, 1945, 287 (die Essex-Schlange, die in einer Höhle unter den Kalkbergen bei Saffron Walden leben sollte, nachts herauskam, die Bewohner angriff und das Vieh fraß, schließlich durch einen Steinrutsch in die Höhle eingeschlossen wurde), FL 65/66, 1954/55, 388 (Lincolnshire). – Ritter als Drachenkämpfer: zu St. Georg vgl. Text und Kommentar Nr. 67. – Andere Ritter: Ein Ritter namens More erschlug einen schrecklichen geflügelten Drachen bei Rotherham, Yorkshire (FLR 1, 248); ein Vorfahr der Claketts in Durham erschlug einen Drachen, deswegen genießen die Nachkommen noch Rechte (ebd., 247); in Northumberland hielt der Spindlestone-Wurm eine Königstochter gefangen, bis ein Ritter übers Meer kam und sie befreite (FL 36, 1925, 254); der Ritter oder Jäger Piers Shonks tötete einen Drachen in Brent Pelham, Herefordshire (FL 56, 1945, 287); ein Ritter tötete mit Hexenrat den Lambtoner Wurm (Hardwick, 44). – Weitere Drachenritter im deutschen Sprachraum: Niedersachsen (Ritter Weyhe), Rügen (St. Jürgen, der Gutsbesitzer von Rambin; ein Edelmann; ein Ritter), Vogtland; Schwaben (ein Riese oder der starke Herr von Prestene verwirrte den Drachen durch ein Kleid von Spiegeln; weitere Drachenrittersagen), Fränkische Schweiz, Bayern, Salzburg, Tirol (mehrere Geschichten; in einer schießt Ritter Prack dem Drachen eine Kugel in den Rachen, die ihm in Herz und Eingeweide dringt), Schweiz (mehrere Sagen). – Der Kampfmethode nach – der heilige Georg oder St. Mang schleudert dem Drachen einen Pechkranz in den Rachen – gleichen bayerischen Sagen und eine aus Tirol der unseres Bandes am meisten, doch wird nirgends so präzis geübt wie hier.

65. Der Martinsstein. S. 194

Chambers, 262ff. – Neun Töchter: Neun ist ähnlich wie sieben eine magische Zahl. Eine besondere Rolle spielt sie in frühen Kräuterbuchhandschriften; häufig ist die Neun-Tage-Vorschrift, ebenso die Neun-Kräuter-Vorschrift (FL 33, 1922, 254); auf Tiree wird die Neun als heilige Zahl betrachtet. Wasser von den Kämmen von neun Wellen, in dem neun Steine gekocht haben, kuriert angeblich die Gelbsucht, ebenso Wasser von neun Quellen oder Flüssen, in denen Kresse wächst; neunmal wird ein Vers bei Viehheilzauber wiederholt (FLJ 1, 1883, 167); Ähnliches wird von den Shetlandinseln berichtet (FLJ 2, 1884, 380); neun rotglühend gemachte Steine wurden in Wasser gelegt und neun Morgen ein Weinglas davon gegen Keuchhusten getrunken (Hunt II, 218); gegen Rückenschmerzen wurden Kranke neunmal durch einen ausgehöhlten Stein gezogen etc. (ebd., 216); neunmal wurde eine Wunderquelle umwandert (Mackinlay, 27f.). Mit neun Knoten in ihren Locken zaubert eine gefangene Meerjungfer Wind (FLR 2, 1879, 105); neun Schreie des Zugochsen zerspalten beim Kirchbau einen Hügel, der im Weg war (Rhŷs II, 579);

neun Generationen der Herren von Lambton sollen nach einer Prophezeiung nicht in ihren Betten sterben (Hardwick, 14); erst in der neunten Generation wird ein Ermordeter und Beraubter gerächt: da geht die Stadt mit den vielen Nachkommen des Mörders unter (Rhŷs I, 73 f.). – Nur ein paar Beispiele aus dem deutschen Sprachraum: Neun Tage lang muß die vom Wunderdoktor verbundene Wunde zugebunden bleiben (Zender, Westeifel, 747); wenn ein Hund auf den ersten Wurf neun Junge wirft, ist einer davon mächtig gegen alles Böse und allen Zauber (Müller, Uri, 354 d); über neun Friedhöfe muß ein spukhaft immer wieder auf den Dachboden zurückkehrender Sarg getragen werden, damit er in der Erde bleibt (Peuckert, DS II, 24); Hexen können nicht weitergehen, wenn es jemandem gelingt, in neun ihrer Fußstapfen zu treten (Fink, Eisack, 172); alle sieben oder neun Jahre brennt ein Schatzfeuer (Wolf, Hessen, 181). – Und in Estland (heute Estnische SSR) hieß es, der Teufel wolle sich vom Knopfgießer neue Augen machen lassen, weil er nicht mehr über neun Welten blicken könne (Rußwurm, Hapsal, 143). – Bauern als Drachenkämpfer: Vgl. Text Nr. 66.

66. Der Drache von Loch Corrie Mhor. S. 196

FLJ 6, 1888, 232 (The FL of Sutherlandshire), berichtet von D. M. Stack. – Fast noch zahlreicher als die ritterlichen Drachenkämpfer sind die bäuerlichen: Vgl. z. B. Text Nr. 65; im deutschen Sprachraum finden sich bäuerliche Drachenkämpfer mit unterschiedlichsten Methoden; nur einige Beispiele: In Schleswig benutzt einer eine Spezialsense; in Mecklenburg, auf Rügen, in Pommern (heute Pomorze, VR Polen) und Schlesien (heute Śląsk, VR Polen, und Slezsko, ČSSR) räuchern die Männer den Drachen im Schilf oder in seiner Höhle oder im Wald aus; im Elsaß (heute Alsace, Frankreich) erschlagen sie ihn; mit der Heugabel tut das ein sächsischer Bauernbursche; in Tirol lockt ihn ein starker Bauer mit Milch aus dem Felsloch und wirft ihm dann von oben einen Steinblock auf den Kopf (mehrere Berichte); in einem andern Tiroler Fall schießt ein

Bauer den Drachen tot; ein österreichischer Landmann stößt ihm einen brennenden Pfahl in den Rachen und wird zum Ritter erhoben; die Grafen von Wurmbrand stammen von ihm ab. Schweizer Bauern werfen dem Drachen eine glühend gemachte Pflugschar in den Rachen. Ein weiterer wird mit der Axt erschlagen. Bayrische Bauern sowie welche im ehemaligen Schlesien stopfen eine Kuhhaut mit ungelöschtem Kalk voll, an dem Köder krepiert das Untier; österreichische Bauern benutzen Moos, Zündpulver und Zündrohr als Füllung, und der Drache explodiert.

67. St. Gilbert und der Drache. S. 197

Montiert aus FLJ 6, 1888, 156 und 157, Berichten vom Kupferschmied Alexander und Mrs. McKay (The FL of Sutherlandshire). – Zum Salamander (TMI: B 768.2.) vgl. außerdem HwAbergl. VI, 455, und noch Napier, 118: ›Vor ein paar Jahren wurde ziemlich allgemein geglaubt, daß in großen, beständig unterhaltenen Feuern ein Tier erzeugt werde, das Salamander heiße. Es brauche sieben Jahre, bis es ausgewachsen sei; und wenn die Feuer länger als diese Zeit brennten, bestehe große Gefahr, das Tier könne seinem feurigen Mutterboden entfliehen. Geschehe das, werde es um die Welt fahren und, selber unzerstörbar, alles vernichten, was es berühre. Daher lösche man große Feuer, wie die von Hochöfen in Eisenwerken, bevor die sieben Jahre abliefen, und hole das Ungeheuer heraus.‹ – Vgl. zum feurigen Drachen: In St. Osythes sah man 1170 einen riesigen Drachen, der, indem er sich bewegte, Häuser anzündete (Essex, FLR 1, 247); und: Zwei Geschichtsschreiber des 17. Jahrhunderts erwähnten Drachen in Winkleigh. Westcote sagte 1630, daß verschiedene Erdhügel in Exmoor ihren Drachen haben sollten – feurige fliegende Drachen, die sich auf ihnen niederließen. Polwhele spricht 1798 sarkastisch von einer riesigen Schlange, die nahe einem Zinnbergwerk in Manaton getötet wurde und angeblich Flügel und Beine hatte und die Dicke eines menschlichen Körpers; und man hatte sie hin- und herfliegen sehen (FL 75, 1964, 149: The FL of Devon by Theo Brown). – St. Gilbert:

Gilbert war in Wirklichkeit von 1223–1245 Bischof von Caithness; er baute die Kathedrale von Dornoch auf eigene Kosten, denn er hatte Besitzungen in Sutherland. Dort verbindet ihn die Überlieferung mit dem sagenhaften Freimaurer und Meisterschmied, dem siebzehn irische Kirchen zugeschrieben werden (Anmerkung zum englischen Text der beiden Sagenteile). – Heilige, Fromme als Drachentöter: Seit dem 11. Jahrhundert verbreitete sich vom byzantinischen Kulturkreis aus nach Mitteleuropa die St.-Georgs-Legende, und mit Georgs-Kapellen und -bildern entstand eine Unmenge Lokalsagen um den Heiligen (vgl. HwAbergl. II, 371ff.); er wird im deutschen Sprachraum in Niedersachsen, Mecklenburg, im Elsaß (heute Alsace, Frankreich), in Sachsen, Stendal, Mansfeld, Baden, Schwaben, Franken, Bayern und in der Schweiz genannt; in Bayern, im Allgäu und in Tirol tritt neben ihn St. Mang, dazu gesellen sich eine Reihe seltener genannte Heiliger bis hin zu Bischof und Eremit als Drachenkämpfer. – Der Hammerwurf an den Turm: So wirft Pumphut, der wendische Hexer, das Beil auf den Kirchturm von Mockrehna (Schulenberg, Wenden, 47, und Veckenstedt, Wenden, 90, Wossidlo, Mecklenburgische Sagen I, 231).

68. Der schwarze Wanderer von der Furt. S. 199

Witchcraft, 201. Der erste Abschnitt wurde von der Herausgeberin hinzugefügt. – Wie Brücken, so sind auch Furten numinöse Orte, solche, wo der einsame Wanderer zumal nachts auf erschreckende Begegnungen mit Geistern – vgl. Text und Kommentar zu Nr. 85, Text Nr. 91 und Text Nr. 114 – oder Wasserelben rechnen kann. – Der Mann aus Amerika: Die Auswanderung nach Amerika ist auch in anderen schottischen Sagen eingeschmolzen: Eine Elfin prügelt allnächtlich ihren menschlichen Liebsten, bis er nach Amerika auswandert, doch auch dort trifft er sie wieder (Iona, Superstitions, 107); ein anderer so Geplagter läßt sich während des amerikanischen Unabhängigkeitskrieges anwerben und wird nach Übersee abkommandiert; dort angelangt, trifft er seine Peinigerin, die ihm die Zukunft prophezeit und ihn dann in Ruhe läßt (ebd., 108). Oder eine arme Ausgewanderte wird, drüben ratlos am Straßenrand sitzend und weinend, von einem fremden Herrn als Magd gedungen; in seinem Haus erscheint ihr des Herrn toter Vater als Geist, zeigt ihr einen verborgenen Schatz und erklärt, sie sei die rechte Frau für seinen Sohn; alles endet glücklich (FL 33, 1922, 384). Vgl. Text Nr. 121. – Allnächtlicher zwanghafter Kampf mit einem übernatürlichen Wesen kommt in den schottischen Sagen öfter vor; vgl. Text Nr. 130, den allabendlichen Kampf mit dem Bòchdan; allnächtlich müssen zwei Burschen das Haus verlassen, um sich von Elfendamen mißhandeln zu lassen (Superstitions, 107f.). Eine direkte Parallele zu unserer Sage: Auf Tiree sprach 1870 nachts ein junger Mann eine Gestalt an, die er für einen Bekannten hielt, es handelte sich aber um dessen Doppelgänger. In der Folge mußte er allabendlich aus dem Haus und mit dem geisterhaften Gegner boxen, bis er dadurch befreit wurde, daß er mit dem Original des Doppelgängers über die Heimsuchungen sprach (Witchcraft, 132f.). Schlägereien mit Doppelgängern sind in Sagen des deutschen Sprachraums unüblich. Zum Doppelgänger vgl. Text Nr. 69 und Kommentar, Text Nr. 70, Text Nr. 71. – Blut am Dolch wird bei Tag zu Erde: das ist wohl im Sinn der Sage ähnlich zu verstehen wie: daß von Unirdischen, d.h. Elben geschenktes Geld oft zu Blättern wird oder daß eine tote Nixe sich in ein Klümpchen Gallert verwandelt, eine Art Mittelding zwischen Wirklich und Unwirklich, es bleibt etwas von der überrealen Begebenheit, aber nicht als das, was es gewesen war.

69. Die Magd mit dem Handschuh. S. 201

Witchcraft, 135f.; erzählerisch geringfügig erweitert. Doppelgänger: TMI: E 723. und E 723.4., Doppelgänger: Er tut, was Person zu tun wünscht und leibhaftig nicht tun kann. Vgl. Text und Kommentar zu Nr. 68 und HwAbergl. II, 346–350. – Reine Doppelgängersagen sind im deutschen Sprachraum nicht so häufig wie im Schottischen; reine, d.h. solche außerhalb von Todanzeigen und Vorspuk. Die

Definition im HwAbergl. stimmt mit der schottischen überein: Der Doppelgänger ist die Verkörperung eines lebhaft erregten Gefühls (oder warnender Vorspuk). Nach dem Seelenglauben hat jeder Mensch seinen Doppelgänger. Starkes Wünschen kann den Doppelgänger des Wünschenden an dem Ort, an den seine Gedanken wandern, sichtbar machen; wird die Person, deren Geist sich zeigt, angesprochen, verschwindet der Geist (Witchcraft, 124ff., 144). Erzählungen über die Gefahr zu starken Wünschens sind häufig: Ein junger Mann wünscht eine Bekannte zum Pfeiferauchen herbei, ein Mädchen eine Bekannte zum Milchtrinken, eine Frau ihren Mann zum Porridgeessen. Die Gewünschten hatten jeweils eine ganze Nacht die Erscheinung des Wünschers, der Wünscherin, der die Pfeife, den Milchkrug und Porridge unablässig darboten; sie verbaten sich, je wieder so belästigt zu werden (Witchcraft, 141f.). In Barr, Morvern, wünschte eine junge Frau ihren Verlobten heftig herbei, ihre Doppelgängerin belästigte ihn, während er zu ihr unterwegs war, heftig auf dem Pfad über einen Berg, er schlug mit dem Dolch nach ihr, sie erkrankte und starb, noch ehe er bei ihr anlangte (ebd., 143). Der Fahrer des Postkarrens begegnete nachts im Wald seiner Liebsten, die ihn schwer verdrosch, so daß er umkehren mußte. Befragt, gestand sie, sie habe sehr gewünscht, ihn von der Fahrt zurückzuhalten, weil Fieber dort ausgebrochen war, wohin er wollte (ebd., 142). Wenn man ein anderes zweites Ich trifft, es für das Original hält und anspricht, erlangt es die Macht, den Sprecher zu nächtlichen Stelldicheins zu zwingen. Der Geplagte erzählt ungern andern, wessen Geist ihn verfolgt, sonst wird der Geist zornig und verprügelt ihn am nächsten Abend furchtbar. Der Geprügelte hingegen greift nur in einen Schatten, will er sich wehren (ebd., 130). Die Belästigungen hören auf, wenn man mit dem Original des Doppelgängers darüber spricht; allerdings sind die Angesprochenen, die nichts von der Tätigkeit ihres Doppelgängers wissen, dann sehr zornig (ebd., 130, 132). Doppelgängerinnen verliebter Frauen verfolgen den Gewünschten, bis sie von ihm mit Erstechen bedroht (ebd., 135) oder von einer anderen Doppelgängerin abgewehrt werden, worauf Heirat mit dem Original der letzteren folgt (ebd., 134). Geschichten dieser Art sind im deutschen Sprachraum äußerst selten (Sachsen, Schlesien [heute Śląsk, VR Polen, und Slezsko, ČSSR], Oberpfalz, Schweiz), dagegen ist des öfteren vom Doppelgänger des Hexers, der Hexe, des Freimaurers, des Mannes mit bösem Blick die Rede (Peuckert, DS II, 182: Hexendoppelgängerin bewacht nachts den Birnbaum vor Birnendieben; genauso auch in FL 5, 1894, 132 [Leitrim]); die übrigen mir vorliegenden Belege stammen aus Bremen, Niedersachsen und Westfalen, einer aus Wolhynien (heute Ukrain. SSR). In einem einzigen englischen Beleg (FL 11, 1900, 109ff.) veranstaltet ein hexerischer Bauer Lärmspuk und kommt als Doppelgänger, während er schläft, bis er von den Belästigten darauf angesprochen wird. – Das Schwarze Ufer: das Ufer unterhalb der Tang-Flutgrenze.

70. Ohne Fußspur. S. 202

FLJ 6, 1888, 240f. (The FL of Sutherlandshire). Erzählerisch leicht erweitert. – Doppelgänger: Vgl. die Texte und Kommentare Nr. 68 und 69. TMI: E 723. – Erzählungen davon, daß Doppelgänger (Büchli, Myth., 729) und Wiedergänger sowie sonstiger Spuk keine Fußstapfen zurücklassen, sind im gesamten deutschsprachigen Gebiet sehr häufig. TMI: E 421.2.1.

71. Der Spaziergang. S. 203

FLJ 6, 1888, 214 (The FL of Sutherlandshire), erzählerisch leicht erweitert. Vgl. die Texte Nr. 68–70 und die Kommentare dazu.

72. Der Mann im Boot. S. 203

FL 33, 1922, 316. Portree (Skye), vor dem ersten Weltkrieg; Sammlerin: Mary Julia MacCulloch; erzählerisch leicht erweitert. – Einer, der bald sterben wird, spukt als Doppelgänger (nicht zu verwechseln mit Vorspuk, der genauen Vorausspiegelung künftiger, in allen Einzelheiten später wiederholter Ereignisse). TMI: E 723.2.: Besonders vor gewaltsamem Tod, Ertrinken usw., sah man die Erscheinung dessen, der sterben sollte; so sah man auf Tiree auf einer Farm nahe dem Friedhof wiederholt einen Mann, den keiner kannte. Eine Zeit darauf strandete ein Schiff, und einer der Ertrunkenen war der Betreffende (Witchcraft, 158f.). Der Sohn eines Mannes war nach Südschottland unterwegs. Aber während der Mann grub, sah er mehrmals, wie sein Sohn ihm half; der Sohn hob ihm auch den Torfkorb auf den Rücken. Bald darauf kam die Todesnachricht (ebd., 134). Sah man die Erscheinung einer Person, die krank daheimlag, so war das, glaubte man, das Todeszeichen; viele Beispiele wurden erzählt (Napier, 58). Vgl. Grant Stewart, 28–32. Im deutschen Sprachraum ein Beleg aus Sachsen, einige aus Bayern, aus der Oberpfalz, aus der Schweiz. Dagegen gibt es zahllose Geschichten aus dem gesamten deutschen bzw. ehemals teilweise deutschen Sprachraum, die davon berichten, wie sich ein Sterbender zur Todeszeit den ihm Nahestehenden in der Ferne gezeigt habe; ebenso auch England und Frankreich (TMI: E 723.6.).

73. Seher. S. 204

Einleitungssatz von der Herausgeberin; erster Abschnitt: Witchcraft, 126; die Straße: FLJ 6, 1888, 238 (The FL of Sutherlandshire); die Eisenbahn: FL 9, 1898, 376. – Vorgesichte (TMI: D 1825.1.; D 1825.7.) von Straße und Eisenbahn werden auch aus Bremen, Schleswig-Holstein, Niedersachsen und aus dem Rheinland berichtet. – Zum hochlandschottischen Vorgesicht vgl. Dr. Samuel Johnson, Reisen, 174f.: ›Das Andere Gesicht ist ein Eindruck, der entweder durch die Seele aufs Auge oder durchs Auge auf die Seele gemacht wird und vermöge dessen entfernte oder zukünftige Dinge erkannt und gesehen werden, als ob sie gegenwärtig wären. Ein Mann, der auf der Reise weit von seiner Heimat ist, stürzt vom Pferde, und ein anderer, der zu Hause bei seiner Arbeit ist, sieht ihn in seinem Blut auf der Erde liegen, und dies insgemein mit dem ganzen Landschaftsgemälde von dem Orte, wo jenen der Unfall betrifft. Ein anderer Seher, der sein Rindvieh nach Hause treibt oder müßig herumirrt oder im Sonnenschein seinen Gedanken nachhängt, wird plötzlich von dem Anblick einer hochzeitlichen Zeremonie oder eines Leichengepränges überrascht und zählt die Leichenbegleiter oder die Hochzeitsgäste, die er, sofern er sie erkennt, mit Namen zu nennen, und wenn er sie nicht kennt, wenigstens der Kleidung nach zu beschreiben weiß. Entfernte Dinge werden in dem Augenblicke gesehen, da sie sich zutragen. Von zukünftigen Dingen kann ich nicht sagen, ob es eine sichere Regel gebe, die Zeit zwischen dem Gesicht und dem Erfolge zu bestimmen. – Diese Eigenschaft, dergleichen Gesichte zu haben, ... ist weder willkürlich noch beständig ...‹ Johnson berichtet, daß nicht nur Böses vorausgesehen wird, sondern auch Gutes oder Neutrales. ›Mir hat ein Mann von Stand erzählet, da er einstmals weit von seiner Insel verreiset gewesen, hätte einer von seinen, zum Ackerbau angewiesenen Knechten seine Wiederkunft vorhergesagt und dabei die Livree seines Leibdieners beschrieben, die er zu Hause nie getragen gehabt und die ihm ohne alle vorherige Absicht zufälligerweise gegeben worden wäre.‹ Er hat viele Geschichten dieser Art gehört. ›Die Insulaner von allen Graden des Ranges sowohl als des Verstandes nehmen sie durchgängig an; bloß die Geistlichen ausgenommen, die sie durchgängig leugnen und die im Verdachte sind, daß sie selbige ihrem System zuliebe wider ihre Überzeugung leugnen. Einer von ihnen sagte mir ehrlich und aufrichtig, er sei mit dem festen Entschluß, sie nicht zu glauben, nach Skye gekommen.‹ Johnson schließt (S. 177) ›Das Andere Gesicht ist für uns bloß deswegen wunderbar, weil es etwas Seltnes ist; denn an und für sich selbst betrachtet, ist es mit keiner größeren Schwierigkeit verknüpfet als Träume; ja vielleicht mit keiner größeren als die gewöhnliche Ausübung des Denkungs-Vermögens.‹ – Zum zweiten Gesicht vgl. auch HwAbergl. VIII, 307, 1691 ff. –

74. Der Kirchenälteste Donald Roy. S. 205

Miller, Cromarty 14ff. – Sonntägliches Keulenspiel: Sonntagsentheiligung; Spiel oder Arbeit, galt als schwere Sünde. – Siebzig Jahre nach der Revolution: Also spielt die Geschichte um 1750. – Zum Vorgesicht (TMI: D 1825.1.: Fähigkeit, zukünftige Geschehnisse zu sehen) vgl. die Texte Nr. 75–78. Unter meinen vielen Sagenbelegen von Visionen ist dies der einzige, in dem sich die Vision auf einen gleichzeitigen, nicht einen zukünftigen Vorgang bezieht (d.h. die eine von beiden Visionen) und zur Rettung führt – abgesehen von der Hellsicht der Wiedergängerin (Text Nr. 117). Die allgemeine Tendenz bei den Sagen von Vorgesichten ist die Unabwendbarkeit dessen, was da kommen soll.

75. Der Mann in Pumphosen. S. 208

FLJ 6, 1888, 239 (The FL of Sutherlandshire), erzählerisch leicht erweitert. – Unter allen Arten von Vorgesichten (bei denen die Todesfälle betreffenden weitaus am zahlreichsten sind) finden sich am häufigsten die vorspukenden Leichenzüge (TMI: D 1825.7.1.): Superstitions, 248; Witchcraft, 128f., 156f.; Grant Stewart, 33f., 36; FL 14, 1903, 375 und 376 (Ross-shire); FL 33, 1922, 314f. (Portree, Skye); FL 16, 1905, 62 (Schottland); FL 54, 1943, 398 (Schottland); FL 15, 1904, 126 (Pembrokeshire, Wales); FL 39, 1928, 172 (Pembrokeshire, Wales) und 174 (Cardiganshire, Wales); FL 56, 1945, 313 (sämtliche Erzählungen: Pembrokeshire, Wales); FL 12, 1901, 74 (Longbridge Deverell); J. H. Leney: Shadowland in Ellan Vannin (Insel Man), 144f. Bei den vielen Spukleichenzügen im deutschen bzw. ehemals deutschen Sprachraum handelt es sich nicht überall um mit der darauffolgenden Realität deckungsgleichen Vorspuk, sondern manchmal auch um allgemeine unheilkündende Vorgesichte vor Seuchen etc. Die genau festgelegten Vorgesichte kommen häufig vor in ganz Niedersachsen, Schleswig-Holstein, auf den Nordseeinseln, in der Bremer Gegend, in Westfalen, im Rheinland, offenbar auch in Mecklenburg (Hinweis am Ende des zweiten Bandes der Wossidloschen ›Mecklenburgischen Sagen‹ auf den Inhalt der künftigen aber nie erschienenen Bände, in anderen Sagensammlungen, z.B. von Rügen, stehen nur wenige); relativ häufig erscheinen sie in Österreich, häufig in der Schweiz, seltener in Hessen, Bayern, Schwaben; aus Pommern (heute Pomorze, VR Polen) und Ostpreußen (heute teils VR Polen, teils UdSSR) existieren nur ganz vereinzelte Aufzeichnungen. – Wie einer aus dem Zug herausgelaufen sei, auffällige Kleidung getragen habe, die später als Erkennungszeichen diente, oder wie der Leichenzug einen sonst ungewohnten Weg genommen habe, wurde oft erzählt.

76. Die Sargträger am alten Friedhof. S. 209

FL 8, 1897, 214 (Ghost Lights of the West Highlands). TMI: D 1825.7. Der erläuternde Satz von den geistersichtigen Pferden und Hunden wurde von der Herausgeberin hinzugefügt. Die Überzeugung, daß Tiere, zumal Pferde und Hunde, Geister wahrnehmen, war allgemein verbreitet (vgl. HwAbergl. III, 549; TMI: B 733., E 421.1.2.; E 421.1.3.), in den Spukleichenzugsagen heißt es öfter, daß von zwei Leuten, die unterwegs sind, der eine den Spuk nicht wahrnimmt, wohl aber, zusammen mit dem andern, das Pferd oder die Pferde.

77. Der Leichnam am Fenster. S. 209

FLJ 6, 1888, 239 und (der erste Abschnitt) 243 (The FL of Sutherlandshire); erzählerisch leicht erweitert. – TMI: D 1825.7. – Vorspuk in der Tischlerwerkstatt: TMI: D 1322.1.; vgl. Witchcraft, 152; Grant Stewart, 32; FL 37, 1926, 161 (Wales); außerdem HwAbergl. VIII, 1002, 1004. Im deutschen bzw. ehedem teilweise deutschen Sprachraum finden sich Berichte aus Niedersachsen, Bremen, Schleswig-Holstein (häufig), Westfalen (häufig), dem Rheinland (häufig), der Oberpfalz, Österreich (relativ häufig), der Schweiz, Galizien (heute teils VR Polen, teils Ukrain. SSR), Ostpreußen (heute teils VR Polen, teils UdSSR). Tischlergeräusche im zukünftigen Sterbehaus: Schwaben, Bayern. – Vorgesicht der eigenen Aufbahrung:

Spuksärge als Vorzeichen kommen in Norddeutschland, Westfalen, im Rheinland außerordentlich oft vor, vereinzelt auch in Franken, in der Schweiz, in Pommern (heute Pomorze, VR Polen), in Galizien (heute teils VR Polen, teils Ukrain. SSR); von der vorgeschauten eigenen Aufbahrung ist seltener die Rede (NiSa I, 495; Niderberger, Unterwalden II, 72).

78. Eppie. S. 211

FL 8, 1897, 242f. (Ghost Lights of the West Highlands), erzählt von Anna Grant, Dingwall. Vom Vorhören, meist auf den Tod, auf schlimme Unglücksfälle, den Krieg, selten auf harmlose spätere Ereignisse bezogen, ist so häufig die Rede wie vom Voraussehen (TMI: D 1827.1.2.): Witchcraft, 146, 153f., 166f.; FL 37, 1926, 174 (Wales), und FL 32, 1921, 126 (Kanada, Familie, die aus dem schottischen Hochland stammte). Im deutschen bzw. ehemals deutschen Sprachraum häufen sich die Beispiele außerordentlich in Niedersachsen, Schleswig, Rendsborg, Bremen, auch in Mecklenburg (Wossidlo, Reise, 234). Im Rheinland nimmt die Zahl ab, aus Bayern, Österreich, der Schweiz gibt es etliches, vereinzeltes aus Hessen, Schlesien (heute Śląsk, VR Polen, und Slezsko, ČSSR) und Böhmen (heute ČSSR). – Spuklichter vor Todesfällen: Vgl. die Texte und Kommentare Nr. 79–81.

79. Totenlichter auf See. S. 213

Miller, Cromarty, 378ff. – Vgl. ebd., 298: bestimmte Stelle eines Meeresarms am Firth wegen Vorspuk und Totenlichten berüchtigt; vgl. Text Nr. 81. – Gespenstische Lichter vor Todesfällen sollen sich entweder im Haus des zukünftigen Toten oder am Sterbeort (TMI: E 530.1.6.) oder den künftigen Begräbnisweg entlangwandernd zeigen (TMI: E 530.1.7. und D 1222.2.). – Lichter am künftigen Sterbeort: Frau ruft Pfarrer nachts heraus, um ihm Licht auf Uferfelsen zu zeigen; er hält es für phosphoreszierende Algen, die Frau erklärt, morgen gebe es dort einen Toten. Tatsächlich findet man anderntags dort einen Ertrunkenen

(FL 12, 1901, 343f.). Weitere Beispiele: FL 8, 1897, 214f.; FL 33, 1922, 316; im deutschsprachigen bzw. ehedem teilweise deutschsprachigen Raum besonders viele Berichte aus Niedersachsen, Bremen, von den Friesischen Inseln, aus Rendsborg, dem übrigen Schleswig-Holstein; sodann seltener von Rügen, aus Westfalen, dem Rheinland, Hessen, Tirol, der Schweiz.

80. Das Totenlicht vor dem Gutshaus. S. 214

FL 8, 1897, 252 (Ghost Lights of the West Highlands); erzählerisch ausgeführt. – Totenlichter dessen, der bald sterben wird, in, an oder bei seinem Haus: Vgl. Text Nr. 78 und Kommentar zu Nr. 79; ferner FL 39, 1928, 172f. (Wales) und FLR 1, 73 (Sussex). Im deutschsprachigen bzw. ehedem teilweise deutschsprachigen Raum: Niedersachsen, Schleswig-Holstein (vereinzelt), Bremen (zahlreich), Westfalen, Rheinland, Sachsen, Brandenburg, Galizien (heute teils VR Polen, teils Ukrain. SSR), Ostpreußen (heute teils VR Polen, teils UdSSR), Schweiz.

81. Das Licht unter der Brücke. S. 216

FL 8, 1897, 216 (Ghost Lights of the West Highlands); erzählerisch ausgeführt. Vgl. Kommentar zu Nr. 79.

82. Das große Feuer. S. 218

Montiert aus bruchstückhaften Einzelabschnitten in FL 8, 1897, 226–229 (Ghost Lights of the West Highlands), und FL 13, 1902, 43; erzählerisch erweitert. – ›Ich‹: der Pfarrer MacRury von Snizort, von dem MacLagan einen Teil der Geschichte erhielt. – Namentlich der Anfang wurde mehr ausgeführt (Mädchen – Mutter; das Pferdescheuen). TMI: E 421.3. nennt leuchtende Geister. – Färberröte: im Urtext Galium verum, Labkraut. Da handelt es sich offenbar um einen botanischen Irrtum MacLagans: Labkraut hat keine Färbequalitäten, dagegen hat sie Rubia tinctorum, Krapp, ein Labkrautgewächs, dessen dreijährige Wurzeln zum Färben benutzt werden. – In Portree wurde erzählt, ein Mädchen sei wider Willen der Mutter schon am Sonntag statt am Montag zum Pflanzensammeln ausgegangen, habe den Sonntag so entheiligt, sich der Mutter Fluch zugezogen und sei zum Licht geworden, das dem Unglück bringe, der es sehe (FL 33, 1922, 316f.), oder das Licht sei ein Mann gewesen, der sonntags Heidekraut oder Farne zum Dachdekken gesammelt habe (ebd.). – Tote als Spuklichter (TMI: E 742.; AT 332): FL 76, 1965, 217 (Essex, Leight: ruhesuchende Seelen ertrunkener Seeleute); FL 78, 1967, 189 (tote Seeleute an der cornischen Küste als Lichter; sie rächen sich an deutschen Schiffen und U-Booten durch Irreführung); FL 38, 1927, 29 (offenbar Seele Ermordeter); FL 21, 1910, 340 (Irland, County Clare: Lichter auf Kirchhöfen, Schanzen und in verlassenen Gebäuden, anscheinend auch als Seelen interpretiert). – Im HwAbergl. III, 493 ist die Rede von feurigen Geistern, denen die Flammen zwischen den Rippen herausbrennen – die Seelen von Todsündern, die zur Warnung umgehen; ebd., 493: als Lichter umgehende Geister sind erlösbar. – Innerhalb des deutschen bzw. ehemals teilweise deutschen Sprachraums begegnen uns Sagen von ruhesuchenden Toten als Lichter gelegentlich in Schleswig-Holstein, Hessen, Thüringen, Mecklenburg, Pommern (heute Pomorze, VR Polen), der Oberlausitz, Böhmen (heute ČSSR), etwas häufiger in Niedersachsen, Schlesien (heute Śląsk, VR Polen, und Slezsko, ČSSR); mehr im Elsaß (heute Alsace, Frankreich), weit öfter in Schwaben und Bayern und außerordentlich oft in Österreich, häufig in Tirol. In der Schweiz wieder seltener.

83. James Gray und das Geisterpaar. S. 221

Grant Stewart, 3ff. – Geister als freßgierige Tischgenossen sind in mitteleuropäischen Sagen selten, ebenso Geisterpaare und Geistermänner, die ihre Frauen prügeln; auch die Tötbarkeit (TMI: E 446.: Geist getötet und so endgültig gebannt; Thompson nennt das Motiv für Indianer, Eskimos, Grönland) gehört nicht zur üblichen mitteleuropäischen Geistervorstellung. Die Freßgier (TMI: E 540.: Wiedergänger essen) wird ab und zu von den Menschenehefrauen aus dem Elfenstamm berichtet. – HwAbergl. III,

498 zitiert ohne Angabe von Beispielen Wuttke, § 47: ›Da die Geister nur eine andere Leiblichkeit als die menschliche haben, essen, trinken, schlafen sie, haben auch Frauen und Kinder und können verwundet, ja getötet werden.‹ Felix Liebrecht (Zur Volkskunde, 341) weist auf solche Vorstellungen in grönländischen, isländischen, griechischen, tartarischen Sagen und in Sagen bei Guinea-Negern und Fidschi-Insulanern hin. – Ein Wiedergänger, der von Wölfen zerrissen wird, bei Loorits, 107. – Die urtümlichen schottischen Hochlandgeister dieser Art dürften Überbleibsel sehr alter Vorstellungen sein, ebenso wie ein polnischer Wiedergänger, der mit seiner Frau noch zwei Kinder hat (Vildomec, 132; TMI: E 474.). Auch Liebrecht, 58, berichtet von einem Wiedergänger, der mit Lebenden geschlechtlich verkehrte. – Ein Mal als Angriffsstelle: Vgl. Text Nr. 6, Diarmaids Fußsohle. – Rotwild als Pferde in den Stall gebracht: TMI: F 488.1.; Hob Thrust, eine Art englischer Brownie, bringt die Schafe zur Schur und mit ihnen mühsam einen Hasen als vermeintliches Schaf heran (FL 8, 1897, 69); dasselbe erzählt man vom Fenodyree auf Man (FL 2, 1891, 286 = Rhŷs I, 286). – Die Freßsüchtige verbrüht: So geschieht es auch dem zudringlichen Wasserpferd (Superstitions, 213).

84. Wie mein Großonkel mit dem Geist kämpfte. S. 226
Grant Stewart, 22f. – Versuch des Geistes, den Mann zu ertränken, der sich an Bäumen festhält: Vgl. Text Nr. 91. Meist erzählt man von Wasserdämonen, daß sie Leute zu ertränken suchen, und zeigt Bäume, an denen das Opfer sich festgeklammert hat (Mackinlay, 160f.), aber auch Wiedergänger ziehen als Geister die Lebenden ins Wasser: FL 35, 1924, 353ff. (Soffolk, alte Frau, die sich im Teich ertränkt hat); FL 39, 1928, 177 (Wales, ein Mann); FL 75, 1964, 150 (Devon, im vorigen Jahrhundert glaubte man, Cutty Dyer komme aus dem Fluß und ziehe die Betrunkenen hinein, wenn sie über die Trittsteine balancierten). – In Galizien (heute teils VR Polen, teils Ukrain. SSR) suchte der Geist eines ertrunkenen Säufers Vorübergehende in den

Bach zu ziehen (Karasek, Galizien, 343); in Brandenburg zog eine in den See gebannte Wiedergängerin die Leute ins Wasser (Lohre, 33); auch in Schleswig-Holstein erzählte man von Geistern, die Leute in einen See ziehen (Müllenhoff-Mensing, 392). – Der Geist erstochen: Vgl. Kommentar zu Nr. 83. – Zwischen Abenddämmerung und Hahnenschrei: Vgl. Kommentar zu Nr. 45.

85. Der Bòchdan. S. 228

Witchcraft, 181; letzter Abschnitt (Friedhofskreischer): Notes and Queries, 4th Series, Vol. 8, 1871, 500 (Cuthbert Bede, Traditionary Stories of Argyllshire). – Bòchdan: Vgl. auch Text Nr. 130. – Kettenklirrende Geister (TMI: E 565.; unsichtbar kettenrasselnd: E 402.1.4.), auch Spukhunde (TMI: E 521.2. und E 423. 1.1.) tauchen allenthalben in Sagen auf; Spukhunde, die den nächtlichen Wanderer begleiten, gehören zu den häufigsten unheimlichen Erscheinungen. – Pfeifende Geister: Vgl. Text Nr. 96 und HwAbergl. VI, 1590: Von pfeifenden Dämonen und Gespenstern ist in vielen Sagen die Rede, auch Kobolde kann man pfeifen hören. – Ferner: Seeleute wie Grubenarbeiter fürchten als böses Vorzeichen am meisten die ›Sieben Pfeifer‹, Vögel (in den verschiedenen Bezirken verschieden klassifiziert), die vor einem Unglück erscheinen oder sich hören lassen und nach Ansicht der Fischer die Seelen ihrer ertrunkenen Kameraden seien und vor Sturm warnten (FL 78, 1967, 187). Auch ungetauft verstorbene Kinder werden zu todkündenden großen, schwarzen, pfeifenden Vögeln (Kärnten: Graber, 260). – Lichtervorspuk: Vgl. die Texte Nr. 78–81. – Furt als Geisterort: Vgl. die Texte Nr. 68 und 91. – Wiedergänger und Höllengeister können nicht über fließendes Wasser gelangen: Vgl. Text Nr. 117; TMI: E 434.; Witchcraft, 184; Geister: Superstitions, 50; FL 25, 1914, 331 (Irland); entsprechend z. B. in Niedersachsen, Bremen, Saarbrücken, Schlesien (heute Śląsk, VR Polen, und Slezsko, ČSSR); Teufel: FL 15, 1904, 337 (Irland); FL 41, 1930, 99 (Derbyshire); entsprechend z. B. in Kärnten und Graubünden; Hexen in Tiergestalt: FL 57, 1946, 31f.; entsprechend in Hessen; Elfen: Campbell II, 69 (dagegen Superstitions, 50: Elfen können fließendes Wasser überqueren). Auch die Pest gelangt nicht über die Bachgrenze: Grässe II, 820; und ebenso muß sich auf Man der Pockendämon über einen Fluß tragen lassen: FL 5, 1894, 212. – HwAbergl. III, 451 (Geisterort, -revier) erklärt das Unvermögen der Geister, über fließendes Wasser zu kommen, damit, daß jedem Geist sein Revier, begrenzt durch Brücke, Fluß, Graben, zugewiesen ist, jenseits dessen er machtlos ist. So ist in Text Nr. 102 der Bach Spukgrenze. Wiederum wird auch von bachüberquerendem Spuk berichtet: Vgl. Text Nr. 88. – Eisen, Stahl als Schutz gegen Geister: TMI: E 434.5.; HwAbergl. III, 501. Daß Eisen vor Geistern, auch vor Elben und vor Zauberei schützt, wurde allgemein geglaubt; Sagen darüber existieren wie in Großbritannien so in allen deutschsprachigen Gegenden. – Magischer Kreis schützt vor Geist: TMI: D 1381.11.1.; vgl. die Texte Nr. 100 und 122; außerdem Superstitions, 247, und FL 33, 1922, 208 f. (schützt vor Wasserpferd). Er spielt vor allem in Teufelsbeschwörungssagen eine Rolle.

86. Das Geisterpaar am Bart-Tor. S. 231

Witchcraft, 189 f. – Geisterpaar: Vgl. Kommentar zu Nr. 83. – Hund haarlos: Ein, soviel ich weiß, nur in schottischen Sagen häufig erscheinender Zug: Der Hund, der für seinen Herrn mit einem unheimlichen Wesen kämpft, kehrt am nächsten Morgen haarlos zurück und verendet; vgl. Text Nr. 88, ferner FL 8, 1897, 222 f., und Superstitions, 103 f., 119 f., 144, 145. TMI: E 439.3.: Hund rettet Herrn vor bösartigem Spuk und wird getötet. – Dolch: Vgl. Text Nr. 85. – Bis zum Hahnenruf: Vgl. Kommentar zu Nr. 45.

87. Wegespuk. S. 232

Miller, Cromarty, 166 f. – Geister auf Landstraßen: TMI: E 272.; E.332. Geist verfolgt Fußgänger: E 272.4. – Gestaltwandel des Spuks: Vgl. die Texte Nr. 114 und 117. – Aufwachsen und Abnehmen der Gestalt: ein Vorgang, der namentlich von Geistern, aber auch von Dämonen und Teufeln überall oft berichtet wird.

88. Die unheimliche Begleiterin. S. 233

FL 8, 1897, 224; ergänzt durch einen Satz von ebd., 222 und einige erzählerische Erweiterungen, zu denen auch der Name gehört; im Urtext nur ›ein Mann aus Gorin‹. – Den Geist anreden: Vgl. die Texte Nr. 54, 89, 109, 113–115; TMI: E 545.19.1.: Tote können nur sprechen, wenn sie angeredet werden; HwAbergl. III, 502: Man soll bei einer Geistererscheinung nicht sprechen, muß man aber einen Geist anreden, so nicht mit ›du‹ oder ›er‹, sondern mit ›man‹; ebd., 488: Weiße Geister sind gut, sie darf man anreden; ebd., 505: Man soll Geister nicht anreden und auch keinem Geisterbefehl Folge leisten. Da nämlich der Geist aus dem Atem des Lebenden redet, kürzt er ihm das Leben ab, kann ihn auch, wenn er das letzte Wort hat, zu Tode reden (Schweiz; und vgl. dazu unseren Text Nr. 104). Allgemein gilt das Anreden des Geistes für gefährlich, krankheit- und todbringend; dennoch ist es zuweilen nötig, denn erlösbare Geister brauchen Hilfe und reden nicht ungefragt. Wer aber einen Geist erlöst, stirbt bald oder verkürzt sein Leben um sieben Jahre (Wittenberg). – Über fließendes Wasser: Vgl. Kommentar zu Nr. 85. – Hund haarlos: Vgl. Text Nr. 86 und Kommentar dazu.

89. Schloßspuk. S. 235

Miller, Cromarty, 80 f. – TMI: E 282. und E 338. (Geist spukt im Schloß); E 422.3.1. (Wiedergänger als kleiner Mann). – Spukendes weißes Kaninchen: Vgl. HwAbergl. IV, 961; besonders oft in französischen Sagen. – Den Geist anreden: Vgl. Text und Kommentar zu Nr. 88.

90. Der Wächtergeist. S. 236

Miller, Schools, 232. – Bauopfer als Wächtergeist: Vgl. Text Nr. 39 und Kommentar dazu sowie Text Nr. 41.

91. Die beiden Hirten. S. 237

Campbell, Tales II, 82. – Vgl. Text Nr. 84. – Furt: Vgl. Kommentar zu Nr. 68.

92. Ewen und die alte Frau. S. 239

Witchcraft, 198 ff. Zwei überleitende Sätze (Ewens Weg zu Michael Scott und Wiederkommen der Hexe) wurden von der Herausgeberin eingeschoben. – Ewens Grimassen- und Lautwechsel mit der Hexe hat ihn in ihre Gewalt gebracht: Offenbar galt für sie dasselbe wie für Geister. Auf Geisterruf soll man nicht antworten; der Geist könnte die Antwort als Verspottung ansehen und sich mit allerhand Übeln, Krankheit, ja Tod revanchieren (HwAbergl. III, 502). – Zum Motiv des ›beleidigten Schädels‹, der hier durch die nachgesprochene Trauzeremonie zum Objekt des Spaßes gemacht wird, vgl. Text Nr. 94. Antippen des Schädels gibt der Toten Macht über Ewen: Vgl. Text Nr. 94 und Röhrich, SpätMA II, 413, Zitat einer mecklenburgischen Sage, in der das sehr deutlich ausgesprochen wird. – Michael Scott: in der Sage der berühmteste schottische Magier; mittelalterlicher Gelehrter, vermutlich Astrolog Kaiser Friedrichs II. (1196–1250), Aristotelesübersetzer, in ganz Europa als Zauberer berühmt, in Dantes ›Inferno‹ genannt (XX, 115–117); er lebte von 1174–1250. Von seinem Bett in der Hölle ist auch bei Grant Stewart, 86 ff. die Rede. – Höllenbett, das für jemanden speziell parat steht: TMI: Q 561.1.

93. Der kühne Schneider und das Gespenst von Saddell. S. 242

Notes and Queries, 2nd Series, Vol. 12, Dec. 21, 1861 (Traditionary Stories of Argyllshire, aufgezeichnet von Cuthbert Bede). Die gleiche Geschichte von anderen Erzählern auch in Witchcraft, 194, sowie FLJ 6, 1888, 160 (Sutherlandshire), und FL 9, 1898, 88 f.; nach Campbell ist die Sage nicht nur in Argyllshire weit verbreitet, sondern auch auf der Insel Man (zit. nach FL 9, 1898, 88 f.); Witchcraft, 196: ›Dies ist vielleicht die weitestverbreitete und beliebteste Geschichte in den Hochlanden. Man kann ihre Ereignisse an einem

Winterabend mit furchteinflößender Deutlichkeit als Schattenspiel an die Wand zaubern. Das ist eine herrliche Gruselvorführung für die Kinder ... Es gibt kaum eine alte Kirche in den Hochlanden, von der es nicht heißt, das Ereignis habe sich dort zugetragen: Glassary, Conasta bei Duntulm auf Skye; am häufigsten ist von der alten Kirche in Beauly die Rede, obwohl die Erzähler sie den jugendlichen Zuhörern gern glaubhaft machen, indem sie sie an einen Ort verlegen, den die Kinder kennen.‹ – Geist spukt in Kirche: TMI: E 283.; AT 326. – Der große MacDonald, Herr der Inseln: Vgl. Text und Kommentar zu Nr. 20. Über die vielen nach der Reformation verfallenen Kirchen äußert sich Johnson (Dr. Samuel Johnson's Reisen nach den Westlichen Inseln bey Schottland. Leipzig 1775).

94. Der Gast. S. 244

FLJ 6, 1888, 183 ff. Variante dazu in Superstitions, 232; hier erscheint der als Neujahrsgast geladene Schädel und ißt unendliche Haferfladenmengen, bis er durch einen magischen Trick entfernt wird (Restmehl vom Tisch nicht in die Haferkiste zurücktun, sondern zu einem winzigen Extrafladen verbacken; der hat Zauberabwehrkraft). Ähnlich auch Campbell, Tales IV, 414. Vgl. Text Nr. 92: Schädel mit Worten der Trauzeremonie angesprochen. – Zur in ganz Europa verbreiteten Sage vom auf dem Kirchhof zu Gast geladenen Schädel (AT 470; TMI: E 230.: Toter zum Essen eingeladen, nimmt seinen Wirt in die jenseitige Welt mit; TMI: C 13.: Schädel oder Statue eingeladen) vgl. die ausführliche Darstellung bei Röhrich, SpätMA II, 53 ff. und 407 ff., der von weit über zweihundert Belegen spricht (Thompson nennt Finnland, Estland (heute Estn. SSR), Livland (heute Lett. SSR), Litauen (heute Litauische SSR), Lappland, Schweden, Norwegen, Dänemark, Island, Schottland, Irland, Frankreich, Spanien, Belgien (flämisch), Deutschland, Italien, Sizilien, Rumänien, ČSSR, Rußland (heute RSFSR), Türkei, China; eine polnische Variante bei Vildomec, 121. Röhrich bringt die Sage von der Einladung des Toten zum Essen in Beziehung zu ›uralten Vorstellungen und Bräuchen, die sich im Totenkult fast aller Völker finden‹; deutlich tritt der Zusammenhang vor allem in Varianten auf, wo, wie in der vorliegenden, ›der Schädel zum weihnachtlichen Termin der Totenspeisung erscheint. Im Beinhaus ist die Speisung von Totenschädeln noch im siebzehnten Jahrhundert nachzuweisen.‹ Röhrich zitiert einen Visitationsbericht aus der oberösterreichischen Pfarrei Gaflenz, nach dem 1656 im Beinhaus hundertfünfzig Holznäpfe gefunden wurden, worin vorzeiten abends den Toten Speisen hingestellt wurden. Die Geschichte von der frevelhaften Einladung des Toten, der Störung der Totenruhe, dem Erscheinen des Geladenen und der Gegeneinladung (Motiv der Jenseitswanderung und der Rückkehr nach langer Zeit, meist nicht nach nur einem Jahr, sondern nach zweihundert Jahren) wurde als Predigtexempel benutzt.

95. Brühe aus einem Schädel. S. 247

Grant Stewart, 48ff. – ›Das ist mein Kopf‹: HwAbergl. VIII, 1092: Häufiges Sagenmotiv, daß einer wettet, er wolle einen Schädel (aus dem Beinhaus) holen; der ruft ihm zu, er solle ihn in Ruhe lassen. – Totenschädel wurden zu vielerlei abergläubischen Praktiken benutzt: Brühe aus einem Schädel verzeichnet das HwAbergl. nicht.

96. Das unheimliche Pfeifen. S. 250

Witchcraft, 204f., erzählerisch leicht erweitert. – Pfeifen: Vgl. Text Nr. 85 und Kommentar dazu. – Wer den Vater ruft, bleibt dunkel. – Dach: Unter dem Dach, schon unter der Dachtraufe, ist man vor den draußen gefährlichen Geistern sicher. – Riesiger Geist, zwischen dessen Beinen man den Himmel sehen kann: häufig vorkommende Sagenvorstellung, wie auch gespreizte Beine bei magischen Handlungen eine Rolle spielen. Geister, gewöhnlich riesige, auch der Teufel, stellen sich mit gespreizten Beinen über den Weg und zwingen den Menschen so, zwischen ihren Beinen durchzugehen.

97. Die Schlacht von Gaura. S. 251

Witchcraft, 205f. – Riesige Gestalt mit je einem Fuß auf je einer Bergwand: Vgl. Kommentar zu Nr. 96, gespreizte Beine. – Geist eines Riesen: TMI: F 531.6.14.; die Vorstellung der toten Helden alter Zeit verschmilzt mit der Riesenvorstellung. – Händedruck, Pflugschar hingereicht: Vgl. Text Nr. 14 und Kommentar dazu und Text Nr. 139.

98. Der tote König. S. 252

FL 8, 1897, 253f. (Ghost Lights of the West Highlands) mit der Bemerkung: Das hat mir in allerletzter Zeit eine alte Frau von ungefähr siebzig Jahren erzählt. – Druiden: keltische Priester. – Sieben: Vgl. Kommentar zu Nr. 17. – Licht: Vgl. Kommentar zu Nr. 82. – Geisterhaftes Licht am Begräbnisplatz: TMI: E 742.; AT 332. – Alter König geistert, kommt mitternachts aus seinem Hünengrab und umreitet sein Land: Zaunert, Westf., 15 = NiSa III, 1752; desgleichen Könige oder Häuptlinge: Zaunert, Westf., 14f.; Heiden- oder Riesenkönig steht manchmal aus einem Grab auf und fährt in vierspännigem Wagen: Bartsch I, 37; Mann sieht bewaffneten Ritter in Goldrüstung nachts an Wasserlache, die mit vorgeschichtlicher Zeit in Zusammenhang gebracht wird: Lohmeyer, Saar-Ergänzungsband, 27; Krieger in alter Kleidung geistert an Schanzen, wo einst Schlacht mit Ureinwohnern: Holzmann, Wipptal, 37. Und in Essex wurde Eric Maple im Jahre 1960 versichert, daß in den Ruinen des Schlosses Hadleigh kürzlich ein Mann in Rüstung gesehen worden sei: FL 76, 1965, 217.

99. Die Toten verteidigen ein Grab. S. 253

Witchcraft, 139; um zwei Sätze erweitert (Schrei des Sehers an die Toten). – Geister verhindern Beerdigung eines Leichnams: TMI: E 273.1. (finnisch-schwedisch)

100. Ruhelose Tote. S. 254

Gregor, 68. – Magischer Kreis: Vgl. Text Nr. 85 und Kommentar dazu. – Kerze: Geister kommen brennendem Licht nicht nahe: TMI: E 439.7. – Geist durch Bibel gebannt:

TMI: E 443.8. – Mitternacht: Die Angaben über die Geisterstunden sind verschieden. TMI: E 587.5. = mitternachts; entsprechend E 459.5.: Geist mitternachts gebannt. – TMI: E 587.3.: Geist geht von Abendglocke bis Hahnenschrei um, entsprechend E 452.: bei Hahnenschrei (Morgendämmerung) gebannt. Es gibt auch Geister, die zur Mittagsstunde umgehen: TMI: E 587.1. – Bannen: Vgl. Text und Kommentar zu Nr. 103.

101. Hugh mit dem kleinen Kopf. S. 256

1. Abschnitt: Scott, Demonology, 351; im folgenden: Witchcraft, 111 ff.; erzählerisch ganz leicht erweitert. FL 33, 1922, 311 bringt eine Kurzfassung, die in Portree auf Skye vor dem ersten Weltkrieg erzählt wurde: Ewen MacLaine auf Mull ging in den Krieg, wollte wissen, ob er zurückkommen würde. Ein weiser Mann, danach befragt, sagte: Wenn seine Frau ihm beim Abschied zu essen böte, dann ja, wenn nicht, dann falle er. Die Frau reichte Ewen nichts, er mußte um Essen bitten. Er fiel in der Schlacht und geht bei den MacLaines als kopfloser Geist um. – Geistererscheinung als Todesomen: TMI: E 74. – Frühstücksorakel: TMI: D 1812.5. (Zukunft durch Omen erfahren). – Elfen als Propheten: TMI: M 301.6. – Elfenfrau wirft ihre langen Brüste über die Schultern: TMI: F 232.2. und F 460.1.2.; Riesin: G 123.; skandinavisches Motiv, außerdem vereinzelt in der Schweiz belegt, ebenso in Italien (Basile, V, 4); Schottland: unten, Zitat Superstitions, 42. – Die geisterhafte oder elbische Wäscherin, die die Hemden der künftigen Toten wäscht, kommt unter verschiedenen Namen in Schottland oft vor. Nixe: Miller, Cromarty, 299 (sie klopft Wäsche, bevor die Abtei Fearn über den Kirchgängern zusammenstürzt); Wäscherin: FL 9, 1898, 91 f. (Lewis; sie wäscht die Kleider derer, die im laufenden Jahr ertrinken werden); FL 33, 1922, 311 (die Caointeach wäscht im Bach in Cambeltown, Argyllshire, Leinen, ehe jemand in der Nähe stirbt); Superstitions, 44 (in den Hochlanden von Perthshire breitet sie im Mondlicht die Kleider derer aus, die bald sterben sollen); Witchcraft, 111 ff. (die Hemden von

Kriegern, die fallen werden); FL 25, 1914, 87 (äußere Hebriden, desgleichen); Superstitions, 43 (sie offenbart die Zukunft). Ebd., 42f.: Die Wäscherin, bekannt als Bean-nighe, wäscht an einsamen Gewässern das Linnen derer, die bald sterben müssen. Auf Mull und Tiree hat sie übernatürlich lange Brüste, die ihr beim Waschen im Weg sind. Sie wirft sie über die Schultern, und sie hängen ihr den Rücken herab. Wer sie sieht, darf nicht weglaufen, sondern muß sich hinter sie stehlen, eine von ihren Brüsten erwischen, in den Mund stecken und sie zum Zeugen anrufen, daß sie seine Pflegemutter sei. Darauf muß sie ihm alles mitteilen, was er wissen will. Sagt sie, das Hemd, das er eben wasche, gehöre einem Feind von ihm, läßt er sie weiterwaschen, andernfalls zwingt er sie aufzuhören. – Ebd., 43: Auf Skye glaubte man, die Wäscherinnen seien Frauen, die vorzeitig im Kindbett gestorben seien und deren Verwandte und Freunde versäumt hätten, alle ihre zurückgelassenen Kleider zu waschen. Nun müßten sie Wäscherfrau sein, bis ihre natürliche Todeszeit herankomme. – Im deutschen Sprachraum gibt es viele Sagen von waschenden Wassergeistern, doch ohne Todesvorbedeutung: HwAbergl. IX, 154. In Frankreich, vor allem in der Bretagne, erzählen Sagen von nicht genau definierten nächtlichen Wäscherinnen an Gewässern. Folgt man ihrer Aufforderung, ihnen zu helfen, drehen sie einem Arme oder Hals um. Ein Knabe will in einer seine tote Mutter erkannt haben: HwAbergl. II, 418 nach Paul Sébillot, Folk-Lore de France I, 445; II, 103, 353, 428ff. – Herr der Inseln: Vgl. Text und Kommentar zu Nr. 20.

102. Jock Barfuß. S. 262

Chambers, 265. – Geist begleitet harmlos schabernackend auf der Straße: TMI: E 332.: nicht bösartige Straßengeister. – Kartenspielende Geister: TMI: E 577.2.; AT 326. In deutschen Sagen kommen kartenspielende Geister oft vor, vgl. HwAbergl. IV, 1019. – Begrabene hausen in ihrer Gruft: FL 44, 1933, 205 (Gentleman; man hört drinnen Teetassen klappern). Auch im deutschsprachigen Raum begegnen solche Vorstellungen. – Bach als Spukgrenze: Vgl. Kommentar zu Nr. 85.

103. Der Mann im Verlies. S. 263

Scott, Minstrelsy I, lxxix. – Durch Gewalt oder Unfall Umgekommene finden keine Ruhe im Grab: TMI: E 411.10. – Geist spukt in Schloß: TMI: E 282. – Geist durch Priester gebannt: TMI: E 443.2.4. Zum Geisterbann vgl. HwAbergl. III, 512f. In Großbritannien sind es überwiegend Pfarrer oder Gruppen von Pfarrern (TMI: E 443.2.4.1.), die den Wiedergänger verbannen. Pfarrer: FLJ 5, 1887, 23ff., 100, 105; FL 3, 1892, 559; FL 65/66, 1954/55, 109; Gruppen: (zwei Pfarrer) FLJ 5, 1887, 23ff.; FL 14, 1903, 69; (drei katholische) FL 63/64, 1952/53, 101; (sechs) FL 24, 1913, 505f.; (sieben) FL 1, 1890, 212; FL 55, 1944, 73f.; (zwölf) FL 14, 1903, 68f.; FL 16, 1905, 175f.; FL 18, 1907, 342; FL 21, 1910, 222; FL 39, 1928, 280f.; FL 40, 1929, 347; FL 55, 1944, 73f.; FL 67/68, 1956/57, 296f. Oft wird, speziell in Sagen aus Cornwall, erwähnt, daß sie den Geist mit der Peitsche traktieren (FLJ 5, 1887, 24–26, 100). Verbannt werden die großbritannischen Geister ins Rote Meer (FLJ 5, 1887, 92; FL 12, 1901, 74; FL 55, 1944, 73f.; Rhŷs, 593), an den Strand (FL 65/66, 1954/55, 109ff.), in ein Schanzwerk (FLJ 5, 1887, 105), in einen Teich (FL 1, 1890, 212; FL 3, 1892, 559; FL 14, 1903, 66–68, 72; FL 24, 1913, 84; FL 71/72, 1960/61, 353; FL 77, 1966, 127), ans Teichufer (FLJ 5, 1887, 97), in einen Quell (FL 14, 1903, 69; FL 24, 1913, 505), in einen Fluß (FL 67/68, 1956/57, 296), in einen Bach (FL 55, 1944, 73f.), in ein Schafpferch (FL 13, 1902, 429), in ein Bierfaß (FL 14, 1903, 66; FL 24, 1913, 84), in einen Topf (FL 44, 1933, 207ff.), eine Salzkiste (FL 21, 1910, 222), eine Flasche (FLR 2, 1879, 176f.). – Geist durch Bibel gebannt: TMI: E 443.8. – Zur Bibel vgl. HwAbergl. I, 1212: Wie Gesangbuch und andere Erbauungsbücher wird die Bibel oft zur Abwehr böser Geister benutzt. Je älter der Druck, desto kräftiger die Wirkung; auch sind bestimmte Drucke zauberkräftiger als andere. Ebd., 1213: Spukgeister werden gebannt, indem ein Prediger die Nacht an dem gefährlichen Ort mit Bibellesen verbringt. – Oft spielt beim Geisterbannen die unlösbare Aufgabe eine Rolle: Dem Geist wird vom Banner aufgetragen, aus Sand Seile zu drehen. – Die meisten der eben genannten Banngeschichten spielen im 17., 18., doch auch noch im 19. Jahrhundert. – In deutschen Geisterbannsagen ist des öfteren auch vom peitschenden Banner die Rede, und zwar im gesamten ehedem deutschsprachigen Raum ab und zu. Dagegen wurden in den deutschsprachigen Landschaften Geister nicht nur von geistlichen Herren gebannt, wenn auch weit überwiegend (dabei galt meist ein katholischer Geistlicher, besonders ein klösterlicher mit hohen Weihen, als bannmächtiger denn ein evangelischer). Öfters wird ohne nähere Definition vom Geisterbanner gesprochen; in Sachsen, zumal im Vogtland, in der Lausitz, in Schlesien (heute Śląsk, VR Polen, und Slezsko, ČSSR) häufen sich die bannenden Scharfrichter und werden auch in Brandenburg, Mecklenburg, Pommern (heute Pomorze, VR Polen) und in der Schweiz genannt. Seltener ist vom Abdecker die Rede (Hessen, Mecklenburg, Pommern [heute Pomorze, VR Polen]). Eine fränkisch-pfälzisch-bayerische Besonderheit bilden die Feilenhauer als Banner. Gelegentlich heißt es: Früher haben die Pfarrer gebannt, später übernahmen wandernde Sägefeiler und Feilenhauer die Sache (Lüers, 181), oder: Die Feilenhauer üben ihre Macht im Namen des Teufels (Schönwerth III, 168). Im Schwarzwald, Mittel- und Unterfranken bannen die Schornsteinfeger. Bei den Wenden verstehen sich Mühlknappen auf das Geschäft. In Mecklenburg und Niedersachsen werden vereinzelt Schäfer als Banner genannt, in Mecklenburg und Tirol je ein Soldat, in der Oberpfalz ein Zigeuner, in Mecklenburg ein weitgereister, in der Schwarzkunst erfahrener Drechslergesell, in der Oberpfalz ein Bader. Der Scharfrichter, obwohl nach alten Reichsgesetzen nicht zu den unehrlichen Berufen gehörig, war in der öffentlichen Meinung doch mit einem Makel behaftet, mindestens unheimlich; Abdecker waren ›unehrlich‹, und im Mittelalter traf das sogar für Müller, Schäfer und Bader zu (Bader galten bis 1548 als unehrlich). Die Schornsteinfeger dagegen gehörten einer Zunft an, aber der Schornstein galt als unheimlicher Ort. Die Feilenhauer, hochqualifizierte Handwerker, waren Wandernde (über Feilenhauer als Fahrende vgl. HwAbergl. II, 1124, 1310). Neben den Geistlichen bannen also im wesentlichen Angehörige von Außenseiterberufen mit altem, vielleicht zum Teil gar nicht mehr bewußtem Makel und Leute, die auf der Wanderschaft Erfahrungen gesammelt haben. Im gesamten deutschsprachigen bzw. ehemals deutschsprachigen Raum wird häufig erwähnt, daß Geister nach dem Bannen in einen Sack gesteckt und an einen abseits gelegenen Ort getragen werden, vielfach in Tiergestalt und oft, durch Bannen verkleinert, innerhalb des Sacks noch in einem Behältnis, Krug, Flasche, Schachtel etc. Die Bannorte entsprechen im wesentlichen denen der großbritannischen Sagen, nur werden im Deutschen öfter Bäume als Bergungsplatz erwähnt. Vgl. auch die Texte Nr. 100 und 104.

104. Der letzte Geisterbanner. S. 264

Scott, Minstrelsy I, ixxixi. – Vgl. Kommentar zu Nr. 103. – Mass: schottischer Priestertitel. – Dem Geist das letzte Wort lassen: Vgl. Kommentar zu Nr. 88. – Kerze: Vgl. Kommentar zu Nr. 100. – Der ungebärdige Geist bewirkt hier Polterspuk (TMI: F 470.). Vgl. Kommentar zu Nr. 115. – HwAbergl. III, 479: Steine werfende Geister sind häufig; ihre Geschosse rufen aber nie Verletzungen hervor. Die Geschichte von der fehlerhaften Bannung gibt es öfter, in deutschen Sagen z. B. Meyer, Schleswig, 277 = Grässe II, 1328: Zwei Pastoren wollen einen Wiedergänger bannen und versehen es mit einem Wort, so bekommt der Geist Macht über sie. Ein dritter, alter Pastor merkt das zu Hause und kommt zu Hilfe, er sagt den Spruch richtig. Aber die beiden andern gehen bald zugrunde, einer stirbt, einer wird schwachsinnig.

105. Der tote Schmuggler. S. 265

Miller, Cromarty, 211ff. Geräusch des Kampfes spukhaft wiederholt (TMI: E 337.1.). – Leute, die eines gewaltsamen

Todes sterben, finden keine Ruhe im Grab: TMI: E 411.10.; Geist spukt im Haus: TMI: E 281.

106. Ausleben. S. 269

Miller, Cromarty, 364f. – Vgl. Kommentar zu Nr. 103: Ermordete und Selbstmörder müssen so lange auf der Erde umgehen, wie ihr Leben eigentlich hätte dauern sollen. TMI verzeichnet das nur für Selbstmörder: E 411.1.1.1. So auch ein niedersächsischer Beleg. Die Vorstellung findet sich auffällig oft in der deutschsprachigen Schweiz, auf Verunglückte, Hingerichtete, Selbstmörder, Erschlagene bezogen: Ausleben muß jeder, der auf gewaltsame Weise stirbt. In Schwaben ist vom Selbstmörder die Rede, in Tirol vom Lawinentoten, in Innsbruck muß der Geist einer durch schlechte Pflege an einer Krankheit Verstorbenen ausleben, in Westfalen der Geist einer durch einen Steinwurf Verletzten und Getöteten. In Pommern (heute Pomorze, VR Polen) glaubte man derartiges von Selbstmördern, in Ostpreußen (heute teils VR Polen, teils UdSSR) von Selbstmördern und Ermordeten, in den Beskiden (heute teils VR Polen, teils ČSSR) galt die Regel auch für Verunglückte, in Wolhynien (heute Ukrain. SSR) für Selbstmörder und verstorbene Kindbetterinnen, bei den Serbokroaten hieß es, die Seele eines vorzeitig Gestorbenen finde erst am Ende der ihm zugemessenen Lebenszeit Ruhe. Vgl. noch die im Kommentar zu Nr. 101 zitierte Sage von der Wäscherin, Superstitions, 43. – Eine Variante liefert Napier, 86: Körper von Selbstmördern sollen auf geheimnisvolle Weise in der Erde frisch bleiben bis zum eigentlich vorgesehenen Sterbetag. Vgl. HwAbergl. IX, 572. – Geist spukt im Haus: TMI: E 281.

107. Der balbierende Geist. S. 270

Bede, Wife, 43ff., ganz leicht gekürzt. – Geist spukt im Zimmer: TMI: E 281.3.; kehrt wieder, um Mord zu enthüllen: TMI: E 231.; Wiedergänger als kleiner Mann: TMI: E 422.3.1.; der geisterhafte Barbier: TMI: E 571. und AT 326. Ausführlich über das Motiv des spukenden Barbiers BP I, 24. Im Deutschen lebt sie am bekanntesten fort in Musäus' ›Stumme Liebe‹, gekoppelt mit der Sage vom Traum vom Schatz auf der Brücke; doch taucht sie schon bei Grimmelshausen auf: Simplizissimus, 6. Buch, 4. Kapitel (ohne Gegenrasur, und Rasur nur angedroht, der Held verhilft dem spukenden Ahn des Schloßherrn zu Wiedergutmachung alter Gaunerei); ferner in den ›Sagen der Monathlichen Unterredungen Otto von Grabens zum Stein‹ (1731), hg. v. Will-Erich Peuckert, Berlin 1961, Nr. 21 (Geist eines boshaften, Bettler kahl scherenden Kammerdieners, durch Gegenrasur und -kahlscherung erlöst). BP weisen die Sage bzw. Anklänge daran in Schwaben, Tirol, Schlesien (heute Śląsk, VR Polen, und Slezsko, ČSSR), Böhmen (heute ČSSR), im Slowakischen, Polnischen, im Südslawischen (besonders im Slowenischen und Kroatischen), im Klein- und Weißrussischen, Litauischen und Italienischen nach. Bei Dickens, auf den BP verweisen (›Weihnachtsgeschichten‹, ›Das Spukhaus‹, Kap. 2), handelt es sich nur um einen leisen Anklang an das Motiv.

108. Der ermordete Sergeant. S. 277

Scott, Demonology, 370f. – Tote ohne ordentliches Begräbnis finden keine Ruhe: TMI: E 412.3.; Geist kehrt wieder, um ordentliches Begräbnis zu verlangen: TMI: E 235.2.; Geist von zwei oder mehr Personen gesehen, sie bestätigen die Erscheinung: TMI: E 421.5. – HwAbergl. I., 978, nebst IX, Nachträge, 228ff.: Ermordete oder andere Tote, die in ungeweihter Erde begraben liegen, spuken, bis man ihre Gebeine auf den geweihten Friedhof bringt, denn alle kirchlichen Riten, besonders die Bestattung in geweihter Erde, galt als Hilfe für das Seelenheil des Toten. – Die Vorstellung war allgemein, entsprechende Sagen gibt es in Sammlungen aus allen Landschaften. Vgl. Text Nr. 109.

109. Der alte Steinsarg – oder das Grab der spanischen Prinzessin. S. 279

MacLeod, 234ff. Die Sage mündet des weiteren in eine Hexengeschichte, die nicht in diesen Band gehört, sondern in einen künftigen: Der König von Spanien schickt drei Kriegsschiffe aus, die furchtbare Rache an allen schottischen Männern und Frauen nehmen sollen. Das eine, befehligt von dem zauberkundigen Kapitän Forrest, naht sich Mull. Der Lord von Duart mobilisiert die sämtlichen Hexen von Mull zum Gegenangriff. Durch einen Windzauber mit Hilfe eines Handmühlsteins ruft die eine Sturm hervor, gleichzeitig erklettern die andern in Katzengestalt die Takelage; das Schiff kentert und sinkt. Vgl. die Erzählung aus Witchcraft, 29 ff., bei welcher der Akzent auf dem hexerischen Geschehen liegt. – Zwei Freunde versprechen einander Kunde über das Jenseits, der zuerst Sterbende soll sie dem andern bringen: HwAbergl. IV, 642, 652, mit Beispielen aus der Oberpfalz, Oldenburg, Schlesien (heute Śląsk, VR Polen, und Slezsko, ČSSR), der Schweiz: TMI: E 374.1. mit Hinweis auf Italien und Litauen (heute Lit. SSR). Vgl. außerdem Witchcraft 174, 175. – Den künftigen Geliebten im Traum gesehen: Vgl. Text Nr. 32; TMI: T 11.3. – Kirchhofswache: Vgl. Text Nr. 110. In TMI nicht verzeichnet. HwAbergl. III, 92: Der zuletzt Verstorbene muß auf dem Friedhof Wache halten, bis er durch den nächsten abgelöst wird. Die Sage existierte wie in Schottland so in Irland, in der Bretagne und in deutschsprachigen oder ehemals teilweise deutschsprachigen Landschaften: in Graubünden und Tirol, Kärnten, Niederbayern, der Oberpfalz, Lothringen (heute Lorraine, Frankreich), Ostpreußen (heute teils VR Polen, teils UdSSR) und in Böhmen (heute ČSSR). In Schlesien (heute Śląsk, VR Polen, und Slezsko, ČSSR) hieß es, der zuletzt begrabene Selbstmörder müsse auf dem Kirchhof Wache halten, bis der nächste ihn ablöse. – Den Geist anreden: Vgl. Text und Kommentar zu Nr. 88. – Geist verlangt ordentliches Begräbnis: Vgl. Kommentar zu Nr. 108; außerdem: Geist beruhigt, wenn seine Gebeine aus fremdem Boden heimgebracht werden: TMI: E 459.2.

110. Die offenen Gräber. S. 283

Zusammengesetzt aus: FL 13, 1902, 59 (More FL from the Hebrides); FL 43, 1932, 340 (Tote auf Munda halten Lichter); FL 8, 1897, 209 (Ghost Lights of the West Highlands); Satz zwei und drei erzählerisch geringfügig erweitert. – Grab offen: Vgl. Text Nr. 118. – Kirchhofswache: Vgl. Text und Kommentar zu Nr. 109. – Kirchhofsgeister: TMI: E 273. und (nicht übelwollende) E 333. – Geistermusik verzeichnet HwAbergl. III, 539, doch nicht für den Friedhof. Geisterhafte Musik und besonders Hymnengesang in der Kirche erscheinen in Sagen aus sämtlichen deutschsprachigen Landschaften. TMI: E 546.: Die Toten singen.

111. Des Toten Kleider. S. 284

Witchcraft, 215f. – Wiedergänger wärmt sich am Feuer: AT 326; TMI: E 578.1.: Wiedergänger wollen sich wärmen; TMI: E 578.2.: wärmen sich am Feuer. – Kleider des Toten: HwAbergl. V, 1071: Der Tote hat ein Recht auf Kleidung und erscheint darum wieder, wenn er darin beschnitten wird; mit dem Hinweis auf Kärnten, Oldenburg, Schlesien (heute Śląsk, VR Polen, und Slezsko, ČSSR), die Schweiz. Ebd.: Man kann das Versäumte nachholen, wenn man ihm die Kleider hinaushängt oder dem nächsten Toten mitgibt (Baden, Schweden). Das Motiv kommt allgemein vor, am häufigsten auf Totenhemd oder Leichentuch bezogen. – Bei TMI nur die dem spukenden Toten gestohlene, auf dem Grab abgelegte Kleidung, die er zurückfordert: E 236.1. und H 1431.; AT 366; vgl. Goethes Ballade ›Der Totentanz‹. – Hahnenschrei: Vgl. Kommentar zu Nr. 45.

112. Die Leichenwache. S. 285

Miller, Cromarty, 359. – Gewissenhafte Wache bei Leiche nötig: TMI: E 752.10.1.; dabei Licht, um böse Geister zu vertreiben: TMI: E 752.10.2.; TMI: E 439.7.: Geister kommen brennendem Licht nicht nahe. – Das Licht des Feuers schützt hier die Lebende vor der Toten. Vgl. die Texte Nr. 100 und 104: brennende Kerze beim Geisterbannen. Die

Tote sucht die Freundin wegen des nicht gehaltenen Leichenwacheversprechens auf: TMI: E 419.9.: Geist kehrt wieder, um seine Begräbniswünsche durchzusetzen oder gegen ihre Mißachtung zu protestieren. – Huftrittspur am Leichnam: TMI: E 721.0.1.: Wundmal, Zeichen, das der wandernden Seele beigebracht wurde, nach deren Rückkehr in den Körper am Leib sichtbar (Irland). – Hier liegt das Hauptgewicht beim Spuk wegen des unerfüllten Versprechens, andere Geschichten berichten von gefährlichen Toten bei der Leichenwache. Scott, Minstrelsy III, 251, schreibt: ›Die Leichenwache, an sich schon ein melancholisches Amt, wird in der Vorstellung noch furchtbarer durch die geheimnisvollen Schrecknisse des Aberglaubens. In der Spanne zwischen Tod und Begräbnis schwebt der körperlose Geist, so glaubt man, um seine sterbliche Hülle, und wenn er durch bestimmte Riten beschworen wird, erhält er die Fähigkeit, durch deren Organe sich mitzuteilen und den Grund seines Ablebens zu offenbaren. Solche Befragungen sind aber immer gefährlich, und man soll sie nie vornehmen, außer es besteht der Verdacht, daß der Tote einer Schurkerei zum Opfer gefallen ist. Es ist desto riskanter, mit diesem Zauber herumzupfuschen, weil die Bewohner der höllischen Regionen zu solchen Zeiten besonders aktiv sind. Eine der stärksten Zeremonien bei dem Zauber, die Toten reden zu machen, ist, daß man die Tür einen Spalt offen läßt. Deswegen vermeiden es die schottischen Bauern sorgsam, die Tür halb offen zu lassen, während ein Leichnam im Haus liegt. Sie muß entweder weit offenstehen oder fest geschlossen sein; aber man zieht wegen der bei solchen Gelegenheiten üblichen Gastfreundschaft stets das erstere vor. Ebenso müssen die Wächter gut darauf achten, den Leichnam keinen Augenblick allein zu lassen, oder, falls das doch geschehen ist, müssen sie den ersten Blick darauf vermeiden. Die folgende Geschichte, die von den schottischen Bauern oft erzählt wird, veranschaulicht die Gefahr der halb offenen Tür: ‚Einstmals lebten Mann und Frau in einer abgelegenen Hütte an einem der ausgedehnten felsigen Grenzlandberge. Eines Tages starb der

Mann plötzlich, und seine Frau, die ebensoviel Angst hatte, allein bei dem Leichnam zu bleiben, wie den Toten sich selber zu überlassen, lief immer wieder zur Tür und schaute angstvoll über das einsame Moor, ob nicht jemand vorüberkomme. In Verwirrung und Aufregung ließ sie versehentlich die Tür angelehnt; da fuhr der Leichnam auf, setzte sich im Bett auf, runzelte die Stirn und fletschte die Zähne schrecklich nach ihr. Sie saß allein, weinte bitterlich, außerstande, des Toten Blick auszuweichen, und zu entsetzt, um das mürrische Schweigen zu durchbrechen, bis ein katholischer Geistlicher, der durch die Einöde wanderte, ins Haus trat. Als erstes stieß er die Tür ganz auf, dann steckte er den kleinen Finger in den Mund und sagte das Vaterunser rückwärts her; da gab sich das scheußliche Aussehen des Toten, er sank aufs Bett zurück und benahm sich so, wie es sich für einen Toten gehört.'‹ – FL 9, 1898, 377 gibt eine in ganz Schottland bekannte Geschichte, hier aus Sutherlandshire, Farr, wieder: ›Einmal wurde eine Leiche aufgebahrt, die Wächter hatten sich in ein anderes Zimmer zurückgezogen, um eine Erfrischung zu nehmen, und die Tür geschlossen. Plötzlich hörten sie im Raum der Leiche Lärm; keiner wagte sich hinein, schließlich schickten sie nach dem Pfarrer. Er ging, die Bibel in der Hand, hinein und schloß die Tür hinter sich. Der Lärm hörte auf. Ungefähr zehn Minuten später kam er wieder herein, nahm die Feuerzange und ging ins Totenzimmer zurück. Als er abermals wiederkam, hielt er in der Zange einen blutigen Handschuh, den er ins Feuer warf. Er verriet nicht, was er gesehen und gehört hatte.‹ – Andere Gefahren kommen nicht vom Toten, sondern bedrohen ihn: FL 33, 1922, 213: ›In Sconser (Skye) war ein Mann gestorben; die Nachbarn hielten Leichenwache. Von Mitternacht bis in die frühen Morgenstunden hörten sie Kettengerassel, das erst bei Tag verstummte. Der Teufel war gekommen, um seine Beute zu holen; sie hatten ihn mit ihren Gebeten vertrieben.‹ – Die Erzählungen vom gefährlichen Toten sind allgemein: HwAbergl. V, 1105 (Beispiele aus Urn, Kärnten, Bayern, Allgäu, Niederlausitz, Frankreich, Island,

China). – Eine polnische Sage (Vildomec, 130) erzählt, wie ein Toter aus dem Bett aufsteht und das eigene Kind zerreißt.

113. Der Spuk von Arran. S. 288

Bede, Wife, 126. – Brückenspuk: Vgl. Kommentar zu Nr. 68 (Furt). TMI: E 272. und E 496. HwAbergl. zu Brücke: Sie ist ein gefürchteter Ort, wo sich Wassergeister aufhalten, aber auch andere Geister, für die Brücken bzw. Flüsse Reviergrenzen bilden. Wanderer begleiten sie plagend oder erlösungsuchend durch ihr ganzes Revier. Oft sind Geister unter Brücken gebannt. – Englischer Brückenspuk: FL 22, 1911, 22; FL 27, 1916, 309; FL 44, 1933, 209; FL 63/64, 1952, 101. – Sämtliche deutschsprachigen Landschaften kennen Brückenspuk. – Den Geist anreden: Vgl. Text und Kommentar zu Nr. 88. – Pflugschar gestohlen: Vgl. die Texte Nr. 114, 115 und Superstitions, 247: Ein Mann, der Eisen verbarg, ohne zu verraten, wo, starb und hatte keine Ruhe im Grab. Einer, angeredet, gestand, er habe eine Pflugschar gestohlen, und gab an, wo das verborgene Eisen zu finden sei. Damit erlangte er Ruhe. – Ebenso Witchcraft, 173. – Derselbe Vorgang wird auch aus England berichtet: FL 39, 1928, 386 (Herefordshire). – Ein Pflugeisen versteckt hat der im Haus spukende Bòchdan; er zeigt dem Hausherrn den Platz: FL 6, 1895. – In einer schwäbischen Sage spukt an einem Platz, wo Eisen vergraben wurde, eine Katze, bis es gehoben ist (Peuckert, DS II, 56). TMI: E 415.1.1.: Geist findet erst Ruhe, als das von ihm zu Lebzeiten versteckte Eisen gefunden ist, mit dem Zusatz: Indien. – In Superstitions, 247 wird die Vorstellung in Zusammenhang gebracht mit einer andern: Der Schwur auf kaltes Eisen war von allen Eiden der meistbindende. – Der Geist prophezeit: TMI: E 545.; HwAbergl. III, 480. Vgl. die Texte Nr. 114 und 117.

114. Der Geist von Choimhlig. S. 289

Witchcraft, 213f. – Pflugschar versteckt: Vgl. Text und Kommentar zu Nr. 113. – Vielgestaltiger Geist: Vgl. Text und Kommentar zu Nr. 87. – Furt: Vgl. Kommentar zu Nr. 68. – Kampf mit Geist: Vgl. die Texte Nr. 84, 85, 91. – Weissagen des Geistes: Vgl. die Texte Nr. 113 und 117. – Den Geist anreden: Vgl. Text und Kommentar zu Nr. 88.

115. Der Poltergeist von Strathspey. S. 290

Grant Stewart, 39 ff. – Eisen unrechtmäßig behalten: Vgl. die Texte Nr. 113, 114. – Geist anreden: Vgl. Text und Kommentar zu Nr. 88. – Polterspuk: Vgl. Text Nr. 104; bei TMI: F 470.; HwAbergl. III, 479: Die Vorstellung steinewerfender Geister ist weit verbreitet. Sie zielen auf einsame Wanderer, auf den Totengräber, der hinter dem Leichenwagen geht, und auf den Banner, ohne damit Schaden zu tun, außer, der Beworfene blickt sich um. – Die steinewerfenden Geister kommen im deutschsprachigen Bereich vor allem in Sagen aus der Barockzeit vor, so Grässe I, 178, 191, 250, 477; II, 1361; Quensel, 329; doch gibt es auch spätere Berichte, und zwar aus nahezu sämtlichen deutschsprachigen Landschaften, wobei nicht immer Geister, sondern auch Elben und Hexen das lästige Phänomen bewirken. Gehexter Polterspuk aus dem Jahre 1854 in England: FL 14, 1903, 71; FL 44, 1933, 98; weiterer: FL 48, 1937, 49; aus Merlebach bei Metz 1950: FL 61/62, 1950/51, 34. Kuriosum: Die Dissertation eines Parapsychologieforschers aus Freiburg/Br. über Hamburger Polterspuk, dessen sehr realer Urheber im Juli 1985 in einem Fernsehinterview vorführte, wie er ihn bewirkt hatte. – Geist umarmen und anheben, so daß sich des Geistes Füße vom Boden heben: Antaeus-Motiv, vgl. Kommentar zu Nr. 63.

116. Der Ertrunkene. S. 293

Grant Stewart, 44 ff. – Toter kehrt zurück, um Unrecht wiedergutzumachen: TMI: E 345. – Geist erscheint mittags: TMI: E 587.1. Mittag ist wie Mitternacht Geisterzeit; vgl. HwAbergl. III, 555.

117. Die Frau in Banffshire. S. 294

Miller, Cromarty, 366ff. – Geist fühlt sich wie Wollsack an: So die Caointeach (wie Wollbüschel, wie Wolle, schrecklich weich) FL 25, 1914, 84-86. – Grün: Elfenkleidung, vgl. Text Nr. 132; auch Kleider des Wassermanns und vieler Unterirdischer und Kobolde der verschiedenen deutschen Landschaften. Grün gekleidet erscheint oft der Teufel, und grün ist das Kleid der Pockendame, vgl. Text Nr. 142, wie der Pest: SchwArch. 10, 96; hier trägt die grüne Dame unrechtmäßig erlangte grüne Seide. – Geist kann nicht über Wasser: Vgl. Text und Kommentar zu Nr. 85; reitet hinter dem Reiter sitzend auf Pferd: TMI: E 272.2.; erscheint zwischen Sonnenuntergang und -aufgang: TMI: E 587.3. (von Abendglocke bis Hahnenschrei), vgl. HwAbergl. III, 555; wirft mit Torfbrocken: Vgl. Kommentar zu Nr. 115, Steinewerfen. – Weissagender Geist: Vgl. die Texte Nr. 113, 114; hier bezieht sich die Information auf die Gegenwart, so daß Rettung möglich ist. – Geist kehrt zurück, um Unrecht wiedergutzumachen: TMI: E 345. – Ordentliches Begräbnis für den Hausierer: Vgl. Kommentar zu Nr. 108. – Wiedergängerin wird zu schwarzem Windhund: Zum Gestaltwandel des Geistes vgl. die Texte Nr. 87, 114.

118. Der fürsorgliche Nachbar. S. 299

Grant Stewart, 46ff. – Grab offen: Vgl. Text Nr. 110. – Geist kehrt wieder, um Lebende zu schützen: TMI: E 363.2.

119. Die Mutter als Vogel. S. 300

FL 33, 1922, 319 (Portree, Skye), vor dem ersten Weltkrieg notiert von Mary Julia MacCulloch; erzählerisch leicht erweitert (Kornworfeln geschildert). M.J. MacCulloch merkt an: Dieser Glaube, daß sich Seelen in Vögel verwandeln, ist ganz allgemein. Die Leute erzählen mir, sie hätten gesehen, wie sich ein Schwarm Seelen in Gestalt von Vögeln in die Luft erhoben hätte. – Seele als Vogel: Vgl. Text Nr. 121; TMI: E 732.; tote Frau erscheint als Vogel: TMI: E 322.4. – Vgl. zu Seele als Vogel HwAbergl. VIII, 914; Tote werden zu Möwen: FL 14, 1903, 64 (1889 von Fischern an Teilen der englischen Ostküste durchweg geglaubt), und FL 78, 1967, 189; derselbe Glaube existierte in Mecklenburg: Wossidlo, Reise, 164f., ähnlich Kuhn-Schwartz, 436, Nr. 306. Zuweilen ist in deutschsprachigen Sagen von armen Seelen als Vögeln, auch von Ermordeten als Vögeln die Rede, auch von ungetauft verstorbenen Kindern, die zu Tauben werden. Die zahlreichen Sagen, in denen Wiedergänger gebannt und dabei in Vögel verwandelt werden, übergehen wir hier. – Tote Mutter kommt wieder, um verfolgtem Kind beizustehen: TMI: E 323.2.; AT 510 A, 511, 923; BP I, 165ff. Thompson nennt italienische, jüdische, afrikanische, indische, ozeanische Belege (Hawaii, Indonesien, Mikronesien, Melanesien). – Vgl. Text Nr. 120.

120. Die tote Mutter. S. 301

Miller, Cromarty, 363. – Tote Mutter sorgt für vernachlässigte Kinder: TMI: E 323.1.2. – Vgl. FL 33, 1922, 319. – HwAbergl. IX, 572: Oft kommen tote Mütter zu vernachlässigtem Kind wieder. Einige herausgegriffene Beispiele: Niedersachsen, Rheinland, Sachsen, Bretagne. Auch in anderen deutschsprachigen Landschaften findet sich das Motiv. Besonders häufig wird erzählt, wie eine tote Mutter zurückkommt, um ihr Kind zu säugen. So auch in polnischen Sagen: Vildomec, 123f.

121. Der Tote beim Pferch. S. 302

Witchcraft, 21; erzählerisch leicht erweitert (›sie hätte die Zaunlücke erst ausbessern müssen‹). – Toter Ehemann kehrt freundlich wieder: TMI: E 321.; Geist kommt nachts, um den Lebenden zu helfen: TMI: E 363. – Wiedergänger füttert nachts die Pferde: NiSa III, 1455; IV, 1860 (verunglückter Pferdejunge), 2005; Bauer versorgt nach dem Tod, da sein Nachfolger faul ist, weiter die Pferde: Knoop, Stolp, 8; toter Bauer versorgt das Vieh, schneidet Häcksel, schläft mit der Frau: Vildomec, 127; hackt Holz, pflügt, zeugt noch Kinder: ebd., 132. – Seele als Vogel: Vgl. Text und Kommentar zu Nr. 119. – Auswanderung nach Amerika: Vgl. Text Nr. 68.

122. Captain Ross. S. 303

FLJ 6, 1868, 166ff. Von W. Graham, Cuthill. Wenige unbedeutende Satzänderungen; direkte Rede statt indirekter. – Hier handelt es sich um eine Beschwörung, die Geschichte gehört also eigentlich nicht zu Wiedergänger-, sondern zu Magiesagen. – Geisterbeschwörung: HwAbergl. III, 523. Geist beschwören: TMI: E 380. – Magischer Kreis: Vgl. Text Nr. 85 und Kommentar dazu. Hier tritt der Beschworene wider alle Regel hinein.

123. Der Brownie. S. 309

Grant Stewart, 139ff. – Ursprung der Brownies: TMI: F 482. (Ursprung der Hausgeister), Superstitions, 186f. Der Brownie ist erst in späteren Zeiten nach Schottland gekommen, vom Süden her, ist teutonisch, nicht keltisch. Meist hört man von ihm dort, wo Ideen aus dem Süden durchgedrungen sind oder wo sich, wie auf den Orkney- und Shetlandinseln, eine teutonische Rasse niedergelassen hat. – Browniesagen finden sich auch in Cornwall (z. B. FLJ 5, 1887, 180) und England (z. B. Essex: FL 56, 1945, 292; Lincolnshire: FL 2, 1891, 264ff., und FL 51, 1940, 220). – Braun: Rochholz, Naturmythen, 107; Erdmännchen mit schwarzer Gesichtsfarbe: ebd., 108; Feen mit schwarzer Haut hüten die Herden vor Seuchen, Hinweis auf die Zwerge bei Franzensbad, schwarze Männlein (= Vernaleken, Österreichische Mythen und Bräuche, 112) und die Hollen im Waldeckischen (Curtze, 222), schwarze, puppengroße Menschen, ebd., 120; schwarzbraune Gesichter haben die Bergmandli (die Weibchen nicht). Rochholz verweist auch auf die Lichtelben der skandinavischen Sage, denen die Schwarzelben entgegengesetzt sind. – Bei Kohlrusch, 14 wird für die Schweizer Erdmännchen oder Toggeli die schwarzbraune Gesichtsfarbe nicht hervorgehoben, doch berichtet, daß sie Pferde und Stallvieh versorgen und gegen ein wenig Milch, die man ihnen hinsetzt, regelrecht Knechtsdienste übernehmen. – Johnson, Reise 172, bemerkt 1773: ›Die mancherlei Arten von Aberglauben … sind durch die Sorgfalt der Geistlichen beinah schon ausgerottet. Vom Brownie ... hat man seit vielen Jahren nichts mehr gehört.‹ Dagegen berichtet der Argyllshire Herald, April 22nd, 1965, daß auf den Hebriden der Brownieglaube noch lebendig sei (nach: Notes and Queries, 3rd Series, 1865, 386). – Hausgeist, Kobold gehört zu bestimmtem Hof: TMI: F 482.3.3. – Hilfreiche Taten des Hausgeistes: Vgl. Text Nr. 124–130 sowie Nr. 132–133, 135, 138. – Zu Kobold vgl. HwAbergl. V, 29ff.; Ranke, 159ff. – Zu Hausgeist im HwAbergl. III, 1569: ›Allgemein in Deutschland herrschte seit den ältesten Zeiten und herrscht teilweise noch jetzt der Glaube, daß jedes bäuerliche Gehöft einen Hausgeist habe ...‹

124. Klumpenbrownie und seine Frau. S. 310

Grant Stewart, 142. – Brownie foppt: TMI: F 482.5.3.; wird lästig: F 482.5.5. – Hilfreiche Taten des Hausgeistes: Vgl. Kommentar zu Nr. 123. – Kleidergabe an den Brownie, er legt die Arbeit nieder: TMI: F 405.11.; BP I, 39; HwAbergl. IX, Nachträge, 1096; vgl. Text Nr. 125–129, 132, 138. – Ausführlich über ›ausgelohnt‹ Peuckert, Sagen, Berlin 1965, 139: ›Das elbische Wesen erscheint ungerufen, verrichtet häusliche Dienste; der Hausvater drückt seine Dankbarkeit dadurch aus, daß er dem Elben Kleidungsstücke oder Schuhe schenkt. Diese Gabe wird entweder als symbolische Aufkündigung des Dienstes oder als freundliches Geschenk empfunden.‹ – Die Elben: In Großbritannien sind außer Brownies und Glaistig vor allem Pixies, Hobthrust und Phynodderee (Insel Man) bekannt, im Deutschen: Kleine Männel, Zwerge, Haus-, Hüttenkobolde, Wichtel, Heinzelmännchen, Sennenzwerge, Klabautermänneken, Unterirdische, Erdmännl oder -leute, Bergmandl, -zwerge, Wildmännchen, Wilde Frauen, Wilde Fräulein, Salige, Buschweibel, Waschweibel, auch Nixen; Nisse (Norddeutschland und Skandinavien); Tomte (Skandinavien); Follets, Nains (Lorraine). – Das Motiv des Auslohnens existiert in Skandinavien, dem gesamten deutschsprachigen bzw. ehemals teilweise deutschsprachigen Gebiet, in den Niederlanden, im Wendischen und in Großbritannien.

125. Wie der Brownie die Hebamme holte. S. 312

Scott, Minstrelsy, lxxxi; leicht geändert: einige Sätze umgestellt, aus Scotts Rückblenderaffung eine chronologische Erzählung gemacht sowie beim Ritt zwei winzige anschauliche Zusätze eingefügt. – Brownie holt zu Pferd Hebamme: TMI: F 482.5.4.1. – Ausgelohnt: Vgl. Text und Kommentar zu Nr. 124.

126. Der ausgelohnte Brownie. S. 313

Chambers, 325. – Ausgelohnt: Vgl. Text und Kommentar zu Nr. 124. – Brownie gehört zu bestimmtem Hof: TMI: F 482.3.3. – Hilfreiche Taten des Hausgeistes: Vgl. Kommentar zu Nr. 123. – Milchgabe: Hier vertreibt sie den Brownie; sonst gehört das Milchhinstellen gewöhnlich zur Haltung des Hausgeistes; vgl. die Texte Nr. 127, 129, 132. – Brownie foppt: TMI: F 482.5.3.

127. Der Brownie auf Càra. S. 315

Superstitions, 186f. – Hilfreiche Taten des Hausgeistes: Vgl. Kommentar zu Nr. 123. – Ausgelohnt: Vgl. Text und Kommentar zu Nr. 124. – Milch: Vgl. Text und Kommentar zu Nr. 126 und 132. – Brownie stellt Unfug an, wenn nachts nicht alles offen gelassen wird: TMI: F 406.1. (Tür offenlassen, damit Nachtwesen ungehindert ein- und ausgehen können).

128. Gunna. S. 317

Superstitions, 189. – Hilfreiche Taten des Hausgeistes: Vgl. Kommentar zu Nr. 123. – Ausgelohnt: Vgl. Text und Kommentar zu Nr. 124. – Zu Gunna, Urisk und Glaistig vgl. HwAbergl. IX, Nachträge, 967ff. über Wilde, Wilde Frauen, Wilde Fräulein, Wilde Männer, Wildmannli etc. in der Schweiz bis Kärnten, aber auch in Hessen. Eine in Sagen oft erscheinende Gruppe von Wesen der niederen Mythologie; unter anderem hüten sie dem Bauern das Vieh. Auch daß sie nach der Kleidergabe verschwinden, stolz sind auf die neuen Sachen (Beitl, 313, 397, 537 – wildes Männl) oder entrüstet (Seger Nr. 15, S. 14), erzählt man von ihnen.

Superstitions, 195 f. – Ausgelohnt: Vgl. Text und Kommentar zu Nr. 124. – Hilfreiche Taten des Hausgeistes: Vgl. Kommentar zu Nr. 123. – Zum Urisk noch Superstitions, 198: Man konnte den Urisk dafür gewinnen, die schweren Arbeiten auf dem Hof zu verrichten. Viele Hochlandfamilien hatten einen bei sich. Er war einfältig, folglich spielte man ihm manchen Streich. – Der Urisk vom Ben Loy (Berg auf der Grenze von Argyllshire und Perthshire) kam im Winter zu einem Hof in Glen Orchy herunter und drang nachts durch den Schornstein ins Haus. Einmal nahmen die Leute die Stange weg, an der die Kaminkette hing und auf die der Urisk beim Herabsteigen sonst trat, und er tat einen bösen Fall. Er wohnte gern in einer Spalte am Wasserfall von Moraig und hielt dort das Wasser vom zu schnellen Sturz über die Felsen ab. Ein Stein, auf dem er saß und mit den Beinen über dem Fall baumelte, heißt Urisk-Stein. Manchmal hütete er die Herden des Sococh-Hofs (Superstitions, 197). – Der Urisk vom Gelben Wasserfall in Glen Màilli, Süd-Inverness-shire, pflegte spät abends zu einer Frau namens Mary zu kommen und ihr beim Spinnen zuzusehen. Ein Mann, der ihn sich gern anschauen wollte, verkleidete sich als Mary und setzte sich mit der Kunkel an ihren Platz. Der Urisk kam zur Tür, trat aber nicht ein und sagte: »Ich sehe dein Auge, sehe deine Nase, / sehe deinen großen, breiten Bart, / und wenn du auch mit der Kunkel arbeitest, / ich weiß doch, du bist ein Mann.« (Superstitions, 197 f.)

130. Callum Mhors Helfer. S. 318

Campbell, Tales II, 91. – Zu Bòchdan vgl. Text Nr. 85. – Zwang zum Prügeln mit dem Bòchdan vgl. Text Nr. 68. – Amerika: Vgl. die Texte Nr. 68, 121. – Der Bòchdan zieht mit auf den anderen Hof und dann nach Amerika um: Vgl. Text und Kommentar zu Nr. 138; TMI: F 482.3.1.1. – Hilfreiche Taten des Hausgeistes: Vgl. Kommentar zu Nr. 123.

131. Gilpin Horner. S. 321

Scott, Lay, Note 13 zum 3. Gesang (Alexis) bzw. Note 17 zum 3. (Original). – Mit einer unbedeutenden Umstellung im Text. – TMI: F 442.1. (geheimnisvolle Stimme verkündet Pans Tod) und TMI: F 405.7. (Geist geht fort, wenn er Nachricht vom Tod eines Artgenossen erhält). – Die Sage gehört zu der großen Gruppe der Sagen vom Tod des großen Pan (so genannt nach folgender Erzählung Plutarchs: Als ein Segelschiff auf der Fahrt nach Italien an der Insel Naxos vorbeikam, drang von der Küste her ein Ruf zu dem Ägypter Thamus, der sich an Bord befand: »Wenn du nach Polodes kommst, so melde, daß der große Pan tot ist!« Thamus tat das, und daraufhin erscholl eine laute, vielstimmige Klage.). Dieses Grundmotiv ist in zahllosen Varianten in Skandinavien, im deutschsprachigen Raum, in den Niederlanden, in Großbritannien und Irland verbreitet, auch in der Bretagne und der Normandie; noch in Estland (heute Estn. SSR) ruft ein von Wölfen überfallener Wiedergänger einem Bauern die Botschaft von seiner Gefahr zu. Im Slawischen wie im Romanischen ist die Sage nicht zu Hause. Vgl. vor allem Archer Taylor: Northern Parallels to the Death of Pan, Washington 1922, und Inger Marg. Boberg: Sagnet om den Store Pans Død (Upsala 1934), dazu Der Schlern 34, 1960, 100. – Die Gruppe teilt sich in Sagen um menschenähnliche Wesen, denen die Todesbotschaft gilt, und um Katzen; vgl. Text Nr. 140 und 141. Die Sagen um die menschenähnlichen Geschöpfe, die Zwerge (vgl. über die Todansage der Zwerge HwAbergl. IX, Nachträge, 1107), Waldgeister, Salige etc. bilden drei Haupttypen: Jemandem wird unterwegs von einem Unbekannten oder auch einem unsichtbaren Rufer aufgetragen, er möge daheim dem und dem oder der und der melden, daß der und der oder die und die gestorben sei. Der Beauftragte erzählt den sonderbaren Vorfall daheim seiner Frau, gewöhnlich beim Essen. Daraufhin erhebt sich ein Klagegeschrei in dem Winkel, wo ein Unterirdischer wohnt, oder aber die Salige, die als Magd beim Bauern lebt, läuft klagend davon. So der erste Typ. Der zweite: Ein Zwerg, der eben im

Begriff war, unsichtbar Brotteig oder Bier beim Bauern zu stehlen, wird von einem zweiten mit der Nachricht abberufen; er läßt von seinem Vorhaben ab (oft bleibt sein Bierkrug dabei zurück) und eilt fort mit dem Ruf: »So? Dann muß ich nur machen, daß ich komme!« Der dritte Typ: Ein Mann hat unterwegs einen andern (gewöhnlich eine Katze) erschlagen; der Sterbende (der Kater) trägt ihm auf, daheim dem und dem davon zu berichten. Daraufhin rächt der Benachrichtigte (Hauskatze, -kater) den Umgebrachten, indem er (sie) den schuldigen Boten tötet; vgl. Text Nr. 141. – Der erste Typ, nach Boberg der älteste, lebte besonders in Oberdeutschland, Österreich und der Schweiz, der zweite zumeist in Skandinavien und Norddeutschland; in Skandinavien ist er zum Teil verbunden mit dem Motiv von der Brandmeldung aus dem Elfenberg; vgl. Kommentar zu Nr. 52. – Das verstorbene Wesen ist das Kind des Benachrichtigten und ist ins Feuer gefallen; Variante: in den Kessel. – Die dritte Form, das Rachemotiv, taucht nur sehr selten in Skandinavien auf und im deutschsprachigen Raum gar nicht; dagegen herrscht es in Schottland und Irland, also im keltischen Raum, vor. – Das Motiv von der Todansage des geheimnisvollen Wesens erscheint in Mitteldeutschland auch gekoppelt mit der Sage von der Zwergenhochzeit in einer Menschenwohnung, in Nordwestdeutschland mit der Sage von der Auswanderung der Zwerge (z.B. Kuhn-Schwartz, 323, sie wandern aus, weil ihr König tot ist, der Fuhrmann, der sie übersetzt, hört ihre Klage). – Unsere Sage von Gilpin Horner hat eine genaue Parallele in Cornwall: Ein Bauer fand eines Tages ein halbverhungertes kleines Kind, das allein mitten auf einem Feld saß, nahm es mit und fütterte es, bis es stark und lebhaft wurde. Bald danach hörte man plötzlich eine schrille Stimme, die dreimal nach ›Colman Grey‹ rief. Daraufhin rief das Kind: »Hohoho! Mein Pappi ist gekommen!« Es flog durchs Schlüsselloch und wurde nie wieder gesehen (Notes and Queries 1855, 1st Serie XI, 398; später in Choice Notes, 1859, 73; FLJ 5, 1887, 182). Boberg läßt im Gegensatz zu Taylor beide Sagen nicht als Vertreter des Pan-Typs gelten, weil nur vom Ruf, nicht von einer Todesbotschaft die Rede ist.

132. Die Glaistig. S. 322

Superstitions, 44f. und 155ff., gekürzt und mit einigen Umstellungen. Vgl. Kommentar zu Nr. 128. – Hilfreiche Taten des Hausgeistes: Vgl. Kommentar zu Nr. 123. – Grün: Vgl. Text und Kommentar zu Nr. 117. – Ausgelohnt: Vgl. Text und Kommentar zu Nr. 124. – Glaistig als Stute: Vgl. Text Nr. 137. – Milch auf Stein gegossen: Vgl. Text Nr. 126–127, 129 und HwAbergl. VI, 352ff.: Milchopfer: ›Milch ist der begehrte Lebenstrank der Elben, Kobolde und aller Vegetationsdämonen und Geister, besonders der Hauskobolde.‹ TMI: F 406. (Nachts für Geister Essen draußen hingestellt). – Allgemein zur Glaistig (Superstitions, 160): Die Glaistig gleicht den Elfen in der Unsichtbarkeit und den geräuschlosen Bewegungen, in der Vorliebe für grüne Kleidung, im nächtlichen Spinnen und Hantieren mit Handwerkszeug; darin, daß Stahl sie abhält; darin, daß sie ihren Günstlingen Geschicklichkeit verleihen kann. Sie ließ die Wahl zwischen Erfindungskraft ohne Vorteil und Vorteil ohne Erfindungskraft. So gab es entweder tüchtige Handwerker, die es nie zu etwas brachten, oder erfolgreiche Tröpfe. – Ebd., 162: Die Glaistig von Glenduror, Appin in Argyllshire, existierte noch nicht allzulange vor 1900 und bekam jeden Abend ihre Milch auf einen hohlen Stein gegossen; als ein neuer Pächter das unterließ, waren am nächsten Morgen die Kälber bei den Kühen. Ihr Gesicht glich einem grauen Stein, der mit Flechten überwachsen ist. Eine Magd, die an einem dunklen Abend Wasser aus dem Bach hinterm Haus holte, wurde von den andern gefragt, ob sie nicht die Glaistig fürchte. Sie sprach verächtlich von ihr und erhielt dafür auf dem Weg zum Bach eine Ohrfeige, die ihr den Kopf auf die eine Seite verdrehte. Am nächsten Abend auf dem gleichen Weg empfing sie eine zweite Ohrfeige, die den Kopf wieder zurückdrehte. Dasselbe wird auch von einer anderen Glaistig erzählt.

133. Die Glaistig von Strathglass. S. 324

Superstitions, 167f. – Streiche, Foppereien der Haus-Glaistig: TMI: F 482.5.3.; Irreführung im Haus: TMI: F 402.1.1. (Geist führt irre)

134. Die Glaistig von Garlios auf Morvern. S. 325

Superstitions, 173.

135. Die Glaistig von Baugh auf Tiree. S. 326

Superstitions, 176. – Hilfreiche Taten des Hausgeistes: Vgl. Kommentar zu Nr. 123.

136. Die Glaistig von Strontian. S. 327

Superstitions, 177. – Gabe der Glaistig für die Zukunft: TMI: F 349. (verschiedenartige Elfengaben)

137. Die Glaistig auf Mull. S. 327

Superstitions, 179. – Die Glaistig als Stute: Vgl. Text Nr. 132 sowie Superstitions, 183. Die Glaistig von Fernach, Loch Awe, beförderte Personen des Namens M'Intyre über einen gefährlichen Strom in der Nachbarschaft. Dabei nahm sie die Gestalt eines Füllens an. Foppende Glaistig: TMI: F 482.5.3.

138. MacIain Ghiarr. S. 328

Superstitions, 138. – Gabe der Glaistig (Diebstalent): TMI: F 349. (verschiedenartige Elfengaben). – Ausgelohnt: Vgl. Text und Kommentar zu Nr. 124. – ›Ihr habt die alte Egge vergessen, aber ich habe sie mitgebracht‹: Zum Hauskobold, dem man durch Umzug entkommen will und der mit umzieht, vgl. Text Nr. 130; das Motiv (TMI: F 482.3.1.1.) findet sich in den hübschesten Varianten in Großbritannien (z. B. Mackinlay, 162 nach Nicholson, 80f.: Ost-Yorkshire und Südschottland; FL 8, 1897, 69: Lincolnshire; FL 63/64, 1952/53, 95: Westmoreland; am Abend vor dem Umzug findet einer aus der Familie Hob im Kuhstall: »Was machst du da?« – »Ach, nichts, ich schmier mir bloß die Schuh, denn morgen ziehn wir ja.«), in Irland (Grimm,

Elf. 93), in Norwegen sowie nahezu im gesamten deutschen bzw. ehemals teilweise deutschen Sprachraum: Schleswig-Holstein; Westfalen; Brandenburg (hier ähnlich wie in Thüringen das Waschmotiv); Thüringen (das fleißige, aber tyrannische Futtermännchen wäscht am Vorabend des Umzugs sein Röckchen im Bach: »Ich wische, ich wasche mein Röcklein aus, denn morgen schon ziehn wir ins neue Haus.«); Vogtland (ähnlich); Sachsen (der Hausherr steckt das Haus an, um den Kobold loszuwerden; Stimme unter dem Wagen, in dem die Bewohner mit den Resten ihrer Habe wegfahren: »Wären wir nicht so gerannt, so wären wir wohl mitverbrannt.«); Schlesien (heute Śląsk, VR Polen, und Slezsko, ČSSR [Waschmotiv]); Böhmen (heute ČSSR [Brandmotiv]); Schwaben (Hausherr auf dem Umzugswagen: »Haben wir auch alles?« Poppele: »Oh ja, ich bin auch da.«); Allgäu; Bayern (Waschmotiv, in einem Fall abgewandelt, nicht Kobold, sondern Wiedergänger); Tirol; Vorarlberg (umgekehrtes Motiv: dem freundlichen Butz, der nicht schuld am Umzug ist, wird gestattet mitzukommen; er jubelt); Aargau/Schweiz; auch im Slawischen existiert die Geschichte (u. a. in Polen: der Umzugswagen droht umzustürzen, die Gutsdame schreit, der freundliche Hausteufel beruhigt: »Nur keine Angst, Iskrzycki ist ja da!«) und in Estland (heute Estn. SSR) ganz abgewandelt (der Wiedergänger will beim Umzug, der eine Flucht vor ihm ist, mitkommen, und der Bauer führt ihn durch Zickzacklaufen irre). – Vgl. BP II, 422, und HwAbergl. V, 44.

139. Die Glaistig von Lianachan. S. 330

Superstitions, 168 f.; ein Teil der Sage ist dort in freien Rhythmen gegeben, die hier in Prosa übertragen wurden. – Elfen als Baumeister: TMI: F 271.2. – Pflugschar statt Hand hingehalten: Vgl. Text Nr. 14 und 97, wo sie allerdings nicht glühend gemacht war. – Fluch der Glaistig: TMI: M 411.7. (Geisterfluch)

140. Des Katzenkönigs Begräbnis. S. 332

FLJ 2, 1884, 22f. Die Sage ist zwar in Herefordshire erzählt worden (etwa 1810 von einer Amme, die 1882 über neunzig war), sie spielt aber in Schottland und hat ihre engste Parallele in Irland: Ein Mann beobachtet den Begräbniszug des Katzenkönigs, den vier Katzen zu Grabe tragen (Revtradpop. IV, 84). – Vgl. Text und Kommentar zu Nr. 131. – Hier handelt es sich um eine Variante der Sagengruppe ›Tod des großen Pan‹ (TMI: F 442.1.) und des Motivs ›Geist geht fort, wenn er Nachricht vom Tod eines Artgenossen erhält‹ (TMI: F 405.7.), nämlich um TMI: B 342.: Katze verläßt das Haus bei der Nachricht vom Tod eines ihrer Gefährten. Vgl. auch AT 113 A. – In England, Schottland und Irland ist die Pan-Tod-Sage fast ausschließlich durch Sagen von Katzen vertreten, in Frankreich kommt sie in dieser Form zahlreicher vor als in Sagen mit menschenähnlichen Wesen (vgl. Text Nr. 131); relativ häufig kommt sie noch in Dänemark vor, verschwindend selten in Norwegen und Schweden, oft wiederum im Deutschen. In Norwegen und Schweden sind die Katzen-Pan-Sagen mit Hexenvorstellungen vermischt, wie das auch zum Teil in Süddeutschland, in Oldenburg, in Mitteldeutschland, in Schlesien (heute Śląsk, VR Polen, und Slezsko, ČSSR), in Böhmen (heute ČSSR), Österreich und durchweg in Frankreich der Fall ist: Tanzende Katzen beauftragen einen Vorübergehenden mit der Todesbotschaft, oder aber aus der Einladung zum Begräbnis wird überhaupt die Aufforderung, zum Hexen-Katzen-Tanz zu kommen. In Norddeutschland dagegen existiert wie im Dänischen und im Schottischen, Irischen, Englischen die Sage von Katzentodesbotschaft und Begräbnis sowie schmerzlicher oder freudiger Reaktion der Hauskatze selbständiger, obwohl auch im Norddeutschen Mischformen vorkommen und der Königsbegriff, im Britannischen und Irischen wesentlich, bei uns fehlt. Weder in England noch in Deutschland gibt es die Sage von der Tötung des schuldigen Boten (vgl. Text Nr. 141). Vgl. für England Halliwell, 51: Geschichten von Elfen in Katzengestalt (so leitet der Sammler interpretierend ein) sind in Nordengland häufig. Ein Bauer aus Staindrop, Durham, ging nachts über eine Brücke, eine Katze sprang vor ihn hin: »Jonny Reed! Erzähl Madam Momfort, daß Mally Dixon tot ist!« Er wiederholt die Worte daheim seiner Frau, da fährt die schwarze Katze auf: »So, ist sie das?« Und sie zieht ab auf Nimmerwiedersehen. Man vermutet, daß sie eine verstellte Elfe war und so zum Begräbnis ihrer Schwester gerufen wurde, denn in Nordengland sind die Elfen sterblich; die Landleute zeigen ihre Begräbnisplätze. – Ähnlich in Northumberland (Notes and Queries, 1st Series, VI, 70 = Choice Notes 1859, 26). – Lancashire: Zu einem alten Herrn kommt ein fremder Kater durch den Kamin: »Sage Dildrum, daß Doldrum gestorben ist!« Er berichtet das seiner Frau in Gegenwart des eigenen Katers, da sagt der: »Doldrum ist tot! Dann bin ich jetzt Katzenkönig!« Er verschwindet gleichfalls durch den Kamin (Notes and Queries, 2nd Series, X, 1860, 463). – Boberg, 143, zitiert Belege aus Buckinghamshire und Staffordshire mit anderen Katzennamen, aber gleichem Hergang. – Kuhn-Schwartz, 488, Anm. 186, zitiert eine irische Erzählung; auch in Revtradpop. IV, 84 werden mehrere irische Beispiele knapp zitiert; Boberg, 144 bringt einen Beleg aus Leinster (= P. Kennedy. Legendary Fictions of the Irish Celts, London 1891, 140). Sie verweist auf die vielen während der dreißiger Jahre dieses Jahrhunderts neugesammelten ähnlichen irischen Sagen (Classica et Mediaevalia. Copenhagen 1940, 127). – In den mir zugänglichen Werken fand sich nur eine einzige schottische reine Katzentodansage dieses Schemas, ohne Begräbniszug in: Revtradpop. V, 1890, 199. – Ein belgischer Beleg steht in Wallonia IX, 175f. Ferner Beispiele für Katzentodansage (die Katze, die davon erfährt, verschwindet auf Nimmerwiedersehen) bei Strackerjan, 220 k und 220 d (hier ohne Todesmotiv); Schwartz, 94; Jahn, 469; Knoop, Dramburg, 93; Bodens, 887, und Merkelbach-Pinck, Meistube I, 271. – Todesbotschaft mit Hexenmotiv im Schönwerth-Nachlaß, 40: Ein Knecht fährt an zwölf Ringelreihe tanzenden schwarzen Katzen vorbei. »Grüß den Kater und melde ihm, der Wanna sei gestorben!« Der Kater springt heulend durchs Fenster. Ähnlich auch bei Schönwerth III, 189, 190; Grohmann, 227. – Vernaleken, Österr. 26, Nr. 8: Alte Katzen werden Hexen, man darf sie nicht schlagen. Ein Bauer erschlägt seinen alten Kater. Die Katze beauftragt den Postillion, dem Kater in einem bestimmten Wirtshause auszurichten, der Miremauer sei gestorben, und zur Leiche zu bitten. Der Wirtskater zieht ab auf Nimmerwiedersehen. Der erschlagene Kater geistert im Walde als Mann mit breitkrempigem Hut (vgl. zu diesem Detail Kommentar zu Nr. 141). – Bei Savi-Lopez, 289 eine Dildrumvariante aus der italienischen Schweiz. – Katzenbotschaften, die Aufforderungen einer Hexenkatze zum Katzentanz enthalten; aufgeforderte Katze fort für immer: Pröhle, UH, 337; Grässe I, 537; Eisel, 391 = Quensel, 233; wohl auch Schönwerth 189f. – An Katzen gerichtete Grußbotschaften, gegrüßte Katze fort für immer: Baader, I, 484; Kühnau III, 1382 = Peuckert, Schles., 99. – Eine Sage im Schönwerth-Nachlaß, 38, unter den Hexenkatzen aufgeführt, enthält außer der irischen Parallele zu unserer in Schottland spielenden Sage die einzige uns geläufige Schilderung des Katzenbegräbniszuges, freilich in wirrer Motivmischung: Ein Bauernbursche sieht unterwegs nachts einen Leichenzug, dem Katzen vorausgehen und folgen; vier Katzen, darunter des Burschen Kater. Am anderen Tag redet der Bursche den Kater daraufhin an; der Kater erdrosselt ihn und entflieht durchs Fenster. Der Bursche hatte also, schließt die Erzählung, seine eigene Leiche (als Vorspuk) gesehen.

141. Der gerächte Katzenkönig. S. 333

Witchcraft, 38f. – Ebd. eine Parallele: Ein Jäger tötet eine Wildkatze und erzählt das zu Hause. Das Kätzchen hört zu: »So, ist Bald Entrails of the Cats (nahezu unübersetzbar: Kahleingeweide) getötet? Wär es nicht der vielen Abende wegen, an denen ich in deiner Familie Fleisch und Milch bekam, ich hätte deine lange, gestreifte Luftröhre in meinen Krallen. Sag Streaked Foul-Face (etwa: dem gestreiften Falschgesicht), daß Baldrum tot ist.« Damit ging das Kätzchen fort für immer. – Vgl. Text Nr. 131 und 140. TMI: F 442.1. (Tod des großen Pan); TMI: F 405.7. (Geist geht fort, wenn er Nachricht vom Tod eines Artgenossen erhält); TMI: B 342. (Katze verläßt das Haus bei der Nachricht vom Tod eines ihrer Gefährten); AT 113 A. – Das Rachemotiv (der Überbringer der Nachricht ist zugleich der Schuldige am Tod) ist die schottisch-irische, also keltische Sonderausprägung des Motivs; es findet sich sonst nur noch in einer bei Boberg zitierten isländischen Aufzeichnung; nach Boberg ist dieser Typ um 900 von Irland-Schottland nach Island gebracht worden; auch die Auffassung, daß der Gestorbene Katzenkönig war, meint Boberg, ist gewiß ursprünglich keltisch. Und sie verweist auf den Zusammenhang mit keltischen Sagen von übernatürlichen Katzen. – Dazu Notiz aus FL 32, 1921, 105: Übernatürliche Katzen sind in der irischen Mythologie gewöhnlich, der Glaube an Katzenkönige verbreitet; einer sollte im Hügel von Rathcroaghan in Co. Roscommon leben und einer im Hünengrab von Dowth, Co. Meath. Der erste scheint verehrt worden zu sein wie das göttliche Pferd. – Die Bemerkung schließt sich an folgende Geschichte: Die Mutter eines Kindes hatte ein Kätzchen getötet, um sein Blut zu einer Kur zu verwenden. Darauf erschienen zwei große schwarze Katzen und fragten, wie die Frau es habe wagen können, ihr einziges Kind zu töten, um das eigene zu retten. Sie griffen die Familie samt einigen helfenden Nachbarn an und zerkratzten sie, hielten dann aber plötzlich inne und sagten: »Ihr seid bestraft genug. Euer Kind wird leben, denn der Tod kann nur ein Kind nehmen, das schwören wir beim Blut und der Macht des großen Königs der Katzen.« Sie verschwanden, und das Kind genas. – Wie es im Schottischen in der Sage neben den mythischen übernatürlichen Katzen auch Mengen von Hexenkatzen gibt, manchmal auch die Grenze verschwimmt, so finden sich wiederum auf deutschsprachigem Gebiet gelegentlich Sagen, die nicht in das Hexenkatzenschema passen und auch über den Bericht von der Katzentodesbotschaft hinaus Bruchstücke vorchristlicher Glaubensvorstellungen durchschimmern lassen. So existierten in der Oberpfalz sehr komplizierte Vorstellungen über die Wanas, Katzenwesen in Menschengestalt (z. B. Schönwerth III, 187f.); und die bei Text Nr. 140 zitierte Sage, Vernaleken, Österr. 26, Nr. 8, wird zwar mit der Überzeugung eingeleitet: alte Katzen werden Hexen, aber sie mündet in den Bericht, daß der erschlagene Kater als großer Mann mit breitkrempigem Hut und langem Stab geistert, eine Erscheinungsform, die seit den Grimms mit Wodan in Beziehung gebracht worden ist (vgl. HwAbergl. I, 1550).

142. Die Pockendame. S. 334

Miller, Cromarty, 70f. – TMI: F 493. (Seuchengeist); vgl. auch TMI: A 478.2. (Pockengöttin); TMI: Z 112. (Krankheit personifiziert). – Grün: Vgl. Text und Kommentar zu Nr. 117.

143. Die Cholera. S. 335

Miller, Cromarty, 240ff. – TMI: F 493.2. (Pest in menschlicher Gestalt), vgl. HwAbergl. VI, 1506f. Die Pestgestalten sind in den einzelnen Ländern und Landschaften sehr verschiedenartig. Weißgekleidete Gestalten: Bretagne, Rußland (heute RSFSR), Serbien (heute als Soz. Rep. Serbien Teil der SFR Jugoslawien), Litauen (heute Litauische SSR), sächsische Wenden.

144. Das Pestwölkchen. S. 338

Miller, Cromarty, 245. – Pest als Wölkchen: TMI: F 493. (Pest in sichtbarer Gestalt). – HwAbergl. VI, 1505. – In den deutschen Überlieferungen ist die Wolke, der Dunst, Rauch überwiegend blau; nur in einer Überlieferung (Kühnau, OS, 229) ist die Rede von einer schwefelgelben Wolke, die sich aufs Dorf senkt und nach einer Weile (als alle Bewohner bis auf die eines einzigen Hauses tot sind) wieder aufsteigt. – Das Einfangen der Pestwolke im Beutel hat meines Wissens im Deutschen keine Parallele; deutschsprachige Pestsagen berichten häufig davon, wie die Pest als Wolke oder Dunst in einen hohlen Baum etc. gefahren und eingepflöckt worden sei; in der zitierten Sage ist sie bei jenen, die leben geblieben sind, als gelber Streif durchs Schlüsselloch geschlüpft und mit Zischen in eine Essigflasche gefahren; die haben die Männer zugekorkt.

BIBLIOGRAPHIE

Quellen

Bede, Wife: Cuthbert Bede (Pseudonym für Edward Bradley): The White Wife and other West Highland Stories. S. Lew. a. Co. 1865.

Black-Thomas: G. F. Black: County Folk-Lore ... Examples of printed Folk-Lore concerning the Orkney and Shetland Islands, coll. by G. F. Black, ed. by Northcote W. Thomas. London 1903.

Campbell, Tales: John Francis Campbell: Popular Tales of the West Highlands. Edinburgh 1860–1863.

Carmichael: Alexander Carmichael: Carmina Gadelica I. Edinburgh 1928.

Chambers: Robert Chambers: Popular Rhymes, Fireside Stories and Amusement of Scotland. Edinburgh, London, Dublin ²1870.

Clan Traditions: John Gregorson Campbell: Clan Traditions and Popular Tales of the Western Highlands, coll. from oral Sources by the late Rev. J. G. Campbell. London 1895 = Waifs and Strays, V Argyllshire Series.

Craignish: J. MacDougall: Craignish Tales. London 1889 = Waifs and Strays, I Argyllshire Series.

Dalyell: John Graham Dalyell: Darker Superstitions of Scotland. Edinburgh 1834.

Fians: John Gregorson Campbell: The Fians, or, Stories ... of Fionn and his Warrior Band, coll. by J. G. Campbell. London 1891 = Waifs and Strays, IV Argyllshire Series.

FL: Folk-Lore. Transactions of the Folk-Lore Society. A quarterly Review ... London 1890 ff.

FLJ: The Folk-Lore Journal. London 1883–1889.

FLR: The Folk-Lore Record. London 1878–1882.

Folk and Hero, MacDougall: J. MacDougall: Folk and Hero Tales. London 1891 = Waifs and Strays, III Argyllshire Series.

Folk and Hero, MacInnes: D. MacInnes: Folk and Hero Tales. London 1890 = Waifs and Strays, II Argyllshire Series.

Grant Stewart: W. Grant Stewart: The Popular Superstitions and Festive Amusements of the Highlanders of Scotland. Edinburgh 1823.

Gregor: Walter Gregor: Notes on the Folk-Lore of the North East of Scotland. London 1881.

Hogg: James Hogg: The Mountain Bard, consisting of Legendary Ballads and Tales. Edinburgh [3]1821.

MacLeod: Norman MacLeod: Reminiscence of a Highland Parish. London 1878.

Miller, Articles: Hugh Miller: Leading Articles on Various Subjects. Edinburgh 1870.

Miller, Cromarty: Hugh Miller: Scenes and Legends of the North of Scotland, or, The Traditionary History of Cromarty. Edinburgh [8]1869.

Miller, Essays: Hugh Miller: Essays, Historical and Biographical, Political and Social, Literary and Scientific. Edinburgh 1869.

Miller, Schools: Hugh Miller: My Schools and Schoolmasters, or, The Story of my Education. Edinburgh 1869.

Napier: James Napier: Folk-Lore, or, Superstitions. Beliefs in the West of Scotland within this Century. Paisley 1879.

Notes and Queries: Notes and Queries. London 1849ff.

Scott, Demonology: Walter Scott: Letters on Demonology and Witchcraft. Addressed to J. G. Lockhard, Esqu. London 1830.

Scott, Lay: Walter Scott: The Lay of the Last Minstrel. London 1812. Das Lied des letzten Minstrels. Übersetzt von Willibald Alexis. Zwickau 1824.

Scott, Minstrelsy: Walter Scott: Minstrelsy of the Scottish Border. Kelso 1802.

Superstitions: John Gregorson Campbell: Superstitions of the Highlands and Islands of Scotland. Glasgow 1900.

Waifs and Strays: Waifs and Strays of Celtic Tradition. Ed. by Lord Archibald Campbell. London 1899ff. Vgl. auch: Craignish; Fians; Folk and Hero, MacDougall; Folk and Hero, MacInnes.

Witchcraft: John Gregorson Campbell: Witchcraft and Second Sight in the Highlands and Islands of Scotland. Glasgow 1902.

Weiterführende Literatur

AT: Antii Aarne: The Type of Folk-Tale. A Classification and Bibliography. Translated and Enlarged by Stith Thompson. Helsingfors 1928.

Asmus-Knoop, Kolberg-Körlin: F. Asmus und Otto Knoop: Sagen und Erzählungen aus dem Kreis Kolberg-Körlin. Kolberg 1898.

Baader: Bernhard Baader: Volkssagen aus dem Lande Baden und den angrenzenden Gebieten. Karlsruhe 1851.

Bartsch: Karl Bartsch: Sagen, Märchen und Gebräuche aus Mecklenburg. Wien 1880.

Basile: Giambattista Basile: Das Pentameron. Die Geschichte der Geschichten. Übersetzt von Felix Liebrecht. Breslau 1846. Neudruck u. a. Rudolstadt 1956.

Bechstein, Rhön: Ludwig Bechstein: Der Sagenschatz des Frankenlandes I. Die Sagen des Rhöngebirges und des Grabenfeldes. Würzburg 1842.

Beitl: Richard Beitl: Im Sagenwald. Neue Sagen aus Vorarlberg. Feldkirch. 1953.

Birlinger, Volksth.: Anton Birlinger: Volksthümliches aus Schwaben. I. II. Freiburg/Br. 1861.

Boberg: Inger Marg. Boberg: Sagnet om den store Pans Død. Upsala 1934.

Bodens: Wilhelm Bodens: Sage, Märchen und Schwank am Niederrhein. Bonn 1937.

BP: Anmerkungen zu den Kinder- und Hausmärchen der

Brüder Grimm, neu bearbeitet von Johannes Bolte und Georg Polívka. Leipzig 1913–1930.
Büchli, Myth.: Arnold Büchli: Mythologische Landeskunde von Graubünden I. II. Aarau 1958 ff.
Choice Notes: Choice Notes and Queries. London
Curtze: L. Curtze: Volksüberlieferungen aus dem Fürstenthum Waldeck. Arolsen 1860.
Depiny: Adalbert Depiny: Oberösterreichisches Sagenbuch. Linz 1932.
Der Schlern: Der Schlern. Zeitschrift für Heimat- und Volkskunde. Bozen 1920 ff.
Eichhof, Steig: Der goldene Steig. Bayernwaldsagen. Erzählt von alt und jung. Gesammelt von der Lehrerschaft des Kreises Kötzting. Herausgegeben von Hugo Eichhof. Lichteneck 1950.
Eisel: Robert Eisel: Sagenbuch des Vogtlandes. Gera 1871
Fink, Eisack: Hans Fink: Eisacktaler Sagen, Bräuche und Ausdrücke. Innsbruck 1957.
Graber: Georg Graber: Sagen aus Kärnten. Leipzig 1914 (entspricht der Ausgabe von 1927).
Graber, Sagen und Märchen: Georg Graber: Sagen und Märchen aus Kärnten. Graz 1935.
Grässe: Johann Georg Theodor Grässe: Sagenbuch des preußischen Staats I. II. Glogau 1867.
Grimm, DM: Jacob Grimm: Deutsche Mythologie I–III. Herausgegeben von Elard Hugo Meyer. Gütersloh ^{4}1875–1878.
Grimm, DS: Brüder Grimm: Deutsche Sagen I. II. Herausgegeben von Reinhold Steig. Berlin ^{4}1903.
Grimm, Elf: Brüder Grimm: Irische Elfenmärchen. Leipzig 1826 und Berlin 1948 (Hg. von Will-Erich Peuckert).
Grohmann: Josef Virgil Grohmann: Sagenbuch aus Böhmen und Mähren. Prag 1863.
Halliwell: J. O. Halliwell: Popular Rhymes and Nursery Tales. London 1849.
Hardwick: Charles Hardwick: Traditions, Superstitions and Folk-Lore (Chiefly Lancashire and the North of England). Manchester and London 1872.

Heyl: Johann Adolf Heyl: Volkssagen, Bräuche und Meinungen aus Tirol. Brixen 1897.
Holzmann, Wipptal: Hermann Holzmann: Wipptaler Heimatsagen. Wien 1948.
Hunt: Robert Hunt: Popular Romances of the West of England, or, The Drolls, Traditions and Superstitions of Old Cornwall. I. II. London 1865.
HwAbergl.: Handwörterbuch des deutschen Aberglaubens. Herausgegeben unter besonderer Mitwirkung von E. Hoffmann-Krayer ...Von Hanns Bächtold-Stäubli. Berlin und Leipzig 1927ff.
Jahn: Ulrich Jahn: Volkssagen aus Pommern und Rügen. Stettin 1886.
Johnson, Reise: Dr. Samuel Johnson's Reisen nach den Westlichen Inseln bey Schottland. Leipzig 1775.
KHM: Brüder Grimm: Deutsche Kinder- und Hausmärchen. Berlin [7]1856.
Knoop, Dramburg: Otto Knoop: Volkssagen, Erzählungen und Schwänke aus dem Kreise Dramburg. Köslin 1926.
Knoop, Prov. Pos.: Otto Knoop: Sagen und Erzählungen der Provinz Posen. Posen 1893.
Knoop, Stolp: Otto Knoop: Volkssagen und Erzählungen aus dem Stadt- und Landkreis Stolp. Stolp 1925.
Kohlrusch: C. Kohlrusch: Schweizerisches Sagenbuch. Leipzig 1854.
Kühnau: Richard Kühnau: Schlesische Sagen I–IV. Leipzig 1910–1913.
Kühnau, Glatz: Richard Kühnau: Sagen der Grafschaft Glatz I–IV. Leimen-Heidelberg 1953–1954.
Kühnau, OS: Richard Kühnau: Oberschlesische Sagen geschichtlicher Art. Breslau 1929.
Künzig, Schwarzwald: Johannes Künzig: Schwarzwaldsagen. Jena 1930.
Kuhn, Brandenburg: Adalbert Kuhn: Märkische Sagen und Märchen nebst einem Anhange von Gebräuchen und Aberglauben. Berlin 1843.
Kuhn-Schwartz: Adalbert Kuhn und W. Schwartz: Nord-

deutsche Sagen, Märchen und Gebräuche aus Mecklenburg, Pommern, der Mark, Sachsen, Thüringen, Braunschweig, Hannover, Oldenburg und Westfalen. Leipzig 1843.

Kuhn, Westfalen: Adalbert Kuhn: Sagen, Gebräuche und Märchen aus Westfalen und einigen andern, besonders den angrenzenden Gegenden Norddeutschlands. I–II. Leipzig 1848.

Liebrecht: Felix Liebrecht: Zur Volkskunde. Alte und neue Aufsätze. Heilbronn 1879.

Lohmeyer, Saar- Ergänzungsband: Karl Lohmeyer: Die Sagen der Saar von ihren Quellen bis zur Mündung. Saarbrücken 1955.

Lohre: H. Lohre: Märkische Sagen. Leipzig-Gohlis 1921.

Loorits: Oscar Loorits: Grundzüge des estnischen Volksglaubens. 1.–22. (Upsala) 1949.

Lüers: Friedrich Lüers: Bayrische Stammeskunde. Jena o.J. (1933).

Lyncker: Karl Lyncker: Deutsche Sagen und Sitten in hessischen Gauen. Cassel 1854.

Meiche: Alfred Meiche: Sagenbuch des Königreichs Sachsen. Leipzig 1903.

Meier, Schw.: Ernst Meier: Deutsche Sagen, Sitten und Gebräuche aus Schwaben. I–II. Stuttgart 1852.

Merkelbach-Pinck, Meistube: Angelika Merkelbach-Pinck: Aus der Lothringer Meistube. Sagen, Schwänke, Legenden, Bauerngeschichten, Redensarten, Sprichwörter. I–II. Kassel 1943.

Meyer, Schleswig: Gustav Friedrich Meyer: Schleswig-Holsteiner Sagen. Jena 1929.

Müllenhoff-Mensing: Karl Müllenhoff: Sagen, Märchen und Lieder der Herzogthümer Schleswig, Holstein und Lauenburg. Neue Ausgabe, besorgt von Otto Mensing. Schleswig 1921.

Müller, Uri: Josef Müller: Sagen aus Uri. I–III. Basel 1926.

Niderberger, Unterwalden: Franz Niderberger: Sagen, Märchen und Gebräuche aus Unterwalden. I–III. Sarnen 1909–1914.

NiSa: Will-Erich Peuckert: Niedersächsische Sagen. I–IX. Göttingen 1962ff.

Peter, Österr. Schles.: Anton Peter: Volksthümliches aus Österreich-Schlesien. II. Troppau 1865.

Peuckert, Bremen: Will-Erich Peuckert: Die Sagen der Freistadt und des Herzogtums Bremen. Göttingen 1960.

Peuckert, DS I: Will-Erich Peuckert: Deutsche Sagen. Band I. Norddeutschland. Berlin 1960.

Peuckert, DS II: Will-Erich Peuckert: Deutsche Sagen. Band II, Mittel- und Oberdeutschland. Berlin 1962.

Peuckert, Sagen: Will-Erich Peuckert: Sagen. Geburt und Antwort der mythischen Welt. Berlin 1965.

Peuckert, Schles.: Will-Erich Peuckert: Schlesische Sagen. Jena 1924.

Pippart, Brombeermann: Wilhelm Pippart: Brombeermann. Alte Sachen, Sagen und Sänge aus dem Werratal, gesammelt. Schwege 1928.

Pröhle, DS: Heinrich Pröhle: Deutsche Sagen. Berlin ²1879.

Pröhle, UH: Heinrich Pröhle: Unterharzische Sagen. Aschersleben 1856.

Quensel: Paul Quensel: Thüringer Sagen. Jena 1926.

Ranke: Friedrich Ranke: Deutsches Sagenbuch. München 1924.

Revtradpop: Revue des Traditions Populaires. Paris 1886–1914.

Rochholz, Aargau: Ernst Ludwig Rochholz: Schweizersagen aus dem Aargau. I–II. Aargau 1856.

Rochholz, Natur-Mythen: Ernst Ludwig Rochholz: Naturmythen. Neue Schweizer Sagen. Leipzig 1862.

Röhrich, SpätMA: Lutz Röhrich: Erzählungen des späten Mittelalters und ihr Weiterleben in Literatur und Volksdichtung bis zur Gegenwart. Sagen, Märchen, Exempel und Schwänke mit einem Kommentar herausgegeben. Band II Bern 1967.

Rußwurm, Hapsal: C. Rußwurm: Sagen aus Hapsal. o. O. 1861.

Savi-Lopez: Maria Savi-Lopez: Alpensagen. Stuttgart. 1883.

Schneidewind: Gisela Schneidewind: Herr und Knecht. Antifeudale Sagen aus Mecklenburg. Aus der Sammlung Richard Wossidlos herausgegeben. Berlin 1960.

Schönwerth: Fr. Schönwerth: Aus der Oberpf. Sitten und Sagen. I–III. Augsburg 1857–1859.

Schönwerth-Nachlaß: Oberpfälzische Sagen, Legenden, Märchen und Schwänke aus dem Nachlaß Franz Xaver v. Schönwerth's gesammelt durch Karl Winkler. Kallmünz 1960.

Schulenburg, Wenden: Willibald von Schulenburg: Wendische Volkssagen und Gebräuche aus dem Spreewald. Leipzig 1880.

SchwArch.: Schweizerisches Archiv für Volkskunde. Basel 1897ff.

Schwartz: Wilhelm Schwartz: Sagen und alte Geschichten der Mark Brandenburg. Berlin ^{7}1921.

Seger: Otto Seger: Sagen aus Liechtenstein. Sonderdruck aus Band 65, Jahrbuch des Historischen Vereins für das Fürstentum Liechtenstein. Liechtenstein 1966.

Staudt, Nordfr.: Gudrun Staudt und Will-Erich Peuckert: Nordfranzösische Sagen. Berlin 1968.

Strackerjan: L. Strackerjan: Aberglaube und Sagen aus dem Herzogthum Oldenburg. I–II. Oldenburg 1867.

Strackerjan-Willoh: L. Strackerjan: Aberglaube und Sagen aus dem Herzogtum Oldenburg. 2. erweiterte Auflage herausgegeben von Karl Willoh. I–II. Oldenburg 1909.

TMI: Stith Thompson: Motif Index of Folkliterature. 6 Bände. Copenhagen 1955–58.

Veckenstedt, Wenden: Edmund Veckenstedt: Wendische Sagen, Märchen und abergläubische Gebräuche. Graz 1880.

Vernaleken, Alp.: Theodor Vernaleken: Alpensagen. Volksüberlieferungen aus der Schweiz, aus Vorarlberg, Kärnten, Steiermark, Salzburg, Ober- und Niederösterreich. Wien 1858.

Vernaleken Öst./(Myth): Theodor Vernaleken: Mythen und Bräuche des Volks in Österreich. Wien 1859.

Vildomec: Věroboj Vildomec: Polnische Sagen. Berlin 1969.

Vonbun-Beitl: Franz Josef Vonbun: Die Sagen Vorarlbergs

mit Beiträgen aus Liechtenstein. Neu bearbeitet und herausgegeben von Richard Beitl. Feldkirch 1950.

Waldheimat: Waldheimat. Monatsschrift für den Böhmerwald. Geleitet von A. Schacherl. Budweis 1924.

Wallonia: Wallonia. Recueil de littérature orale. Liège 1893–1914.

Wolf, DMS: Johann Wilhelm Wolf: Deutsche Märchen und Sagen. Leipzig 1845.

Wolf, Hessen: Johann Wilhelm Wolf: Hessische Sagen. Göttingen und Leipzig 1853.

Wolf, Niederl.: Johann Wilhelm Wolf: Niederländische Sagen. Leipzig 1843.

Wossidlo, Mecklenburg: Richard Wossidlo: Mecklenburgische Sagen. I–II. Rostock 1939.

Wossidlo, Reise: Richard Wossidlo: Reise, Quartier in Gottesnaam. Rostock [10]1981.

Wucke: Christian Ludwig Wucke: Sagen der mittleren Werra, der angrenzenden Abhänge des Thüringer Waldes, der Vorder- und Hohen Rhön, sowie aus dem Gebiete der fränkischen Saale. Eisenach [2]1891.

Wuttke: Ad. Wuttke: Der Deutsche Volksaberglaube der Gegenwart. 3. Bearbeitung von E. H. Meyer, Berlin 1900.

Zaunert, Hessen: Paul Zaunert: Hessen-Nassauische Sagen. Jena 1929.

Zaunert, Rhein: Paul Zaunert: Rheinlandsagen. Jena 1924.

Zaunert, Westf.: Paul Zaunert: Westfälische Sagen. Jena 1927.

Zender, Westeifel: Matthias Zender: Volkssagen der Westeifel. Bonn 1935.

Ziehnert, Sachsen: Widar Ziehnert: Sachsens Volkssagen. Annaberg 1838.

Zs. f. Vk.: Zeitschrift des Vereins für Volkskunde. Berlin 1891–1927/1928.

INHALT

Riesen

Drachen

Spuk

Kobolde

Anhang

ISBN 3-7351-0016-3

Insel-Verlag Anton Kippenberg, Leipzig
Erste Auflage
Lizenz Nr. 351/260/12/86 LSV 7328
Gesamtherstellung: Offizin Andersen Nexö,
Graphischer Großbetrieb, Leipzig III/18/38
Schrift: Baskerville-Antiqua
Gestaltung: Hans-Joachim Walch
Printed in the German Democratic Republic
Bestell-Nr. 787 293 0
01150